21世纪高等学校管理课程工学结合规划教材

U0830256

市场营销学

基础与应用

◎主　编　温伟胜

◎副主编　罗琼玮　刘淑琴　李小京

华南理工大学出版社
SOUTH CHINA UNIVERSITY OF TECHNOLOGY PRESS
·广州·

图书在版编目（CIP）数据

市场营销学基础与应用/温伟胜主编. —广州：华南理工大学出版社，2018. 8（2021.1重印）
ISBN 978 – 7 – 5623 – 5715 – 5

Ⅰ. ①市…　Ⅱ. ①温…　Ⅲ. ①市场营销学 – 高等职业教育 – 教材　Ⅳ. ①F713. 50

中国版本图书馆 CIP 数据核字（2018）第 162255 号

市场营销学基础与应用
温伟胜　主编

出 版 人： 卢家明
出版发行： 华南理工大学出版社
（广州五山华南理工大学 17 号楼，邮编 510640）
http：//www. scutpress. com. cn　E-mail：scutc13@ scut. edu. cn
营销部电话：020 – 87113487　87111048（传真）
策划编辑： 林起提　卜穗珍
责任编辑： 卜穗珍　陈华霞
印 刷 者： 广州市穗彩印务有限公司
开　　本： 787mm × 1092mm　1/16　**印张：** 17. 25　**字数：** 430 千
版　　次： 2018 年 8 月第 1 版　2021年 1 月第 2 次印刷
定　　价： 39. 00 元

版权所有　盗版必究　　印装差错　负责调换

序

市场营销学是20世纪初伴随着美国市场经济发展而发展起来的一门系统研究市场营销活动规律的科学。近百年来，市场营销学发生了根本性的变化，从传统市场营销学演变为现代市场营销学。伴随着我国的改革开放，20世纪80年代市场营销学进入我国，并随着我国社会主义市场经济体制的建立和完善，市场营销学日益广泛应用于经济社会的各领域，市场营销学研究取得了一系列宝贵的研究成果。在经济全球化进程快速发展、市场竞争激烈的今天，它已经成为指导企业发展的营销思想和营销理念，并已经成为新一代人的核心思维方式。

随着国外市场营销理论的引入和中国营销实践的发展，国内涌现出一批有理论深度和实用价值的营销教材，这些教材为推动市场营销理论在中国的传播和发展做出了重要贡献。但是，这些教材以介绍西方市场营销理论为主，与我国行业企业发展不相适应，与市场营销工作岗位也不相配，与区域经济社会发展的需要和高职院校人才培养的需要脱节。目前，我国高等教育已转向大众教育，职业教育已具相当大的规模，据新华网消息，到2020年中职在校学生规模将达到2350万人，专科层次职业教育在校学生达到1480万人，接受本科层次职业教育的学生达到一定规模，接受继续教育的从业人员达到3.5亿人次。因而，迫切需要推出能适应行业企业岗位需要的职业教学的教材。与此同时，根据《国务院关于加快发展现代职业教育的决定》以及“十三五”期间面对经济转型升级的新形势，需要进一步加快职业教育发展，并准确地把握职业教育规律、教学目标、教学内容及教学方法，提高教学质量。温伟胜博士从事管理与企业营销工作十多年，实践经验丰富，近年来带领广州华立科技职业学院市场营销学教学团队潜心研究，现结合团队在服务区域经济社会发展和行业企业岗位实践过程中的体会编写了本书。

本书系统地概括了市场营销活动的基本原理和一般方法，结合我国特别是区域行业企业营销的实际，以培养学生基于行业企业市场营销职业定向能力为目的，准确把握市场营销岗位的技术技能要求，通过案例分析导出知识点，课堂实训体现知识点与技术技能的融合，实践实训提高技能综合应用能力，在参考了近几年国内外出版的营销著作、论文和经典营销案例的基础上，系统阐释传统经典营销理论，使教材内容体现和反映了国内外市场营销理论研究的最新成果和基本趋势，确保具有较强的科学性和先进性。

本书在内容上突出以实际工作任务为导向，根据基层职业工作岗位需要，通过工作任务分析，带着问题来学习，有针对性地培养学生的市场营销职业能力和综合素质；在结构上突出以职业能力为导向，坚持以职业能力为本位，但不仅限于针对某一岗位的职业能力，还关注在一定职业领域内可迁移的职业能力，着力培养学生的综合能力；在形式上突出逻辑分析导向，提供条理化、图表化的方法和流程教学，便于学生记忆和在实践中运用，同时通过提供大量实例分析的实训与实践内容，以图表数据举证导出知识点。

本书内容立足于高等职业教学，采用项目驱动教学、案例教学和实训实践教学方式，回归以培养学生技术应用能力为主线的高等职业教育本位，突出强调学生学习的参与性与主动性，形成“教中学，学中做，做中考”，即“教、学、做、考”合一，构建一个完整的实践教学体系，体现了教材定位、规划、设计与编写等方面的职业教育教学改革示范性，适合高职院校市场营销专业及相关专业选用。

本书基本理论涵盖全面，框架逻辑清晰，定位准确，突出了职业教育的特点，内容实用，通俗易懂，兼容时代性和创新性。本书是一本高职高专院校和应用型本科院校市场营销类专业的优质教材，愿推荐予读者分享！

中山大学：

华南理工大学：

2018 年 5 月

前言

市场营销学是一门建立在经济科学、行为科学和现代管理理论基础上的应用学科，它研究以满足消费者需求为中心的营销活动过程及其规律性，具有综合性、实践性、创新性等特点。以市场为导向，以顾客需求为目标，为顾客创造价值是市场营销学的基础。

随着区域经济社会发展，特别是在粤港澳大湾区发展过程中，企业进入经济高速发展轨道，需要把握市场营销现代化的发展规律和发展的新趋势，运用现代科学技术走向现代化，摆脱传统固有的观念和固化的行为模式。现代的市场营销理念和现代市场营销方式已经成为当前企业市场运营的主流，谁能快、准、稳、实效地建立起自己的一套现代市场营销体系，谁就拥有竞争优势、效益优势和发展优势。企业迫切需要一大批面向基层具有市场营销理论知识的高素质高技能人才，这正是高职教育的人才培育目标，也正是我们编写本书的初衷。

本教材主要包括市场营销学的五大模块，十三个任务，体现了市场与市场营销、市场环境与市场机会、市场需求与市场预测、目标市场与市场定位、营销策略及应用、营销管理与发展等内容。本书具有在内容上突出以实际工作任务为导向、在结构上突出以职业能力为导向、在形式上突出以逻辑分析为导向的特色。

本教材遵循职业教育的教学理念，以“实用、够用、活用”为原则，注重培养实践能力和创新能力，按照市场营销人员职业岗位工作的主要内容，介绍了与市场营销实际工作密切相关的市场营销基本概念、市场营销环境、营销机会分析、目标市场选择以及营销策略的运用等内容。通过大量新颖与经典的案例解释深奥的营销知识，使学生能够比较轻松地理解和掌握市场营销的基础知识和技能，实现教学要求与实际岗位要求相对接。结合理论教学要求进行知识分解，构建若干个实践环节，做到理论与实践一体化，形成“教中学，学中做，做中考”，即“教、学、做、考”合一，构建一个完整的实践教学体系，灵活设置若干个实践环节，分阶段进行。

本书通过设计各种问题引导学生对理论知识的学习和运用，设置了独具特色的模块、项目和任务，让学生“走进”实践，做到既有趣又能增强学习效果。本书注重理论与实践相结合，采用案例教学模式，突出实践环节，意在培养学生对市场营销的学习兴趣，增强学生自主学习营销知识的能力。本书还体现了项目驱动教学、案例教学和实训实践教学的特色。

本教材由广州华立科技职业学院温伟胜担任主编，罗琼玮、刘淑琴、李小京担任副主编。具体编写分工为：温伟胜、罗琼玮编写模块一的任务一、任务二、模块三的任务八、模块四的任务十一和模块五的任务十三；温伟胜、刘淑琴编写模块二的任务三、模块三的任务六、任务九和模块四的任务十、任务十二；温伟胜、李小京编写模块二的任务四、任务五和模块三的任务七。

在本书编写过程中得到学院领导叶雅明总经理、黄乐览院长、林伟健书记、邵学言副院长、马俊副院长的大力支持，在此表示衷心感谢！同时也感谢中山大学朱辉煌教授、华南理工大学雷鸣教授、中国高校市场营销协会副会长卜妙金教授、广州华立科技职业学院舒桂清教授、广东工业大学华立学院李季霞部长和陈庆盛老师、广州永辉超市有限公司总经理张景明先生、广州生物岛科技有限公司总经理徐玉昆先生，在我们编写本书过程中提供了指导意见和帮助！

由于编者水平和时间限制，本书难免存在诸多不足乃至错误之处，恳请读者批评指正。

编　者

2018年5月

目录

模 块 一

市场与市场营销组合

企业根据目标市场的需求特点，综合运用各种可能的营销因素和营销手段，组合成一个有特色的、系统化的整体营销战略和策略，以实现企业的经营目标。在当今社会，市场经济迅速发展，社会发达程度越来越高，营销无处不在。无论是有意识的还是无意识的，任何组织与个人都面对着各种各样的营销活动。一些企业，如国内的阿里巴巴、华为集团、联想集团、万科集团以及国外的微软集团、联合利华、百胜集团等，在市场营销方面创造了骄人的业绩，市场营销在帮助这些企业取得竞争优势上起着关键性的作用。可以说，市场营销已经渗透到人们生活中的点点滴滴。

市场营销组合是一个多层次的组合，是包括产品（product）、价格（price）、渠道（place）、促销（promotion）四个要素（4Ps）的大组合，其中每一个“P”又包括若干层次的要素。这样，企业在确定营销组合时，不但要更具体、更实用，而且要相当灵活；不但可以选择四个要素之中的最佳组合，而且可以恰当安排每个要素内部的组合。企业必须在准确地分析、判断特定的市场营销环境、企业资源及目标市场需求特点的基础上，才能制定出最佳的营销组合。所以，最佳的市场营销组合的作用，不是产品、价格、渠道、促销四个营销要素的简单相加，而是使它们产生整体协同作用。就像中医开出的处方，四种草药各有不同的功效，治疗效果不同，所治疗的病症也相异，而这四种中药配合在一起治疗，其作用大于原来每一种药物的作用之和。市场营销组合也是如此，只有它们形成最佳组合，才能产生整体协同作用。从这个意义上讲，市场营销组合又是一种经营的艺术和技巧。

任务一　企业营销的重要性

学习目标

本任务主要介绍市场营销学的一些基本概念和重要理念，包括市场的定义、企业的市场理念、企业的营销理念以及企业营销的战略等，并依据时代特征和企业内外部环境对市场营销的发展趋势做了合理的分析和展望。通过本任务的学习，应重点掌握市场的定义、特征、要素以及营销的几大重要观念；此外还应了解企业营销战略的内涵。

市场营销学是站在卖方的角度来理解和运用“市场”这一概念的，因此，市场通常仅指买方，即指需求，而不包括卖方，即供给一方。所以，在市场营销学的范畴里，“市场”往往等同于“需求”，比如说某产品有市场，表示该产品有需求。一个企业为适应和满足消费者需求，从产品开发、市场定位、定价、宣传推广到将产品送达消费者，再将消费者的意见反馈回企业的整体企业活动过程，就是市场营销。在市场营销观念下从事市场活动，不仅包括销售，还包括市场调研、新产品开发、广告活动、售后服务以及针对市场环境变化做出的战略调整，等等。

案例分析 **寻找市场——非洲卖鞋**

为了开拓非洲鞋业市场，一个鞋业公司派财务主管到一个非洲国家，去了解公司的鞋能否在那里找到销路。一星期后，这位主管说：“这里的人不穿鞋，因而这里没有鞋的市场。”接着该鞋业公司总经理决定派最好的推销员到这个国家，对此进行仔细的调查。一星期后，推销员说：“这里的人不穿鞋，是一个巨大的市场。”鞋业公司总经理为了弄清情况，再派他的市场营销副总经理去解决这个问题。两星期后，市场营销副总经理说：“这里的人不穿鞋，然而他们有脚气，穿鞋对脚会有好处。不过我们需要重新设计我们的鞋子，因为他们的脚比较小。我们必须教育他们懂得在穿鞋有益方面花一笔钱，我们在开始之前必须得到部落首领的支持。这里的人没有多少钱，但他们生产我未曾尝过的最甜的菠萝。我估计鞋的潜在销售量在3年以上，因而，我们的一切费用包括推销菠萝给一家欧洲连锁超级市场的费用，都会得到补偿。总算起来，我们还可以赚得垫付款的30%利润。我认为，我们应该毫不迟疑地去干。”

（资料来源：王翎. 市场营销［M］. 3版. 北京：中国劳动社会保障出版社，2012.）

以上案例反映出这三个调查员发现需求的角度不一样：第一个（财务主管）的眼光还停留在生产观念和产品观念的阶段，没看到潜在的市场，结论很悲观；第二个（推销员）从市场营销观念的角度发现了当地市场的潜在需求，但没有思考如何开发这个市场；第三个（营销副总）的分析比较系统，不仅做了市场调查和市场分析，发现了当地市场的潜在需求，而且考虑了如何将潜在的市场开发为现实的市场，并且开始了初步的营销策划。从对市场机会的分析，结合目标市场的实际，认为产品要重新设计，以适应当地人脚小的特点和脚气问题；推销方面只能靠对方的菠萝赚钱，这样对方也消费得起；同时，要获得对方首领的支持，这样销售会变得更加容易，因为首领就是意见领袖；渠道方面只要方便他们购买就行，主要是将菠萝销售至欧洲市场时处理好与欧洲连锁超级市场的关系，这样就能大获成功！

一般说来，市场是指买卖双方聚集在一起进行交换的场所。从市场营销学角度看，卖方组成行业，买方组成市场。行业和市场构成了简单的市场营销系统。市场营销者则是从事市场营销活动的人。市场营销者既可以是卖方，也可以是买方。作为卖方，他力图在市场上推销自己，以获取买方的青睐，这样卖方就是在进行市场营销。当买卖双方都在积极寻求交换时，他们都可称为市场营销者，这种营销可称为互惠的市场营销。

应用一 企业的市场理念

在市场经济的条件下，企业要生存和发展，必须要有市场理念。市场是社会分工和商品经济发展到一定程度的产物，它起源于古时人类对于在固定时段或地点进行交易的场所的称呼，是指买卖双方进行交易的场所。狭义上的市场是买卖双方进行商品交换的场所。发展到现在，市场具备了两种意义：一种意义是交易场所，如传统市场、股票市场、期货市场等；另一种意义为交易行为的总称，即市场一词不仅仅指交易场所，还包括了所有的交易行为。故当谈论到市场大小时，并不仅仅指场所的大小，还包括了消费行为是否活跃。广义上，所有产权发生转移和交换的关系都可以成为市场。市场是由供给方、需求方、交易设施等硬件要素和交易的结算、评估、信息服务等软件要素构成的商务活动平台。

一、市场的特征

市场是一个既古老又现代的概念，它具有丰富的多层次内涵。我们可以从传统的、政治经济学的和营销学的三个角度去理解和分析。

（1）市场是商品交换的场所。这是一种狭义的传统的市场概念，主要强调市场的空间、地理的含义。有了具体的地点、空间，才会有市场。

（2）市场是商品交换关系的总和。

（3）市场是消费者的需求。市场是具体产品的现实与潜在的购买者所构成的群体，不是地点、空间的概念，也不是单纯交换关系的概念。

市场的三要素为人口、购买力和购买欲望。

人口，即购买者。哪里有人，哪里就有需求，就会形成市场。人口的多少，决定着市场的规模和容量的大小，而人口的构成及其变化则影响着市场需求的构成和变化。构成市场的人口因素包括总人口、性别和年龄结构、家庭户数和家庭人口数、民族与宗教信仰、职业和文化程度、地理分布等多种具体因素。人口是市场三要素中最基本的要素。

购买力是指消费者支付货币以购买商品或服务的能力，人们的消费需求是通过利用手中的货币购买商品或服务实现的，是构成现实市场的物质基础。因此，在人口状况既定的条件下，购买力就成为决定市场容量的重要因素之一。一般情况下，购买力受到人均国民收入、个人收入、社会集团购买力、平均消费水平、消费结构等因素的影响。购买力是市场三要素中的物质要素。

购买欲望是指消费者购买商品或服务的动机、愿望和要求，是由消费者的心理需求和生理需求引发的。倘若仅具备一定的人口和购买力，而消费者缺乏强烈的购买欲望或动机，商品买卖仍然不能发生，市场也无法现实地存在。因此，购买欲望是消费者将潜在购买力转化为现实购买力的必要条件。

可见，市场 = 人口 + 购买力 + 购买欲望。

市场包括人口、购买力、购买欲望，有效的市场需求是由既有购买力又有消费欲望的购买者形成的。

案例分析 康威商场的经营策略

康威商场是一个以经营纺织品为主的商场。近儿年来，由于受纺织品销售不景气的大环境影响，生意比较淡。尤其是大批的鞋类积压，使商场举步维艰。其中仅旅游鞋就占用了60万元资金。为了摆脱被动的局面，2013年11月商场用半个月的时间打折销售旅游鞋。该商场在《增城日报》上宣称：此举措是以加速资金周转、盘活资金为目的，商场将亏损10万元。

当这个消息传播出去以后，该商场鞋柜每天顾客熙熙攘攘，鞋柜前里三层外三层，这种情况持续了15天。该商场销售的旅游鞋不仅有仿皮鞋、普通鞋，也有名牌鞋，如狼牌、李宁牌等，定价都在100元以下。结果，这些鞋全部销售一空，该商场不仅没有亏损，反而赚了15万元。从此以后，康威商场成为增城当地鞋类专营的知名商场。

增城康威商场经营旅游鞋之所以成功，从市场概念来看，主要是该商场根据当时形成市场的人口、购买力和购买欲望三要素，采取了灵活的营销方式大胆开拓市场。现代市场是从买方出发，以卖方的活动为主，实现现实交换和潜在交换的一切活动。市场是人口、购买力和购买欲望的集合。由此可见，看一种商品有没有市场，或者说市场是否已经形成，就要看是否具备这三个要素，三要素缺一，就不能形成市场，只有三者都具备，这个市场才有经营取胜的可能。

（1）从人口来看。人口是形成市场首要的也是最重要的因素，人口的多少，在一定程度上决定了市场的大小。因此，看某一商品是否有销路，首先要看能够接受这种商品的消费者有多少。增城属于广州市的一个市辖区，人口100多万，是足够多的。

（2）从购买力来看。有了人口，不一定就能形成市场，还要看这些人口有无购买力，有购买力的人口有多少。增城旅游鞋销售困难，其主要原因是价格贵，超过了大多数消费者的货币支付能力。康威商场针对这种情况，果断地运用了打折降价售卖的招数，立即吸引了成百上千的顾客，由于符合市场购买力的条件，因而形成了抢购热潮。

（3）从购买欲望来看。旅游鞋具有舒适耐穿、容易清洁、质量好、式样佳、冬天穿着保暖的特点，人人都希望拥有旅游鞋，只是价格太高，有些顾客只能“望鞋兴叹”，而康威商场降价打折，正好迎合顾客之需，符合消费者的购买意向。

总之，从现代市场概念来看，康威商场抓住了形成市场的三个要素，看准了市场，大胆开拓，最终取得了成功。

市场的这三个要素是相互制约、缺一不可的，它们共同构成企业的微观市场，而市场营销学研究的正是这种微观市场的消费需求。

课堂实训 如何理解“顾客永远是正确的”这个观点

旧上海有一家永安公司，以经营百货著称。老板郭乐的经营宗旨是：在商品的花色品种上迎合市场的需要，在售货方式上千方百计地使顾客满意。商场的显眼处摆放着用霓虹灯制成的英文标语：Customers are always right！（顾客永远是对的！）这句标语是每个营业员必须恪守的准则。为了拢住一批常客，公司实行了以下四种服务方式：一是把为重点顾客送货上门定为一条制度，使得一些富翁成了永安公司的老客户；二是公司鼓励营业员争取顾客的信任，与顾客搞好关系，对那些“拉”得住顾客的营业员特别器重，不惜酬以重薪和高额奖金；三是公司针对有钱人喜欢讲排场、比阔气、爱虚荣的心理，采取一种凭“折子”购货的赊销方式，顾客到永安公司来购物，不用付现款，只需到存折上记上账；四是争取把一般市民顾客吸引到商店里来。通过四种服务方式的实施，永安公司成为这样一家特殊商场：无论上流社会还是一般市民，只要光顾这里，都能满意而归。整个商场整天挤得水泄不通，生意格外红火。

（资料来源：http://www. chuangyeqingnian. com/news/show - 1913. html）

这个观点是正确的。它符合企业营销活动必须以顾客为中心、以消费者需求为营销出发点的观点。作为经营者，必须时刻牢记“顾客永远是正确的”这条黄金法则。

一般人听起来，似乎颇感“顾客永远是正确的”这句话太绝对了。人无完人，金无足赤，顾客不对的地方多着呢。但从本质上理解，它隐含的意思是“顾客的需要就是企业的奋斗目标”。在处理与顾客的关系时，企业应站在顾客的立场上，想顾客之所想，急顾客之所急，并能虚心听取顾客的意见或建议，对自己的产品或服务提出更高的要求，以更好地满足顾客所需。事实上顾客的利益和企业自身的利益是一致的，企业越能满足顾客的利益，就越能拥有顾客，从而更能发展自己。

但顾客与企业并非没有矛盾，特别是当企业与顾客发生冲突时，这条法则更需遵守。当顾客的利益确实受到损害，比如买到的是低质高价假冒伪劣商品，得到的服务不够周到等，即使顾客采取了粗暴无礼的态度，或者向上申诉，都是无可非议的。当顾客利益并未受到损害，比如顾客自身情绪不好，工作或生活遇到不顺心的事，抑或顾客故意寻衅闹事时，企业当事人应体谅顾客，给予耐心和合理的解释，晓之以理，动之以情，导之以行，做到有理有节，既忍辱负重又坚持原则，一般情况下，顾客是会“报之以礼”的。即使对蛮不讲理的顾客，营业人员最好也不要与之冲撞，应送保安部门处理。企业经营者应该记住：尊重顾客就是尊重自己，尊重顾客就是获取利润。

二、市场的分类

市场分类是指按照市场的主体或消费客体的性质对市场进行细分而得出的结果。在这里我们主要介绍消费者市场和组织者市场，如图 1 – 1 所示。

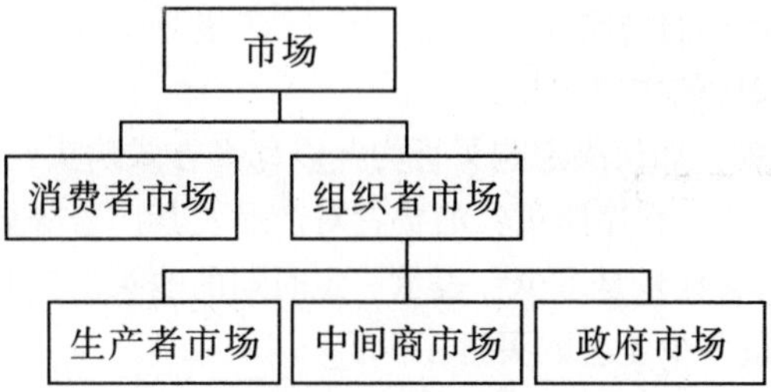

图 1 – 1 消费者市场和组织者市场

（一）消费者市场

消费者市场又称最终消费者市场、消费品市场或生活资料市场，是指个人或家庭为了生活消费而购买商品或服务的市场。消费者市场是市场体系的基础，是起决定作用的市场。消费者市场是现代市场营销理论研究的主要对象。成功的市场营销者是那些能够有效地开发对消费者有价值的产品，并运用富有吸引力和说服力的方法将产品有效地呈现给消费者的企业和个人。因而，研究影响消费者购买行为的主要因素及其购买决策过程，对于开展有效的市场营销活动至关重要。

消费者市场的特点：每次购买产品时数量较少，购买产品的次数频繁，购买者人数众多，购买目的是生活需要。

消费者购买行为是为了满足需要的手段，是心理过程的产物，是一个过程（包括交换购买前、中、后），需要通过交换过程而实现，包括个人消费者、家庭消费者或组织消费者等。消费者购买行为是作为决策单位的消费者通过交换，为实现其一定目的而购买、使用、处置产品或服务的一系列行为。

我们可以根据消费者购买行为分析法 6W2H——Who、What、Which、Why、When、Where、How、How much，了解消费者购买行为的规律及变化趋势，以便制定和实施相应的市场营销策略。消费者购买行为中 6W 的内容包括：

（1）Who 即谁构成该市场？表示谁购买？谁参与购买？谁决定购买？谁使用所购产品？谁是购买的发起者？谁影响购买？

（2）What 即购买什么产品或服务？表示顾客需要什么？顾客的需求和欲望是什么？对顾客最有价值的产品是什么？满足顾客购买愿望的效用是什么？顾客追求的核心利益是什么？

（3）Which 即购买哪种产品？表示在多个厂家中购买哪个厂家的产品？在多个品牌中购买哪个品牌的产品？购买著名品牌还是非著名品牌的产品？在有多种替代品的产品中决定购买哪种？

（4）Why 即为何购买（购买目的是什么）？为何喜欢？为何讨厌？为何不购买或不愿意购买？为何买这不买那？为何选择本企业产品，而不选择竞争者产品？为何选择竞争者产品，而不选择本企业产品？

（5）When 即何时购买？什么季节购买？何时需要？何时使用？曾经何时购买过？何时重复购买？何时换代购买？何时产生需求？何时需求发生变化？

（6）Where 即何地购买？在城市购买还是在农村购买？在超市购买还是在农贸市场购买？在大商场购买还是在小商店购买？

消费者购买行为中 2H 的内容包括：

（1）How 即如何购买？如何决定购买行为？以什么方式购买？（现场选购、邮购、网上购买、电视购物等。）按什么程序购买？消费者对产品及其广告等如何反应？

（2）How much 即购买数量是多少？表示一定时期的购买次数是多少？一定时期的购买频率是多少？人均购买量多少？总购买量多少？

（二）组织者市场

组织者市场是以某种组织为购买单位的购买者所构成的市场，购买目的是生产、销售、维持组织运作或履行组织职能。组织者市场类型包括：生产者市场、中间商市场、政府市场。生产者市场又称产业市场或工业市场，是指为了获取利润进行再生产而购买产品的市场，通常由农业、林业、水产业、制造业、建筑业、通信业、公用事业、银行业、保险业、服务业等组成。生产者购买行为的类型包括直接重购、修正重购、新购。中间商市场是指那些通过购买商品和服务并转售或出租给他人来获取利润的个人或组织。政府市场是指政府消费而形成的市场，即那些为执行政府的主要职能而采购或租用商品的各级政府单位。政府采购市场是指因政府消费而形成的一个特殊市场，是国内市场的一个重要组成部分。本书主要分析生产者市场及其购买行为。

生产者市场由那些购买货物和劳务，并用来生产其他货物和劳务，以出售、出租给其他人的个人或组织构成。它具有购买者数量较少、规模较大、生产者市场的需求波动性较大且缺乏弹性等特点，对于国民经济的发展具有重要的作用。与向最终消费者销售产品相比，对产业用户的销售，要涉及更多的资金流动及商品项目。例如，就服装的生产与销售来说，首先需要农民将生产的棉花卖给纺织厂，纺织厂生产的坯布再卖给印染厂，印染企业加工过的布再卖给服装生产商，而生产的服装又需依次经过批发商、零售商，最终才到达消费者。生产和销售链条上的每一环节都需要购买许多商品和服务，这就说明了生产者的购买要远多于消费者的购买。

在生产者市场上的购买者，绝大多数都是企事业单位，购买的目的是满足其一定规模生产经营活动的需要，因而购买者的数量很少，但购买规模很大。由于生产集中，形成了规模经济，要达到一定的生产批量，一次的购买额必然很大。生产者的购买决策过程为：认识需求、确定需求、说明需求、调查和寻找供应商、分析供应商的建议、决定选择供应商、履行常规的购货手续、评价购买结果。

应用二　企业的营销观念

营销观念又称为市场营销管理理念，是指企业从事市场营销活动及管理过程的指导思想、根本看法、根本态度，也就是企业在开展市场营销活动的过程中，在处理企业、顾客和社会三方利益方面所持的态度和指导思想。营销观念作为一种指导思想和经营观念，是企业一切经营活动的出发点，它支配着企业营销实践的各个方面，是企业组织市场营销实践的核心和关键所在。

案例分析　"百事"与"可口"一进一退说明了什么?

20世纪90年代初，由于印度国内软饮料公司反跨国公司议员们的极力反对，可口可乐公司被迫从印度市场撤离。与此同时，百事可乐公司却开始琢磨如何打入印度市场。百事可乐公司明白，要想占领印度市场就必须消除当地政治力量的对抗情绪，它们认为要解决这个问题就必须向印度政府提出一项使该政府难以拒绝的援助。百事可乐公司表示要帮助印度出口一定数量的农产品以弥补印度进口浓缩软饮料的开销，还提出了要帮助印度发展农村经济，转让食品加工、包装和水处理技术，从而赢得了印度政府的支持，迅速占领了印度软饮料市场。

（资料来源：http://doc.mbalib.com/view/04c7e90b3861f8eb03923dc660bce076.html）

显然，百事可乐成功的关键不在于产品口味比可口可乐好，也不在于广告技术比可口可乐好，而在于它在“政治战”与“公众舆论战”方面比可口可乐要胜一筹。针对上述状况，美国营销专家菲利普·科特勒提出了大市场营销观念，即现代市场营销已突破了以产品（product）、价格（price）、渠道（place）与促销（promotion）为主体的营销格局，现代营销观念在此基础上还应加上 2 个 P，即“政治力量”（political power）和“公共关系”（public relationship）。科特勒认为：在贸易保护主义重新抬头和政府干预经济力量加强的情况下，即使企业的产品适销对路，价格、销售渠道和促销都适当，这种产品也未必能卖出去。例如，日本大米的生产成本至少是美国的 7 倍，然而美国大米却迟迟打不开日本市场，原因是日本通过一整套复杂的法律和行政壁垒来排斥美国大米的进口；美国建筑行业是世界上最有竞争力的，但由于同样的原因在日本建筑项目投标中屡屡失败。因此，重视大市场营销观念势在必行。

事实上，从来没有纯粹的政治也从来没有纯粹的经济，政治活动与经济活动总是交织在一起互相作用的。大市场营销观念充分考虑了政治影响与公众舆论，使企业化被动为主动。因此，种种营销观念在国外盛行就不足为奇了。

一、什么是市场营销

市场营销是企业的一种活动，旨在识别目前尚未被满足的需求和欲望，估量和确定需求量的大小，选择和决定本企业能最好地为其服务的目标市场，并决定适当的产品、服务和计划，以便为目标市场服务。简单来说，市场营销就是通过对企业现有的资源进行筛选、整合从而使得顾客的某种或某些需求与欲望得到满足的过程。

（一）市场营销学的发展

市场营销学的发展，一般可分为初创、应用、形成与发展四个时期。从 19 世纪末到 20 世纪 20 年代，是市场营销学的初创时期。18 世纪末 19 世纪初，工业革命最先在英国爆发，此后生产和消费都迅速增长，市场表现出的基本特征是商品供不应求，企业集中要解决的问题是增加生产和降低成本，以满足市场的需要。从 20 世纪 20 年代到第二次世界大战结束，是市场营销学的应用时期。该时期各部门出现大量的生产，生产相对过剩，形成了买方市场。经济危机进一步加剧，市场空前萧条，大量企业倒闭，使得企业开始重视营销。20 世纪 20 年代，若干市场营销学教科书问世，初步建立了理论体系。从 20 世纪 50 年代至今，是现代市场营销学的形成和发展时期，市场营销学的理论和概念发生了重大变革。哈佛大学鲍敦（Neil Borden）提出，一个企业运用系统方法进行销售，管理人员应针对不同的内外环境，把各种营销手段进行最佳的组合，即所谓“市场营销组合”。1960 年美国密歇根州立大学麦卡锡（Jerry McCarthy）教授把各种影响销售的因素归结为 4 大类：产品、价格、渠道和促销，即“4Ps”。这就为市场营销学提出了较为完整的营销策略理论，我们把麦卡锡 4Ps 理论称为传统的市场营销。

产品（product）为对公司的产品进行营销设计，即企业凭借自身的技术与实力对产品进行设计与生产，包括对产品的功能、包装、质量、外形等各个方面进行设计、生产与改良。

价格（price）为对公司生产的产品进行价格的制定，即企业认为自己的产品值多少钱，其中包括对产品的成本、技术含量与市场领先性等产品自身因素进行考量分析，最终制定产品价格。

渠道（place）为对公司的产品进行分销渠道的选择，即企业希望与哪些渠道进行合作对产品进行分销，或企业从自身利益出发考虑究竟是通过直营还是招募代理商等渠道方式来分享利润。

促销（promotion）为对公司的产品及公司品牌进行广告与销售促进，即企业选择自己主要推广的产品或是设定好自己的品牌形象，利用多种广告与促销方式对企业的产品和品牌进行宣传与促销。

4Ps 理论主要从供方出发，来研究市场的需求、变化以及如何在竞争中取胜。4Ps 理论重视产品导向而非消费者导向，以满足市场需求为目标。4Ps 理论在营销实践中得到了广泛的应用，至今仍然是企业思考营销问题的基本模式。然而随着环境的变化，这一理论逐渐显示出其弊端：一是营销活动着重企业内部因素，对营销过程中的外部不可控变量考虑较少，难以适应市场变化。二是随着产品、价格和促销等手段在企业间相互模仿，在实际运用中很难起到出奇制胜的作用。由于 4Ps 理论在变化的市场环境中出现了一定的弊端，于是，更加强调追求顾客满意的 4Cs 理论应运而生。

4Cs 理论是由美国营销专家劳特朋（Robert F. Lauterborn）教授在 1990 年提出的，它以消费者需求为导向，重新设定了市场营销组合的四个基本要素，即消费者、成本、便利和沟通，我们把它称为现代化的市场营销理论。它强调企业首先应该把追求顾客满意放在第一位，其次是努力降低顾客的购买成本，然后要充分注意到顾客购买过程中的便利性，而不是从企业的角度来决定销售渠道策略，最后还应以消费者为中心实施有效的营销沟通。

消费者（customer）为企业应该去思考客户真正的需求是什么，客户需要什么样的商品和设计，而不是企业闭门造车，只设计和生产自认为是好的产品。例如：一个中国的珠宝销售商，去到德国销售纯天然的珍珠耳环，这个珠宝销售商见人就推荐自己的珍珠耳环是多么纯天然，多么美丽。但他从来没有考虑过，德国人十分严谨，他们对珠宝首饰也有非常高的对称要求，而纯天然的珍珠根本找不出完全正圆的形状，也找不出两颗一模一样的珍珠。因此，这个中国珠宝商自己视如珍宝的珍珠耳环对于德国人而言完全是不会考虑购买的产品。相反，德国人反而喜欢买一些人造的正圆形、完全对称的珍珠耳环。由此可见，对企业来说在进行产品设计的过程中，对“客户”的研究远比产品设计本身来得有意义和有价值。

成本（cost）为顾客究竟愿意花费多少来购买这个产品，从而对产品进行精准的定价。它不单是企业的生产成本，还包括顾客的购买成本，顾客购买商品所花费的成本往往高于顾客真正付出的货币成本，产品定价的理想情况，应该是既低于顾客的心理感知价格，又能够让企业有所盈利。顾客购买一件商品的费用应包括：实际付出的货币费用、等待商品的时间费用、购买商品需要承担的精神费用。例如：两家网店销售同样一件商品，商家A定价为10元，但是顾客需要等待10天才能收到商品，而商家B定价12元，顾客购买的第二天就能收到商品，此时，我们就会发现，绝大多数的顾客都会更偏向于选择商家B，尽管它的定价比商家A高。由此可见，如何让企业能够制定最准确的价格，既能让顾客满意又能让企业有最高的利润收入，本质上应该考虑的是顾客究竟愿意花费多少钱来购买企业的产品。

便利（convenience）为企业应该如何为顾客提供便利的购买方式和渠道，即企业在进行渠道选择的时候，应该考虑的是顾客通过什么渠道能够最方便、最快捷地购买到企业的商品，从而更好地为顾客提供渠道服务。例如：一家眼镜店的目标顾客是A学院的学生，则这家眼镜店在进行销售渠道选择的时候，应该考虑到A学院的学生方便活动的地理范围，因此，眼镜店的店铺选择应该设在A学院内的商业区或是A学院附近的商业中心，或者开设线上商城以方便A学院的学生进行购买，而不是盲目地选择人流密集的市中心商场。

沟通（communication）为企业应该和顾客进行有效而全面的沟通，即企业需要将顾客作为沟通对象，而不仅仅是信息传播的对象。应该在传递营销宣传信息的过程中注重用户对信息的反馈，从而更好地与顾客进行沟通，不仅可以让顾客更加全面地了解企业的品牌、产品及一些促销活动，还可以让企业更加了解顾客，从顾客沟通反馈中及时地对企业的各项营销活动进行调整。

21世纪伊始，美国营销学者艾略特·艾登伯格（Elliott Ettenberg）在《4R营销》一书中提出4Rs营销理论，艾略特·艾登伯格的4Rs营销理论是在4Cs营销理论的基础上提出的。4Rs理论以关系营销为核心，重在建立顾客忠诚。它阐述了四个全新的营销组合要素，即关联、反应、关系和回报。

关联（relevancy）指将企业与顾客紧密地联系起来，犹如一个命运共同体。企业经营必须以顾客长期关系发展这一重要内容为核心进行运作。

反应（reaction）指的是企业对市场各类活动与信息的反应，即企业需要及时倾听顾客的欲望与诉求，并及时做出反应，从而提高企业的竞争力。

关系（relationship）指在市场经济环境下，大量的行业从卖方市场转变成了买方市场，企业与顾客的关系也发生了变化，对于企业而言抢占市场的关键已转变为与顾客建立长期而稳固的关系。

回报（reward），是一切营销活动的源泉。营销的最终价值就是给企业带来短期或长期的收入能力。

4Rs市场营销理论的最大特点是以竞争为导向，在新的层次上概括了营销的新框架。该理论根据市场不断成熟和竞争日趋激烈的形势，着眼于企业与顾客的互动与双赢，不仅积极地适应顾客的需求，而且主动地创造需求，通过关联、反应、关系等形式与客户形成独特的关系，把企业与客户联系在一起，形成竞争优势。如今建立稳定的顾客关系和顾客忠诚的重要性已经为许多企业所认识。

（二）市场营销的中心任务

市场营销最核心的任务就是培育市场，培养消费者，将企业的产品卖给顾客。然而，在当下高度竞争和不断变化的市场中，企业如何才能高效地将商品销售给顾客，并且在经济利润之外，还能得到顾客的满意度与忠诚度。由此可见，为客户创造价值将逐步成为市场营销必须完成的中心任务。

（1）客户满意度（consumer satisfaction research）也叫客户满意指数，是对服务性行业的顾客满意度调查系统的简称，是一个相对的概念，是客户期望值与客户体验的匹配程度。为了避免让客户产生远远高出实际状况的期望值，要求企业在进行营销宣传时需要从实际出发，不为了提高暂时的销量而过分夸大商品的效用，从而使得客户期望与客户实际体验保持一致来提高客户的满意度。除此之外，客户满意度的提升还包括方方面面的内容，本书在后续部分中会进行详细介绍。

（2）客户忠诚度（customer loyal）是在客户满意度的基础上发展而来的。企业应以满足客户的需求和期望为目标，有效地消除和预防客户的抱怨和投诉，不断提高客户满意度，促进客户的忠诚，在企业与客户之间建立起一种相互信任、相互依赖的“质量价值链”。市场营销的中心任务则是围绕着顾客，在充分了解顾客需求的情况下，以顾客需求为导向提供满足顾客切实需求的产品与服务，同时做好客户关系管理，进而全方位地提高客户满意度与忠诚度。

（3）创造客户价值（creating customer value）。企业基本战略揭示企业如何为顾客创造价值，这就要求产品的价值必须得到顾客的认同，是顾客的一种主观感受，是一种知觉价值。这种产品的独特之处在于，顾客有没有感觉到它的独特性，这种产品与其他产品的区别在顾客心目中是不是存在。如果这种产品并没有什么真正与众不同的地方，但企业通过营销等手段让顾客相信该产品确有过人之处，则这种产品就有差异性。产品差异就是企业通过创造其产品相对于其他企业产品的竞争优势的一种竞争战略。例如，奔驰主要瞄准高端顾客的商务用车需要，宝马则主要满足年轻新贵族们张扬个性、享受驾驶乐趣的需要，它们都拥有自己的忠实顾客，对不同的顾客需求体现出各自的价值。

案例分析 张裕用心良苦做市场

烟台张裕集团有限公司的前身烟台张裕葡萄酿酒公司创办于1892年，至今已有100多年历史，是中国第一个工业化生产葡萄酒的厂家，也是目前中国乃至亚洲最大的葡萄酒生产经营企业。主要产品有白兰地、葡萄酒、香槟酒、保健酒、中成药酒和粮食白酒六大系列数十个品种，年生产能力8万余吨，产品畅销全国并远销世界20多个国家和地区。

一、百年张裕历经坎坷创辉煌

清光绪十八年（1892年），著名华侨巨商张弼士先生在烟台创办张裕酿酒公司。张裕之命名，前袭张姓，后借“昌裕兴隆”之吉。经过十几年的努力，张裕终于酿出了高品质的产品。1915年，在世界产品盛会——巴拿马太平洋万国博览会上，张裕的白兰地、红葡萄、雷司令、琼瑶浆（味美思）一举荣获四枚金质奖章和最优等奖状，中国葡萄酒从此为世界所公认。改革开放后，社会经济环境为其提供了前所未有的发展机遇。张裕产品凭借其卓越的品质，多次在国外、国内获得大奖，成为家喻户晓的名牌产品。然而，名牌不等于市场，金字招牌对于张裕来说是一个极大的优势，但是，这个优势却不足以使张裕在市场上所向披靡。在改向市场经济的头两年中，由于市场观念差，企业缺乏适应市场竞争的能力，盲目生产，等客上门，受到了市场的惩罚：1989年，张裕的产值较上一年下降了2.5%，产量下降了26.2%，6条生产线停了4条，1/4的职工没有活干，近一半的酒积压在仓库里，累计亏损400多万元，生存和发展都面临着严峻的挑战。关键时刻，张裕人并没有躺在历史上顾影自怜。在积极反思失败原因，努力摸索市场规律，下功夫钻研营销后，公司提出了“市场第一”的经营观念和“营销兴企”的发展战略，实现了两个根本性转变：一是企业由“销售我生产的产品”转变为“生产我销售的产品”，一切围绕市场转；二是由“做买卖”转变为“做市场”，从“推销”变成“营销”。这两个转变使企业的经营不再是单纯的生产和推销问题，而是以市场为导向的调研、决策、实施、监控的有机结合，在满足消费者利益的同时为企业创造最佳效益。在正确营销观念的指导下，1997年、1998年连续两年产销量、销售收入和市场占有率均高居国内同行业榜首；在1998年度全国产品市场竞争力调查中，荣获消费者心目中的理想品牌、实际购买品牌和1999年购物首选品牌三项第一。

二、群雄逐鹿红酒市场竞风流

葡萄酒具有多种保健养生功能。葡萄发酵时能产生十几种人体所需的氨基酸，可以缓解氧化反应、清理动脉，防止动脉粥样硬化和其他心脏疾病。同时，葡萄酒还有助于消化，并含有丰富的维生素 B_1、维生素 B_2、维生素 B_6、维生素 B_{12} 和多种矿物质，可以使人容颜丰润。

近几年来，随着国人饮食健康观念的增强，葡萄酒也因其本身所具有的多种保健功能而倍受青睐，其消费骤然升温，成为酒类市场的新宠。10多个国家的100多个洋品牌和国内生产厂家的400多个品牌在我国市场汇聚，一竞风流，市场竞争的激烈程度可想而知。目前，国内葡萄酒生产年产量达万吨的企业已经超过20个，称得上葡萄酒生产巨头的企业只有张裕、长城、王朝3家。据统计，实力雄厚的3个企业的市场占有率分别为：张裕19.35%、长城16.09%、王朝15.57%。消费者对3个品牌的熟悉程度分别为张裕73%、长城35%、王朝30%；消费者最常喝的葡萄酒品牌中，张裕占43%、长城占19%、王朝占15%。我国驰名商标张裕葡萄酒是消费者最熟悉又最常喝的品牌。

在经历了一场与洋酒的生死较量后，国产葡萄酒尤其是国产干红凭借其优良的品质和低廉的价格取得了实质性的胜利。据统计，1996年国内干红酒的近4万吨消费中，国产干红超过2万吨，而洋品牌酒只有约1万吨。自1998年起，张裕、长城、王朝三家就占据了60%左右的市场份额，而野力、龙徽等十几种品牌则成长为第二梯队，占据了剩下的绝大多数市场份额。杂牌洋酒组装厂家、小企业、小作坊则生存艰难，几乎没有市场。1998—1999年，葡萄酒厂倒闭了上百家。

三、培育市场

张裕用心良苦。1998年底，张裕营销公司的市场调研部在分析全国各地反馈回来的市场信息时发现，沿海地区和中西部城市的葡萄酒的终端消费者结构存在较大差异。沿海地区葡萄酒个人消费比例很高，市场销量比较稳定；内地城市主要为公款消费（占70%以上），市场销量起伏较大。同时，对终端消费者的心理调查表明：沿海地区消费者看重的是葡萄酒的保健功能及文化品位，而内地消费者看重的则是身份标志和时尚。这表明沿海地区的葡萄酒进入理性消费阶段，步入速度减缓的市场成熟期，而内地城市则处在感性消费阶段，处在市场上升期。但因为我国葡萄酒的主要消费区域在沿海地区，故而可以推测：1999年的葡萄酒市场增长速度将放慢，张裕公司必须相应调整营销的策略，加大市场培育和开发的力度。

张裕很清楚：与啤酒、白酒比，葡萄酒的市场规模实在太小，整个产业的市场规模充其量不到100亿元。现在平均每个中国人葡萄酒年消费量只有0.3升，仅为世界平均水平的1/20。而国人以白酒为主的酒类消费习惯是在历史发展中逐渐形成的，是中国饮食业的一大特色，短期内很难改变，引导消费须下大功夫。假如每个中国人每年消费两瓶葡萄酒(1.5升)，那么就需要195万吨葡萄酒，市场规模即可达到780亿元。这表明中国葡萄酒市场还存在着巨大的发展空间，关键在于市场的培育和开拓。为了培养消费者，张裕着力于“沟通”。受价格因素限制，经常性的葡萄酒消费者主要是中高收入阶层，另外，行政管理层人士也是不可忽视的主流消费群；偶尔性消费者则以年轻人为主。张裕沟通的主要对象就是这些人，即将经常性消费者巩固下来，让偶尔性消费者逐渐转为经常性消费者，同时开拓大量新生性消费者。针对不同的消费层次，它们采用了不同的沟通方式。对经常性消费者而言，张裕通过一系列目标明确的整合传播，主要展示葡萄酒的健康、自然及其文化内涵——葡萄酒的品位和格调。它们通过对经常性消费者主要的信息来源，如高品位杂志、体育节目、酒店等，进行“润物细无声”的文化渗透，提高葡萄酒在这些消费者心目中的亲和力，同时通过一系列品牌策略，树立起张裕东方红酒的经典形象，以“传奇品质，百年张裕”作为主题，对葡萄酒的系统传播得到了较好的效果。对偶尔性消费者而言，张裕则侧重于宣传葡萄酒本身的时尚色彩，通过对大众传媒的控制性传播，传达各种葡萄酒的时尚资讯，营造出一种氛围，即把葡萄酒作为一种身份的象征进行推广，使其成为时尚潮流中的一部分。如在报纸上开辟醒目的葡萄酒消费专栏，在电视台黄金时间插播葡萄酒的各类专题，举办各种葡萄酒知识讲座等。通过日积月累的渗透式传播，让消费者开始树立这么一种心态：选择葡萄酒就是在选择一种更好的生活方式。事后的调查表明：很多消费者都受到了这种传播的影响，并逐渐喜欢上了葡萄酒。

从1998年起，张裕通过一个声势巨大的全国性活动，为其找到了很多新生性消费者。这就是它近两年在全国各地举行的“中国葡萄酒文化展”。百年张裕有着深厚的文化底蕴，中西合璧的张裕在市场开拓中越来越强调一种文化认同，即强调自己的东方个性。基于中国传统文化的“中国葡萄酒文化展”，利用大量的图片和史实，详细介绍了中国葡萄酒2000多年的悠久历史。

新千年，张裕对1999年市场的预测得到了证实，葡萄酒开始进入市场成熟期。但张裕仍然保持了很好的发展势头，销售收入超过13.61亿元，比1998年上升了36%。在2000年张裕的营销策略中，最核心的部分仍然是：培育市场，培养消费者，且一如既往“用心良苦”。张裕表示：这种培育市场的工作他们将一直做下去，力争在未来两年内把销售网络延伸到县一级，市10个百分点。

（资料来源：汤定娜，等. 中国企业营销案例［M］. 北京：高等教育出版社，2001.）

二、市场营销管理

市场营销管理是指为创造达到个人或组织目标的交换，而规划和实施理念、产品和服务的构思、定价、分销和促销过程的管理。这个管理过程，包括营销策划、以服务营销为中心的组织架构和营销全程的有效控制；其管理的对象包含理念、产品和服务；市场营销管理的基础是交换，目的是有效地满足各方需要。

市场营销管理的主要任务是刺激消费者对产品的需求，但不仅局限于此。它还帮助公司在实现其营销目标的过程中，影响需求水平、需求时间和需求构成。因此，市场营销管理的任务是刺激、创造、适应及影响消费者的需求。从这个意义上说，市场营销管理的本质是需求管理。

任何市场均可能存在不同的需求状况，市场营销管理的任务是通过不同的市场营销策略来满足不同的需求状况。

三、市场营销核心概念

美国著名营销学学者麦卡锡教授、“现代营销学之父”科特勒教授等知名营销学专家的市场营销概念包含了下列一些核心概念：需要、欲望和需求；产品、效用与价值的满足；交换、交易与关系等。

（一）需要、欲望和需求

怎么样才能把你的产品卖给你的客户呢？你的首要任务是了解你的客户究竟想要什么。包括知道他们需要什么，有何购买欲望，需求什么产品或服务。

需要是人类最基本的要求。例如人类的生存需要衣服、食物、住所、水和空气；人类的生活需要娱乐、社交和教育等生理需要，以及安全、归属感、尊重和自我实现等心理需要。市场营销者不能创造这种需要，而只能适应它。

欲望则是对满足需要的具体物品的渴望，指有支付能力和愿意购买某种物品的欲求。不同背景下的消费者欲求不同，例如，对于北方人而言满足食物需要的产品是馒头和面条，而对于南方人而言满足需要的产品就是米饭。人的欲求受社会因素及机构因素，诸如职业、团体、家庭、教会等影响。因而，欲求会随着社会条件的变化而变化。市场营销者能够影响消费者的欲求，如建议消费者购买某种产品。

需求则是拥有购买满足欲望的具体商品支付能力的表现。例如，大多数人对于劳力士手表、奔驰汽车、卡地亚钻石都非常喜欢，但并不是所有的人都能够拥有对应的支付能力。因此，对于劳力士、奔驰及卡地亚这些企业来说，市场需求并不如表面上看起来的那么乐观。对于企业而言，只有了解真正的客户需求，才能精准地销售产品。

当人类拥有不同层级的支付能力，可以满足不同类型的需要与不同层级的欲望之后，就形成了不同层级的需求，表 1－1 为八种不同类型需求的营销管理。

表 1-1 八种不同类型需求的营销管理

需求形态	营销任务	营销管理类型
充分需求：某种商品的目前需求水平和时间与企业期望的需求水平和时间相一致，这是一种很理想的需求状态	维持需求：营销者必须高度重视消费者的需求偏好的变化和竞争者。营销者应保持和不断提高产品质量，经常测量消费者的满意程度，密切关注消费者偏好的变化和竞争对手的动态，设法维持现有的需求水平	维持性营销
有害需求：消费者对某种有害于个人或社会的商品或服务产生的需求。对烟、酒、黄色小说和电影、毒品、手枪等需求都是不健康的需求	消除需求：营销者的任务是让喜欢这些产品的消费者放弃这些产品。营销者可以通过提高某些产品的价格限制其供应和宣传，降低消费者对这些产品的消费水平。对于另外一些产品，如毒品和黄色电影，营销者应该予以坚决打击并积极地宣传其危害性	抵制性营销
不规则需求：需求与供给之间在时间和空间错位，造成企业忙闲不均的状态	调节需求：企业营销管理的任务就是通过同步性的营销配合需求，通过灵活定价及有效的促销手段使需求与供给在时空上的矛盾降至最低程度，从而充分利用资源，降低运营成本	同步性营销
下降需求：市场对一个或几个产品的需求呈下降趋势。很多下降需求是由于消费者需求的变化、新产品的替代引起的	恢复需求：营销管理者要分析需求衰退的原因，决定能否通过开辟新的目标市场、改变产品特色，或采用更有效的促销手段来重新刺激需求，扭转需求下降趋势	恢复性营销
过度需求：是指某产品的需求超过了企业所能或所愿提供的产品数量	限制需求：营销者应实施“逆营销”，即想办法降低消费者的需求水平。可提高产品的价格，减少服务和促销活动	限制性营销
潜在需求：是指顾客对产品存在强烈需求，而现在的产品不能满足的需求。如人们对无害香烟的需求	实现需求：营销者首先要正确评估潜在市场的容量，努力开发有效的产品来满足潜在需要，使之成为现实需求	开发性营销
无需求：是指目标市场对产品毫无兴趣或漠不关心，其主要原因在于消费者没有把商品的功效与自己的利益联系在一起	激发需求：营销管理的任务是设法把产品的好处和人的自然需要、兴趣联系起来，刺激需求，使原来无需求的消费者产生需求	刺激性营销

（续表 1－1）

需求形态	营销任务	营销管理类型
负需求：绝大多数人讨厌某种产品，甚至愿意付出一定代价来回避这种产品，负需求产生的原因可能是消费者认为产品的价格太高及对商品缺乏了解	扭转需求：营销者的任务是分析市场为什么不喜欢这种产品，通过重新设计产品、降低价格和更积极的营销方案，改变消费者的态度和信念，使之成为企业的现实顾客	扭转性营销

（二）产品、效用和价值的满足

产品是指用来满足顾客需求和欲求的物体。产品包括有形的与无形的、可触摸的与不可触摸的。有形产品是为顾客提供服务的载体。无形产品或服务是通过其他载体，诸如人、地、活动、组织和观念等来提供的。当我们感到疲劳时，可以到音乐厅欣赏歌星唱歌（人），可以到公园去游玩（地），可以到室外散步（活动），可以参加俱乐部活动（组织），或者接受一种新的意识（观念）。服务也可以通过有形物体和其他载体来传递。市场营销者切记销售产品是为了满足顾客需求，如果只注意产品而忽视顾客需求，就会产生“市场营销近视症”。

效用、价值的满足。消费者如何选择所需的产品，主要是根据对满足其需要的每种产品的效用进行估价而决定的。效用是消费者对满足其需要的产品的全部效能的估价。产品全部效能（或理想产品）的标准如何确定？例如某消费者到某地去的交通工具，可以是自行车、摩托车、汽车、飞机等。这些可供选择的产品构成了产品的选择组合。又假设某消费者要求满足不同的需求，即速度、安全、舒适及节约成本，这些构成了其需求组合。这样，每种产品有不同能力来满足其不同需要，如自行车省钱，但速度慢，欠安全；汽车速度快，但成本高。消费者要决定一项最能满足其需要的产品。为此，将最能满足其需求到最不能满足其需求的产品进行排列，从中选择出最接近理想产品的产品，它对顾客效用最大，如顾客到某目的地所选择理想产品的标准是安全、速度，他可能会选择汽车。

顾客选择所需的产品除效用因素外，产品价格高低亦是因素之一。如果顾客追求效用最大化，他就不会简单地只看产品表面价格的高低，而会看每一元钱能产生的最大效用，如一辆好汽车价格比自行车昂贵，但由于速度快、修理费少、相对于自行车更安全，其效用可能大，从而更能满足顾客需求。

（三）商品交换和交易

商品是人类社会生产力发展到一定历史阶段的产物。商品是指用来交换、并能满足人们某种需要的劳动产品。商品具有以下特点：（1）商品是具有使用价值的劳动产品，例如：报废的垃圾没有使用价值，因此它不是商品；（2）商品是必须通过交换才能到达别人手中的劳动产品，例如：农民种的大米，不进行销售，只是给自己及家人食用，则不属于商品。

1．交换

人有需求和欲望，企业将产品生产出来，如果两者之间没有产生关系，还不能解释为市场营销，只有当产品通过交换才产生了市场营销。人们通过自给自足或自我生产的方式，或通过乞求方式获得的产品都不是市场营销，只有通过等价交换，买卖双方彼此获得所需的产品，才产生市场营销。可见，交换是市场营销的核心概念。

2. 交易

交换是一个过程，而不是一种事件。如果双方正在洽谈并逐渐达成协议，称为双方正在交换中。如果双方通过谈判并达成协议，交易便发生了。交易是交换活动的基本单位，是由双方的价值交换所构成的行为。交易是以货币为媒介的，而交换则不一定以货币为媒介，它可以是物物交换。例如，幼儿园的小朋友们在一起吃午饭的时候，一个小朋友用自己的鸡蛋和另一个小朋友换了一个苹果，则这种行为就称为交换。如果这个小朋友把自己的鸡蛋卖给另一个小朋友，并且把卖鸡蛋的钱拿去买了苹果，这两次行为则称为交易。

（四）关系营销

关系营销是指把营销活动看成一个企业与消费者、供应商、分销商、竞争者、政府机构及其他公众发生互动作用的过程，其核心是建立和发展与这些公众的良好关系。关系营销要注意区别交易市场营销和关系市场营销，两者的区别如表 1－2 所示。

表 1－2　交易市场营销和关系市场营销的区别

交易市场营销的重点	关系市场营销的重点
强调市场占有率，吸引潜在顾客购买；	强调顾客忠诚度，回头客；
销售导向；	顾客维持导向；
间断型的顾客接触；	连续的顾客接触；
强调产品性能；	强调顾客价值；
短期考虑；	长期考虑；
很少强调顾客服务；	对顾客服务强调程度高；
在满足顾客期望方面有限度承诺；	对满足顾客期望的承诺程度高；
质量是生产人员关心的事情	质量是涉及企业所有人员的事情

建立和发展与顾客的良好关系是企业营销成功的基本保证，企业必须真正树立以消费者为中心的观念，一切从消费者出发，将此观念贯穿到企业生产经营的全过程中，切实关心消费者利益，加强与顾客的联系，密切双方感情。同时，要促进企业合作共同开发市场机会，合作营销有利于巩固已有的市场地位，有利于开辟新市场，有助于多元化经营战略的展开，有利于减少无益竞争，达到共存共荣的目的。为协调与政府的关系创造良好的营销环境，企业与政府间的密切合作，要求所有企业的一切活动必须有利于实现政府宏观调控的目标，而政府的宏观调控又要有利于企业开拓市场，促进社会经济的发展。

（五）市场、营销、市场营销及市场营销者

市场由一切有特定需求或欲望并且愿意和可能从事交换来使需求和欲望得到满足的潜在顾客所组成。一般说来，市场是买卖双方进行交换的场所。但从市场营销学角度看，卖方组成行业，买方组成市场。行业和市场构成了简单的市场营销系统。买方和卖方由四种流程所联结，卖者将货物、服务和信息传递到市场，然后收回货币及信息。现代市场经济

中的市场是由诸多种类的市场及多种流程联结而成的。生产商到资源市场购买资源（包括劳动力、资本及原材料），转换成商品和服务之后卖给中间商，再由中间商出售给消费者。消费者则到资源市场上出售劳动力而获取货币来购买产品和服务。政府向资源市场、生产商及中间商购买产品，支付货币，再向这些市场征税及提供服务。因此，整个国家的经济及世界经济都是由交换过程所联结而形成的复杂的相互影响的各类市场所组成的。

营销的任务是辨别和满足人类和社会的需要。对营销所作的最简明的定义是："满足需求的同时而获利。"美国营销协会（AMA）从管理角度所下的定义是：营销既是一种组织职能，也是为了组织自身及利益相关者的利益而创造、传播、传递顾客价值，管理顾客关系的一系列过程。我们从社会和管理角度对营销下定义。社会角度的定义说明了营销的社会作用。从这一角度看，营销是个人和集体通过创造，提供出售，并同别人交换产品和价值，以获得其所需所欲之物的一种社会和管理过程。营销的目的在于深刻地认识和了解顾客，从而使产品或服务完全适合他的需要并形成产品自我销售。营销的对象有十大项：有形的商品、无形的服务、事件、体验、人物、地点、财产权、组织、信息和理念。

市场营销是指与市场有关的人类活动，亦即为满足消费者需求和欲望而利用市场来实现潜在交换的活动。它是一种社会的和管理的过程。市场营销者则是从事市场营销活动的人。市场营销者既可以是卖方，也可以是买方。作为卖方，他力图在市场上推销自己，以获取买方的青睐，这样卖方就是在进行市场营销。当买卖双方都在积极寻求交换时，他们都可称为市场营销者，这种营销为互惠的市场营销。

（六）市场营销学科研究

市场营销学的研究对象应当是以消费者需求为中心的市场营销关系、市场营销规律及市场营销策略。市场营销学的学科性质是建立在经济科学、管理科学、行为科学和现代科学技术基础上的应用学科。市场营销学研究的目的，就是让企业可以更好地适应市场营销环境，捕捉市场机会，设计、生产正确的产品或服务，并在最适当的渠道，以最适当的价格、最灵活的销售模式，将产品或服务出售给消费者，并从中获得盈利。

市场营销学于20世纪初期产生于美国。近百年来，随着社会经济及市场经济的发展，市场营销学发生了根本性的变化，从传统市场营销学演变为现代市场营销学，从4Ps的营销组合演变到4Cs的整合营销组合再到4Rs的发展，从国内市场营销扩展到国际市场营销。而在当下的"互联网＋"背景下的市场营销更是具有鲜明的时代特色。应运而生的网络营销充分发挥了互联网的优势与作用，利用搜索引擎营销、病毒营销、新媒体营销等众多互联网平台对企业的营销信息进行了更快、更准、更省的网络营销传播。除此之外，市场营销学与行为科学、人类学等学科相结合，提出了服务营销的概念，旨在通过服务的各类要素的设计和提升更好地实现营销目的。随着市场环境等各方面要素的变化，为了能更好地适应不断变化的营销环境，为了能为企业更有效地提高市场竞争力，其他营销新理论也将在实践中如雨后春笋一一浮现。

应用三 企业的营销战略

企业营销战略既是企业市场营销管理思想的综合体现，又是企业市场营销决策的基础。每一个企业都必须为在特定的情境、机会、目标和资源下谋求长期生存和增长，找到最有效的游戏规则，这就是企业营销战略的核心，即在组织的目标和能力与不断变化的市场机会之间建立和维持战略适配的过程。

一、企业的使命与目标

企业使命是企业的生产经营理念，是企业经营的基本指导思想、原则、方向、经营哲学等。通过成功地定义公司使命，企业及每一个成员能够明白企业究竟是做什么的，谁才是企业真正的顾客，企业的顾客看重的是什么，企业的事业应该是什么。一些公司在早期对企业使命的定义会根据它们的技术或者是产品来设定，例如，谷歌早期的企业使命就是“我们提供世界上最好的网上搜索引擎”，然而，在网络技术迅速发展的时代下，百度、360等各大中国搜索引擎快速成长，无论是技术还是用户使用数量都对谷歌这个“最好的网上搜索引擎”造成了巨大的威胁。由此可见，仅仅以现有的产品或者技术为导向来定义企业使命是有很大局限性的，产品和技术最终会过时，会被淘汰，唯一能永久存在的就是市场的需求。因此，企业在定义使命时更应从长远考虑，以市场需求为导向，制定企业使命。表1－3所示的知名企业的使命比较，可以体现出产品导向与市场导向的区别。

表1－3 知名企业的使命比较

公司	产品导向定义使命	市场导向定义使命
谷歌	我们提供世界上最好的网上搜索引擎	我们帮助你组织世界的信息，使之可接触和有用
阿里巴巴	我们提供各类电子商务平台	让天下没有难做的生意
麦肯锡	我们销售各类市场分析数据和市场建议	我们帮助杰出的公司和政府更成功
迪士尼	我们是个主题公园	使人们过得更快乐
蒙牛	我们出售各类牛奶	专注营养健康，每一天每一刻为更多人带来点滴幸福
奔驰	我们出售高档汽车	拓展行驶空间，提高生活品质
海尔	我们出售各类电器	敬业报国，追求卓越

通过设定公司目标，企业的使命可以转化为针对每一个管理层次的详细的支持性目标，从而使得每一位管理者都明确自己的目标以及实现他们的责任。例如：阿里巴巴的企业使命是“让天下没有难做的生意”，围绕着这一企业使命，阿里巴巴提出了三大目标：（1）

通过阿里巴巴（包括淘宝网）为社会提供1亿个就业岗位；（2）为1000万家中小企业创造生存发展的机会；（3）通过阿里巴巴带动关联产业增加1000亿元的附加价值。阿里巴巴以可衡量、可操作的数值化目标极好地体现了其企业的使命，同时也为企业使命的实现提供了实践基础。2017年淘宝“双十一”当天的交易额就达到了1682亿元，由此可见，阿里巴巴为各个企业的价值创造的确做出了巨大的支持，阿里巴巴的目标逐步达成，其企业使命也得以更好地实现。

二、企业的市场战略

市场战略是指企业在复杂的市场环境中，为实现其经营目标，制定的一定时期内的市场营销总体规划。现代企业市场战略是以战略目标为准则，选择适当的战略重点、战略阶段和战略模式。而战略重点是指事关战略目标能否实现的重大而又薄弱的项目和部门，是决定战略目标实现的关键因素。由于战略具有长期的相对稳定性，战略目标的实现需要经过若干个阶段，而每一个阶段又有其特定的战略任务，通过完成各个阶段的战略任务才能最终实现其总目标。

（一）规划业务组合——波士顿矩阵的应用

1. 规划业务组合

规划业务组合是指在企业使命和目标的指导下，管理者必须规划企业的业务和产品，使之集合成业务组合。将企业的优势与市场环境中的机会相结合规划而成的业务组合将会是最佳的业务组合。因此，要规划出最佳的业务组合，企业必须充分分析当前产品组合在市场环境中的现状，从而合理调配资源，将更多优异的资源投入到有潜力和市场的业务中，而对于一些较为失败的业务，企业应规划好资源的调整计划。

2. 波士顿矩阵

波士顿矩阵又称市场增长率-相对市场份额矩阵、波士顿咨询集团法、四象限分析法、产品系列结构管理法等。波士顿矩阵由美国著名的管理学家、波士顿咨询公司创始人布鲁斯·亨德森（Bruce Henderson）于1970年首创。

波士顿矩阵将市场吸引力与企业实力作为产品结构的两个基本因素。其中，市场增长率是能反映市场吸引力的综合指标，因此，用市场增长率这一指标来表示市场吸引力；市场占有率是决定企业产品结构的内在要素，它直接显示出企业竞争力，因此，用相对市场份额这一指标表示企业实力。市场增长率与相对市场份额既相互影响，又互为条件。如图1-2所示，纵轴为市场增长率，即市场的吸引力；横轴为相对市场份额，即企业该业务的实力。通过纵轴与横轴构成了波士顿矩阵，同时定义了明星、现金牛、问题、瘦狗这四种类型的战略业务单位。

		相对市场份额	
		高	低
市场增长率	高	明星  •需要继续投入资源以稳固市场份额	问题  •尚未打开市场 •发展潜力较大 •需加大投入获取市场或出售
	低	现金牛  •资源投入较少 •企业的主要经济来源	瘦狗  •衰退类业务 •撤退战略 •可将此类业务单元合并，统一管理

图 1－2　波士顿矩阵图

（1）明星类。表示市场增长率高且相对市场份额也高的业务或产品。显而易见的是，明星类产品或业务具有极高的相对市场份额，也就意味着该产品或业务可以为企业带来很高的利润收入，除此之外，该类型产品或业务还能有很好的发展前景。因此，对于明星类产品或业务，企业一般需要投入更多的资源来支持其发展，从而为企业获取更多的利益。但明星类产品或业务的市场增长率并不会一直高涨，它们也会逐渐减缓，随即就会转变成现金牛类业务或产品。

（2）现金牛类。表示市场增长率较低，但拥有大量市场份额的产品或业务，因此，现金牛类产品或业务会为企业贡献大量的现金。然而，现金牛类相对而言并不会有很大的市场发展潜力，因此，企业应投入较少的资源，维持该类产品或业务的现状。

（3）问题类。表示市场增长率较高，但现有的市场份额较低的产品或业务。如果企业的问题业务数量较多，企业必须考虑哪些问题类产品或业务可以通过增加资源投入转化为明星类产品，而哪些问题类业务应该被淘汰。针对值得投资的问题类产品，企业应该投入大量的现金，尽可能将其转化为明星类，从而为企业创造更高的价值。

（4）瘦狗类。表示市场增长率与相对市场份额均低的产品，这类产品不仅不能为企业贡献大量的现金和利润，还有可能抢占企业的资源，导致企业资源的浪费。针对这种类型的产品，企业应该及时地淘汰。

（二）企业价值链分析

价值链分析的基本原理：企业每项生产经营活动都是其为顾客创造价值的经济活动，那么，企业所有的互不相同但又有相互关联的价值创造活动叠加在一起，构成了有效的链条，创造的价值如果超过了成本，就能盈利；如果超过竞争对手所创造的价值，就会拥有更多的竞争优势，从而让顾客更好地感受到产品价值的优势，有效地实现企业的营销目标。

价值链分析是从企业内部条件出发的，把企业经常性活动的价值创造、成本构成同企业自身的竞争能力相结合，与竞争对手的经常性活动相比较，从而发现企业目前及潜在优势与劣势的分析方法。企业的战略规划明确了将经营何种业务及每种业务要达到的目标。接着，在各个业务单位内，制订更加周详的计划。每个业务单位内的主要职能部门必须紧密合作，齐心协力实现战略目标，协同为企业创造价值，因此，企业的每个部门都可以被视为企业价值链的一个环节。因此，对价值链中的每一个环节进行计划制订，从而使得每一个环节的价值创造得以提升，最终实现企业的战略目标，如图 1－3 所示。

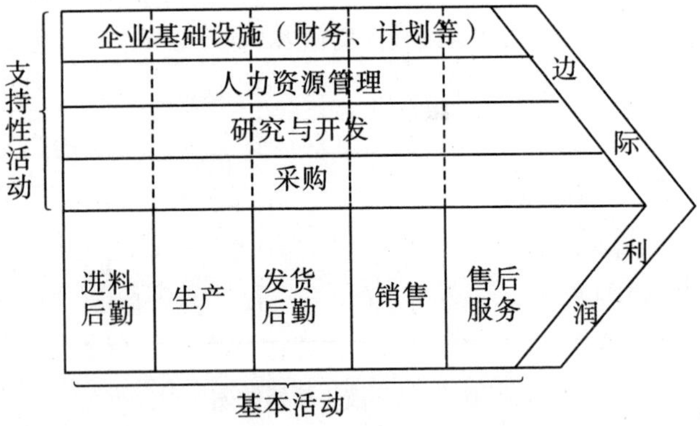

图 1－3　价值链分析图

根据价值链理论，企业的竞争优势来源于价值链上特定环节的优势。处于价值链中的各项活动，都应引起企业的足够重视。例如：广东双成连锁经营有限公司，它的目标就是让客户能够买到“多、快、好、省”的商品。为了实现这一企业目标，双成连锁经营有限公司对其企业价值链中的每一个相关环节都进行了精心的设计，从而创造能够满足企业目标的价值。为了能实现“快”这一目标，同时利用价值链中“技术开发”与“成品储运”这两个环节协同作用，首先，双成通过技术开发，充分分析各类商品销售的主要地区，继而，双成连锁经营有限公司在各大城市都开设了双成仓库，将通过技术开发分析所得的各个地区中高销量的商品提前运输到该地区的仓库中，当有客户下订单时，双成连锁经营有限公司可以从离客户最近的仓库发货，利用自己的物流创造次日达甚至当日达这一巨大价值。由此可见，当企业对价值链中的每一个环节进行设计，各个环节协同合作，向着同一个企业目标而努力，即可达到 1＋1＞2 的价值效果。

（三）市场竞争力分析

21 世纪是充满竞争的世纪，对企业竞争力的分析已经成为营销的重要手段。美国著名管理学家迈克尔·波特（Michael Porter）于 20 世纪 80 年代初提出了波特五力模型，认为行业中存在着决定竞争规模和程度的五种力量，这五种力量综合起来影响着产业的吸引力以及现有企业的竞争战略决策。五种力量分别为同行业内现有竞争者的竞争能力、潜在竞争者进入能力、替代品的替代能力、供应商的讨价还价能力、购买者的讨价还价能力，如图 1－4 所示。波特五力模型对企业的战略计划起着一定的作用。

（四）市场增长战略的应用

市场增长战略是企业在整体战略的协调和主导下，通过调配资源、集合力量，积极开展研发业务，寻求企业与环境的动态优化，来确定市场发展的方向以及各环节项目的有效展开，以实现企业的市场增长目的的发展模式。其中，最经常被企业使用的市场增长战略包括：密集型发展战略、一体化发展战略、多元化发展战略。

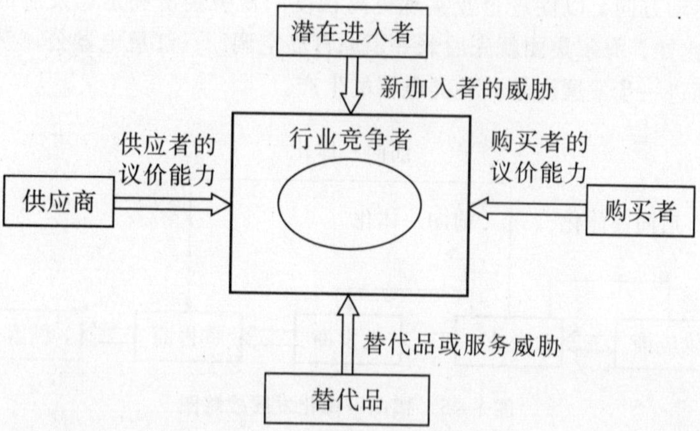

图1-4 五种竞争力量分析图

1. 密集型发展战略

密集型发展战略是指在原有的生产经营范围内充分利用产品和市场方面的潜力来求得企业增长，也称为集约型发展战略或增强型发展战略。这一战略要求企业加强努力的程度，以提高企业在现有业务的竞争地位。密集型发展战略包括：

（1）市场渗透战略，即企业在利用现有产品和市场的基础上，通过改善产品和服务等经营手段、方法，逐步扩大销售，以占领更大的市场区域，这种战略的核心是提高原有产品的市场占有率。

（2）市场开发战略，即企业利用原有产品来争取新的客户，从而开拓新市场的一种战略。市场开发战略的核心是为现有的产品寻找新用户、新市场。例如，苹果公司将最初的iPhone 3进行了不断的改进和改良，推出了iPhone 4到iPhone X，从而获取了智能手机市场的销售领先地位。

（3）产品开发策略，即通过改进和改变产品或服务以增加现有市场上产品或服务的销售战略，包括全新产品开发与改进产品开发。例如，蒙牛集团将原有的纯牛奶产品进行了进一步的改进和改良，从而推出了“特仑苏”系列的纯牛奶，从而占领了高端纯牛奶市场。

2. 一体化发展战略

一体化发展战略是从企业经营业务的角度，将若干个部分有机地结合在一起组成一个整体的战略。一体化不是企业间简单的联系，这些结合在一起的企业在生产过程或市场上应该有一定的联系，能增加活力、效益、效率和控制力。一体化战略的类型分为：

（1）纵向一体化战略，又叫垂直一体化战略，即将生产与原材料供应，或者生产与产品销售联合在一起的战略形式。其中，纵向一体化战略又分为后向一体化和前向一体化。例如，北汽公司生产车窗需要玻璃，一开始北汽公司是向一家玻璃供应商采购玻璃来进行生产，但随着北汽公司的产量越来越大，北汽公司就收购了这家玻璃供应商，使之成为北汽公司中的一个部门。这就是典型的后向一体化，企业向后与其供应商一体化进而推动企业发展。再比如，华为集团控制了销售和分配渠道的分销商，对产品进行自控式渠道分销和调配，就是典型的前向一体化。

（2）横向一体化战略，又称水平一体化战略，是指企业兼并处于同一生产经营阶段的企业为其长期活动方向，以促进企业实现更高程度的规模经济和迅速发展的一种战略，如图1－5所示。比如，海尔集团就先后兼并了原青岛空调厂、红星电器公司等十多家大中型电器企业，从而进一步发展海尔的各类电器的生产。

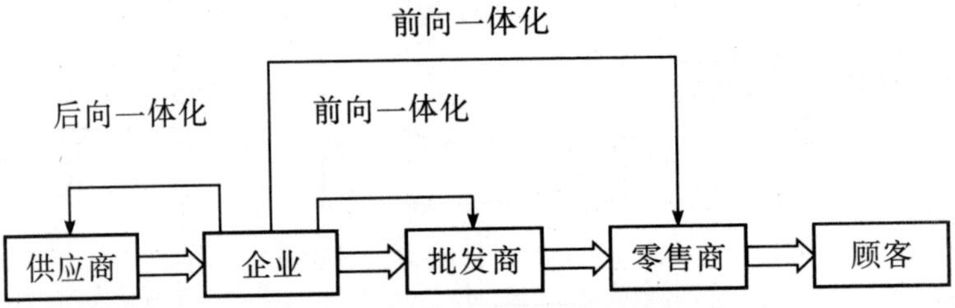

图1－5　横向一体化发展战略图

3．多元化发展战略

多元化发展战略是指企业开拓与它原来专业不同的经营领域，向市场提供不同用途的产品来取得增长的经营方式。根据企业现有业务与新业务之间在价值链上是否相关，可以将多样化发展战略分为：

（1）相关多元化战略，即公司进入的新业务与现有的业务在价值链上拥有战略匹配关系。例如，苹果公司生产iPhone到iTouch再到iPad，均使用苹果系统设计技术，只是产品的功能形式不同，这就是典型的相关多样化战略。

（2）非相关多元化战略，即公司增加与现有的产品、服务、技术或市场都没有直接或间接联系的新产品或服务。例如，北京国泰恒生投资（集团）有限公司涉及房地产、高速公路、电力、金融及高科技等完全不相关的业务范围，这就是典型的非相关多元化战略。

实训与实践：选择目标市场

薇薇化妆品有限责任公司于21世纪初开发出适合南方女性需求特点的具有独特功效的系列化妆品，并获得了国家专利。营销部经理初步分析了国内不同省市的情况，决定首选深圳作为主攻市场。为迅速掌握深圳市场的情况，公司派人员直赴深圳，主要运用调查法搜集一手资料。调查显示，深圳市场需求潜力大，购买力强，且没有同类产品竞争者。在调查基础上又按年龄层次将深圳女性化妆品市场划分为18～28岁、28～38岁及38岁以上三个子市场。营销经理对前期工作感到相当满意，为确保成功，他正在思考再进行一次市场试验，并选择了其中最大的一个子市场进行重点开发。

如果你是营销经理，应该运用哪种调查方式搜集一手资料，才能做出目标市场的选择？

提示：（1）电话访问、邮寄问卷和人员访问及其特点。（2）选择18～28岁这个子市场，由市场结构所决定。

一、实训基本信息	
实训项目名称	薇薇化妆品深圳市场选择问题实训
二、实训项目	
调查方式选择	①电话访问； ②邮寄问卷； ③人员访问； （调查内容需要包括市场三要素）
市场调查评估	①18～28 岁市场： ②28～38 岁市场： ③38 岁以上市场：
市场总结	（例如：28～38 岁市场人口数量最多、购买力最强、对化妆品购买欲望强烈，所以 28～38 岁市场是薇薇化妆品公司进入深圳要开发的重点市场）

思考题

1. 什么叫市场？市场有什么特征？如何理解市场的三要素？
2. 如何理解市场营销的内涵？市场营销的中心任务是什么？
3. 如何理解需要、欲望和需求？如何理解商品交换和交易？
4. 在市场营销理论中，4Ps 理论与 4Cs 理论的区别是什么？
5. 谈一谈你如何理解企业营销战略。

任务二　市场环境与市场机会

学习目标

通过本任务的学习，应明确市场环境分析以及市场态势分析的含义和作用，理解市场环境分析与市场态势分析的区别和联系；熟悉市场环境分析中的几大基本要素，熟练掌握市场环境分析的方法；理解市场态势分析的种类，掌握市场态势分析的四大分析模型：SWOT 分析模型、环境威胁分析模型、环境机会分析模型、综合环境分析模型。

近年来，国家鼓励跨境电商的发展，优惠政策相继出台，降低了进口商品的成本，使消费者在国内能购买与国外同等价位的商品。李克强总理在国务院常务会议中提出了实施“互联网＋流通”行动计划，推动实体市场与网络市场融合发展。支持企业建设境外营销、支付结算和仓储物流网络，鼓励流通企业与制造企业集群式走出去。除此之外，作为服务商的 PayPal、中国邮政、支付宝和微信支付都为整个跨境电商产业提供了重要的资金流通保障。

面对这样的市场环境与机会，被网易 CEO 丁磊精心养成、已经“蛰伏”一年多的考拉终于公开亮相。2016 年 3 月 29 日，丁磊出席网易在北京举办的新闻发布会，正式宣布推出网易考拉跨境电商业务，此前一年多的经营被定义为“试运营”。考拉团队设定的模式是，做自营直采电商平台，卖来自全世界的精选商品；物流上以保税备货为主，海外直邮为辅；支付方面对接支付宝、微信支付、网银等所有主流支付通道。网易发布的 2016 财年第四季度财报显示，网易泛电商业务的全年净收入为 36.99 亿元，2014 年为 11.02 亿元，同比增长 235.7%。虽未提及考拉的具体营收数额，但相比 2015 年同期财报可以看出，跨境电商业务逐渐成为网易的下一个重点板块。

网易 CEO 丁磊对市场环境的精准分析，为公司牢牢抓住了“跨境电商”这一市场机会，为企业带来了巨大的利益。由此可见，对市场环境的分析与机会的把握对于一个企业来说，起着至关重要的作用。

应用一　市场环境分析

市场环境是指影响企业产品生产和销售的一系列外部因素，这些因素与企业的市场营销活动密切相关，它是企业开展市场营销活动的依据，影响着企业的生存和发展。市场环境的变化，既可以给企业带来市场机会，也可能形成某种威胁。因此，对市场环境的分析，是企业开展经营活动的前提。

企业的市场环境包括微观市场环境（企业内部、供应商、竞争者、消费者、社会公众等）和宏观市场环境（地理、经济、自然、科技、人口、政治、文化等）。

一、微观市场环境及分析

微观市场环境指的是直接制约和影响企业营销活动的力量和因素，包括企业的供应商、竞争者、消费者、社会公众、营销中介等。比起企业的宏观环境，企业的微观环境对企业的影响将会更加直接和强劲。因此，对于企业而言，对市场微观环境的准确分析与把握极为重要。

（一）企业内部环境

企业内部环境是指企业内部各部门面对市场环境变化所作出的反应能力，企业内部一般包括计划、技术、采购、生产、营销、质检、财务、后勤等部门。通过对内部环境条件的分析，明确企业所具有的优势与劣势，内部环境条件对企业开展的营销活动产生无法忽视的影响，企业内部各职能部门的工作及其相互之间的协调关系，直接影响企业的整个营销活动。

案例分析 部门之间的障碍（内部环境）影响企业业务发展

惠州一家染发膏生产公司，其业务员几乎一周有4~6天都在全国各地跑业务，可能只有1~2天回到公司，然而，其财务部门只有周一、周三、周五接受业务员报销事宜，对于长期在外跑业务的业务员极为不便，甚至有些业务员半年没有办法完成报销手续，累计未报销金额数万元。慢慢地，该公司业务员都不愿意到远的省市跑业务，更没有办法掌握其他省市的市场情况，不仅使公司损失了大量的外省业务，还对公司开拓全国市场产生了极大的恶性影响。

由上述例子显而易见，公司之所以损失大量的外省业务，利润下降，其中最重要的问题就是业务部与财务部之间的报销障碍问题。由此，企业内部各职能部门的工作必须协调，否则将会对企业产生无法估计的损失。同时，在进行企业微观环境分析时，也要特别注意对企业内部各职能部门的环境进行分析，从而更好地找出一些潜在的问题并及时解决。

（二）供应商

供应商是指为企业进行生产经营所需而提供特定的资源，包括原材料、辅助材料、设备、能源、劳务、资金以及其他用品等的企业。供应商是企业可以正常生产的重要保障之一，对企业营销有重要的影响作用。

1. 货物供应的及时性和稳定性

保证供应原材料、辅助材料、设备、能源等资源是企业营销活动顺利进行的基础。例如，对于火腿肠的生产商而言，及时的猪肉供应就显得极为重要，如果生产商不能及时地获得合格的猪肉供应，则无法进行正常生产，那么该生产商就无法再进行任何的市场活动。因此，在进行供应商分析时，需要对供应商的供货能力及其稳定性进行分析。

2. 货物的供应价格的波动

货物的供应价格一旦发生变动，则企业的成本也会受到直接影响。例如，供应商提高原材料价格，必然会带来企业的产品成本上升，此时企业将面临两种选择：一是保持原定价格不变，当产品成本上升，企业利润则下降，甚至面临亏损；二是在原定价格上进行提价，则产品可能面临销量下降的风险。因此，供应商的供货价格会对企业产生直接的利益影响，需要在分析供应商时重点分析其供货价格变化的方向与可能性。

3. 供应货物的质量保证

供应商能否供应质量有保证的生产资料直接影响到企业产品的质量，进一步会影响到销售量、利润及企业信誉。例如劣质黄豆难以酿制醇良的酱油，劣质的奶源难以生产出高品质的奶粉。因此，在分析供应商的供货质量时，需要进行更加全面的考察。

（三）营销中介分析

营销中介是指为企业营销活动提供各种服务的企业或部门的总称，其主要功能是帮助企业推广和分销产品，只有通过有关营销中介所提供的服务，企业才能把产品顺利地送达目标消费者手中，因此，对营销中介的分析十分有必要。营销中介分析的主要对象包括如下几种类型：

1. 中间商

中间商指把产品从生产商流向消费者的中间环节或渠道。中间商决定了产品在流向消费者过程中所耗费的时间成本、运送成本、声誉成本等，为此，一个适合并且合格的中间商对企业而言就显得至关重要。因此，为保证与中间商的合作能实现共赢，企业必须在进行市场环境分析时，充分了解和分析期望合作的中间商的经营活动，以及其在过往经营活动中的综合表现。

2. 物资分销机构

物资分销机构指帮助企业进行保管、储存、运输的物流机构，包括仓储公司、运输公司等。这些物流机构是否安全、便利、经济直接影响企业营销效果。因此，企业必须在确定合作的物资分销机构之前，对它们进行调查与分析。

3. 营销服务机构

营销服务机构指在企业营销中提供专业服务的机构，例如市场调研公司、广告策划公司等。这些机构协助企业了解市场，进行市场定位，制作宣传广告等，因此，如果这些机构的实力与能力不达标，则会直接影响企业获取市场情报以及影响企业宣传广告的效果。所以，企业必须对这些营销服务机构进行充分的分析，选择最能为本企业提供有效服务的机构。

4. 金融机构

金融机构指在企业营销活动中进行资金融通的机构，包括银行、信托公司、保险公司等。金融机构的主要功能是为企业营销活动提供融资及保险服务。这类金融机构会对企业的资金融通产生重大影响，为此，企业必须在选择金融机构时进行充分的信息分析，以确保所选择的机构既可靠又能保证与其融资及信贷业务的稳定和渠道的畅通。

（四）顾客分析

顾客是企业营销活动的最终目标市场。顾客对企业营销的影响程度远远超过前述的环境因素。现代市场营销中，顾客是市场的中心，只有得到了顾客认可的企业才能赢得这个市场。因此，对顾客的分析至关重要。顾客分析的市场类型包括如下几种：

1. 消费者市场

消费者市场指为满足个人或家庭消费需求而购买产品或服务的个人和家庭。

2. 组织市场

组织市场指工商企业为从事生产经营活动，以及政府部门和非营利机构为履行职责而购买产品和服务所构成的市场。包括产业市场、非营利组织市场和政府市场。

顾客分析的关键是对顾客需求的分析。上述两类市场的需求各不相同，企业需要按照他们的需求、欲望和偏好以不同的方式提供产品或服务。例如，增城一家木制家具制造商，它所生产的课桌椅等产品的主要目标顾客除了一些需要课桌椅的家庭之外，还有广东省的一些学校。家庭对课桌椅的要求可能是美观、质量好，对价格则不看重，而学校对课桌椅的要求除了在数量与型号上与家庭会大不相同之外，对美观的要求应该比较低，相反更注重性价比。为此，这家制造商如果不做充分的顾客分析，而是给家庭与学校提供同样的课桌椅，可想而知它的产品将必然不会被所有客户所接受。

由此可见，企业要注重对顾客进行研究，分析顾客的需求规模、需求结构、需求心理以及购买特点，这是企业营销活动的起点和前提。

（五）竞争者分析

竞争对手的营销策略及营销活动的变化会直接影响企业营销，竞争对手的产品价格、促销手段的变化，以及其新产品对开发、销售服务的加强都将直接对企业造成威胁。例如，“E + 咖啡”是A商场的咖啡豆销售商铺中的领头羊，除了“E + 咖啡”，A商场中同类型的咖啡豆销售商铺还有3家，这4家店的竞争一直非常激烈。为了在竞争对手中脱颖而出，其中一家小商店“啡悦咖啡”推出了购买咖啡豆免费享受咖啡研磨与冲泡服务，只要在这家店购买了咖啡豆，所购买的咖啡豆就可以放在店中，消费者可以随时到店内享受现磨的咖啡而不需要附加任何服务费用。这项服务一推出，便受到了消费者欢迎，然而“E + 咖啡”却浑然不知，只知道客人变少了，却完全不明白自己的客人是如何被竞争对手抢走的。在短短一个月之后，“E + 咖啡”门可罗雀，而原来销量远不如“E + 咖啡”的“啡悦咖啡”却一举成为A商场的咖啡豆明星商铺。为此，企业在制定营销策略前必须先弄清竞争对手，特别是同行业竞争对手的生产经营状况，做到知己知彼，有效地开展营销活动。

一般说来，企业在营销活动中需要了解、分析竞争对手的情况包括竞争企业的数量、规模、能力、顾客的依赖程度、营销策略等。

（六）社会公众分析

社会公众是企业营销活动中与企业营销活动发生关系的各种群体的总称，包括媒体公众、政府公众、社团公众、社区公众、金融公众、内部公众等。社会公众虽然不会对企业的盈利造成直接的影响，但是社会公众可以很大程度地作用于企业的品牌形象与声誉等企业无形资产中。尤其是在现代互联网时代，社会公众的信息传播能力被无限扩大，所以企业必须处理好与社会公众的关系，争取社会公众的支持和偏爱，为自己营造和谐、宽松的社会环境。因此，对社会公众进行充分的心理分析、行为分析等就显得尤为重要。

二、宏观市场环境及分析

宏观市场环境是指对企业营销活动造成市场机会和环境威胁的外部因素，包括人口环境、经济环境、政治环境、法律环境、文化环境、自然环境、科技环境等。分析宏观环境的目的在于更好地认识环境，通过企业营销的努力来适应社会环境及变化，达到企业的目标。

（一）人口环境分析

人口是市场的第一要素。人口的数量、性别、年龄、民族、婚姻状况、职业、居住分布等对市场的规模以及格局有着重大影响，因此人口环境会影响企业的市场活动。为此，企业必须重视对人口环境的分析及研究，从而及时地调整营销策略以适应人口环境的变化。

1. 人口数量

人口数量是决定市场规模的一个基本要素。人口的数量及其波动尤其对人们生活必需品的需求内容和数量影响很大，如果收入水平不变，人口越多，对食物、衣着、日用品的需要量也越多，市场也就越大。因此，所在国家或地区的人口数量及其变化是企业应该最先关注和分析的因素之一。

2. 人口结构分析

人口是构成市场的主要因素，没有人就没有市场。人口的多少反映市场潜力的大小。人口的结构包括年龄、性别、文化水平、家庭、社会、民族等，对市场的形成产生了很大的影响。

（1）年龄结构。不同年龄的消费者对商品和服务的需求是不一样的，因此，企业需要了解不同年龄结构所具有的需求特点，并且进行分析，从而决定企业产品的投向，寻找目标市场。例如，现今的中国人口老龄化问题十分显著，一个家庭中可能达到老年人的数量比例就超过了50%（爷爷、奶奶、外公、外婆、爸爸、妈妈、孩子），随着社会发展，生活水平不断提高，在这样的年龄结构下，老年人市场必然空前广阔，潜力巨大，很多企业都抓住了这一年龄结构变化的特征，老年人护理、老人手机、老年人牛奶等产品或服务应运而生。

（2）性别结构。性别差异也会给人们的消费需求带来显著的差别，例如，男性可能更喜欢蓝黑色包装，女性可能更喜欢粉红色包装等。因此，企业可以通过分析不同性别的不同市场需求，生产适销对路的产品，制定有效的营销策略，赢得更大的市场份额。

（3）教育与职业结构。人口的教育程度与职业不同，会对市场需求表现出不同的倾向。随着高等教育规模的扩大，人口的受教育程度普遍提高，则人口对广告内容的接受程度也会逐渐提高。例如，在部分国家，人口识字率依然不到50%，则企业如果在该国家进行宣传，就必须照顾到绝大多数人的教育程度，更多地使用图片、视频、声音等媒介代替文字进行广告宣传。由此可见，对教育与职业结构的分析对于企业后期制定营销策略而言是十分必要的。

（4）家庭结构。一个国家或地区的家庭单位的多少以及家庭平均人员的多少，可以直接影响到某些消费品的需求数量。同时，不同类型的家庭往往有不同的消费需求。例如，现今的中国，家庭平均人员大多在2～4人，中国普遍销售的洗衣机或电饭煲的规格也都在2～4人的使用范围，这样的现象不是偶然，而是企业在进行产品设计与生产前做好了充足的环境分析才制定出的有效策略。

（5）社会结构。我国是一个以农业人口占多数的国家，但是，城市化进程发展迅速，城市化率由1978年的不足18%提高到目前的48%，新农村建设、城镇化成为我国经济建设的一个趋势，因此，企业营销应充分考虑到社会结构的变化。当企业要进入新的市场时，必须充分了解与分析其市场所处的社会结构，才能做出有效决策。

（6）民族结构。我国是一个多民族的国家，民族不同，其文化传统、生活习惯也不相同，具体表现在饮食、居住、服饰、礼仪等方面的消费需求都有自己的风俗习惯。企业营销要全面分析民族市场的特点，开发适合民族特性、受其欢迎的商品。

3. 人口分布分析

人口有地理分布上的区别，人口在不同地区密集程度是不同的。各地人口的密度不同，则市场大小不同、消费需求特性不同。因此，企业应进行详细的人口分布调查与分析，从而更有效地开拓市场。例如日本尼西奇公司在二战后初期，仅有30余名职工，生产雨衣、游泳帽、卫生带、尿布等橡胶制品，订货不足，经营不稳，企业有朝不保夕之感。公司董事长多川博从人口普查中得知，日本每年大约出生250万婴儿，如果每个婴儿用两条尿布，一年就需要500万条，这是一个相当可观的尿布市场。多川博决定放弃尿布以外的产品，把尼西奇公司变成尿布专业公司，集中力量，创立名牌，成了“尿布大王”。

（二）经济环境

经济环境是影响企业营销活动的主要环境因素，它包括收入因素、消费支出、产业结构、经济增长率、货币供应量、银行利率、政府支出等因素，其中收入因素、消费结构对企业营销活动影响较大。

1. 消费者收入分析

收入因素是构成市场的重要因素。消费者的收入决定了消费者的购买力，而消费者的购买力则是决定市场规模的根本因素。因此，企业必须从市场营销的角度来研究消费者收入，通常从以下几个方面进行分析。

（1）国民生产总值。它是衡量一个国家经济实力与购买力的重要指标。国民生产总值增长越快，对商品的需求和购买力就越大，反之，就越小。

（2）人均国民收入。这是用国民收入总量除以总人口的比值。一般来说，人均收入增长，对商品的需求和购买力就大，反之就小。

（3）个人可支配收入。指在个人收入中扣除消费者个人缴纳的各种税款和交给政府的非商业性开支后剩余的部分，可用于消费或储蓄的那部分个人收入构成实际购买力。个人可支配收入是真正影响消费者购买生活必需品的决定性因素。

（4）个人可任意支配收入。指在个人可支配收入中减去消费者用于购买生活必需品的费用支出（如房租、水电、食物、衣着等开支）后剩余的部分。这部分收入是消费需求变化中最活跃的因素，也是企业开展营销活动时所要考虑的主要对象。这部分收入一般用于购买高档耐用消费品、娱乐、教育、旅游等。

（5）家庭收入。家庭收入的高低会影响很多产品的市场需求。一般来讲，家庭收入高，对消费品需求大，购买力也大；反之，需求小，购买力也小。

2. 消费者支出分析

随着消费者收入的变化，消费者支出会发生相应变化，继而使一个国家或地区的消费结构也会发生变化。1857年，德国统计学家恩斯特·恩格尔（Ernst Engel）发现了消费者收入变化与支出模式，恩格尔所揭示的这种消费结构的变化通常用恩格尔系数来表示，即：恩格尔系数＝食品支出金额/家庭消费支出总金额。

恩格尔系数越小，即食品支出所占比重越小，表示家庭生活越富裕，生活质量越高；反之，恩格尔系数越大，食品支出所占比重越大，表示家庭生活越贫困，生活质量越低。

恩格尔系数是衡量一个国家、地区、城市、家庭生活水平高低的重要参数。同时，其也可以帮助企业分析当前市场的消费水平，从而推知今后消费变化的趋势及对企业营销活动的影响。

3. 消费者储蓄分析

消费者的储蓄行为直接制约着市场消费量购买的大小。当收入一定时，储蓄就与现实购买成反比。然而，消费者储蓄倾向是受到银行储蓄利率、物价波动等因素变化影响的。同时，人们的储蓄目的也不尽相同。企业应关注居民储蓄的增减变化，了解居民储蓄的不同动机，同时进行分析，从而制定相应的营销策略，获取更多的商机。

课堂实训 不要小看“入乡随俗”的重要性

1973年9月，香港市场的肯德基公司突然宣布多间家乡鸡快餐店停业，只剩下四间还在勉强支撑。肯德基的家乡鸡采用当地鸡种，但其喂养方式仍是美国式的。用鱼肉喂养出来的鸡破坏了中国鸡的特有口味。另外家乡鸡的价格对于一般市民来说有点承受不了。在美国，顾客一般是驾车到快餐店，买了食物回家吃。因此，在店内通常是不设座位的。在香港市场的肯德基公司仍然采取不设座位的服务方式。为了取得肯德基家乡鸡首次在香港推出的成功，肯德基公司配合了声势浩大的宣传攻势，在新闻媒体上大做广告，采用该公司的世界性宣传口号“好味到舔手指”。凭着广告攻势和新鲜劲儿，肯德基家乡鸡还是火红了一阵子，很多人都乐于一试，一时间也门庭若市。可惜好景不长，3个月后，就“门前冷落鞍马稀”了。到1975年2月，首批进入香港的美国肯德基连锁店集团全军覆没。在世界各地拥有数千家连锁店的肯德基为什么唯独在香港遭受如此厄运呢？经过认真总结经验教训，发现是中国人固有的文化观念决定了肯德基的惨败。10年后，肯德基带着对中国文化的一定了解卷土重来，并大幅度调整了营销策略。广告宣传方面低调，市场定价符合当地消费，市场定位于16岁至39岁的人群。1986年，肯德基家乡鸡新老分店的总数在香港为716家，占世界各地分店总数的1/10，成为香港快餐业中的四大快餐连锁店之一。

（资料来源：https://www.taodocs.com/p-94835731.html）

肯德基公司20世纪70年代为什么会在香港全军覆没？80年代该公司为什么又能取得辉煌的成绩呢？我们分析肯德基公司20世纪70年代在香港全军覆没主要是因为鸡的口味和价格不符合香港市场的消费习惯和消费水平，店内通常不设座位的美国方式不符合香港市场的就餐习惯，在世界其他地方行得通的广告词“好味到舔手指”在中国人的观念里不容易被接受，在中国舔手指被视为肮脏的行为，味道再好也不会去舔手指。人们对这种广告起了反感。案例中，肯德基公司在20世纪70年代因为忽视了香港的社会文化环境，忽视了中国人固有的文化观念、消费习惯和购买行为特点，导致其产品在香港市场全军覆没。20世纪80年代，肯德基公司总结上次开拓市场的经验，吸取上次的失败教训，重视对市场营销环境的研究，采取了富有针对性的营销策略，因此取得了辉煌的成绩。肯德基在香港市场上的沉浮深刻地说明了：市场犹如一匹烈马，只有了解它才能更好地驾驭它。企业的经营管理活动并非企业自身独立的活动，必然与周围环境发生各种各样的联系，各种环境的变化决定或影响着企业的经营管理。企业必须关注、监测和预测其周围市场营销环境的发展变化，并善于分析和识别由于环境变化而造成的主要市场机会和威胁，及时采取适当的措施和对策，使其经营管理与市场营销环境的发展变化相适应。

（三）政治环境分析

政治环境是指企业市场营销活动的外部政治形势。一个国家的政局稳定与否，会给企业营销活动带来重大的影响。企业在市场营销中，特别是在对外贸易活动中，一定要考虑东道国政局变动和社会稳定情况可能造成的影响。

（四）法律环境分析

法律环境是指国家或地方政府所颁布的各项法规、法令和条例等，它是企业营销活动的准则，企业只有依法进行各种营销活动，才能受到国家法律的有效保护。企业的营销管理者必须熟知有关的法律条文，才能保证企业经营的合法性，运用法律武器来保护企业与消费者的合法权益。

（五）社会文化环境

社会文化环境是指在一种社会形态下已经形成价值观念、宗教信仰、风俗习惯、道德规范等的总和。企业对文化差异的敏感性可以帮助企业快速地适应市场。为此，企业应了解和分析社会文化环境，针对不同的文化环境制定不同的营销策略，组织不同的营销活动。企业营销对社会文化环境的研究一般包括教育状况分析、宗教信仰分析、价值观念分析、消费习俗分析等。

（六）自然环境

自然环境指自然界提供给人类的各种形式的物质资料，如阳光、空气、水、森林、土地等。对企业来说，应该关注自然环境变化的趋势，并从中分析企业营销的机会和威胁，制定相应的对策。

（七）科技环境

科学技术是社会生产力中最活跃的因素。现代科学技术突飞猛进，科技发展对企业营销活动的影响主要表现在以下几个方面。

1. 社会经济结构的调整

每一种新技术都会给有些企业带来新的市场机会，同时，也会给某些行业、企业造成威胁。例如，曾经耳熟能详的“柯达”公司，作为相机胶卷业的霸主，却因为数码相机技术的成熟及大力推广，而无情地被市场所淘汰，淡出大众视野。

因此，企业对科技环境的分析可以很好地预防当企业一个产品进入衰退期时，无产品可阶梯登场的窘迫局面。

2. 消费者购买行为的改变

随着多媒体和网络技术的发展，出现了“网上购物”“跨境购物”等新型购买方式。当企业意识到这一环境之后，大量企业利用这种机遇进行网络营销，赢得网络消费者的喜好与市场。

3. 营销管理的现代化

科技发展为企业营销管理现代化提供了必要的装备，如电脑、传真机、电子扫描装置、光纤通信等设备的广泛运用，对改善企业营销管理、实现现代化起了重要的作用。同时，科技发展对企业营销管理人员也提出了更高要求。

课堂实训 肯德基在中国的成功与美国牛肉在日本的失败

1986年初，被百事可乐公司以8.4亿美元巨款买走的美国肯德基炸鸡公司下属的国际公司，派一个执行董事带团队来北京考察投资环境。经过细致的市场调查和客观的分析，这位董事及其他工作人员得出一致结论：这是一个未经开拓的巨大市场，肯德基的风味快餐——炸鸡在中国有强大的竞争力。1987年，肯德基前门快餐厅正式开张。这里环境优雅，纤尘不染；山德士老头笑容和蔼，代为迎宾招客；色泽金黄的炸鸡更是使人垂涎欲滴。开业第一天，前门店就吸引了大批客人，创下日销售炸鸡2200份、营业额8.3万元的整个肯德基联号的世界最高纪录。世界其他地方尚未发现吃肯德基排队的事儿，前门店却整天顾客盈门，最多一天接待了8000人，卖出炸鸡2300只，座位周转率16次。当时，吃肯德基已成为中国人的一种时尚。

而另一家美国牛肉供应商在日本就没有如此幸运了。经过艰苦的游说，这家美国公司成功地迫使东京于1991年放开牛肉进口限制，然而这之后，事态远不如他们的想象，日本居民对美国牛肉并没有表示出多大的兴趣。问题究竟出在哪呢？原来其中的障碍并不是价格，而是顾客的嗜好。日本人常吃的是切得很薄的油煎牛肉，为此需要购买的是夹有肥肉的牛肉。而美国牛肉则比较瘦，肥肉是包在外面的。这种牛肉用来烧烤不错，但不适合日本式的油煎和肉片火锅。难怪美国牛肉会在日本受到冷遇了。

（资料来源：http://www.doc88.com/p－9327127105808.html）

肯德基在中国为什么会有如此大的魅力，而美国牛肉供应商在日本却遭受了巨大挫折呢？这主要归因于投资决策者能否对市场环境做出正确的分析和预测。

（1）肯德基对人口环境作了细致的考察。肯德基工作人员在北京王府井、西单、前门等主要商业繁华中心地带进行了人流量的测定，并对人流结构进行了分析。他们发现，这些地带集中了很多收入提高了的年轻中产阶级，这些年轻人愿意为舒适地坐在装修很好的美国式餐厅里掏腰包。同时，大批妇女就业，没有时间在家做饭。此外，许多外地经商人员和旅游者对在外就餐的需求量很大。

（2）肯德基注重选择地理位置，力争一炮打响，产生轰动效应。肯德基把第一家中国分店首先设在北京。一是因为北京是中国政治、经济、文化和交通中心，最具现代意识，最能迎合新潮，对外来饮食文化也最易接受；二是因为北京当时拥有1000多万都市人口和过百万流动人口，市场容量极大；三是因为北京有众多的外国驻华办事机构和公务商务旅游者，肯德基炸鸡店的开业将满足他们对早已习惯的西方食品的思念之情。

（3）肯德基重视决策前的市场分析，认真研究中国人的饮食习惯和口味特点。肯德基工作人员出入北京的主要繁华街道，用秒表测客流量，收集炸鸡味道、价格、店堂设计、用餐方式等问题的意见，又考察了北京鸡源、油、面、盐、菜等原料的供应情况，将样品带回美国逐一分析，认为肯德基家乡鸡在口味上非常接近中国食品，进餐时间和方式都顺应了当代中国人，因此具有广阔的发展前景。

所有这一切导致了肯德基在中国的成功，而这些正是美国牛肉供应商所缺乏的。如果它能像肯德基那样重视对外界环境的监测，事先做过细致的市场调查，对日本居民的饮食和消费习惯有更多的了解，也许就不会陷入如此尴尬的境地。

应用二　市场态势分析

市场态势的实质就是市场竞争的态势，目的就是与对手争夺市场占有率，从而获得竞争优势，赢得市场地位。所以，了解所在行业当前以及未来的态势，竞争对手环境态势，整个行业市场环境会如何变化，这些都相当重要。

一、SWOT 分析

SWOT 分析法，即态势分析法，就是将与研究对象密切相关的各种主要内部优势、劣势和外部的机会、威胁等，通过调查列举出来，并依照矩阵形式排列，然后用系统分析的思想，把各种因素相互匹配起来加以分析，从中得出一系列相应的结论，而这些结论通常带有一定的决策性。SWOT 分析实际上是将企业内外部条件各方面内容进行综合和概括，进而分析组织的优劣势、面临的机会和威胁的一种方法。SWOT 分析图如图 2－1 所示。

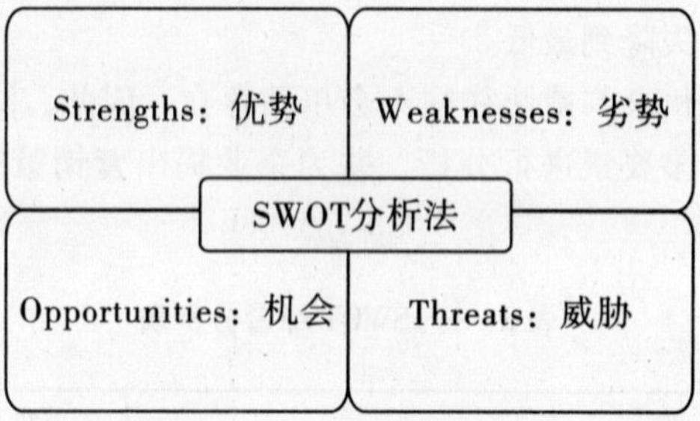

图 2－1 SWOT 分析图

运用这种方法，可以对研究对象所处的情景进行全面、系统、准确的研究，从而根据研究结果制定相应的发展战略、计划以及对策等。SWOT 分析法常常被用于制定集团发展战略和分析竞争对手情况，在战略分析中，它是最常用的方法之一。通过 SWOT 分析，可以帮助企业把资源和行动聚集在自己的强项和有最多机会的地方，并让企业的战略变得更加明朗。

SWOT 分析中，S（strengths）是优势，W（weaknesses）是劣势，O（opportunities）是机会，T（threats）是威胁。按照企业竞争战略的完整概念，战略应是一个企业"能够做的 SW"（即组织的强项和弱项）和"可能做的 OT"（即环境的机会和威胁）之间的有机组合。通过分析知道，"能够做什么"即组织的优势（S）和劣势（W）；"可能做什么"即环境的机会（O）和威胁（T）。

（一）优势分析

优势是指组织机构的内部因素，具体包括有利的竞争态势、充足的财政来源、良好的企业形象、技术力量、规模经济、产品质量、市场份额、成本优势、广告攻势等。通过优势分析，企业可了解自身的优点与核心竞争力，从而可以进一步提高优势，并且利用优势抢占市场份额。

（二）劣势分析

劣势是组织机构的内部因素，具体包括设备老化、管理混乱、缺少关键技术、研究开发落后、资金短缺、经营不善、产品积压、竞争力差等。通过劣势分析，企业可以了解自身的不足与缺陷，并及时对不足进行改善，如果经分析是无法改善的缺陷，那么就尽量在市场上突出优势、掩盖不足，从而使得企业提高市场份额。

(三) 机会分析

机会是组织机构的外部因素，具体包括新市场、新需求、新产品、新技术、外部市场壁垒解除、竞争对手失误等。通过机会分析，企业可以及时地抓住合适的市场机会，并借市场机会进一步扩大企业业务及市场份额。

(四) 威胁分析

威胁是组织机构的外部因素，具体包括新的竞争对手、替代产品增多、市场紧缩、行业政策变化、经济衰退、客户偏好改变、突发事件等。通过威胁分析，企业可以提早做好风险规避与预防工作，例如，在明知行业将面临衰退威胁下，提早做好企业产品转型或产业转型的工作，将企业损失降到最低。

企业的优势、劣势、机会与威胁往往不会单独存在，因此，除了要对每一个要素单独进行分析外，还需要综合多要素进行分析，并为企业提出营销策略的方向。SWOT 综合分析表如表 2－1 所示。

表 2－1　SWOT 综合分析表

内部分析 外部分析	优势 S 列出优势	劣势 W 列出劣势
机会 O 列出机会	SO 战略 发展优势 利用机会	WO 战略 克服劣势 利用机会
威胁 T 列出威胁	ST 战略 利用优势 回避威胁	WT 战略 减少劣势 回避威胁

按照 SWOT 综合分析表，对中国邮政进行 SWOT 分析，分析结果如表 2－2 所示。

表2－2 中国邮政SWOT分析表

内部分析 / 外部分析	优势（strengths）	劣势（weaknesses）
	• 作为国家机关，拥有公众的信任 • 顾客对邮政服务的高度亲近感与信任感 • 拥有全国范围的物流网 • 拥有众多的人力资源 • 拥有创造邮政金融的可能	• 上门取件相关人力及车辆不足 • 市场及物流专家不足 • 组织、预算、费用等方面的灵活性不足 • 包裹破损的可能性很大 • 追踪查询服务不够完善
机会（opportunities）	SO战略	WO战略
• 随着电子商务的普及，对寄件需求增加（年平均增加38%） • 能够确保应对市场开放的视野自由度 • IT等关键技术的飞跃性发展	• 以邮政网络为基础，积极进入宅送市场 • 进入商场配送市场 • ePOST活性化 • 开发灵活运用关键技术的多样化的邮政服务	• 构成邮寄包裹专门组织 • 实物与信息的统一化，进行及时的追踪及物流控制 • 将增值服务及一般服务差别化的价格体系的制定及服务内容的再整理
威胁（threats）	ST战略	WT战略
• 通信技术发展后，对邮政的需求可能减少 • 现有宅送企业的设备投资及代理增多 • WTO邮政服务世行开放的压力 • 国外宅送企业进入国内市场（如德邦、DHL等）	• 灵活运用范围宽广的邮政物流网络，树立积极的市场战略 • 通过与全球性的物流企业进行战略联盟 • 提高国外邮件的收益及服务 • 为了确保企业顾客，树立积极的市场战略	• 根据服务的特性，对高过详情与包裹运送网分别运营 • 对已经确定的邮政物流运营提高效率，由此提高市场竞争力

二、环境威胁与机会分析

企业通过监测和跟踪市场营销环境发展趋势，可以发现市场机会和威胁，并且采用威胁或机会分析，从而调整营销策略以适应环境变化。

（一）环境威胁分析

环境威胁是指营销环境中对企业营销不利的各项因素的总和。企业面对环境威胁，如果不果断地采取营销措施，避免威胁，其不利的环境趋势势必伤害企业的市场地位，甚至使企业陷于困境。环境威胁对于企业来说是客观存在的，其对营销活动的影响程度是不同的，有的严重一些，有的则轻一些，因此，可以按它的潜在严重性和它出现威胁的可能性大小列成环境威胁分析矩阵图进行分析，如图 2－2 所示。

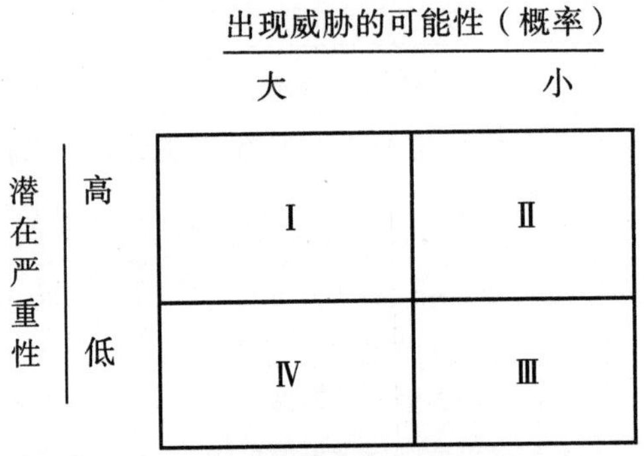

图 2－2　环境威胁分析矩阵图

在环境威胁分析矩阵图中，纵轴表示威胁潜在的严重性，即环境威胁出现后给企业带来利益损失的大小；横轴表示出现威胁的可能性，一般用概率值来表示，数值越大，表示出现威胁的可能性越大，数值越小，表示出现威胁的可能性越小。在环境威胁分析矩阵图中，环境威胁的潜在严重性和出现威胁的可能性是不同的。

区域Ⅰ：出现威胁可能性非常大，且潜在严重性极高。这意味着公司非常容易出现威胁，并且威胁一旦出现，必将会给企业造成极大的利益损失。因此，此区域应予以高度重视，及时制定应变策略。

区域Ⅱ：出现威胁的可能性小，但是威胁潜在的严重性非常高。这意味着，一旦出现威胁，就会给企业造成极大的利益损失，因而不可掉以轻心。

区域Ⅲ：出现威胁的可能性小并且威胁的潜在严重性也小。所以，此区域一般不对企业构成威胁，是最佳的市场营销环境。

区域Ⅳ：出现威胁的可能性大但是威胁的潜在严重性小。这意味着企业容易出现威胁，但是出现以后对企业造成的损失较小，问题虽然小，但也应加以注意。

在环境威胁分析中，企业应特别重视区域Ⅰ和区域Ⅱ的营销环境，要把主要精力放在对这两种环境的监测和改变上，防止威胁给企业带来的营销风险。

（二）市场机会分析

市场机会是指营销环境中对企业市场营销有利的各项因素的总和。有效地捕捉和利用市场机会，是企业营销成功和发展的前提。分析评价市场机会主要有两个方面：一是考虑机会给企业带来的潜在利益的大小，二是考虑机会出现概率的大小，如图 2－3 所示。

在市场机会分析矩阵图中，纵轴表示潜在吸引力，即潜在的盈利能力，用利润额表示；横轴表示成功的可能性，用概率值来表示，数值越大，成功的可能性越大，反之越小。在市场机会分析矩阵图的四个区域中，其潜在吸引力和成功的可能性是不同的。

区域Ⅰ：潜在吸引力和成功的可能性都很大。这是最好的营销环境机会，企业应抓住和利用这一机会，谋求发展。

区域Ⅱ：潜在的吸引力大，而成功的可能性小。因此，企业应设法找出成功可能性低的原因，然后设法扭转不利因素，使企业自身条件加以改善。

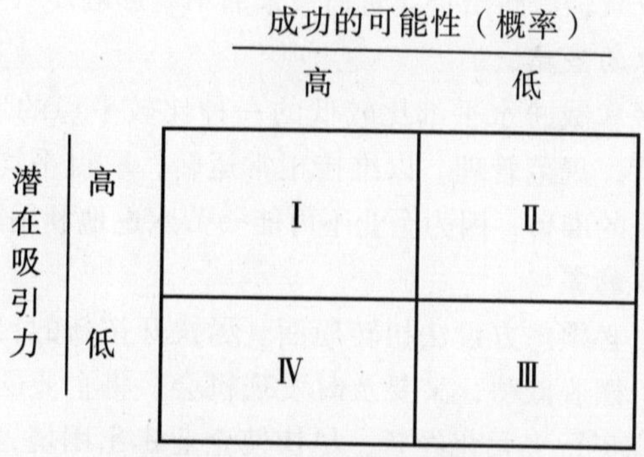

图2－3 市场机会分析矩阵图

区域Ⅲ：潜在吸引力小，而成功的可能性也小。因此，企业一般无机会可言。

区域Ⅳ：潜在吸引力小，而成功的可能性大。对中小企业来说，可以积极利用，而对大型企业来说，应该观察其发展变化趋势，并依据变化情况及时采取措施。

（三）综合环境分析

在企业实际面临的客观环境中，单纯的威胁环境和机会环境是少有的。一般情况下，营销环境都是机会与威胁并存，利益与风险结合在一起的综合环境，如图2－4所示。

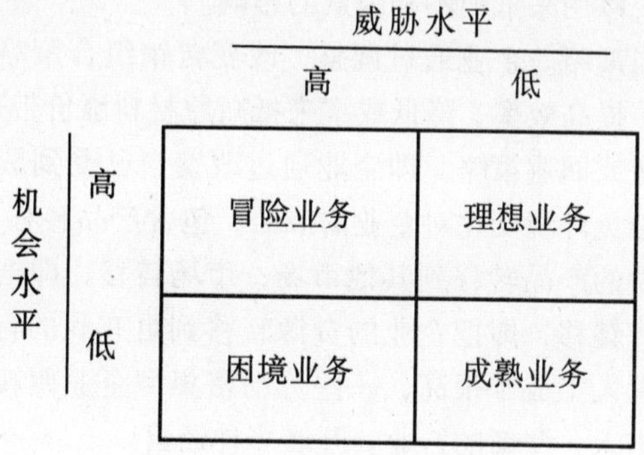

图2－4 综合环境分析图

1. 理想环境应采取的策略

由图2－4可看出，理想环境是机会水平高，威胁水平低，利益大于风险，这是企业难得遇上的好环境。企业必须抓住机遇，扬长避短，在原有的基础上扩大生产和经营规模，并充分运用营销组合，全面提高产品或企业的市场地位，争取将产品和企业发展、培育成为名牌产品和名牌企业。

2. 冒险环境应采取的策略

冒险环境是机会和威胁同在，利益与风险并存，在有很高利益的同时，存在很大的风险。面临这样的环境，企业必须加强调查研究，进行全面分析，发挥专家优势，审慎决策，以降低风险，争取利益；有开拓能力的领导层，也可抓住机会，努力在冒险环境中捕捉商机，开拓业务；面对威胁，要冷静分析，要善于扬长避短，调整市场营销组合策略来改善环境，适应环境变化，以减轻威胁给企业营销带来的不利影响。

3. 成熟环境应采取的策略

成熟环境是机会水平和威胁水平都比较低的一种比较平稳的环境。面对这样的环境，企业一方面要按常规经营，规范管理，以维持正常运转，取得平均利润；另一方面，企业要积极、主动地作好应变的准备，因为企业不可能一劳永逸地利用同一市场机会。

4. 困难环境应采取的策略

企业面对困难环境，必须想方设法扭转局面。尽快开拓新的目标市场，实施新的营销手段及策略，既要减轻、摆脱威胁，又要及时发现机会，将企业的业务尽快转移到盈利水平更高的行业或市场，或实行多元化经营，尽快使企业走出困境，以避免更大的损失。如果大势已去，无法扭转，则必须采取果断措施，退出该环境，另谋出路。

在面对潜在吸引力很大的市场机会时，做营销决策一定要特别慎重，要结合市场竞争的现状和发展趋势及企业的能力等各个方面，考虑成功的可能性。在很多情况下，许多企业只是看到了市场的吸引力，而忽视了企业要取得成功的其他决定因素，贸然地做出了进入的决策，导致企业陷入经营的困境甚至招致失败。

同时，企业针对环境威胁也要采取相应的对策：

对抗策略，也称抗争策略。即试图通过自己的努力限制或扭转环境中不利因素的发展。如通过各种方式促使（或阻止）政府通过某种法令或有关权威组织达成某种协议、努力促使某项政策或协议的形成以用来抵消不利因素的影响。

减轻策略，也称削弱策略。企业通过调整、改变营销组合策略，尽量减轻环境威胁的程度，如通过加强管理、提高效率、降低成本来抵减原材料涨价带来的威胁。

转移策略，也称转变或回避策略。即企业通过改变自己受到威胁的主要产品的现有市场或将投资方向转移来避免环境变化对企业的威胁，包含产品转移、市场转移和行业转移。产品转移，即把受到威胁的产品转移到其他市场；市场转移，即把企业的营销活动转移到新的细分市场上去；行业转移，即把企业的资源转移到更有利的行业中去，实行多元化经营。如在一些发达国家，人工成本很高，一些劳动密集型企业便转移到发展中国家进行生产；又如一些生产企业进入一些新的行业，开展多种经营。

案例分析 **沃尔玛 SWOT 分析**

优势（strengths）

沃尔玛是著名的零售业品牌，它以物美价廉、货物繁多和一站式购物而闻名。沃尔玛的销售额在近年内有明显增长，并且在全球化的范围内进行扩张，例如，它收购了英国的零售商 ASDA。沃尔玛的一个核心竞争力是由先进的信息技术所支持的国际化物流系统，在该系统支持下，每一件商品在全国范围内的每一间卖场的运输、销售、储存等物流信息都可以清晰地看到。信息技术同时也加强了沃尔玛高效的采购过程。沃尔玛的一个焦点战略是人力资源的开发和管理。优秀的人才是沃尔玛在商业上成功的关键因素，为此沃尔玛投入时间和金钱对优秀员工进行培训并建立忠诚度。

劣势（weaknesses）

沃尔玛建立了世界上最大的食品零售帝国。尽管它在信息技术上拥有优势，但因为其巨大的业务拓展，这可能导致对某些领域的控制力不够强。因为沃尔玛的商品涵盖了服装、食品等多个品类，它可能在适应性上比起更加专注于某一领域的竞争对手存在劣势。该公司是全球化的，但是目前只开拓了少数几个国家的市场。

机会（opportunities）

采取收购、合并或者战略联盟的方式与其他国际零售商合作，专注于欧洲或者大中华区等特定市场。沃尔玛的卖场当前只开设在少数国家内。因此，拓展市场可以带来大量的机会。沃尔玛可以通过新的商场地点和商场形式来获得市场开发的机会，更接近消费者的商场和建立在购物中心内部的商店可以使过去仅仅是大型超市的经营方式变得多样化。沃尔玛的机会存在于对现有大型超市战略的坚持。

威胁（threats）

沃尔玛在零售业的领头羊地位使其成为所有竞争对手的赶超目标。沃尔玛的全球化战略使其可能在其业务国家遇到政治上的问题。多种消费品的成本趋向下降，原因是制造成本的降低。造成制造成本降低的主要原因是生产外包转向了世界上的低成本地区。这导致了价格竞争，并在一些领域内造成了通货紧缩。恶性价格竞争是一个威胁。

实训与实践：广东永辉超市 SWOT 分析

以广东永辉超市为例，对该企业进行 SWOT 分析。

通过走进永辉超市，培养学生分析问题的能力，对该企业的 SWOT 进行分析、观察，由学生们集聚在一起，畅谈、交流、碰撞思想，形成相同或不同的思路，并形成文字材料供学习总结和反思。可以采取学习小组讨论的方法，要求每个学习小组用 PPT 演示分析问题，教师对讨论成果进行点评、总结、记录，给予学习小组评定成绩。

一、实训基本信息	
实训项目名称	企业 SWOT 分析实训——以永辉超市为例
二、实训内容：SWOT 象限分析	
永辉超市自身的优势 S （如：渠道、供应商、市场等方面）	① ② ③
永辉超市自身的劣势 W （如：技术、网络等方面）	① ② ③
永辉超市的市场机遇 O （如：政府政策、消费者需求转变等方面）	① ② ③
永辉超市的市场威胁 T （如：各类竞争者、市场需求波动等方面）	① ② ③

思考题

1. 什么是企业的市场环境？包括了哪些内容？
2. 什么是SWOT分析？这一分析模型对企业而言有什么意义？
3. 请简单分析学校周边某一企业的环境威胁与机会。
4. 请简述环境威胁分析模型与环境机会分析模型。

模块二

营销机会分析

营销机会是指市场上尚待满足的需要、欲望和需求，包括两个方面。(1) 潜在的需求、需要、发现或创造：人们没有被满足的需要、欲望和需求；(2) 已存在没有被满足：人们未能得到很好满足的需要、欲望和需求。

案例分析 伏牛堂做了什么

肯德基、麦当劳的上游供应商上海福喜公司被披露使用过期原材料加工肉制品以来，一个非常现实的问题摆在了伏牛堂的眼前：作为一家初创的本土快餐企业，怎么和这样一个食品行业的丑闻撇开关系，向大家说明伏牛堂的原材料与产品是值得放心的。如果把握好机会就会让更多的人认识到这个品牌。

（资料来源：https://www.huxiu.com/article/39856）

一个好的公关策划其目的性不是一目了然的，不是精准的“指哪打哪”，而应该是“指东打西”。公关的目的性应该深藏于某一文案或者图片的猎奇性、实用性、娱乐性表象之后。

基于这样的思考，伏牛堂做了一份这样的文案：伏牛堂手把手教你做常德牛肉米粉。把牛肉米粉的配方以漫画的形式在微信上公开，喊出了不来伏牛堂也可以在家吃上正宗牛肉米粉的口号。

就传播的角度而言，这样的一个文案至少有三个角度的理解。

首先，它具有猎奇性。读者看后会很自然而然地产生疑问：传统餐饮是那样的封闭、保守、谨慎，其招牌产品的配方、做法可以说是其最终极的秘密了。伏牛堂这样一家小小的萌芽期米粉店为什么敢公开自己核心产品的配方？

其次，它具有实用性。对于绝大多数家庭主妇而言，到底怎样炖红烧牛肉以及怎样做牛肉米粉，可能的确是她们会感兴趣的一个内容点。就类似于“你不得不学的十种豆腐的做法”这样的文章产生的传播力一样，伏牛堂手把手教人做牛肉米粉的文章也无疑会让相当一部分人感兴趣甚至主动分享给周边的朋友。

再次，它具有娱乐性。对于同样内容的文章，没有采用类似于“手把手教你做常德牛肉米粉”这样的标题，而是郑重其事地写上了：“特斯拉后，伏牛堂也开放了其核心技术。”

特斯拉这样的企业首先是一个出色的娱乐新闻制造者，其次才是一家科技企业。在标题里和特斯拉这样的企业扯上关系，和“特斯拉开放专利”这样充满娱乐性的新闻扯上关系，或许让伏牛堂的这篇文案本身也具有了娱乐性。何况，读者很有可能也会好奇：一家卖牛肉米粉的企业，和一个高大上的科技公司能够有什么交集呢？或者没有听说过伏牛堂的读者干脆会好奇：伏牛堂是个什么，为什么敢和特斯拉并肩相比？于是抑制不住好奇就点开看了。

因此，一个好的营销机会往往具备实用性、娱乐性或者猎奇性的其中一点就有可能产生传播力了。而一个文案要是能够同时具备多项特点，往往最后的效果也就不会太差。

任务三　市场需求与市场预测

学习目标

通过本任务的学习，应该掌握市场营销信息内容、市场营销信息系统、顾客洞察、顾客关系管理等内容，以及市场需求信息开发的技巧与方法，包括案头调研、实地调研等；重点掌握市场需求预测的步骤、内容及分析模型。

在现代营销中，营销范围从区域市场辐射全国乃至国际市场，人们的生活水平以及消费理性程度的日益提高，使市场需求更加多样化、复杂化。复杂的市场状况必然形成日趋激烈的市场竞争，企业的营销决策要以市场需求为核心，就必须保持对市场变化的高度敏感。实践证明，企业要提高营销决策的正确性，只能立足于充分了解市场，确切掌握相关消费者信息，形成消费者洞察，并在此基础上预测市场的可行性。现代科学技术的发展，为企业建立科学的营销信息系统提供了良好的条件。

应用一　市场营销信息

利用大数据分析用户行为特征是现代化企业最重要的议题之一。比如电商企业通过搜集到的大数据，可以清楚地知道用户进入过的网站、查看过的产品，并通过用户的搜索行为特征推荐合适的产品，而商家的推荐将激发用户的购买欲，从而使“搜集大数据—查看历史记录—推荐产品—购买”构成了一个良性循环的电子营销系统，主动高效地出击，展开营销攻势，实现效率和利益的最大化。

一、市场营销信息和消费者洞察

中国正迎来新一轮消费升级的浪潮，消费者从应付生活转变为经营生活、享受生活的过程，由此诞生出一大批主打理念和情怀的新品牌。然而，在激烈的市场环境下，这些品牌有的做得风生水起，有的却很快就消失在公众视野之中。虽然，导致一个品牌是否能茁壮成长有很多因素，但是否能够很好地理解消费者，并对消费者心理、行为变化做出及时的反应是关键的一环。所以，把握市场营销信息和消费者感知动态，对能否在市场竞争中占据主动权至关重要。

（一）市场营销信息

市场营销信息，是指在一定的时间和条件下，与企业的市场营销有关的各种事物的存在方式、运动状态及其对接收者效用的综合反映。它一般通过语言、文字、数据、符号等表现出来。市场营销信息与企业的人、财、物等资源一样可以转化为财富。离开了市场营销信息，企业就会失去许多重要的市场机会，或者无法做出各种正确的营销决策，从而导致企业盲目地生产和营销，甚至给企业乃至国家造成极大的损失。

市场营销活动是以信息为基础而展开的，经营者进行的决策也是基于各种信息，而且经营决策水平越高，外部信息和对将来的预测信息就越重要。市场营销信息在市场营销中起到的重要作用主要表现为以下几点：

（1）市场营销信息是企业经营决策的前提和基础。企业营销过程中，无论是对于企业的营销目标、发展方向等战略问题的决策，还是对于企业的产品、定价、销售渠道、促销措施等战术问题的决策，都必须在准确地获得市场营销信息的基础上，才可能得到正确的结果。

（2）市场营销信息是制订企业营销计划的依据。企业在市场营销中，必须根据市场需求的变化，在营销决策的基础上，制订具体的营销计划，以确定实现营销目标的具体措施和途径。不了解市场信息，就无法制订出符合实际需要的计划。

（3）市场营销信息是实现营销控制的必要条件。营销控制，是指按既定的营销目标，对企业的营销活动进行监督、检查，以保证营销目标实现的管理活动。由于市场环境的不断变化，企业在营销活动中必须随时注意市场的变化，进行信息反馈，以此为依据来修订营销计划，对企业的营销活动进行有效控制，使企业的营销活动能按预期目标进行。

（4）市场营销信息是进行内、外协调的依据。企业营销活动中，要不断地收集市场营销信息，根据市场和自身状况的变化，来协调外部条件、内部条件和企业营销目标之间的关系，使企业营销系统与外部环境之间、与内部各要素之间始终保持协调一致。

（二）市场营销信息系统

市场营销信息系统是一个由人员、机器设备和计算机程序所组成的相互作用的复合系统，它的主要任务是收集、挑选、分析、评估和分配恰当的、及时的和准确的市场营销信息，为企业营销管理人员制订、改进、执行和控制营销计划提供依据。

市场营销信息系统作为一种信息的收集、管理、提供机构，承担着以下职能。

1. 数据资料的收集

实际上包括两种情况，一是作为一种常规性工作，经常收集相关的数据资料，以便需要时调用；二是在特殊需要时的收集。例如，市场营销管理者明确了问题的所在后，信息收集者就要进行确认，信息库是否输入了与其问题有关的信息。如果找不到适合的信息，就要决定是否花成本收集。如果认为不值得花成本，就只好利用现有信息进行市场营销决策。相反，如果认为有必要花成本收集新的信息，那就开始在企业内外收集其数据资料，并将其输入到数据资料库。

2. 数据资料的处理

收集、输入到数据资料库的都是未加工的原始数据资料，需要对其进行整理、编辑、建档等处理，辨别信息的准确性，剔除无用的信息。

3. 数据资料的分析和评价

数据资料要成为某种决策或特定目的的有价值的信息，还必须用科学方法并结合经验和悟性对其进行统计分析和评价。

4. 储存和检索

储存和检索至少应包括两个层次，其一是原始数据资料的储存和检索；其二是经加工，即统计分析和评价后的作为某种决策信息的储存和检索，并要做成报告等一定的表现形式，以便提供或随时准备提供给市场营销管理者和经营者。

5. 传递信息

将有关市场营销信息及时提供给市场营销管理者和经营者，以便企业及时调整经营策略，或者根据其需要随时向市场营销管理者和经营者提供某种特定的信息。

（三）消费者洞察

课堂实训 把商品放在目标客户够得着的地方

超市货架上，狗粮和狗零食要摆在同一高度吗？通过观察狗粮和狗零食的购买者发现，狗粮通常由成人购买，而狗的零食，如饼干等，通常由儿童或者老年人购买。对于老年人来说，宠物就像儿童一样，是需要溺爱的；对于儿童来说，尽管他们可能不喜欢给狗喂食这样的家务活，却认为给狗喂饼干是件很有趣的事情，小孩提出给狗买零食时，父母通常会迁就他们。

通过对消费者的观察，超市调整了宠物饼干的摆放位置，将其挪到孩子和老人够得着的地方。仅这一简单的调整，就使得宠物零食的销量增加了20%。

消费者洞察就是发现消费者真实的感知、需求和偏好，并将之应用于企业的营销实务，它是发现新的市场机会、找到新的战略战术，从而提高营销成效和摆脱市场肉搏的有效途径。

既然通过消费者洞察抓住消费者的真实需求有着强大的市场效应，那么什么才是好的消费者洞察呢？首先，它必定能令观者投入，能让消费者从内心说出“它真了解我，说得太贴切了”“对，那就是我所面临的问题，那就是我想解决的麻烦”；其次是有深度，不只是浮于表面。像百事可乐在抢占可口可乐的市场时，就找到了一个很好的消费者洞察，“年青一代的选择”，不仅将可口可乐深厚的品牌历史优势瞬间扭转为劣势，更有利地凸显了自己的优势，牢牢抓住了年青受众的心。

消费者洞察是动态跟踪消费者为什么会购买我们的产品、为什么会重复消费、为什么还有相当比例的消费者不再买我们的产品等很多问题的深入挖掘。挖掘的过程并不简单，如果没有一双“慧眼”，就很可能掉进消费者无心布下的陷阱。国外某个即食通心粉品牌曾经做过这样的一个消费者研究，他们发现，当消费者把他们的产品买回去加热时，会另外加上一些洋葱，为了更好地满足消费者的这一需求，企业立刻在新产品中添加了更多的洋葱，而当企业再次深入消费者研究时却发现，消费者仍继续在他们的通心粉里加入洋葱。这到底是怎么回事？其实这个现象的背后隐藏着一个深刻的消费者洞察：家庭主妇在给家人准备即食通心粉的时候，有一种没有尽到家庭主妇职责的内疚感，为了消除这种内疚感，加入一点自己准备的洋葱，不仅是家庭主妇表达自己对家庭成员关爱的方式，也是对因图方便而产生的内疚心理的一种补偿，与通心粉本身是否自带洋葱没有关系。

值得注意的是，有深度的消费者洞察不能只是研究消费者表面的行为，还要有看穿表面的能力，它的洞察可以得到普遍大众的共鸣，而不是去夸大个人的观感。例如在酒类的品牌营销中，通常会认为中国消费者饮酒是为了显示豪气，传达友情，或者炫耀身份与财富。但通过消费者洞察的深度研究我们发现，消费者饮酒买醉的潜意识其实是幼稚化，因为幼稚化可以带来无数好处，胡言乱语可以安全试探对方；"酒后吐真言"可以制造坦诚相见的氛围，拉近与对方的距离等。

要做好品牌营销中的消费者洞察，在很大程度上需要不断的实践积累和实践经验，需要用多种学科的知识和工具。以前多以社会学、社会心理学作为消费者洞察的分析框架，现在消费者洞察已经发展到用文化学、人类学甚至心理学精神分析的方法，探究消费者的深层动机和心智密码。从发现苗头到流行，从流行到最终形成趋势，品牌的打造和产品的营销都要时刻紧跟市场的发展，这就必然要求消费者洞察也要与时俱进，并对市场中的异动和市场的走势时时保持敏锐的感觉和判断，从而保证品牌营销的实效性。

可以说，世上没有一个品牌能说它已经完全了解消费者，也不能说很好地掌握并占领了市场，因为随着时间变化，消费者的观念、追求、价值也会变化。一个有目标的企业和一个好的营销策划只有不断深入和不断探索对消费者的洞察，才能保证品牌营销具有强大的内驱力，在日后的品牌营销推广中引导消费，引爆流行。例如，iPod 并不是第一款数字音乐播放器，但它却是第一个风靡全球的。苹果公司经过缜密的调查研究，发现了人们希望消费数字音乐的关键洞察——他们想将所有的音乐都随身携带，但又不希望自己的音乐播放器太显眼。根据这一洞察，苹果设定了两个基本的设计目标——使之像一张卡片一样小，能存储 1000 首歌。以这一洞察为基础，加上苹果的设计冲击力和实用性魔力，一款了不起的产品诞生了。苹果不断扩大 iPod 产品线，很快就获得了超过 75% 的市场份额。

为了创造消费者价值，市场营销者必须首先获得关于消费者需求和欲望的优质信息。但要获得这些洞察信息并不容易，消费者需求和购买动机常常不明显——消费者自己常常不能准确地告诉你他们的需要以及为什么购买。为获得优秀的顾客洞察，市场营销者必须有效地管理来自各种渠道的市场营销信息。要想吸引并留住消费者，就需要帮助企业创造能让消费者心动的创意、设计和体验。优质的市场营销调研所做的远不止收集关于市场人口统计特征和消费者购买模式的信息，还需建立深入的消费者和市场洞察。

（四）顾客关系管理

顾客通常面对大量可以满足某种特定需要的产品和服务，他们如何在众多产品和服务中进行选择呢？顾客对各种市场提供物将传递的价值和满意形成预期，并据此做出购买决定。满意的顾客会重复购买，并将自己的美好体验告诉其他人；不满意的顾客转而向竞争者购买产品，并向其他人贬低此产品。市场营销者必须谨慎设定顾客的预期水平。如果设定的预期过低，或许可以令那些购买的人满意，但无法吸引足够多的买者；如果预期过高，购买者会失望。顾客价值和顾客满意是建立和管理顾客关系的关键。

客户关系管理源于“以客户为中心”的商业模式，是一种旨在提高顾客价值和满意度的管理机制。它实施于企业的市场、营销、技术支持等与客户有关的工作部门。目标在于通过提供快速、周到、优质的服务来吸引和保持更多的客户，通过优化面对客户的工作流程以减少获取客户和保留客户的成本；它关系到企业在未来怎样与客户和潜在客户进行交流和互动。

顾客关系管理的三大功能为：

行销管理的功能，在分析市场价格变化、预测市场趋势以及妥善规划市场活动管理。

销售管理的功能，在整合企业的行销资源，统合一切的行销信息。

顾客管理的功能，在提升顾客满意度，抓住核心顾客的需求，开发潜在顾客市场，同时提供线上平台查询界面与线上记录，随时回应顾客的问题和抱怨，且即时检讨服务流程和进度。

二、开发市场需求信息

任何问题的产生或机会的出现，都在一定的背景之下。为了了解营销调查课题的背景，市场营销人员可以从内部资料、市场营销情报及市场需求调研中获得所需信息，如企业的交易数据、购买者的行为、经济环境、社会环境以及公司的营销手段和生产技术等。

（一）内部资料

随着网络技术和计算机技术的发展，现在许多公司都建立了内部数据库，用以收集关于消费者和市场的电子信息，市场营销管理者可以随时接触和使用数据库中的信息，识别市场营销机会和威胁，制订相应的营销计划。

数据库中的信息有多种来源。市场营销部门提供关于顾客交易、人口统计、心理和购买行为的信息；客户服务部门记录顾客满意度或服务问题；财务部门编制财务报表，详细记录销售额、成本和现金流；运营部门报告中间商的反应和竞争者动态；市场营销渠道伙伴提供销售点交易的数据，利用这些信息可以提供有力的顾客洞察和竞争优势。与其他信息来源相比，公司内部资料通常可以更加迅速和便宜地获得，但却存在一些问题，即内部信息往往是出于某种目的而收集，如果用于营销决策可能会不完整，导致分析结果出现偏差。如销售和成本数据是财务部门用于编制财务报表的，若用于评价顾客细分市场、销售人员或渠道的业绩，则不合适，需要调整。而且，数据老化的速度快得惊人，保持数据库的更新需要耗费大量资源。

（二）市场营销情报

优质的市场营销情报可以帮助市场营销者获得关于消费者谈论他们的品牌以及与他们的品牌发生联系的洞察。许多公司派出由训练有素的观察人员组成的团队与顾客打成一片，和他们混在一起使用和谈论公司的产品。

市场营销情报是系统的收集和分析关于消费者、竞争对手和市场发展趋势的可公开获得的信息。市场营销情报的目的是通过理解消费者环境、评价和追踪竞争者行为，以及提供机会和威胁的早期预警，更好地制定战略决策。

现代企业越来越注意营销情报的收集，从监视互联网议论或实地观察消费者，到调查自己的员工，瞄准竞争者的产品，搜索互联网，埋伏在行业展销会参展商的周围，甚至翻检竞争对手的垃圾箱，市场营销情报收集的手段和技术花样繁多。

（三）市场需求调研

市场需求调研是指用科学的方法，有目的、系统地搜集、记录、整理和分析市场情况，了解市场的现状及其发展趋势，为企业的决策者制定政策、进行市场预测、做出经营决策、制订计划提供客观、正确的依据。

1．案头调研

所谓案头调研就是对二手资料进行搜集、筛选，并据此判断他们的问题是否已局部或全部地解决。

与实地调研相比，案头调研主要有如下优点：（1）收集快捷，使用方便；（2）数据量大，覆盖面广，易于通过调研掌握市场全局；（3）数据资料多由专业机构归类发布，比较系统，便于比较；（4）成本较低。

案头调研遵循的原则是：（1）先易后难、由近至远的原则。在案头调研时，先搜集那些比较容易得到的历史资料和公开发表的现成的信息资料，而对那些内部保密资料或原始资料，只是在现成资料不足时才作进一步搜集。另外，应注意从近到远逐期查阅。（2）先内部后外部的原则。在案头调研时，先从该企业、本行业内部着手，比如企业内部的各种有关的记录、报表、账册、总结、用户来函、订货单、合同、协议、生产经营计划、客户名录、商品介绍、宣传资料等。然后再到相关单位及行业搜集有关的现成信息资料。

案头调研在资料收集中占有重要的地位，具有重要的作用。

首先，案头调研能为实地调研提供背景资料。因为在实地调研之前，先要明确调研目的，制订调研计划，才能做到心中有数、有的放矢。这些都必须从现成的信息资料中获取，才能正确地制订出调研计划。案头调研是实地调研的基础，并使实地调研取得较为理想的效果。

其次，案头调研可取得实地调研无法获取的某些资料。在市场经济条件下，实地调查一般难以取得竞争对手的原始信息资料，但可以通过案头调研获得某些现成的信息资料，如行业协会中的产品资料、经营数据、财务状况等信息资料，进行间接推断。同时，这些现成信息资料在某些情况下还可以代替实地调研资料。

最后，案头调研可鉴定、证明实地调研资料的可信度，并可以进行趋势分析和对总体进行推算。实地调研所取得的信息资料，由于受多种因素的影响，在搜集过程中容易出现某些差错。因而，调研人员可通过案头调研进行对比、鉴别，证明实地调研资料的可靠程度，并对其中明显错误或疑问进行及时纠正或复核。同时，根据现成信息资料结合科学的趋势分析法，对未来进行推算，但必须注意现成资料的具体内容和计算口径的一致性，必要时还要调整计算口径，使之符合调研项目的要求。

案头调研信息的来源有以下几种。

（1）搜索。这是指应用现代信息手段，特别是应用互联网和局域网，从网上、数字图书馆或数据库中获取各种所需资料。如前所述，随着现代信息技术的发展，各种网站如雨后春笋般建立，许多图书馆设置数字图书馆，数据库也越来越多。在这些网站、图书馆，具有大量的信息资料，而且有很多是免费提供的。这是十分宝贵的资源，市场调研人员必须十分注意充分利用好这些资源。为此，开展案头调研，首先应该注意上网搜索。

(2) 查找。这是获取第二手资料的基本方法。从操作的次序看，首先要注意在企业内部查找。一般来说，从自身的信息资料库中查找最为快速方便。此外，还应从企业内部各有关部门查找。只要信息基础工作做得比较好，从企业内部查找就可以获得大量反映企业本身状况的时间序列信息，还可以获得有关客户、市场等方面的资料。在内部查找的基础上，还需到企业外部查找。主要是到一些公共机构，如图书馆、资料室、信息中心等。为提高查找的效率，应注意熟悉检索系统和资料目录，在可能的情况下，要尽量争取这些机构工作人员的帮助。

(3) 索讨。这是向占有信息资料的单位或个人无代价的索要。由于索讨属于不计代价的，这种方法的效果在很大程度上取决于对方的态度。因此，向那些已有某种联系的单位和个人索讨，或由熟人介绍向那些尚未有联系的单位和个人索讨，常能收到较好效果。有些企业，出于宣传自己的需要，乐意向社会提供有关的信息资料，向它们索讨也有好的效果。而采用复印的手段，常是索讨成功的有效办法。

(4) 购买。即通过支付一定的代价，从有关单位获取资料。随着信息的商品化，许多专业信息公司对其贮存的信息实行有价转让，大多数信息出版物也是有价的，购买将成为收集资料的重要办法。当然，企业订阅有关的报纸、杂志等从本质上说也属于购买一类，只不过这种方式是一种经常性的工作。但要注意企业订阅的报纸、杂志应尽量避免雷同，还要注意对这些报纸、杂志发布的信息资料进行系统的收集整理。

(5) 交换。这是指与一些信息机构或单位之间进行对等的信息交流。当然，这种交换不同于商品买卖之间的以物易物，而是一种信息共享的协作关系，交换的双方都有向对方无代价提供资料的义务和获得对方无代价提供资料的权利。

(6) 接收。这是指接纳外界主动免费提供的信息资料。随着商品经济的发展和现代营销观念的确立，越来越多的企业或单位，为宣传自身及其产品和服务，扩大知名度，树立社会形象，主动向社会广为传递各种信息，包括广告、产品说明书、宣传材料等。作为信息资料的接收者，要注意接收和积累这些信息。尽管其中有的一时显不出其价值，但坚持长期收集，往往会成为有价值的资料。

2. 实地调研

实地调研方法包括观察法、实验法、邮寄、网络调研、电话和个人访谈、焦点小组访谈等。实地调研是相对于案头调研而言的，是对在实地进行市场调研活动的统称。在一些情况下，案头调研无法满足调研目的，收集资料不够及时、准确，就需要适时地进行实地调研来解决问题，取得第一手的资料和情报，使调研工作有效顺利地开展。

(1) 观察法。观察法是社会调查和市场调查研究的最基本的方法。它是由调查人员根据调查研究的对象，利用眼睛、耳朵等感官以直接观察的方式对其进行考察并搜集资料。例如，市场调查人员到被访问者的销售场所去观察商品的品牌及包装情况。

观察法可以获得人们不愿意或者不能够提供的信息。在这些情况下，观察或许是获得所需信息的唯一方法。相反，有些信息不能够通过观察得到，比如感觉、态度、动机和私下的行为等。另外，长期或偶然的行为也不容易被观察到。并且，观察到的现象有时很难解释。由于这些局限，调研人员在运用观察法的同时，常常伴随其他数据收集方法。

（2）实验法。实验法是指在控制的条件下，对所研究的对象从一个或多个因素进行控制，以测定这些因素间的关系，它的目的是通过排除观察结果中的带有竞争性的解释来捕捉因果关系，在因果性的调研中，实验法是一种非常重要的工具。控制对象可以是产品的价格、品质、包装等，在可控制的条件下观察市场现象，揭示在自然条件下不易发生的市场规律，这种方法主要用于市场销售实验和消费者使用实验。

（3）访问法。访问调查法是指调查员以直接访谈询问的方式，或通过邮寄、电话、问卷、座谈以及个别访问形式，向被调查者搜集市场资料的一种方法，是基于问答模式获取和搜集信息的方法。

电话访谈是迅速收集信息的最佳方法，访问者可以向被调查者解释比较难懂的问题，也可以根据得到的答案跳过某些问题或深入追问某些问题。

个人访谈可以在家里或办公室或咖啡厅等进行。这种访谈非常灵活，训练有素的访谈者可以引导访谈，解释难懂的问题，也可以出示真实的产品、广告或包装，观察对方的反应和行为。

小组访谈指一次召集6～10人，在经验丰富的主持人引导下，讨论一种产品、服务或组织。参与者通常会得到一小笔报酬。主持人鼓励自由和轻松的讨论，希望小组成员之间的互动会带来实际的感情和想法，同时，主持人引导讨论“聚焦”某个主题，确保不偏离——故而被称为“焦点小组访谈法”。调研人员和市场营销员在单面镜子后面关注焦点小组的讨论，并将参与者的评论记录或拍摄下来以备日后研究。

（4）问卷法。问卷法是通过设计调查问卷，让被调查者填写调查表的方式获得所调查对象的信息。在调查中将调查的资料设计成问卷后，让接受调查对象将自己的意见或答案填入问卷中。在一般进行的实地调查中，以问答卷采用最广；同时问卷调查法在网络市场调查中运用得较为普遍。问卷星（通过二维码扫描即可下载体验，如图3－1所示）是一种网络市场调查的常用工具。

图3－1 问卷星二维码

应用二 市场需求预测

通过对消费者的购买心理和消费习惯的分析，以及对国民收入水平、收入分配政策的研究，可以推断出社会的市场总消费水平。市场需求预测是市场研究中最重要的一部分，也是最复杂的一部分。

课堂实训 市场调查与李厂长的烦恼

花城童装厂近几年生产销售连年稳定增长。谁料该厂李厂长这几天来却在为产品推销大伤脑筋。原来，年初该厂设计了一批童装新品种，有男童的香槟衫、迎春衫，女童的飞燕衫、如意衫等。借鉴成人服装的镶、拼、滚、切等工艺，在色彩和式样上体现了儿童的特点，活泼、雅致、漂亮。由于工艺比原来复杂，成本较高，价格比普通童装高出了80%以上，例如一件香槟衫的售价在160元左右。为了摸清这批新产品的市场吸引力如何，在春节前夕该厂与百货商店联合举办了“新颖童装迎春展销”，小批量投放市场，十分成功，柜台边顾客拥挤，购买踊跃，一片赞誉声。许多商家主动上门订货。连续几天亲临柜台观察消费者反应的李厂长看在眼里，喜在心上。他不由想到：“为了能把孩子打扮得漂漂亮亮的，谁不舍得花些钱？只要货色好，价格高些看来没问题。我们得趁热打铁，尽快组织批量生产，及时抢占市场。”

为了确定计划生产量，以便安排以后的月份生产，李厂长根据去年的月销售统计数，运用加权移动平均法，计算出以后月份的预测数，考虑到这次展销会的热销场面，他决定安排生产能力的70%制造新品种，30%为老品种。二月份的产品很快就被订购完了。然而，到了四月初，三月份的产品还没有落实销路。询问了几家老客商，他们反映有难处，原以为新品种童装十分好销，谁知二月份订购的那批货，卖了一个多月还未卖掉1/3，他们现在既没有能力也不愿意继续订购这类童装了。对市场上出现的近一百八十度的需求变化，李厂长感到十分纳闷。他弄不明白，这些新品种都经过试销，自己亲自参加市场调查和预测，为什么会事与愿违呢？

从案例中我们看到花城童装厂的产品销售从持续稳定增长到戛然而止，其主要原因出在向市场轻率地推出了与正常需求不相适应的“新产品”，并过快地将这些“新产品”取代原本畅销的老产品，以致造成目前的被动局面。

产品的适销既要考虑到产品的功能、质量、款式等使用价值，也应包括产品价格的适销。该厂的童装新品种虽然在款式上令人喜爱，但由于借鉴成人服装工艺，成本增加，定价太高，超过消费者愿意承担的范围。除了在特殊情况下的特殊需求以外，考虑到儿童正处于长身体阶段，童装的实际使用时间有限，因此，多数顾客虽然喜欢新款式，但都不愿意购买价格偏高的童装，这样就使该厂失去了最基本的也是最主要的市场。

李厂长虽然对童装新品种预先也经过了市场调查与预测，但还是出现了事与愿违的情况。究其原因在于运用市场调查与预测的方法不恰当。他忽视了市场环境的一致性，对春节前的购销旺季的特殊销售状况和市场的正常销售状况不加以区别，错误地估计自己产品完全适应了市场需求，销售量将继续增长，而忘记了时过境迁，消费者的购买动机和购买行为会发生变化，从而给企业产品的销售带来巨大影响。同时，该厂在进行产品销售预测时，简单地套用了加权移动平均法，而没有看到市场预测的基本条件已经发生变化。由于加权平均法对各期的销售量作了加权平均，从而会降低偶然性变化的影响程度，因而它主要适用于对销售比较稳定，基本上只受偶然性变化影响的销售状况进行预测。当销售状况受到必然性变化的影响时，就不能采用这种方法来进行预测。该厂在春节前生产销售的是老产品，而春节以后，根据春节这个特殊时期的销售状况决定主要生产销售新产品，该厂用老产品的统计资料来预测新产品的销售量，作为安排生产的依据，必然会得出错误的结论。

市场需求预测是指通过对消费者的感知分析消费者的购买心理和消费习惯，以及对国民收入水平、收入分配政策的研究，推断出社会的市场总消费水平。主要是估计市场规模的大小，以及产品潜在需求量。

一、市场预测的一般步骤

市场预测的一般步骤大致可分为以下几方面：

一是确定市场预测的目的。这是进行市场预测的首要问题，确定市场预测的目的就是明确市场预测所要解决的问题是什么，只有确定了预测的目的，才能进一步落实预测的对象内容，选择适当的预测方法，调查或搜集必要的资料，才能决定预测的水平和所能达到的目标。确定市场预测的目的，主要是根据商品生产和营销决策的要求针对不同的需要进行不同的市场预测，要求做到具体明确。

二是调查、收集、整理市场预测所需资料。市场预测所需资料的调查、收集和整理是市场预测的一个非常重要的步骤。市场预测能否完成，预测结果准确程度的高低，预测是否符合市场现象的客观实际表现等，在很大程度上取决于是否占有充分、可靠的历史的和现实的市场资料，因此市场预测必须以充分的历史资料和现实资料为依据。

（1）历史资料。这是指预测期以前的各种有关的市场资料，这些资料是反映市场或影响市场的各种重要因素的历史状况和发展变化规律的。

（2）现实资料。这是指进行预测时或预测期内市场及各种影响因素的资料。它一般是预测者根据需要对市场进行调查的结果，也可以是各种调查机构的已有资料。市场预测必须搜集有关现实资料，才能使市场预测的结果既不脱离市场现象的长期发展规律，又能对市场的现实变化做出及时的反应，使市场预测结果更加符合客观实际。

三是对资料进行周密分析，选择适当的预测方法。对市场预测的资料进行周密分析，主要是分析研究市场现象及各种影响因素是否存在相关关系，其相关的紧密程度、方向、形式等如何，还要对市场现象及各种影响因素的发展变化规律和特点进行分析。在市场预测中，只有根据对资料的周密分析选择适当的方法，才能正确地描述市场现象的客观发展规律，才能发挥各种预测方法的特点和优势，对市场现象的未来表现做出可靠的预测。

四是根据市场预测模型确定预测值，并测定预测误差。在建立了适当的预测模型后，我们就可以运用这一模型来计算某预测期的预测值。需要注意的是这一预测值是一个估计值，因此它与实际值之间会出现一定误差，因而我们在计算预测值的同时，还要测定预测值与实际值之间的误差。

五是检验预测成果，修正预测值。市场预测者必须根据市场现实情况的变化，适当地对预测值加以修正，使之更加符合市场发展变化的实际。

二、市场预测的主要内容

市场预测的核心内容是市场供应量和需求量。对市场供应量和需求量进行科学的预测，大致可归纳为以下几个方面。

（一）生产发展及其变化趋势预测

社会生产的发展是形成市场供应量，实现市场需求的物质基础。市场供应量的大小和需求量在数量、构成上是否能够得到平衡，归根到底取决于社会生产的发展，取决于国民生产总值的增长及其分配比例关系的变化。对生产进行预测，主要是对生产的数量、品种及其发展变化趋势进行预测。

在生产预测中，一般是以工、农业生产部门为主。对工业部门的生产进行预测，必须从搜集某种或某类工业产品的历史和现实资料入手；对农业生产部门进行生产预测，必须结合我国农业生产的特点进行。

（二）市场需求量预测

市场需求量又称市场容量，它是指一定时期一定地区购买者在市场上具有货币支付能力的需求。市场需求量的预测必须从社会分配着眼，对具有货币支付能力的需求即购买力进行预测。根据需求产品用途分类，市场需求量可分为生产资料市场需求量和生活资料市场需求量两类，对这两类商品的市场需求量进行预测时，必须紧密结合我国市场的分工，结合消费者的特点来进行。

生产资料的市场需求量即生产资料购买力，对它进行预测，主要是了解预测期内各生产部门设备的更新、改造、挖掘、革新所需的生产资料数量及其构成；了解预测期内扩大再生产资金的数量和构成；了解各行业内部及国民经济的生产结构变动情况；了解国家在预测期内的基本建设投资政策等。

生活资料市场需求量即居民和组织购买力，其中居民购买力是主要方面。对它进行预测主要搜集和了解以下几个方面的资料：一是必须搜集居民购买力资料，测算居民购买力总额；二是在市场需求量预测中对居民购买力要进行分类预测；三是在市场需求总量和分类市场需求量预测的基础上，对各种主要商品的需求量进行预测。

（三）市场商品价格预测

市场商品价格的预测主要是从形成和影响商品价格的各种因素入手，预测各种影响因素的变动。它必须预测商品生产中劳动生产率的水平，预测产品的成本、利润等。这些是形成和影响商品价格的主要因素，每种因素的变动都会引起市场商品价格的变化。对市场商品价格预测是在对各影响因素预测的基础上，对商品价格的未来水平和变动趋势进行预测；同时还要说明市场商品价格变动的原因，分析商品价格的变动是否合理，并就市场价格变动对市场需求量的影响程度进行分析等。

市场商品价格与市场需求量有密切联系，有时表现为市场需求量决定市场商品价格变动，有时表现为商品价格高低影响需求量的大小。

（四）消费需求变化预测

消费需求变化的原因主要是由生产的发展，居民购买力资料的提高，消费者消费心理的变化等引起的。消费需求的变化主要表现在两方面：一方面是消费需求的数量变化，另一方面是消费需求结构的变化。消费需求数量变化预测主要是预测出消费需求的变动趋势和变动程度，它可以就商品总量预测，也可以就分类商品或单项商品预测；消费需求结构的变化，可以表现为在较长一段时间内各类消费品需求结构的变动，也可以表现为在较短时间内呈现的消费需求的季节性变化。

（五）市场占有率预测

市场占有率是指在社会生产专业化分工的基础上，某行业或某企业生产或营销的某种商品，在该种商品的总生产量或总销售量中所占的比重。企业对市场占有率的预测，能够促使企业在组织生产或营销中，提高经营管理水平，提高产品或服务的质量，促使企业采用先进的生产技术或先进的营销手段。

进行市场预测要有明确的市场目标，按照企业的不同时期的需要，市场预测的目的就有所不同，企业实施经营战略时，必须调查宏观市场环境的发展变化趋势，尤其要预测所处行业未来的发展状况；企业制定市场营销策略时，要预测的市场需求状况、市场竞争状况、消费者购买行为和营销要素情况；当企业在经营中遇到了问题，应针对存在的问题和产生的原因进行市场调查，做出正确的预测。

三、市场需求信息分析

从企业内部资料、市场营销情报和市场需求调研中获得的信息，通常需要进一步分析。为了应用这些信息建立有助于改善市场营销决策的顾客和市场洞察，就必须对这些信息进行进一步的分析。

（一）GE 矩阵分析应用

GE 矩阵法又称通用电气公司法、麦肯锡矩阵、九盒矩阵法、行业吸引力矩阵。它是美国通用电气公司（GE）于20世纪70年代针对波士顿矩阵存在的问题而开发的新投资组合分析方法，如图3－2所示。

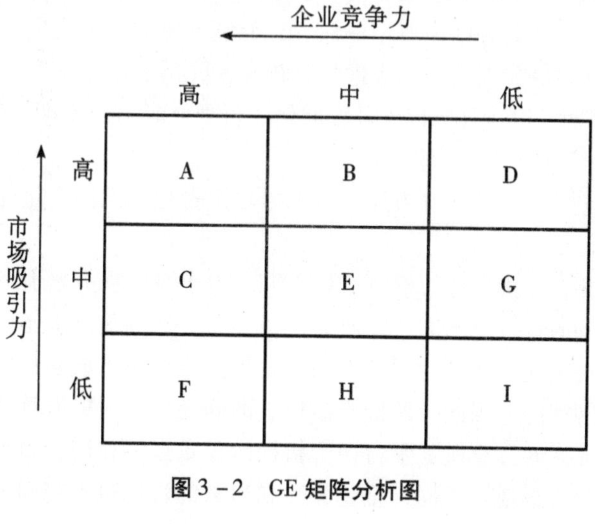

图3－2 GE 矩阵分析图

与波士顿矩阵相比，GE 矩阵也提供了产业吸引力和业务实力之间的类似比较，但不像波士顿矩阵用市场增长率来衡量吸引力，用相对市场份额来衡量实力，只是单一指标；而 GE 矩阵使用数量更多的因素来衡量这两个变量，纵轴用多个指标反映市场吸引力，横轴用多个指标反映企业竞争力，同时增加了中间等级。由于 GE 矩阵使用多个因素，可以通过增减某些因素或改变它们的重点所在，很容易地使 GE 矩阵适应管理者的具体意向或某产业特殊性的要求。

应用 GE 矩阵必须经历以下 5 个步骤：

（1）确定战略业务单位，并对每个战略业务单位进行内、外部环境分析。根据企业的实际情况，或依据产品（包括服务），或依据地域，对企业的业务进行划分，形成战略业务单位，并针对每一个战略业务单位进行内、外部环境分析。

（2）确定评价因素及每个因素权重。确定市场吸引力和企业竞争力的主要评价指标，及每一个指标所占的权重。市场吸引力和企业竞争力的评价指标没有通用标准，必须根据企业所处的行业特点、企业发展阶段和行业竞争状况进行确定。但是从总体上讲，市场吸引力主要由行业的发展潜力和盈利能力决定，企业竞争力主要由企业的财务资源、人力资源、技术能力和经验、无形资源与能力决定。确定评价指标的同时还必须确定每个评价指标的权重。

（3）进行评估打分。根据行业分析结果，对各战略业务单位的市场吸引力和竞争力进行评估和打分，并加权求和，得到每一项战略业务单元的市场吸引力和竞争力的最终得分。

（4）将各战略单位标在 GE 矩阵上。根据每个战略业务单位的市场吸引力和竞争力总体得分，将每个战略业务单位用圆圈标在 GE 矩阵上。在标注时，注意圆圈的大小表示战略业务单位的市场总量规模。有的还可以用扇形反映企业的市场占有率。

（5）对各战略单位策略进行说明。根据每个战略业务单位在 GE 矩阵上的位置，对各个战略业务单位的发展战略指导思想进行系统说明和阐述。

GE 矩阵将企业所经营的各类业务划分成 9 种类型，如图 3－2 所示，其中，A、B、C 三类业务均为可投资类业务，企业可以通过对这三类业务的投资，达到长期高收益回报；D、E、F 三类业务则为选择性投资类业务，企业是否要对业务进行大量投资需要再进行考察与判断；G、H、I 三类业务则为典型的放弃或收获业务，企业无需再对此类业务进行投资，相反企业应该考虑开始对这类业务进行收获或者放弃。

在应用 GE 矩阵时，必须注意以下几个问题，否则可能无法客观准确地确定每项业务的定位和策略。

评价指标尽量定量化。对于每项评价指标尽量定量化，没法定量化的要划分量级，对每个量级的得分进行统一规定。

不同业务之间每个评价指标的权重可以不同。由于每一项战略业务单元所处的生命周期不同，每一项业务的特点也不同，企业关注每项业务的侧重点也不同，比如对于成长型的业务，企业可能更关注该业务的增长潜力和发展速度，对于成熟型的业务，企业可能更关注市场总量和盈利能力。因此，评价指标权重的确定，必须根据每一项业务的特点进行确定。不同业务单元之间，企业竞争力评价指标的权重也不相同，因为对于不同的战略业务单元，企业所处的市场地位不同，企业关注和追求的目标也不相同，所以评价指标的权重也不同。

GE 矩阵比波士顿矩阵在以下 3 个方面表现得更为成熟：

（1）市场或行业吸引力代替了市场增长率被吸纳进来作为一个评价维度。市场吸引力较之市场增长率显然包含了更多的考量因素。

（2）企业竞争实力代替了市场份额作为另外一个维度，由此对每一个事业单元的竞争地位进行评估分析。同样，竞争实力较之市场份额亦包含了更多的考量因素。

（3）GE 矩阵有 9 个象限，而波士顿矩阵只有 4 个象限，GE 矩阵结构更复杂、分析更准确。

四、需求预测方法

根据美国《华尔街日报》报道，2014 年 10 月 29 日，国际商业机器公司宣布与推特合作，组成一个影响广泛的商业联盟，国际商业机器公司可以利用推特来自全球的用户数据做出商业决策，通过推特的海量数据，国际商业机器公司可以给企业提出建议，对某些产品和品牌的市场趋势及消费者情绪做出预测和决策。市场预测和决策的数据应用已经越来越广泛了。

市场需求预测是在营销调研的基础上，运用科学的理论和方法，对未来一定时期的市场需求量及影响需求的诸多因素进行分析研究，寻找市场需求发展变化的规律，为营销管理人员提供未来市场需求的预测性信息。

（一）购买者意向调查法

购买者意向调查法指通过一定的调查方式（如抽样调查、典型调查等）选择一部分或全部的潜在购买者，直接向他们了解未来某一时期（即预测期）购买商品的意向，并在此基础上对商品需求或销售做出预测的方法。多用于工业用品和耐用消费品，适宜作短期预测。购买者意向调查法的适用条件为：（1）购买者的购买意向明确清晰；（2）这种意向会转化为顾客购买行为；（3）购买者愿意把其意向告诉调查者。

（二）销售人员综合意见法

销售人员综合意见法是指企业直接将从事商品销售的经验丰富的人员组织起来，先由预测组织者向他们介绍预测目标、内容和预测期的市场经济形势等情况，要求销售人员利用平时掌握的信息结合提供的情况，对预测期的市场商品销售前景提出自己的预测结果和意见，最后提交给预测组织者进行综合分析，以得出最终的预测结论。

销售人员综合意见法的主要优点是：

（1）销售人员经常接近购买者，对购买者意向有较全面深刻的了解，比其他人有更充分的知识和更敏锐的洞察力，尤其是对受技术发展变化影响较大的产品。

（2）由于销售人员参与企业预测，因而他们对上级下达的销售配额有较大的信心完成。

（3）通过这种方法，也可以获得按产品、区域、顾客或销售人员划分的各种销售预测。

（三）专家意见法

专家意见法是运用专家的知识和经验预测对象的社会环境，直接分析研究和寻求其特征规律，并推测未来的一种预测方法。

专家意见法可分为两种方式：

（1）专家会议法是指根据规定的原则选定一定数量的专家，按照一定的方式组织专家会议，发挥专家集体的智能效应，对预测对象未来的发展趋势及状况做出判断的方法。

（2）德尔菲法依据系统的程序，采用匿名发表意见的方式，即专家之间不得互相讨论，不发生横向联系，只能与调查人员联系，通过多轮次调查专家对问卷所提问题的看法，经过反复征询、归纳、修改，最后汇总成专家基本一致的看法，作为预测的结果。这种方法具有广泛的代表性，较为可靠。

课堂实训 洞察不同场景下的消费者行为

观察在不同场景下尝试完成一个任务的顾客，并洞察他们真正想要完成的任务是什么。

积极观察顾客，留意他们使用何种产品和服务去协助自己完成任务。这也包括留意消费者用于完成这些任务的变通方案，即部分的或不完整的解决方案。

在观察顾客的时候，你必须问以下十个问题，这样可以更好地了解他们想要完成的任务，并且更好地了解你可以提供什么样的产品或服务，让顾客更好地完成任务。

（1）顾客如何意识到自己需要你的产品或服务？有什么办法让顾客更加轻松简便地发现你的新产品或服务？

（2）顾客使用你的产品或服务的真实用处是什么？顾客购买你的产品或服务是为了完成什么任务？

（3）顾客最终决定购买一个产品或服务的时候，最看重的产品或服务特性是什么？（如果各项特性得分加起来满分 100 分，顾客会如何为他看重的各项特性打分？）

（4）顾客是如何订购你的产品的？有没有办法让顾客更加轻松简便或者省钱地订购你的产品？

（5）你是如何运送你的产品或提供你的服务的？有没有更为快速便宜的不同方法？

（6）顾客是如何为你的产品或服务付款的？有没有更为轻松便捷的方法？

（7）在试着使用你的产品的时候，你的顾客碰到了什么困难？他们的操作方法是否出乎你的意料？

（8）使用产品的时候，顾客需要什么样的帮助？

（9）顾客使用产品或服务的方式会不会影响产品或服务的寿命或可靠性？

（10）顾客是如何修理、料理或丢弃你的产品的？有没有更轻松简便的办法（或者教会顾客使用产品，减少需要修理的次数，或者教会顾客自己保养产品）？

实训与实践：乡村旅游市场调研

广州市微旅旅游景区管理有限公司（以下简称微旅公司）是一家立足于广州市增城区大埔围村，并辐射广东全省的旅游公司。现微旅公司邀请你作为他们的消费者市场调查员，请你通过走访增城区大埔围村与微旅公司，对广州市增城区大埔围乡村旅游市场进行调研。通过“问卷法”，设计一份调查问卷，调查分析该地区当前旅游市场的主要消费者特征，并对调研结果进行分析总结，为大埔围村及微旅公司提出下一步消费者市场开拓的建议。

提示：

组建学习小组，每组5～7人；设计调查表，进行调研，可以选择具体的调查方式（如线上、线下），整理数据，分析数据所反映的市场信息，然后形成调查报告，每个小组选出1名代表进行课堂报告，老师进行点评。

思考题

1. 市场调查与市场预测之间的关系是什么？
2. 消费者市场、生产者市场和政府市场的影响因素分别是什么？
3. 市场预测的一般步骤大致可分为哪几方面？
4. 市场预测的主要内容包括哪些方面？
5. 应用GE矩阵要经历哪些步骤？

任务四 消费者购买行为分析

学习目标

通过本任务的学习，应充分认识对消费者购买行为分析的重要性，并了解影响消费者购买行为的因素，如外部因素与内在因素等；应熟悉消费者购买决策行为的四大类型；应掌握消费者购买决策的模式、过程，以及消费者的购买角色，例如消费倡导者、消费决策者、消费影响者、购买者和使用者。

消费者购买是以满足其个人或家庭生活而发生的购买商品的决策过程，以个人和家庭为购买和消费单位，由于受到消费人数、需要量、购买力、储藏地点、商品保质期等诸多因素的影响，消费者为了保证自身的消费需要，往往购买批量小、批次多，购买频繁。消费者购买行为是复杂的，其购买行为的产生受到其内在因素和外在因素的相互促进与相互影响。企业营销通过对消费者购买的研究，来掌握其购买行为的规律，从而制定有效的市场营销策略，实现企业营销目标。

案例分析 家乐福为何败走日本

家乐福成立于1959年，是大卖场业态的首创者，是欧洲第一大零售商，世界第二大国际化零售连锁集团。2005年拥有11 000多家营运零售单位，业务范围遍及世界30个国家和地区。集团以三种主要经营业态引领市场：大型超市、超市以及折扣店。此外，家乐福还在一些国家发展了便利店和会员制量贩店。2004年集团税后销售额增至726.68亿欧元，员工总数超过43万人。2005年，家乐福在《财富》杂志编排的全球500强企业中排名第22位。2005年，家乐福公司宣布，将其在日本的8家大卖场卖给自己的对手——日本第一大零售商永旺集团（Aeon），并从日本这个全球第二大零售市场全线撤退。家乐福从2001年进入日本到全线撤退，中间仅有4年时间，并付出了亏损三亿欧元的代价。

（资料来源：新华每日电讯，2005年3月13日）

思考：哪些因素影响了日本人在家乐福的购买行为？

经分析可得出以下要点。

1．饮食文化差异

日本饮食十分讲究新鲜度，特别是蔬菜、鱼、肉及其制成品，力求新鲜，一般都是随买随吃，故而日本人购买食品量少而次多。以家乐福为代表的欧美人习惯于大量采购、长期存放食品，对食物新鲜度没有日本人追求那么强烈。

2．购物文化差异

大部分日本妇女在婚后不工作，有充裕的时间去购物，故而去超市购物基本上都由家庭主妇承担，她们对于购物的便利性和距离比较重视。家乐福在日本的超市全部位于城市的远郊区，距离居民区与城市较远，不方便家庭主妇购物。

3．价格的作用

家乐福利用全球性的采购供应，在价格控制上具有一定优势，价格成为其吸引购买的主打因素。但是，家乐福的这种价格优势并没有体现在顾客非常敏感的生鲜食品上，而是体现在服装鞋帽、厨房用具、葡萄酒、欧洲奶制品等方面，可顾客对这类商品的反应是“迟钝”的。

4．家乐福的购物氛围

家乐福在日本采用与在欧美同样的大卖场仓储式的购物摆放，仍然没有突破用大空间和单一商品的量感以及“店员工装化”来凸显仓储形象，并由此来映射商品便宜的手法。这种手法对日本的家庭主妇来说，常常会让她们因多走路却找不到自己想要的商品而产生反感。

5．家乐福的陈列摆放

家乐福曾一度希望通过在商品陈列上表现出“随意性”和对餐饮区的简单处理来营造一种商品便宜的卖场氛围。这反而让日本人认为这是对顾客的不尊重，如果让日本人感到这里把不值钱的东西卖给他们，他们绝对不会再迈进这家店的店门，这对家乐福来说是致命的。

6．定价策略

家乐福通过控制成本、薄利多销的方式，使价格成为其主要吸引因素。但日本市场的特性是必须根据不同地区进行细致的价格划分，而不是简单地进行一刀切。家乐福这种一刀切的定价策略阻碍了其在日本的发展。

7．发展战略

家乐福在日本采取的是郊区包围城市发展战略，这一战略是基于在马来西亚、中国大陆、泰国、韩国等地的成功经验。用“包围城市型”的设店战略对发展中国家那些无经营理念的零售店真有一网打尽的味道，可对已经把经营理念看作店铺生命的日本零售业就显得落后和不合实际，其做法忽略了日本高度城市化的现实情况。

8．商业文化差异

家乐福的供应链基本上是通过生产厂家直接进货，与日本大部分产品由商社代理销售的情况差异较大，商业文化的差异导致家乐福利用价格优势增加销售额的计划打了折扣。

9. 竞争对手的强大

伊藤洋华堂、永旺集团等日本本土大型超市对家乐福构成了极大威胁。虽然家乐福在全球是第二大超市，但伊藤洋华堂、永旺等日本本土超市利用其本土优势对家乐福在日本的发展形成有力竞争，并导致其败走日本。

可见，家乐福在日本取得成功需要做出下列调整：

（1）调整其供应链结构，注重其产品供应的新鲜度；

（2）改善购物氛围；

（3）调整货物摆放方式，强调经营理念；

（4）改变一刀切的定价策略，根据各地不同情况做出细致的价格划分；

（5）深入研究日本家庭主妇购物的习惯；

（6）借鉴沃尔玛在日本的经验，通过收购与兼并日本本土超市，并保持其原有招牌与风格，以此来发展。

任何企业都应在充分了解消费者的基础上建立适合的经营模式。西班牙有句古谚语说得好："欲成为斗牛士，必先学做牛。"在市场营销整体活动中，想要做好营销工作，就一定要设身处地站在购买者的立场，摸清楚他们的感知、想法和偏好，以便了解购买者的购买行为。市场是由不同需求和欲望的消费者构成的，而购买行为又是一个非常复杂的活动过程，对它的研究要结合心理学、社会学、人类学、人口学、经济学等诸多学科。近年来，购买行为在经济生活中的地位已经得到了理论界的一致推崇。

应用一　影响消费者购买行为的因素

消费者购买行为一般会受到系列相关因素的影响，这些因素相互作用，使消费者的购买行为呈现多样性。消费者是否购买某种商品，从根本上来说取决于两个因素：一是该商品所能提供的效用，即购买者拥有该商品后是否能满足需求；二是为了获得该商品所必须支付的代价的大小。如果拥有该商品所获得的满足大于其付出的代价，消费者便会购买该商品。反之，当付出的代价大于其所获得的满足时，消费者便会放弃购买该商品。这种评价方式可以说是一种主观判断，所以购买决策与消费者的个人因素和心理因素有密切的关系，这类个人因素和心理因素称为内在因素。由于人不可能脱离外界独立存在，一言一行都会受到外界环境的影响，而购买活动作为一种社会性的活动，其购买行为价值大小的评价又必然受到很多社会因素的影响，这类社会因素称为外部因素。分析影响消费者购买行为的因素，有利于企业掌握消费者购买行为的规律性，制定行之有效的营销策略。

一、文化因素分析

文化是影响消费行为的重要宏观因素。深层次的文化因素主要是为一个社会绝大多数人所接受并受其制约的价值观念和思维方式，而这种深层次的文化因素会体现在社会生活的各个方面，当然人们的消费行为也必然受到特定文化的制约。主要体现在，处于同一社会文化环境中的人们在消费需求与购买行为等方面具有许多相似之处，处于不同社会文化环境中的人们则在消费需求与购买行为等方面有很大的差异。

此外，在每一种社会文化环境的背景下，又往往存在着许多在一定范围内具有文化同一性的群体，即亚文化群。在我国，亚文化群主要有民族群、宗教群和地理区域群。这些不同的亚文化群，在风俗习惯、审美情趣、价值观念、行为准则、消费偏好、生活方式等方面又存在着一定的甚至很大的差别，从而影响着他们的消费需求与购买行为。这是企业开展营销活动时所不能忽视的。

二、社会因素分析

消费者行为同样受到社会因素的影响，这些社会因素包括消费者所处的小群体、家庭、社会角色和地位等。

（一）群体和社会网络

个体行为受到许多小群体的影响。个人所从属且受到直接影响的群体称为成员群体。相比之下，参照群体是个人态度或行为形成过程中直接或者间接对比或参照的对象。

市场营销者试图在目标市场上寻找参照群体。参照群体展示了新的行为和生活方式，影响着人们的态度和自我观念，进而可能影响人们对产品和品牌的选择。群体影响程度随产品和品牌的不同而不同。若某个产品和品牌恰是购买者所仰慕之人的偏好，参照群体的影响力就很大。

人们喜欢谈论使自己感到高兴的事物，包括喜欢的产品和品牌。过去，人们只能和一小群朋友或家人谈论这些品牌。然而，在今天，随着现代科技的发展，任何人仅用摄像机、笔记本电脑或手机，就可以将关于产品或品牌的使用体验传递给数万甚至数百万名消费者。

因此，营销人员正在利用这种新发现的顾客日常沟通传播能力，使他们成为有影响力的品牌形象大使。捷蓝航空、索尼、联合利华、微软、麦当劳和宝洁等公司正在开发、设计一种新的品牌形象大使项目，这种项目组织加强了消费者之间对品牌的相互影响力。该项目雇佣热衷于自己产品的日常消费者，让他们担任业余的公关代表、销售代表和传播者。

营销人员在挑选品牌形象大使时十分谨慎，主要基于消费者对品牌的热衷程度及其社交圈的规模。他们经常浏览博客和在线社交网站，确认品牌形象大使是否发挥了品牌拥护者的功能。一旦被选中，形象大使将带着对品牌的热情接受真正的品牌知识培训。然后，他们通过私人谈话、博客、生活事件和在线社交媒介打入朋友、家庭、群体甚至更广的观众圈。他们的成功是通过在线流量、博客帖子数、读者评论、邮件回复以及参加现实活动事件的人数来衡量的。

对形象大使而言，这是一份充满热情的劳动而不是付酬的工作。他们获得的奖励包括产品样品、礼物、折扣等。然而，对品牌爱好者来说，更重要的是他们能获得公司的内部信息，比如正在开发、设计的新产品或服务。品牌形象大使项目扩大了同伴间交流的作用。消费者从他们信任的人那里获取产品和品牌的使用体验。

（二）家庭

家庭是以婚姻、血缘和有继承关系的成员为基础组成的社会生活组织形式或社会单位。

家庭是社会最基本的细胞，也是最基本的消费单位，是群体的主要形式。家庭与消费行为有着极为密切的联系，购买者的家庭成员对其购买行为会产生极大影响。因为家庭是人们生活的直接场所，人们的消费习惯、消费观念、消费方式和行为最先是从家庭继承发展而来的。

家庭对消费活动的影响有三个方面：第一，家庭决定了其成员的消费行为方式。常常是父母影响子女，子女继承父母的消费行为方式。第二，家庭的消费价值观影响其成员的价值观，但并非决定，有时子女常常接受新时代的价值观。第三，家庭的消费决策方式。此外，不同的家庭生命周期、发展阶段，由于家庭成员有所变化（年龄、数量等），购买心理与购买行为也有一定的差异。

（三）社会角色和地位

个体可能同时归属于家庭、俱乐部、组织等多个群体，每个人在群体中的位置由其社会角色和地位决定。角色是在群体中人们被期望进行的活动内容，每个角色代表一定的社会地位，反映了社会的综合评价。

人们通常选择适合自己角色和地位的产品。一位有工作的母亲可能扮演多种角色：在公司，她是品牌经理；在家里，她是妻子和母亲；在她喜爱的体育赛事中，她是狂热的体育迷。作为一个品牌经理，她将购买那些能显示她在公司中的角色和地位的服饰。

三、个人因素分析

购买者的行为还受到购买者本身的年龄和性别、职业、经济状况、个性及自我观念等个人因素的影响。

（一）年龄和性别

年龄和性别是消费者最为基本的个人因素，具有较明显的共性特征。如年轻人和老年人，由于各自的生活经验不同，接受的价值观、审美观的教育不同，因而思维方式也存在较大的差异。男女在购买内容和购买行为上也会表现出较为明显的差异。例如在感兴趣的商品方面，男女之间会表现出明显的不同：女性往往对时装、化妆品等比较关心，而男性往往偏好于影视设备、家用电器等；在挑选商品时，女性往往表现得比较挑剔，男性则较为随意。

人们一生中不断地更换产品和服务。他们在食物、衣服、家具以及娱乐方面的品位往往与他们的年龄相关。购买情况也受到家庭生命周期阶段——家庭随着成员个人的发展和时间推移可能经历的不同阶段的影响。营销人员常常通过定义目标市场人群所处的家庭生命周期阶段，制定适合不同阶段的产品和营销计划。

加拿大皇家银行将家庭生命周期划分为五个阶段。幼年阶段指 18 岁以下的消费者，成长阶段指 18 ~ 35 岁的消费者，这段时期他们会经历很多第一次，比如毕业、第一张信用卡、第一辆车、第一次贷款、结婚，或者有第一个孩子。建设阶段指 35 ~ 50 岁的消费者，正处于收入的高峰期。随着家庭和事业的建立，他们的借贷将多于他们的投资。积累阶段指 50 ~ 60 岁的消费者，他们为退休而存钱，有明智的投资计划。最后，保存者阶段是年龄大于 60 岁的消费者，他们想使自己的养老储蓄最大化以维持期望的生活状况。加拿大皇家银行向不同阶段的消费者推销不同的服务，例如，面对较大支出的建设者，提供贷款和债务管理服务。

（二）职业

个人的职业会影响他所购买的商品和服务。例如，一个公司白领和一个大学生、一个教授和一个农民，他们在消费行为上就会有明显的不同。这里除了消费者的收入、文化等原因外，还有社会对不同职业所扮演的社会角色的要求不同。例如，公司为了体现公司形象和职工的精神面貌，往往对职工的言谈举止、服装等有特殊要求；而农民则很少受到这方面的约束。市场营销者试图识别对其产品和服务更感兴趣的职业群体。一家公司甚至可以专门为某一职业群体提供产品。

（三）经济状况

个人的经济状况会影响其产品的选择。受收入影响较大的商品的市场营销者比较关注个人收入、储蓄和利率的变化趋势。所以有人认为消费者是一种“经济人”，其购买行为主要跟收入相关。但是，消费者并非纯粹的“经济人”，由于其他各种因素（如原有收入基础、文化素养、社会地位等）的作用，其对收入变化的反应程度会有所不同，如在外企工作的员工与经营服装生意的个体经营者收入都比较高，但两者的消费行为却有着相当大的差别；但不管反应程度如何，都会做出反应。

（四）个性及自我观念

每个人的购买行为都受到其独特个性的影响。个性是指导致个人对自身环境做出相对稳定和持久反应的独特的心理特征。个性通常用自信、优越、善于交际、自主、防御性、适应性和进取等特征来描述。个性是分析消费者产品或品牌选择的有用变量。

品牌也有个性，消费者更倾向于选择与自身个性相符的品牌。品牌个性是某种品牌所具有的人类特质的具体组合。一位研究人员将品牌的个性特征划分为以下五种：

（1）真诚型（朴实、诚实、健康、开朗）；

（2）兴奋型（勇敢、坚定、创意、时尚）；

（3）能力型（可靠、智慧、成功）；

（4）成熟型（高档、迷人）；

（5）强健型（适合户外、坚强）。

许多知名品牌都有自己独特的个性，例如，吉普属于“强健型”，苹果属于“兴奋型”，CNN属于“能力型”，多芬属于“成熟型”。因此，这些品牌都能吸引那些与其个性高度匹配的人群。

营销人员经常运用一个和个性相关的概念——自我观念。自我观念的基本前提是人们拥有的产品决定和反映了他们的身份，即“我们有什么就是什么”。因此，想要了解消费者的行为，就要先明白消费者自我观念与其拥有物之间的关系。

四、心理因素分析

消费者的购买行为常常会受到许多心理因素的影响。主要为动机、感知、学习、信念和态度。

（一）动机

个人在任何时候都有许多需求。有些需求是生理方面的，比如饥饿、干渴和不安等；有些则是心理方面的，如认可、尊重或归属等。当一种需求强烈到一定程度时，它就变成了一种动机。动机也是一种需求，它促使人们去寻求满足。心理学家已经提出了多种人类动机理论。其中最著名的是西格蒙德·弗洛伊德（Sigmund Freud）的理论和亚伯拉罕·马斯洛（Abraham Harold Maslow）的理论，它们对消费者分析和市场营销具有特殊的意义。

动机研究是指探讨消费者隐藏的潜意识动机的定性研究。消费者常常不清楚或者不能解释他们自己的行为。因此，动机研究者们运用各种探测技术，发掘对品牌和购买情况的潜在情感和态度。

亚伯拉罕·马斯洛试图解释为什么人们在特定时期会有特定的需求。为什么当一个人花费大量时间和精力来满足个人安全需求时，另一个人在努力获取他人的尊重？马斯洛的答案是，人类的需求是分层次排列的，如图 4－1 所示，按最迫切的到最不紧迫的从低到高依次排列，分别是生理需求、安全需求、社会需求、尊重需求和自我实现需求。

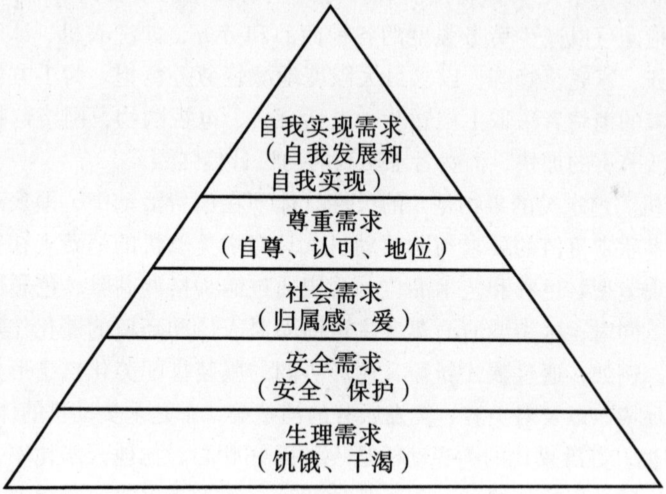

图 4－1 马斯洛需求层次理论

就购买活动来说，消费者的购买动机往往十分具体，其表现形式复杂多样，与购买行为的联系也更为直接。消费者的购买动机主要分为以下几种：

（1）求安全、健康的动机。现代消费者越来越注重自身的生命安全和生理健康，并且把保障安全和健康作为消费支出的重要内容。抱有这种动机的消费者通常把商品的安全性能和是否有益于身心健康作为购买与否的首要标准。就安全性能而言，消费者不仅要求商品在使用过程中的各种性能安全可靠，如家用电器不出意外事故，化妆品不含有毒物质，而且刻意选购各种保健型用品和服务，如人寿保险等。与此同时，追求健康的动机日益成为消费者的主导性动机。在这一动机的驱动下，选购医药品、保健品、健身用品已经成为现代消费者经常性的购买行为。

（2）求廉动机。追求廉价的购买动机是以注重商品价格低廉，希望以较少支出获得较多利益为特征的购买动机。抱有这种动机的消费者，选购商品往往对商品的价格进行仔细比较，在不同品牌或外观质量相似的同类商品中，会尽量选择价格较低的品种。同时，这类消费者喜欢购买优惠品、折扣品或者处理品，有时甚至因为价格低而降低对商品质量的要求，求廉的动机自然与收入水平较低有关，但是对于大多数消费者来说，以较少的支出获取较高的收益是一种带有普遍性的动机。

（3）求新动机。追求新奇的购买动机是以追求商品的新颖、奇特、时髦为主要目的的购买动机。具有这种动机的消费者往往富于想象，渴望变化，喜欢创新，有强烈的好奇心。这类消费者在求新动机的驱动下经常凭一时兴趣，进行冲动式购买，他们是时装、新潮家具、新式发型以及各种时尚商品的主要消费者和消费带头人。

（4）求实动机。追求实用的购买动机是以追求商品的使用价值为主要目的的购买动机。具有这种购买动机的消费者比较注重商品的实用性和质量，要求商品具有明确的使用价值，讲求经济实惠、经久耐用，而不过多强调商品的品牌、包装、装潢和新颖性；倘若商品的使用价值不明确，甚至徒有虚名、毫不实用，消费者便会放弃购买。而这并不一定与消费者的收入水平有必然的关系，主要决定于个人的价值观念和消费态度。

（5）求便动机。追求便利是现代消费者提高生活质量的重要内容。受此动机的驱动，人们把购买目标指向可以减少劳务强度的各种商品和劳务，如洗衣机、冰箱、洗碗机、方便食品、家庭服务、家庭装修等，以求最大限度地减轻劳务负担。为了方便购买、节约购买时间，越来越多的消费者采取上门送货、电话订货、电视购物、网络购物等现代购物方式。随着现代生活节奏的加快，消费者求便利的动机日趋强烈。

（6）求美动机。追求美的事物是人的天性，体现在消费活动中，即表现为消费者对商品美学价值和艺术欣赏价值的要求与购买动机。具有求美动机的消费者在挑选商品时，特别重视商品的外观造型、色彩和艺术品位，希望通过购买格调高雅、色彩协调的商品获得美的体验和享受。同时，这类型的消费者注重商品对人体和环境的美化作用，以及对精神生活的陶冶作用。例如，通过款式新颖、色彩协调的服装搭配美化自己形象，选购家庭装饰用品美化居住环境，以及对美容、美发服务的消费等，都是求美动机的体现。

（7）攀比动机。好胜攀比的购买动机是一种因好胜心、与他人攀比不甘落后而形成的购买动机。抱有这种动机的消费者，购买某种商品往往不是出于实际需要，而是为了争强好胜、赶上他人、超过他人，借以求得心理上的平衡和满足。这种购买动机具有偶然性和浓厚的感情色彩，购买行为带有一定的冲动性和盲目性。在生活水平迅速上升、贫富差距急剧拉大的社会转型时期，攀比性动机表现得较为普遍和强烈。

（8）满足偏好的购买动机。满足偏好的购买动机是以满足个人的特殊偏好为目的的购买动机。许多消费者由于生活习惯和业余爱好，特别偏爱某一类商品，如集邮、摄影、花鸟鱼虫、音响器材等。这些嗜好往往与消费者的职业特点、知识领域、生活情趣有关，因而其购买动机比较理智，购买指向也比较稳定和集中，具有经常性和持续性的特点。

（9）追求名望的购买动机。追求名望的购买动机是因仰慕产品品牌或企业名望而产生的购买动机。在现代商战中，一些品牌产品及企业由于产品质量精良、知名度高、声誉良好、市场竞争力强而受到消费者的青睐。许多消费者出于慕名心理，在购买前即预先将品牌产品确定为购买目标；在购买过程中，面对众多同类商品，仍会将注意力直接指向品牌产品。追求名望的购买动机不仅可以满足消费者追求名望的心理需要，而且能够降低购买风险，加快商品选择过程。因此，在品牌差异较大的商品如家用电器、服装、化妆品的购买过程中，往往成为带有普遍性的主导动机。

（10）自我表现的购买动机。自我表现的购买动机是以显示自己的身份、地位、威望以及财富为主要目的的购买动机。拥有这种动机的消费者在选购商品时，不大注重商品的使用价值，而是特别重视商品所代表的社会象征意义，喜欢购买名贵商品、稀有商品、某些顶尖级的商品以及价格惊人的商品；他们选择特殊的消费方式，如住在豪华宾馆的总统套间、食用黄金宴等，以显示其生活的富有、地位的特殊或能力的超群，达到宣扬自我、炫耀自我的目的。

（11）惠顾购买动机。惠顾购买动机又称习惯性动机，是指消费者对特定商店或特定商品品牌产生特殊信任偏好，从而在近似条件反射的基础上习惯性地、重复地光顾某一商店，或者反复地、习惯性地购买同一品牌、同一商标的产品。惠顾性动机有助于企业获得本商店或本产品的忠实消费者群，保持稳定的市场占有率。

（12）模仿动机。消费者以追随自己喜欢、崇拜的对象为主要目标，仿效他人购买商品的行为并以此为荣，如以政治人物、知名人士、影星、歌星、体育明星等为模仿对象。

（13）从众动机。消费者以追求与大多数人一致的商品购买行为为主要目标，大多数人买什么商品、买什么品牌，他也买什么品牌和商品。

课堂实训 “组合式鞋店”满足了顾客自我实现的需求

有位商人开了家“组合式鞋店”。货架上陈设着6种鞋跟，8种鞋底，鞋面的颜色以黑、白为主，鞋带的颜色有80多种，款式有百余种。顾客可自由挑选出自己最喜欢的各种款式，然后交给店员进行组合，只需稍等十来分钟，一双称心如意的新鞋便可到手。而其售价，与批量成品的价格差不多，有的还更便宜。此举引来了络绎不绝的顾客，使该店销售额比邻近的鞋店高出好几倍。

案例运用了马斯洛的需求层次理论。“组合式鞋店”运用了顾客在一定范围内自我实现的需求，使“上帝”们圆了个性化消费的美梦，自然趋之若鹜。有个性才有魅力，有独创性才有吸引力。对于经营者来说，做个性老板，开特色商店，才能在激烈的市场竞争中，独树一帜，赢得主动，取得成功。对于消费者来说，自己组装，可谓新鲜有趣，既开阔眼界、增长见识，又实现了“我买的就是独一无二的”这样一种理想的消费目的，当然愿意慷慨解囊争相一试。

（二）感知

受动机驱使的人随时准备行动，个人的行为受其对情境感知的影响。我们依靠自己的五种感官来了解身边的信息，分别是视觉、听觉、嗅觉、触觉和味觉。然而，每个人接收、组织和解释这些感官信息的方式各不相同。感知是人们通过收集、整理并解释信息，形成有意义的世界观的过程。同一事物对不同消费者会产生不同的感知，如商店陈列的一种服装，两位女士中可能一人喜欢而另一人不喜欢。

（三）学习

人们总是在实践中学习。学习是指由经验引起的个人行为的改变。学习论者认为，大多数的人类行为是通过学习获得的。学习是通过驱动、刺激、诱因、反应和强化之间的相互作用发生的。

消费者的学习是消费者在购买使用商品活动中不断获取知识、经验和技能，不断完善其购买行为的过程。消费者对其想购买但又不了解的商品，常常是先收集有关这种商品的多种资料、信息，学习这种商品的知识，然后再做出购买决策和实施购买行动。营销人员应设法给希望学习的消费者创造学习的机会和提供学习的方便，这样才有助于促成消费者的购买行为。

（四）信念和态度

人们在实践和学习中形成信念和态度，信念和态度又反过来影响他们的购买行为。

信念是个人对事物持有的具体看法，信念可能建立在现实的知识、观念或信仰之上，可能夹带着情感因素。营销人员对人们形成的关于特定商品和服务的信念感兴趣，因为这些信念构成了产品和品牌的形象，进而影响人们的购买行为。如果存在某些阻碍购买行为的错误信念，营销人员就需要开展宣传活动来纠正它们。

态度，是人们对外界事物反应的一种心理倾向，是一个人对某些事物或观念长期持有的认识上的评价、感情上的感受和行动上的倾向。态度由认识、情感和行为三个因素组成。人们几乎对所有事物都有态度。消费者的态度是指消费者在购买和使用商品的活动中对商品、劳务及其有关事物所形成的反应倾向。态度能使人们对相似事物采取一致的行动。态度一旦形成，常常难以改变，常显现出稳定一致的模式。企业应尽可能使消费者树立对其商品的良好态度，避免使消费者否定其产品的事情出现。

案例分析 消费者购买行为的个人因素

宁宁是广州某高校的一名老师，30 岁，月收入近万元。以下真实地记录了在 2016 年 4 月至 7 月间，她在购车决策过程中如何受到各种信息的影响。宁宁周边的朋友与同事纷纷加入了购车者的队伍，看他们在私家车里享受如水的音乐而不必用力抗拒公交车的拥挤与嘈杂，宁宁不觉开始动心。另外，她工作地点离家较远，加上交通拥挤，来回花在路上的时间要 1 个多小时，她的购车动机越来越强烈。只是这时候的宁宁对车一无所知，除了坐车的体验，除了直觉上喜欢漂亮的白色、流畅的车型和几盏大而亮的灯。

宁宁是在上司的鼓动下上驾校学车的。在驾校学车时，未来将购买什么样的车不知不觉成为几位学车者的共同话题。“我拿到驾照，就去买一部 1.4 自排的波罗。”一位同事对波罗情有独钟。虽然宁宁也蛮喜欢这一款小车的外形，但她怎么也接受不了自己会同样买一款波罗。因为宁宁有过坐波罗 1.4 的体验，那一次是 4 个女生上完课，一起坐一辆小波罗出去吃午饭，回校时车从增城东汇广场的地下车库开出，上坡时不得不关闭了空调才爬上高高的坡。想起爬个坡便要关上空调的事，这实实在在地阻碍了宁宁对波罗的热情，虽然有不少人认为波罗是女性的首选车型。

问问驾校的师傅吧。师傅总归是驾车方面的专家，“宝来，是不错的车。”问周边人的用车体会，包括朋友的朋友，都反馈过来这样的信息：在差不多的价位上，开一段时间，还是德国车不错，宝来好。不久，一位与宁宁差不多年龄的女邻居，在小区门口新开的一家海南马自达专卖店里买了一辆福美来，便自然地向宁宁做了详细介绍。宁宁很快去了家门口的专卖店，她被展厅里的车所吸引，销售员热情有加，特别是有这么一句话深深地打动了她："福美来各个方面都很周全，反正在这个价位里别的车有的配置福美来都不会少，只会更多。"此时的宁宁还不会在意动力、排量、油箱容量等抽象的数据，直觉上清清爽爽的配置，配合销售人员正对宁宁心怀的介绍，令宁宁在这一刻已锁定海南马自达了。乐颠颠地拿着一堆资料回去，福美来成了宁宁心中的首选。银色而端正的车体在宁宁的心中晃啊晃。

宁宁回家征求先生的意见。先生说，为什么放着那么多品牌不买，偏偏要买"海南货"？它在广州的维修和服务网点是否完善？两个问题马上动摇了宁宁当初的方案。宁宁不死心，便想问问周边驾车的同事对福美来的看法。"福美来还可以，但是日本车的车壳太薄。"宝来车主因其自身多年的驾车经验，他的一番话还是对宁宁有说服力的。宁宁有无所适从的感觉。好在一介书生的直觉让宁宁关心起了精致的汽车杂志，随着阅读的试车报告越来越多，宁宁开始明确自己的目标了，8 万至 15 万的价位，众多品牌的车都开始进入宁宁的视野。此时的宁宁已开始对各个车的生产厂家，每个生产厂家生产哪几种品牌，同一品牌的不同的发动机的排量与车的配置，基本的价格都已如数家珍。上海通用的别克凯越与别克赛欧、上海大众的超越者、一汽大众的宝来、北京现代的伊兰特、广州本田的飞度 1.5、神龙汽车的爱丽舍、东风日产的尼桑阳光、海南马自达的福美来、天津丰田的威驰，各款车携着各自的风情，在马路上或飞驰或被拥堵的时时刻刻，向宁宁亮着自己的神采。宁宁常用的文件夹开始附上了各款车的排量、最大功率、最大扭矩、极速、市场参考价等一行行数据，甚至于4S 店的配件价格。经过反复比较，宁宁开始锁定别克凯越和本田飞度。特别是别克凯越，简直是一款无懈可击的靓车啊！同事 A 此阶段也正准备买车，别克凯越也是首选。宁宁开始频频地进入别克凯越的车友论坛，并与在上海通用汽车集团工作的同学 B 联系。从同学的口里，宁宁增强了对别克凯越的信心，也知道了近期已有另两位同学拿到了牌照。但不幸的是，随着对别克凯越论坛的熟悉，宁宁很快发现，费油是别克凯越的最大缺陷，想着几乎是飞度两倍的油耗，在将来拥有车的时时刻刻要为这油耗花钱，宁宁的心思便又活了。还有飞度呢，精巧，独特，省油，新推出的 1.5VTEC 发动机的强劲动力，活灵活现的试车报告，令人忍不住想说就是它了。何况在论坛里发现飞度除了因是日本车系而受到抨击外没有明显的缺陷。正巧这一阶段广州本田推出了广本飞度的广告，宁宁精心地收集着有关广本飞度的每一个文字，甚至于致电广本飞度的上海4S 店，追问其配件价格。维修人员极耐心的回答令飞度的印象分又一次得到了增加。到此时，宁宁对电视里各种煽情的汽车广告却没有多少印象。由于工作、读书和家务的关系，她实在没有多少时间坐在电视机前。而地铁里的各式广告，按道理是天天看得到，但受上下班拥挤的人群的影响，宁宁实在是没有心情去欣赏。只是纸上得来终觉浅，周边各款车的直接用车体验对宁宁有着一言九鼎的说服力，宁宁开始致电各款车的车主了。朋友 C 已购了别克凯越，问及行车感受，说很好，凯越是款好车，值得购买。同学 D 已购了别克赛欧，是宁宁曾经心仪的 SRV，质朴而舒适的感觉，宁宁常常觉得宛如一件居家舒适的棉质 T 恤，同学说空调很好的呀，但空调开后感觉动力不足。朋友E已购了飞度（1.3），她说飞度轻巧、省油，但好像车身太薄，不小心用钥匙一划便是一道印痕，有一次去装点东西感觉像"小人搬大东西"。周边桑塔纳的车主，波罗的车主等，都成为宁宁的"采访"对象。宁宁的梦中有一辆车，漂亮的白色，流畅的车型，大而亮的灯，安静地立在宁宁的面前，等着宁宁坐进去。但究竟花落谁家呢？宁宁自己的心里知道，她已有了一个缩小了的备选品牌范围。但究竟要买哪一辆车，这个"谜底"不再遥远……

从案例中我们看到宁宁经历了消费者决策过程的前三个阶段：认知需求、收集信息、评价与选择，但是最后的购买决策和购后评价没有经历。认知需求：宁宁周围的同事朋友都在买车，自己也有实际需求。收集信息：她在学车时和学员们讨论车，和已有车的邻居讨论邻居新买的车，并了解信息，宁宁还去专卖店实地看车，听专业的介绍。评价与选择：她收集了自己中意的几个牌子的车与车型，反复比较各款车的排量、最大功率、最大扭矩、极速、市场参考价等数据，甚至4S店的配件价格。购买决策还没定下，这受到预期环境因素、非预期环境因素和他人态度的影响。宁宁家的经济状况、产品的预期利益，也就是预期环境因素的影响。营销人员的态度是非预期环境因素的影响，还有她的先生、同学、同事的意见和看法是他人态度的影响。可见宁宁买车是参与程度很高的，车子的品牌差异也是比较大的。宁宁对这些车子没什么品牌忠诚度，她注重的还是产品的性价比、实用性。对产品来说，消费者也有感性和理性的时候，一开始宁宁对车型、颜色比较注重，是感性的认识。后来，她搜集各个牌子车型的资料，并进行各种性能和价格的比较，这是理性分析。消费者的需要有可诱导性，宁宁去海南马自达专卖店，其销售人员耐心与细心地讲解和引导，宁宁就被诱导，对其汽车产生兴趣。消费者需求结构的高级化趋向：宁宁满足了马斯洛层次论的基本需求，现在要增添新的交通工具。消费与生活方式相统一的趋向：作为一个工薪阶层的上班族，上班地点与家离得太远，车程时间太长，太浪费时间与精力，所以要买辆车子，方便生活。

应用二　消费者购买决策行为类型

顾客对牙膏、iPod、金融服务、新车等产品的购买行为各不相同。越复杂的决策往往包含越多的购买参与者，消费者也越慎重。图4－2显示了根据消费者介入程度和品牌差异两个维度划分的四种购买行为类型。

	高介入	低介入
品牌间差异显著	复杂的购买行为	寻求多样性的购买行为
品牌间差异小	降低失调的购买行为	习惯性的购买行为

图4－2　四种购买行为类型

一、复杂的购买行为

当消费者高度介入且认为品牌间存在显著差异时，将采取复杂的购买行为。在购买价格高、有风险、难得购买且高度自我表现的产品时，消费者可能高度介入，尤其是当消费者对此类产品不太熟悉的时候。例如，个人电脑的购买者可能不知道应优先考虑何种性能，许多消费者对“3.4GHz 的奔腾处理器”“WUXGA 有源矩阵屏幕”或者“4GB 的双通道 DDE2 DRAM 内存”等许多计算机性能可能一窍不通。又如，一对夫妻去买结婚首饰，有黄金、铂金、钻石等较高的购买决策风险，消费者对首饰的熟悉度较低，购买任何一个都是复杂的购买行为。

这个购买者将经历一个学习过程：首先产生对产品的信念，然后逐渐形成态度，深思熟虑之后做出购买决策。高介入产品的营销者必须了解高介入的消费者如何收集和评价信息。他们需要帮助买方了解产品属性及其相对重要性；他们需要突出自身品牌的特性，利用平面媒体和详细的广告文案来描述品牌优点；他们需要谋求商店销售人员和购买者朋友的支持，从而影响购买者对品牌的最终选择。

二、降低失调的购买行为

降低失调的购买行为也称为协调性购买行为，是指消费者对品牌差异小、不经常购买的单价高、购买风险大的产品，需要花费大量时间和精力去选购，购后又容易出现不满意等失衡心理状态，需要商家及时化解的购买行为。如购买家用电器、旅游度假等。消费者购买此类产品往往是“货比三家”之后，会因为品牌间差异不大而快速地做出购买决策。购买者主要关心的是价格或购买的便利程度。例如：在红米手机搞活动时，抢购了一台红米手机后，对手机内存不满意，有点后悔买了，为了心理平衡，你会发现红米手机比别的手机性价比高的信息，以此降低失调的购买行为。

如果消费者在购买地毯后发现所买品牌的缺点，或者了解到未买品牌的优点，他可能会经历购买后不协调或者售后不满意。为了对付这种不协调感，市场营销者应该注重售后沟通，提供能让消费者对他们的品牌选择感觉良好的证据和支持。

三、习惯性的购买行为

当消费者购买价格低廉、品牌差异小、经常性购买的商品（如食用油、食用盐、洗衣粉之类的日常消费品）时，他们的介入程度较低，一般随时就近购买、随用随买。例如，家里一直用的是云南白药牙膏，用完后去超市直接购买，习惯这个牌子了。这类购买行为属于习惯性的购买行为。

在这种情况下，消费者行为并不需要经过通常的“信念—态度—行为”模式。消费者不会仔细搜索品牌的信息，也不会评估品牌的特征，更不会对购买何种品牌反复推敲、慎重决策。相反，他们被动地接受电视或杂志上的信息。重复播放的广告只能创造品牌熟悉而非品牌信念。消费者不会对某一品牌产生强烈的态度，他们只选择自己熟悉的品牌。因为它们对产品选择介入低，即使购买后，消费者也不会对他们的选择做出评价。因此，这一购买过程涉及通过学习而形成的品牌信念，随后产生购买行为，事后可能有也可能没有评价。

因为购买者对任何品牌的认知度都不高，品牌差异小且介入度低的产品的市场营销者经常通过价格和促销来刺激产品的试用。在为低介入产品做广告时，广告内容只应强调几个关键点。可视的标志和形象很重要，因为他们易于记忆并与品牌相联系。其广告运动应该包括不断重复短期信息。电视往往比印刷媒体更有效，因为电视是一种适合被动学习的低介入媒介。广告活动计划应该建立在经典条件作用理论之上，通过一个标识不断与品牌相联系，使购买者学会通过标识来识别某种产品。

四、寻求多样性的购买行为

消费者在低介入程度、高品牌差异的条件下，采取寻求多样性的购买行为，消费者在购买时对品牌不加注意，经常更换品牌。例如，饼干、糖果、糕点之类的商品，消费者在购买时一般不做评价，待购买使用或品尝之后才可能有评价，下一次购买也许会重新选择另一种品牌试用或品尝。又如，你到超市买泡面，不管是康师傅的还是统一的还是什么牌子的，经常换着口味吃。这种购买行为并非对产品不满意，而只是想换一种口味而已。企业对于这种购买行为的消费者，应采用多品牌策略，给消费者更多的挑选机会，也可以采取低价、优惠、赠券、免费试用等方式来引导消费者进行品种挑选。

应用三　消费者购买决策过程

行为是指人们在一定的刺激影响下，经由内部经验的折射而产生的具有目的性的活动，它是个体与环境相互作用的结果。人的行为十分复杂，受人的个性特征与外部环境两方面的影响。如果人的行为发生在消费者的购买活动中，就产生了购买行为。因此，购买行为就是指消费者为满足某种需要在购买动机的驱使下以货币换取商品或服务的行为。任何消费者要维持生存、发展和享受，都必须不断地通过购买行为获得各种必需品与服务。所以，消费者的购买行为是人类社会普遍存在的一种行为方式。

课堂实训　圣诞节的礼物

去年圣诞节，我给一位很要好的女同学买圣诞礼物。在我脑海里，这位同学对一些简简单单的东西，或者是一些价格较高但是没有新意的礼物不甚喜欢，那些礼物不会博得她一笑，甚至会给她留下一种老套、骗子、没有素养的坏印象。最重要的是要送出自己的心意，这些东西是能够暖人心的，不是挂出来做样子用的。

首先，就此礼物，我向我们班大部分女孩子询问，什么样的礼物能让她们看一眼就被深深地吸引住，同时能够明白作为一个朋友的良苦用心。得到了建设性意见若干条。一致认为对她要：只要对的，不要贵的。

其次，我自己在学校附近所有的礼品店参看，不让任何一家哪怕一个小小的格子铺成为漏网之鱼。同时，询问服务人员何种礼物今年销量最好。这能有效地提升自己对美的理解，把握最新时尚动态。了解现今最流行的颜色，并结合她的气质归纳出自己礼物的颜色。我还在学生经常上的网站和微信征求网友的意见，网友也给出了很多好的意见，“最好是自己动手做的”。至此，心里基本对礼物有了一个大致的构想。

最后，我邀自己班里一位眼光独特、心细眼明的女同学，再一次把学校周围的礼品店逛了一圈。这次，我每至一店，就拿出店中一些不错的礼物询问，并听取她的意见。她认为这些店里的礼物挑来挑去都是那些东西，不好玩，不好看，不如自己动手做一个。同时，我又给和她玩得不错的一位朋友打电话，询问何种礼物最好。她也给出建议如：要有新意和心意，要实用，实在不行水杯也可，等等。至此，明确自己的礼物要是一份很独特的、天下无双的礼物，那么，只有“自己动手做的”才符合要求。

下一步就是制作何种东西。得益于和我一块出去挑礼物的同学的一句话：“我高中时候，有人送我这么一件东西——一颗开心果壳，上面写了我的名字。”我也萌发了这个念头，为何不做一个这样的礼物呢？确定了目标：买一个包装盒（不要太大，也不能太小），颜色为大方的黑色，同时上面有颜色搭配很恰当的图案。在包装盒里面，用自己PS过（乳白色纸上全是她喜欢的迷你熊）的一张卡片制成小方格（结合开心果的大小，共计81个，数字也吉利）。在学校附近买开心果一包。开心果上亲手刻一首自己写的诗（水平不高，谨表心意）。包装盒分成两层，上面一层我放了一个很大的棒棒糖，同时零散地放了几颗开心果。制作期间，也要同寝室的同学帮忙，还做了简单的修改。礼物的颜色、细节，我都根据自己对她的了解和她自身的气质完成（如，她喜欢的小动物，颜色是女孩子都喜欢的等）。至此，第一件礼物完成了。

同时，由于是圣诞节，苹果还是要买的。正好当时他们班里有同学卖苹果，并很有新意地在装苹果的包装盒里放小礼物（即运气好的话，可以中奖）。我就买了一个，因为和他们都认识，特别强调要中奖。一箭双雕。第二件礼物完成。我们班里有同学买孔明灯的，挺不错，于是我也买了一盏孔明灯。我还提前拆开看了一下孔明灯的结构，学会了如何使用（之前并没有接触过）。第三件礼物完成。

圣诞节前一天晚上，我一并送出这三件礼物。其中孔明灯是和她一块在操场带着我们年轻的梦想放飞的。放过孔明灯，我还问了一句：“好看么？”她挺兴奋地说：“嗯，嗯。”我随后也跟了一句更加年轻气盛的话：“那我以后每年给你点一盏。”对于第一件和第二件礼物她的反应，我问了和她玩得很要好的朋友，朋友说：“她很高兴，你那礼物我也吃了几颗。”哈哈，我认为她们吃的一定是我在上层零散放的。

从案例中，首先产生了问题识别：为什么要买礼物。因为圣诞节到了，要对朋友表现出一份珍重的情谊。再到信息搜集过程。期间，在自己班级询问同学、网上征求意见、个别询问、礼品店之行等都是信息收集的过程。同时，也体现了搜集信息的几个来源。个别询问是个人来源的直接体现。店员询问和礼品店观看是商业来源的体现。自己对她的了解，可以归为经验来源。然后拿出备选方案的评估。期间无论是自己动手做的礼物、水杯，还是孔明灯、苹果等，都是一些备选方案。由于自己受多方面因素影响，通过结合自己的理想礼品做比较，询问不同人对这几件礼物的态度，特别是班上那位眼光独特、心细眼明的同学给出的建议，结合和她玩得很铁的同学要有新意和心意的建议，最终选择了自己动手做礼物、孔明灯和苹果的配合。产品选择。对不同包装盒和不同类的开心果等进行现场比较，并听取相关销售人员的意见完成。结果，她对收到这份礼物的反应很好。这个案例完美地体现了消费者购买决策的全过程。

人们行为的一般模式是“S—O—R”模式，即“刺激—个体生理、心理—反应”模式。人的行为是在一定的刺激下经过心理活动，最后产生反应的。购买行为是人行为的一个组成部分，因此，消费者的购买行为脱离不开人们行为的一般模式。消费者购买行为的一般模式如图4－3所示。

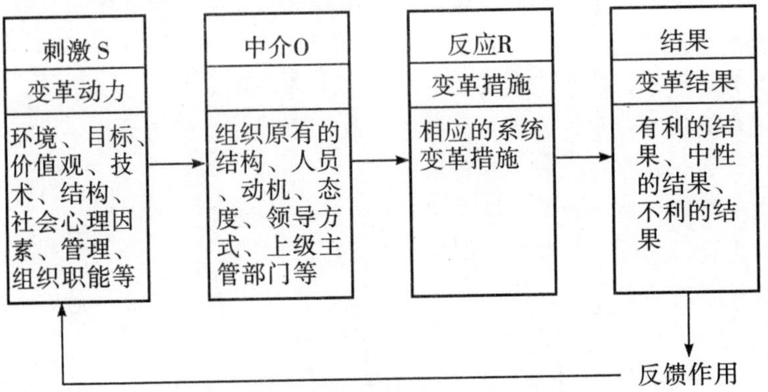

图4－3　消费者购买行为的一般模式

图4－3表示，所有消费者的购买行为都是由刺激引起的，这种刺激既来自消费者的身体内部的生理和心理因素，如生理、心理的需要，个性、态度、习惯、观念等，也可以来自外界环境，如产品的质量、款式、服务、广告、社会的政治情况等。消费者在各种因素的刺激下，产生购买动机，在动机的驱使下，做出购买某商品的决策，实施购买行为，再产生购买后对厂家的评价，就完成了一次完整的购买行为。

综上所述，在消费者购买行为模式中，内外部刺激是看得到的，购买者最后的决策和选择也是可以看得到的，但是购买者根据外部的刺激进行判断和决策的过程却是看不到的。这就是心理学中所谓的“黑箱”效应。购买者行为分析就是要对这一“黑箱”进行分析，设法了解消费者的购买决策过程，并总结出规律。

一、消费者购买决策过程

消费者购买决策过程有问题识别、信息搜集、方案评估、购买决策和购后行为五个过程，如图4－4所示。

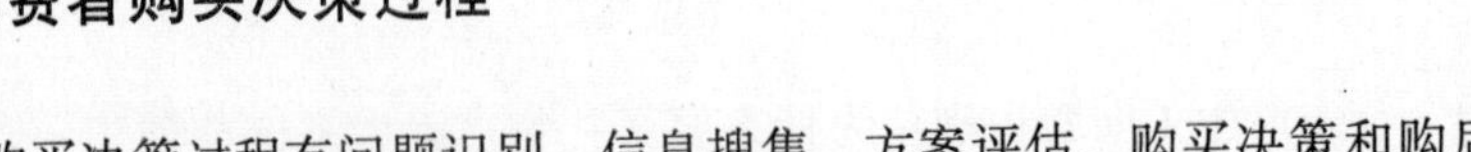

图4－4　购买决策过程

（一）问题识别

这里所说的“问题”是消费者的需要，问题识别就是指消费者识别自己需要什么。需要是购买行为的起点，需要发展到一定程度时，消费者就会想方设法地利用现有的条件去满足。

人们的需要可以是由内在的刺激引发的，也可以是由外在的刺激引起的，例如，寒冷会驱使人们加强保暖，而厚实的衣衫也会促使人们去购买。可见，市场营销活动不仅应当进行缜密的市场调查，了解人们的需要并根据人们的需要提供合适的商品，还应该通过产品创新来唤起人们的需要。

营销者应去识别引起消费者某种需要的环境，从消费者那里收集信息，弄清楚可能引起消费者对某些商品感兴趣的刺激因素，从而制定适宜的营销战略。

（二）信息搜集

当消费者对某种产品感兴趣时，可能会搜寻更多的信息。如果消费者的需求强烈或满意的产品恰巧在手边，他很可能会购买。反之，消费者将暂时把这个需求记在心里，然后进行与之有关的信息搜索。例如，一旦你已经决定购买一辆汽车，你可能会更多地关注汽车广告、朋友的车以及关于汽车的谈话，或者你会主动在互联网上搜索，和朋友交流，或通过其他方式收集信息。你搜索的信息数量取决于驱动力的强度、你最初拥有的信息量、附加信息对你的价值以及你从搜索中获得的满意度。

消费者可以从这几种渠道获取信息：个人来源，如朋友、家庭、邻居和熟人；商业来源，如广告、销售人员、经销商网站、包装和展览；公共来源，如大众传媒、消费者评审组织和网络搜索；经验来源，如对产品的操作、检查和使用。这些信息来源的相对影响因产品和购买者而异。

一般情况下，消费者得到的大多数产品信息来自商业渠道，即营销者所控制的来源。然而，最有效的信息来源是个人来源。商业广告一般起到告知的作用，但个人来源具有判断或评价产品的作用。尼尔森公司调查显示，78%的消费者认为来自他人的建议是最有可信度的宣传，正如一位市场营销者所说：“广告活动很难比邻居站在篱笆边说一句这个产品很棒更有效。”现在，越来越多的消费者在购买前会先登录亚马逊、淘宝等网站，浏览其他购买者的在线评论。

随着获取信息的增多，消费者对各种品牌和特征的认知与了解也逐渐增加。在对汽车信息的搜索中，你可能了解到许多品牌的信息，这些信息帮助你在再三思考后放弃了一些品牌。公司必须设计营销组合，以使消费者了解其品牌。另外，市场营销者应该认真识别消费者的各种信息来源，分析、评估其相对重要程度。

（三）方案评估

消费者使用各种信息筛选出一组可供选择的品牌后，是如何从中选择的呢？营销人员需要了解评估备选方案，即消费者如何处理信息并选择品牌的过程。消费者一般从三个方面着手进行。第一，品牌的信任程度。通过所获取的信息和以往的购买经验，消费者往往对品牌有一定的认知度和信任度，由此判定产品的优劣。第二，产品性能。产品的性能是满足消费者需求的特征，例如，冰箱的保鲜功能、计算机的上网功能等。营销人员需了解消费者所关注的产品性能，更有针对性。第三，效用评价。产品的优劣并不能单单从品牌和性能上判定，是否达到消费者的要求也是很重要的，效用是消费者需求满足的程度，产品再优质，但无法满足消费者的需求也是不能为其所接受的。

市场营销者应在了解消费者如何处理信息选择品牌的过程后，采取措施去影响消费者的购买选择。

（四）购买决策

在评估选择阶段，消费者对品牌进行排序，并形成购买意图。一般，消费者的购买决策将是购买他们最喜欢的品牌，但有两个因素会影响他们的购买意图和最终的购买决策。

第一个因素是其他人的态度。如果某个人对你很重要，而他认为你应该买价格低的汽车，那么你选择高价格的汽车的可能性就会降低。

第二个因素是意想不到的环境因素，消费者可能将购买意图建立在预期收入、预计价格和期望产品利益等因素上。然而，突发情况可能会改变消费者的购买意图。例如，经济开始恶化，竞争对手降低价格，或朋友认为你中意的汽车不好等。因此，偏好和购买意图并不总是会导致实际的购买行动。

消费者还需要决定是否购买和如何购买的问题。一般来说，需要解决 8 个问题，即 6W2H：为什么买（why）、买什么（what）、买哪个（which）、何时买（when）、何地买（where）、谁去买（who）、怎么买（how）、买多少（how much）。

（五）购后行为

产品被购买后，营销人员的工作并没有结束。消费者是否满意以及他们的购后行为也是营销人员应该关注的。那什么决定了消费者是否满意呢？答案取决于消费者预期和产品感知绩效间的关系。如果产品未达到预期，消费者就会感到失望；如果产品符合预期，消费者会感到满意；如果产品超过预期，消费者会感到高兴。预期绩效和实际感知绩效之间的差距越大，消费者越不满意。这说明销售人员应该如实介绍产品的真正绩效，以使消费者感到满意。

然而，几乎所有重要的购买行为都会产生认知失调，或是购买后因冲突而引起不适。购买之后，消费者对所选品牌的优点感到满意，并庆幸避免了未购买品牌的缺点。然而，所有购买行为都涉及权衡。消费者会为所选品牌的缺点而担心，也会为没有得到未购品牌的好处而感到不安。因此，消费者每次购买后，或多或少都会存在不平衡感。

让顾客感到满意尤为重要，顾客满意是建立有利可图的顾客关系的关键，它能够吸引和保留顾客，获得顾客的终身价值。满意的顾客会再次购买，并向他人推荐该产品，而不太重视竞争品牌和广告，他们更可能购买企业的其他产品。许多营销者不仅仅满足于达到顾客的期望，他们的目标是取悦顾客。

不满意的顾客有截然不同的反应。“好事不出门，坏事传千里。”对企业及其产品的差评能很快地破坏消费者对公司及其产品的印象。

通常消费者做出购买决策大致要经历以上几个阶段，可见，消费者的购买决策是一个非常复杂的过程。当然，对于不同的商品，其复杂程度也会有所不同。例如购买廉价小商品时，整个决策过程可能非常简单，甚至无须经过广泛的信息收集。

二、消费者的购买角色

角色是指与某一特殊位置有关联的行为模式，代表着一套有关行为的社会标准。一个人的角色反映了他在社会系统中的地位，以及相应的权利和义务、权力和责任。消费者在整个购买活动中，由于自身情况和所处的条件不同，会承担不同的角色。例如，某家庭需要购买一台空调，提议可能来自女儿，买什么品牌的建议可能来自亲朋好友；又如，对彩电功能的要求可能是父亲的提议，而彩电的款式可能是母亲的意见，这台彩电最终可能最终放在了儿子的房间内。在这样的购买决策的活动中，每个人都可以担当不同的角色。消费者角色可以分为五种，即消费倡导者、消费决策者、消费影响者、购买者和使用者。

1. 消费倡导者

消费倡导者是指本人有消费需要或消费意愿，或者认为他人有消费的必要，或者认为其他人进行了某种消费之后可以产生所希望的消费效果，他要倡导别人进行这种形式的消费，这个人即属于消费的倡导者。

2. 消费决策者

消费决策者是指有权单独与其他成员共同做出决策的人。即对实施购买活动具有完全或部分决定作用的人。如可以决定在何时、何地、如何购买商品。

3. 消费影响者

消费影响者是指以各种形式影响消费过程的一类人，对购买提议提出看法或建议而对最终决策有一定影响的人。包括家庭成员、邻居与同事、购物场所的售货员、广告中的模特、消费者所崇拜的名人明星，甚至素昧平生、萍水相逢的过路人等。

4. 购买者

购买者是指做出最终购买决定的人，是购买活动的实际执行者，即直接购买商品的人。

5. 使用者

使用者是指实际使用所购商品的人，是最终使用、消费该商品并得到商品使用价值的人，有时称为“最终消费者”“终端消费者”“消费体验者”。

消费者在购买决策活动中承担不同的角色，对于设计产品、制定促销策略和制定预算具有一定的关联意义。例如，烟酒的购买者一般都是家庭中的男性，化妆品的购买者一般都是家庭中的女性。因此企业必须认识这些角色，了解购买决策中的主要参与者和他们所起的作用，这有助于营销人员妥善制订营销计划。

实训与实践：顾客的消费行为

设定自己是某产品的市场营销经理，针对你所经营的产品，分析研究“顾客的消费行为”，找准你的目标市场，实施市场定位策略。

实训内容：以实地调查为主，与利用图书馆、互联网查找资料相结合，得出相关资料，集体讨论、分析，最终以报告形式得出结果。

实训要求：在市场调研与分析的基础上，确定并描绘你的客户，形成以下表格。

调研内容	具体要求
描述你的当前客户	年龄段、性别、收入、文化水平、职业、家庭大小、民族、社会阶层、生活方式
他们来自何处	本地、国内、国外
他们买什么	产品、服务、附加利益
他们每隔多久购买一次	每天、每周、每月、随时、不定时
他们买多少	按数量、按金额
他们怎样买	赊购、现金、签合同
他们通过什么方式了解你的企业	网络、报纸、电视、户外、其他
他们对你的产品怎么看	客户感受
他们想要你提供什么	你能满足他们的什么需求
你的市场有多大	按地区、人口、潜在客户
在各市场，企业的经营情况	各地区的市场占有率

根据以上资料，讨论你想让市场对你的公司产生怎样的感受，确定这一消费者市场的行为分析，并拟出消费者行为报告。

思考题

1. 影响消费者购买行为的因素包括了哪些？

2. 消费者购买决策的行为可分为哪几类？

3. 消费者购买决策的过程包括哪几个步骤？请你以自己购买某一产品为例，分析消费者购买决策过程。

任务五　营销过程控制与管理

学习目标

通过本任务的学习，应该充分认知营销策划的过程，掌握以营销为导向的组织结构设计以及市场营销控制过程；应熟知营销策划的要素、流程以及控制方法，包括年度计划控制、盈利能力控制、效率控制和战略控制等。

营销作为过程的管理是一个计划与实施的过程，是以市场为导向、为实现企业营销目标而组织、安排、控制的过程，是对市场机会、生产运营、组织结构的控制过程，这个管理过程，包括营销策划、以服务营销为导向的组织架构和营销全程的有效控制。

应用一 营销策划

引入案例 “广宝”矿泉水投放市场

广东有一家矿泉水公司，推出了一种“广宝”优质矿泉水，他们决定挤占广东市场，全面打开销售局面。于是在广东的电视、报纸、电台大做广告，仅仅一个月，就投入广告费40多万元，可销量并未见增长。该公司认为广东市场是怡宝矿泉水的天下，自己无力与之竞争。于是全线撤退，转向海南市场，在海南又进行了一个月广告宣传，支出广告费30多万元，仍不见效果，他们终于泄气了，收兵退回原地。在他们看来还是本地市场比较适合。为了扩大本地销量，他们又出资10多万元进行广告宣传；但因为本地市场狭窄，销量仍不见增长。结果，一年时间，该公司花去广告费80余万元，售出矿泉水1200余吨，约合30万瓶，产值220万元，除去成本，亏损达30余万元。

该企业失败的原因非常简单：根本就没有一套自己的营销方案，东一榔头，西一棒槌，宣传费投入不少，却因为没有统一计划，力量分散，没有产生良好效果。市场营销运作是一项投资很大的活动，该企业从良好的愿望出发，但是经过一年时间却没产生良好效果，损失了市场机会、时间、顾客群和投资，企业经营陷入困境。企业经营活动之前没有进行周密的调查研究，确认顾客需求、市场状况和竞争者状况，没有周密的市场营销策划，只凭直觉盲目出击，必然为竞争者所击败。营销策划要对未来的营销活动进行周密的安排，并对企业各种资源进行优化组合安排，避免盲目活动所造成的巨额浪费。

一、什么是营销策划

营销策划是企业对未来将要进行的营销活动进行整体、系统筹划的超前决策，是根据企业的营销目标，以满足消费者需求和欲望为核心，设计和规划企业产品、服务和创意、价格、渠道、促销，从而实现个人和组织的交换过程。企业是在研究目标市场营销状况（包括市场状况、产品状况、竞争状况、分销状况和宏观环境状况等）的基础上，分析企业所面临的主要机会与威胁、优势与劣势以及存在的问题，对财务目标与市场营销目标、市场营销战略、市场营销行动方案以及预计损益表的确定和控制。营销策划适合任何一个产品，包括无形的服务，根据市场环境变化和自身资源状况做出相适应的规划，从而提高产品销售，获取利润。

王老吉最早推向市场时是主打凉茶市场，但广东凉茶品牌众多，王老吉显得较为弱小。2002年，王老吉重新定位，策划为主攻饮料市场，定位为“预防上火的饮料”，该定位补缺了饮料市场的空白，使得王老吉重新获得生机，并一举创下了中国饮料史上的奇迹，销售额达到130亿元左右。

（资料来源：菲利普·科特勒. 市场营销管理［M］. 亚洲版. 第二版）

要准确理解营销策划的定义，首先要掌握营销策划的要点。

1. 营销策划具有一定的目的性

目的性是营销策划成功的关键，科学、合理的营销目标可以保证策划活动具有明确的方向，营销策划一定要围绕既定的目标或方针，努力把各项工作从无序转化为有序。在实际营销策划中，营销目标主要有销售量、市场份额、销售利润等可以具体量化的指标。营销策划是在现有资源、现有市场、现有营销目标的基础上，扩大市场份额，增加企业的市场利润。

2. 营销策划是一种超前决策

营销策划是对未来环境的判断和对未来行动的安排，是一种超前的行为。市场营销策划是一种准确的判断，这个判断是借助组织起来的形象系统和概念来实现的。前者是凭借现实世界的各种形象思维所做出的未来预测；后者是凭借抽象世界中间接化和概括化了的理论资料，通过逻辑思维做出的未来预测，这就构成了市场营销策划的前提。没有这个前提，市场营销策划就变成了盲目的冒险行为。营销策划是在策划主题进行广泛市场调查的基础上，对未来营销活动所做的超前决策，具有前瞻性。

3. 营销策划是一个系统工程

营销策划是关于企业营销的系统工程，其系统性首先表现在时间的前后响应上。市场营销策划的每一个环节总是环环相扣，一个活动的结束，就意味着下一个活动的开始，循环往复，构成了营销活动链。缺乏前后响应的营销活动链的市场营销策划必然会短命，当然也不会有效果。其次表现在空间上的立体组合上。单一的产品销售模式，或称平面销售模式，与策划时代的营销要求是不适应的。企业的市场营销活动总是多种营销要素的立体组合，通过这种组合才能形成综合推动力，去推动产品或劳务的销售。

4. 营销策划是解决营销过程中的创意思维

只有创新，营销才有生命力。美国著名学者彼得·德鲁克（Peter F. Drucker）曾经说过，企业有两个并且只有两个基本功能：市场营销和创新。足见创新的重要性。大量的营销实践证明，好的创意能够使得营销活动取得事半功倍的效果。

营销策划需要具有较高的可行性，营销策划的价值可以用以下公式来表达：杰出的创意×实现的可能性=最大的预期效果。再好的创意，没有实现的可能性也是徒劳的。

二、营销策划的要素

营销策划是策划的一种，是为达到一定的营销目标，在掌握有关营销信息的基础上，遵循一定的程序，对未来的营销活动进行系统、全面的构思。谋划、制定、选择、完善营销方案是一种创造性活动过程。营销策划是市场经济条件下企业营销成功的重要前提。要进行营销策划，必须具备以下几个方面的要素。

1. 营销策划目标

营销策划目标也就是策划的对象。一定时期内企业营销活动的具体内容很多，未来的营销活动要策划的项目也很多，要做好营销策划，首先必须制定策划目标。策划目标可以是单一目标，也可以是复合目标。

单一目标是指营销策划活动中某些具体策划问题，如企业名称、产品名称的策划，或是企业新产品上市定价标准的策划。

复合目标是指策划的营销方案涉及两个或两个以上的活动目标，如提高市场占有率、销售利润率，或同时对价格、渠道、促销等各项活动的预订目标进行策划。

策划目标是有一定时间、空间限定和数量限定的。从企业角度而言，确定策划目标应当慎重。常规性的营销活动，即企业能顺利进行和开展的营销业务不需要系统策划。策划的目标一般是企业营销活动中的重点、难点问题，是影响企业营销全局，制约企业生存、发展，而企业靠自身实力又难以解决的问题。这样确定的策划目标，才有策划价值和实际意义，才能避免策划资源的浪费。

2. 营销策划主体

营销策划主体是指提出策划方案的策划者。策划主体可以是个人，也可以是某一机构、组织。就企业营销策划而言，可以是企业内部人员，也可以是企业外部人员。由于策划是一种高智力密集型的创造活动，因而对策划主体有着特殊的知识、文化、能力、素质的要求。现代营销策划主体多由专业性的咨询策划公司及有关科研机构担任。

3. 营销策划信息

营销策划作为一种谋划、规划的过程，是一种分析、比较、研究的过程，也是不断思维的过程。企业要保证策划活动的顺利进行，必须占有大量的第一手资料，掌握足够的营销信息，应根据营销策划目标的要求，收集与策划目标有关的各种信息，包括本企业内部可控的信息，与此有关的市场环境信息、消费需求信息、竞争对手信息等。充分地收集信息，可使企业在策划过程中比较、选择、去伪存真，保证策划方案的正确和可行。

4. 营销策划资源

营销策划资源泛指策划人在策划时，所有可控制和利用的人力、物力与财力。任何策划的制定和实施都要有足够的资源和条件进行支撑，策划活动同时也是最大限度地整合自身优势力量和资源，以最小的投入获得最佳的实际效果。

三、市场营销策划的作用

营销策划对未来的营销活动进行了周密的安排，据美国布朗市场调查事务所的统计，有系统营销策划的企业比无系统营销策划的企业，在营销费用上要节约二分之一。由此可见营销策划对企业经营活动具有重要作用。

1. 强化企业市场营销目标

通过市场营销策划，可以使企业确立明确的营销目标。从管理心理学角度看，目标对行为有牵引力，而行为者又有朝向目标的趋近力。两种力的综合作用，不仅可以加速企业营销由现实状态活跃，而且可以减少许多迂回寻找目标造成的无效劳动。

2. 加强企业营销的针对性

在现实的市场中，单纯靠提高产品质量或实施相对独立的营销策略已很难取胜，必须要找准自己在市场中的位置，并据此借助各种营销要素去占领它，才能获得营销的成功。市场营销策划的一个基本任务就是要找到市场的切入点，并为企业进行市场定位，即根据竞争者现有产品的市场现状，针对消费者或用户对该产品某种特征或属性的重视程度，为企业产品塑造出与众不同的、个性鲜明的形象，并把这种形象生动地传递给顾客，从而使本企业的产品在市场上确立适当的位置。

3. 提高企业营销活动的计划性

市场营销策划，就是要确立未来营销的行动方案，成为未来营销的行动计划，未来的各项营销操作都可以依照计划执行，使企业的各项工作有章可循、有条不紊。

4. 降低营销费用

企业营销活动经过精心策划，可以用较少的费用支出取得较好的效果。因为营销策划要对未来的营销活动进行周密的费用预算，并对费用的支出进行最优化的组合安排，这就有效地避免了盲目行动所造成的巨大浪费。

四、营销策划的流程

营销策划是按照特定程序运行的系统工程，其本身既有严谨的内在逻辑性，又有可以操作的程序性。只有通过规范的工作程序，才有可能产生保证策划结果的可预测性。

营销策划的流程是指营销策划工作必须经过的基本步骤，一般包括八个步骤。

第一步明确主题。营销策划是目的性很强的策划活动，任何一个策划方案的产生，都是针对公司某个具体问题或者是针对某个特定的目标。明确问题就是将企业发展中的问题按照简单化、明确化、重要化的原则，加以界定和提炼，最终提出真正面临的需要加以解决的问题。在实际策划中，有些情况下问题很明确，如企业市场调研策划所解决的问题基本上都是预先给定的，一目了然；但有些情况下，问题就不是很明确，需要策划人自己去挖掘、归纳整理，在这种情况下，往往需要进行事前调查，调查的详细程度依策划的复杂程度而定。

第二步收集和整理资料。知己知彼，百战不殆。一个策划方案的成功，往往需要大量的信息作为支柱。这些信息不仅仅来自市场，而且来自我们生活中的方方面面。策划主题一旦确定，就要按照策划主题收集相关的资料来为策划方案服务，也就是说：信息是营销策划的基础。

第三步市场分析。市场分析是整个营销策划活动的关键步骤，收集信息后，必须通过观察和分析，从纷繁复杂的信息中提取出我们所需要的信息，这是策划目标实现的关键。在进行市场分析时，可以从宏观环境、微观环境和企业内部环境三个方面着手，无需面面俱到，但需要结合策划主题突出重点。在具体操作过程中，外部营销环境分析要注重对顾客和竞争对手的调查与分析；内部环境分析要注重企业总体营销战略和企业优势、劣势，尤其要突出企业的具体优势。具体的分析方法可结合之前介绍的SWOT分析法。

第四步营销创意。好的营销创意是营销成功的一半，创意对营销的重要性不言而喻。在市场营销环境、竞争对手营销策略和方案、消费者心理和行为研究的基础上，创意应具有针对性，能够吸引消费者兴趣，激发消费者购买冲动，且便于操作。总的说来创意具有新、奇、特、简这四个特点。营销创意一般包括选择适当的营销工具、确定营销主题等内容。

第五步设计策划方案。在对企业的内外部环境系统分析后，就需要确定营销策划的总体思路，它具有纲举目张的作用。确定什么样的思路主要取决于营销策划的性质。如调研策划，确定策划思路主要是确定调研方法、调研对象；如企业形象策划，确定策划思路主要是确定企业精神、价值观等，以及视觉系统要传递的诉求点。因此可以说，营销策划的内容不同，策划思路的类型也就不同。在策划思路确定的基础上，需要对策划策略和策划技巧给予具体可行的设计。营销策划之所以不同于营销管理，主要在于营销策划需要多一些技巧性、艺术性和创新性。借力和造势就是常用的营销策划技巧。借力往往比单纯的自己用力效果更好。通过借助外界的力量，一方面可以节省企业的营销费用，另一方面又可以让目标顾客在毫无防备的情况下记住产品、品牌等，真正起到事半功倍的效果。造势就是常说的“炒作”，通过具有轰动效应的时间或信息的安排、设计，使产品或服务的知名度在短时间内大幅度提高。借力和造势都能够呈几何倍数扩大营销策划的效果。设计策划方案是整个营销策划活动的关键，但信息的收集、整理、加工和组合方法的优劣决定最终创意乃至最终策划的优劣。

第六步方案评估和论证。针对每个主题的营销方案一般会有很多种，但并不是每个方案都有价值。为了使创意方案达到一定的标准，要对其进行评估和论证，主要有三种形式：经验判断、逻辑推理和试点试行。重点放在方案的可行性和效益上。需要注意的是，在营销策划的方案评估中，一定要注意营销策划费用的预算。不顾成本的营销策划方案，本身就违背了策划中切实可行的原则。在做营销策划费用预算时，最好将策划需要的开支进行分解，计算出每一项营销行动中的花费。假如做的是一个展览策划，就要把人力费用、宣传材料费用、场地费用等一一列出来，这样更容易让决策者接受该策划方案。

第七步营销策划的实施。营销策划实施，指的是营销策划方案实施过程中的组织、质化、控制和协调活动，是把营销策划方案转化为具体行动的过程。再理想的营销策划方案如果不通过企业各相关部门的有力实施，也只能是纸上谈兵，对企业来说毫无意义。所以，企业必须根据营销策划方案的要求，分配企业的各种资源，处理好企业内外的各种关系，加强领导，提高执行力，把营销策划方案落到实处。

第八步评估与修正。营销活动一旦进入实施阶段，伴随而来的就是营销策划的评估和修正。评估是将营销策划方案的预期目标与现实中得到的实际目标加以比较，通过比较对营销策划实施的效果进行评价；营销策划的修正则是当发现营销策划的实际实施效果不理想时，对造成不利影响的因素加以修正，以便营销策划能够达到策划者所希望获得的目标。

五、营销策划控制方法

营销策划是对营销活动的设计与计划，它贯穿于企业营销管理过程。因此，凡是涉及市场开拓的企业营销活动都存在营销策划控制。常见的营销策划控制方法主要有年度计划控制、盈利能力控制和营销战略控制等。

（一）年度计划控制

年度计划控制是指企业在一个年度中采取控制步骤，检查企业实际绩效与销售计划之间是否存在偏差，采取措施改进，以确保企业市场营销目标的实现与完成。年度计划控制的目的是保证企业实现年度计划规定的销售目的、利润目的和其他目标，核心是目标管理。

1. 销售额分析

销售额分析即对实际销售业绩和计划进行对比分析、销售差异分析、销售深度分析等。

2. 市场占有率分析

市场占有率分析包括全部市场占有率分析、目标市场占有率分析、相对市场占有率分析等。

3. 营销费用分析

营销费用分析包括销售费用率分析、广告费用率分析、市场调研费用分析、销售管理费用率分析等。

（二）盈利能力控制

1. 营销成本控制

营销成本控制包括直接营销费用控制、推广费用控制、仓储费用控制以及其他与营销相关的支出控制等。

2. 盈利性分析

盈利性分析也就是企业获取利润的能力的分析。盈利能力分析十分重要，是营销策划业绩的体现。利润率越高，盈利能力越强；利润率越低，盈利能力越差。

3. 效率控制

效率控制包括销售人员效率控制、广告效率控制、促销效率控制、营销渠道效率控制等。

（三）营销战略控制

1. 营销环境审计

营销环境审计包括宏观环境审计、微观环境审计、市场营销目标审核、市场机会分析、竞争情况审核、公司内部资源审核、公司的相对优势和劣势分析等。

2. 营销战略审计

企业在实施营销战略之前，对企业营销战略所进行的审计，称为营销战略审计，其主要内容包括营销目标审计、市场机会分析审计、竞争者状况审计、内部资源审计及企业优劣势审计。审计基本方法、审计查证方法、分析评价方法为营销战略审计的主要方法。

3. 营销组织审计

营销组织审计包括检查营销主管的权责和范围及其相应程度，分析营销组织结构与营销目标是否相适应，营销部门与职能部门是否匹配；检查营销部门职工的培训、激励、监督和评价的方式方法；检查营销部门同市场研究、产品制造、物资采购和财务会计等部门是否保持良好的沟通和合作等。

4. 营销系统审计

营销系统审计即评估公司的营销信息系统、计划系统、实施系统与控制系统之间是否协调一致。

应用二 营销组织

营销策划要靠组织去实施，因此，企业为了实现经营目标，发挥市场营销职能，必须建立以营销为导向的组织结构设计，即营销组织。营销组织是由从事市场营销活动的各个部门及其人员所构成的一个有机体系。营销组织的核心是建立营销为导向的组织架构，任务就是在明确营销目标的基础上，根据人员、环境和任务的具体要求，进行工作任务的分类和相应部门、职务结构的设计，并通过组织内信息沟通、协调和配合提高组织工作的销量，使整个市场营销组织结构成为一个严密而有活力的整体，以保证企业营销目标的顺利实现。

引入案例 非常“6+1”营销组织新模式

中国电信九江分公司面对电信市场产品多、套餐杂、竞争激烈的现实情况，对自身的营销组织进行了改革，构建了“6+1”新型营销组织模式。“6+1”根据渠道细分原则，结合工种的差异性，将所有前端员工细分为六大团队方阵。“6”分别为政企方阵、家客分部方阵、家客10000方阵、农客方阵、个客方阵、综合信息运营方阵；“+1”为对6个团队方阵的支撑服务和营销工作的奉献，并在“+1”中开展“我爱我家”员工营销活动、党员“一面旗帜”营销活动。

(1) 设定先锋、潜力、蜗牛三类方阵和员工。在各团队方阵中，完成时序进度并排名前20%的方阵为先锋方阵，未完成时序进度并排名后20%的方阵为蜗牛方阵，其余方阵为潜力方阵。相同的，在各团队方阵中完成时序进度并排名前20%的员工为先锋员工，未完成时序进度并排名后20%的员工为蜗牛员工，其余员工为潜力员工。

(2) 勤通报勤点评。前期由前端与后端沟通好，将所有产品、套餐及相应的分值加入到后端，每天凌晨由后端进行数据运算，将各人的积分统计关联到团队方阵中，按完成比进行高低排名。各团队方阵同样按积分完成比例进行高低排名。每天通报一次，在办公OA网上自动弹出通报界面。市分公司各客户群要求隔日一点评，将营销成功的经验和做法进行上传和交流，对蜗牛团队和员工进行分析和帮扶。通报初期，因产品、套餐统计不全面，每天有近200位员工提出咨询，从而可以说明广大员工十分关注“非常6+1”全业务营销竞赛活动，并且十分关注自己在全市的排名情况。市分公司领导经常参与各个渠道的点评工作，针对在竞赛活动各个阶段出现的问题进行点评。在市分公司领导点评或网上留言后，各团队和员工们高度重视，人人都有不当蜗牛、当先锋的愿望和行动。

(3) 定期电视电话通报会。每周一晚上，市分公司召开全市电信“非常6+1”营销竞赛活动电视电话通报会，首先通报竞赛活动情况，再通报竞赛奖励表彰，受到奖励的先锋员工和先锋团队统一身穿黄色领骑衫，分别登上领奖台发表获奖感言，场面效果催人奋进。接着，会议转入娱乐环节，由两位“金童玉女”主持节目，或通过正确回答问题后以“砸金蛋”方式获得相应的奖品，或通过翻幸运牌获得相应的奖金。整场会议别具一格，形式上生动活泼，内容上寓教于乐。

(4) 及时激励。在市分公司召开动员大会以后，各团队方阵不等不靠，早动作，召开启动大会；早学习，召开培训班；早营销，组织营销小分队，参与市分公司“非常6+1”营销竞赛活动。公司采用阶段与季度相结合的方式进行及时激励，及时给员工鼓劲加油，促进团队业务发展不减速；在各活动阶段中，每月对完成时序进度并排名靠前的员工安排到省内踏青活动。在季度末，对各团队方阵中的先锋员工，分别给予价值2000元、1500元、1000元不等的旅游奖励。

公司开展“非常6+1”全业务营销竞赛活动仅一个月，全市电信已有21人超额完成了二季度的全部积分计划，210个员工（支局所）已超时序进度。“天翼”营销和预存话费业务跨入全省第二名行列。由此可见，新型营销组织模式对于企业的发展可以起到极为有效的推动作用。

（资料来源：赵新建. 非常时期，“非常6+1”——九江电信创新全业务营销组织模式[J]. 通信企业管理，2009（8）：71-74.）

一、市场营销组织的演变

20世纪七八十年代，西方企业的营销经理人员认为战略决策远远比组织和实施具体事物更重要。然而到了90年代初，营销经理人员的观念开始发生了新的变化，开始越来越强调不断改进战略实施能力的重要性。现代营销管理变得更加关注组织和实施方面的基础环节。

现代营销观念的确立，要求企业重新考虑组织设计的指导思想，使营销导向的原则不仅贯穿于经营者战略规划、日常管理业务中，而且贯穿于组织设计中。企业营销观念转变对市场营销组织的设置及其在企业中的地位提高起了不可低估的作用。

市场营销组织是指企业内部涉及营销活动的各项职位安排、组合及其组织结构模式。现代企业的营销组织，是由简单的销售部门、兼有营销职能的销售部门、独立的营销部门、现代营销部门、现代营销公司逐渐发展和演变而来的。

（一）简单的销售部门

一般说来，企业在建立之初，都是从财务、生产、销售、人事、会计五个基本职能部门开始发展起来的。在这阶段，企业以生产观念作为经营指导思想，企业经营管理的重点是生产，生产什么、生产多少以及产品价格主要由生产部门和财务部门制定，销售部门只负责产品的推销工作，并通过管理好推销人员，促使他们销售出更多的产品，如图5-1所示。

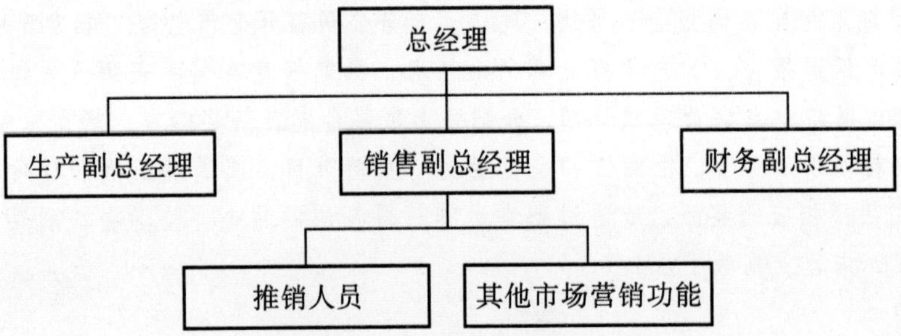

图5-1 简单的销售部门

（二）兼有营销职能的销售部门

随着企业经济的发展，规模的扩大，销售工作日益复杂，销售部门需要增加一些新的营销职能，如开展市场调研、广告宣传、销售服务等工作，于是出现了兼有营销职能的销售部门，如图 5－2 所示。

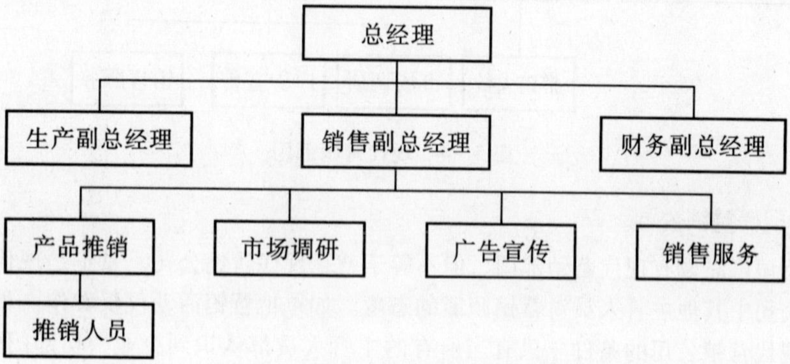

图 5－2 兼有营销职能的销售部门

（三）独立的营销部门

随着企业规模和业务范围的进一步扩大，原来作为辅助性的市场营销调研、新产品开发、销售服务等工作需要进一步加强。于是，在总经理之下设立营销副总经理，主管销售部门和营销部门，如图 5－3 所示。

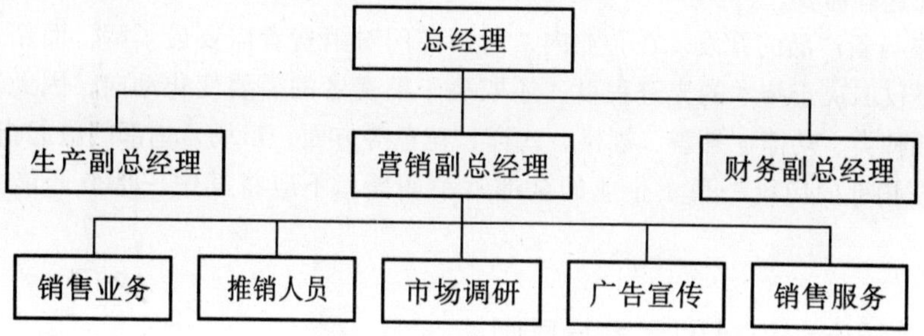

图 5－3 独立的营销部门

（四）现代营销部门

尽管销售部门与营销部门需要互相配合、互相协调，但由于各个职能、目标不同，结果往往出现矛盾。销售经理通常着眼于短期目标并致力于完成当前的工作任务，而营销经理则注重长期目标和开发满足消费者长远需要的产品。两个部门之间的矛盾发展，使得企业营销组织进一步完善，产生了现代营销部门，即营销功能逐渐从销售部门中独立出来，开始成为一个与销售部门并立的职能部门，并由一位专门的营销副总经理领导，如图 5－4 所示。

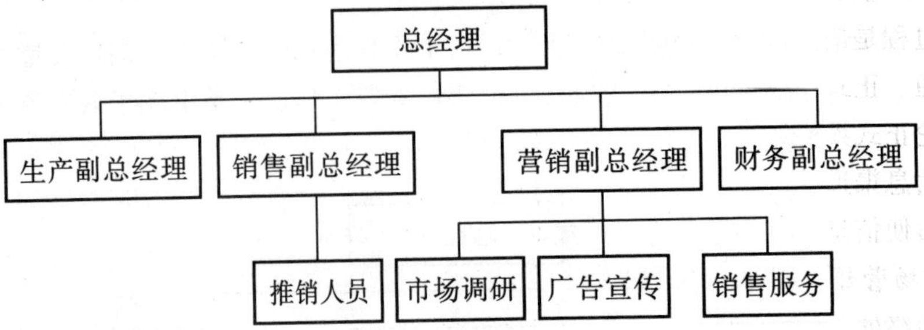

图 5-4　现代营销部门

（五）现代营销公司

一个公司可能设有现代营销部门，但不等于就是现代营销公司。是不是现代营销公司，主要应看公司中其他主管人员对营销职能的态度。如果把营销活动仅仅看作一种销售功能，就不具备现代营销公司的条件。只有当所有的主管人员都认识到企业一切部门的工作都是"为顾客服务"，营销不仅仅是一个部门的名称，而且是企业的经营宗旨时，这个公司才能成为一个真正意义上的现代营销公司。

根据现代市场营销观念，市场营销是企业的基础，而不是单独的职能。从营销的最终成果亦即从顾客的观念来看，市场营销就是整个企业，为此，在企业组织结构上应做出如下安排：

（1）设置独立的营销调研部门，以确定消费者的需要以及企业应提供什么样的产品或服务来满足这些需要。

（2）参与新产品的开发。在企业内，营销部门对消费者需要最了解，而新产品开发的成功与否不仅取决于技术的先进程度，还取决于消费者的需要变化动向，因此，在决定开发新产品的种类、功能、外观、规格、式样、花色等方面，市场营销部门应起指导作用。

（3）营销部门应统一负责企业的全部营销职能，不应将其中一部分职能分散到其他部门。

二、营销组织设计的要求与原则

任何一个现代企业都应该要以营销为导向，建立市场营销组织。诱发企业营销组织建设的因素有：市场环境的变化、技术的更新、企业规模的扩大及成长。无论哪个企业，它所置身的市场和社会环境都是在变化的，企业为了更好地适应社会、适应市场、赢得客户对产品的信赖等，必须遵循三大要求与五大营销组织设计原则，从实际出发，在营销组织上进行探讨和革新。

（一）市场营销对组织的要求

企业只有充分考虑市场营销的管理导向、信息导向、战略导向及企业所处的复杂动态环境，估计营销系统中的主要行为者及其信息，通过组织的有效反馈做出正确反应，才能提供与他人交换有价值的产品而满足自身的需要和欲望，在市场中站稳脚跟。因此，成功的市场营销对组织有以下要求。

1. 市场营销要求组织信息流动要畅通

管理过程是信息管理过程通过信息渠道来完成的，企业内的信息渠道分为正式渠道和非正式渠道。正式渠道是由组织结构的行政性决定的，非正式渠道是由组织内人际关系决定的。无论正式渠道还是非正式渠道，都以组织的存在为基本条件。显然组织结构越复杂越集权，信息渠道就延长节点增多、变得复杂、不畅通，因而使信息在传递过程中耗损、扭曲，最后使信息的有效性下降，很难对市场做出正确反应且反应迟缓。

2. 市场营销要求组织协调简易、运行灵活

企业始终处于内外环境不断发展变化中，僵化的组织结构使官僚主义盛行，文山会海、多谋寡断、议而不决、扯皮推诿现象严重，协调十分困难，一切按部就班，运行极不灵活。组织结构是完成组织功能的形式而不是其目的，不同环境要有不同的组织结构，其形式不是一成不变的。市场营销要求企业组织善于进取和变革，充满活力才能适应环境。

3. 市场营销要求组织能有效地满足顾客需求

激烈的市场竞争中企业若不重视市场研究，即使信息畅通、运行灵活、协调简易，也不能占领市场、提高市场占有率。对市场的正确决策尤为重要。企业应力图使产品富有吸引力，刺激消费者的欲望，适应消费者的支付能力，便于消费者购买，从而影响需求。对于产品，企业关心产品实体中所包含的利益和服务应甚于关心产品本身。产品本身是达到其使用价值必不可少的形体，存在并不是目的，应有远见地把注意力集中在顾客需要上，企业的产品不可能完全满足每一个顾客、消费者的需求。因为效用是一种主观概念，顾客以自己的喜好、欲望、地位、经济等因素来衡量和判断某一产品的效用，所以企业要进行产品定位和市场细分，有针对性地满足部分顾客的需求，这样企业达到的效用才可能最好。注重市场营销网络的建设，在长期营销活动中企业会以优质产品和服务、公平价格与顾客、供应商等建立长期的彼此信任的互利关系，这种关系营销可以降低交易时间和交易成本，因为交易不需每次都进行磋商而成为一种惯例。只有重视以上几点才能做出正确决策有效地满足顾客需求。

（二）市场营销组织设计原则

设计有效的组织结构必须综合考虑市场营销对组织的要求、组织结构理论、组织环境、组织战略、技术和组织规模这些因素，市场营销要求组织信息畅通、运行灵活、协调简单。企业经营环境的变化需要企业组织性和创造性、柔软、机动性好。由于企业的战略、规模、技术水平各不相同，下面只给出设计企业组织结构的一般原则，具体到某一个企业的组织结构形式，要在一般原则基础上考虑企业本身的战略、技术、规模、环境等实际情况而定。设计企业组织的一般原则，归纳起来就是：目标一致、分工协作、命令统一、权责对等、集权与分权相结合。

1. 目标一致原则

市场营销组织是实现营销目标的手段和保证，它的设置必须依据并服从于营销目标，与营销目标保持高度的一致，因此，在设计市场营销组织时，坚持以营销目标为导向，以“事”为中心，因“事”设机构，因“事”配人员。也就是说，任何一个职务与机构的设置都是实现营销目标所必需的，凡是与目标无关的职位与机构都必须坚决取消，对于那些与营销目标关系不大，可有可无的职位与机构，应该予以调整或合并。

2. 分工协作原则

分工与协作是社会化大生产的客观要求，是实现现代企业目标所必需的，因此，在设计企业市场营销组织时，必须坚持分工协作的原则。应将市场营销目标层层分解，变成一项项具体的工作和任务，落实到各个部门与岗位。这就是在组织内部进行分工，明确各个部门和各个岗位的工作内容、工作范围，解决干什么的问题。有分工就必然有协作。分工将一个整体分成各个部分，为使各个部分协同运作，产生 1 + 1 > 2 的协同效应，就必须在分工的基础上，明确规定各个部门和各个岗位之间的关系，协调配合的途径与方法，使得企业市场营销工作运行有序，形成合力，产生整体功能。

然而，有些企业在营销组织的设计中产生了一些错误。（1）缺乏“全员营销”的观念。全员营销的观念要渗透到各个员工，除了销售部，任何部门在经营中，都要深刻地认识到营销的重要性，并承担自己的一份责任。（2）内部信息的不畅通。企业的营销组织不但是内部之间的沟通，还要与其他的部门进行沟通，无论是关于产品的沟通，还是营销技术的沟通，有效的沟通会使营销部门迅速提炼出有关营销的新观点、新理念，使营销不断地提升，也有利于提高企业内部控制的效率。（3）优秀员工严重流失。在营销组织的建设中，对于优秀的员工要提供未来发展的空间，不能抑制员工的积极性和主动性，要对营销人才进行薪酬管理，使他们劳有所得，并在企业中不断提升，有一个美好的前景和向往。此外，企业在进行营销组织建设时，还存在营销方式单一化、营销管理僵硬化等问题，都需要企业不断地改进并完善，从而建立合理科学的市场营销组织。

3. 命令统一原则

命令统一原则的实质，就是在市场营销管理工作中实行统一领导，形成统一的指挥中心，避免多头领导，消除有令不行、有禁不止现象，确保政令畅通、指挥灵敏。命令统一原则对营销组织结构的设计具有以下要求。

（1）各管理层次形成一条等级链。从最高层到最低层的等级链必须是连续的，不能中断或有缺口，同时，应对上下级间的职责、权限、联系方式加以明确规定。

（2）每一级只能有一个最高行政主管，统一负责本级内的全部工作。他直接向上级报告工作，并向下级下达命令。

（3）在主管领导下设副职和职能部门。副职和职能部门对正职负责，为正职提供参谋意见。

（4）下级组织只接受一个上级组织的命令和指挥。对上级的命令和指挥，下级必须无条件服从，不得各自为政、各行其是。

（5）下级只能向直接上级请示报告工作，不能越级请示报告工作，如有不同意见，可以越级上诉。

（6）上级不能越级指挥下级，以维护下级组织的领导权威，但可以越级检查工作。

4. 权责对等原则

职权和职责是两个互相关联的概念。职责是指某一职位的责任和义务，职权是指为完成某一职位的责任和义务所应具有的权力，包括决定权、命令权、审查权、提案权、支配权等，两者不可分割，因此，在设计营销组织结构时，既要明确规定各个部门、各个职位的职责范围，又要赋予完成其职责所必需的管理权限。职责与权限不仅必须统一，而且必须对等。为了履行一定的职责，就必须有相应的职权。只有职责，没有职权或权限太小，人们就没有履行职责的能力；反之，只有职权而没有责任，或权力很大责任很小，就会造成滥用权力和瞎指挥，产生官僚主义。只有职责与职权对等，才是最佳的组合。

5. 集权与分权相结合原则

集权是把权力集中于最高层领导，分权是将权力分散于组织各个层次。集权的优点是：有利于集中统一领导，加强对整个组织的控制；有利于协调组织的各项活动，提高工作效率；有利于充分发挥高层领导的聪明才智和统御能力。但集权也有其缺点，它使得管理层次增多，信息沟通渠道变长，基层组织缺乏独立性和自主权，高层领导的负荷过重。分权正好相反，它使得管理层次减少，信息沟通渠道缩短，高层管理者可以从具体事务中解脱出来，集中精力抓大事，同时又有利于调动基层管理人员的积极性和主动性，但过度分权，也有可能失去对整个组织的控制。因此，权力过于集中和过于分散，都不利于发挥整个组织的作用。为了避免权力的过于集中和过于分散，应坚持把集权和分权有机地结合起来，并把握好两者结合的度。一般而言，集权应以不妨碍基层人员积极性的发挥为限，分权应以不失去对下级的有效控制为限。

三、营销组织的类型

营销部门内部的组织分工有多种形式，大致可以归纳为按职能、地区、产品和市场划分，即按这四种方式设置相应机构。

（一）职能型营销组织

职能型营销组织是指在营销副总经理领导下，由各种营销功能专家组成，他们分别对营销副总经理负责，由营销副总经理负责协调各项营销活动，如图 5－5 所示。职能型组织的主要优点是行政管理简单，易于管理。但是，随着企业产品品种的增多和市场的扩大，这种组织形式越来越暴露出其效益太低的弱点。

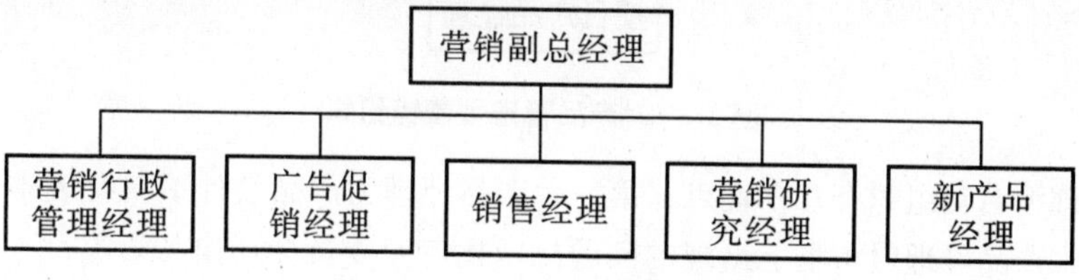

图 5－5　职能型营销组织

（二）地区型营销组织

地区型营销组织是指按照地理区域安排其销售力量。在销售范围遍及全国甚至跨国销售的公司，通常都采取这种类型的组织。在销售任务比较复杂，推销人员报酬很高，推销人员工作好坏对企业利润的影响极大的情况下，这种分层的具体控制是很有必要的，如图 5－6 所示。

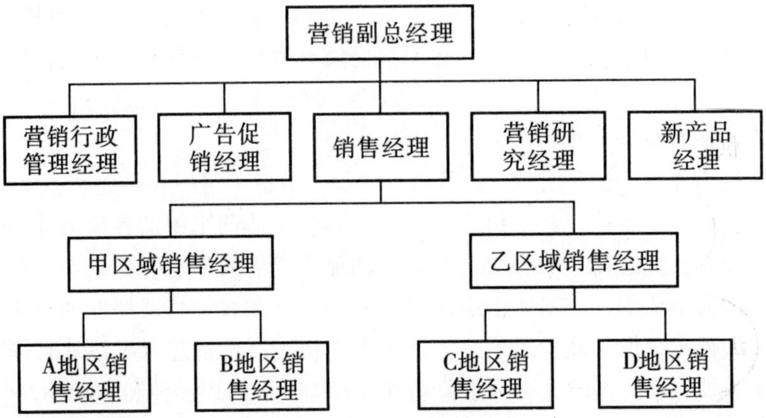

图5－6　地区型营销组织

（三）产品管理型营销组织

产品管理型营销组织是指在一名总产品经理的领导下，按每类产品分别设一名产品线经理；在产品线经理之下，再按每个品种分别设一名产品经理，负责各个具体产品。当企业所生产的各种产品之间差异很大，或产品品种太多，以至于职能型组织无法控制时，适合建立这种类型的组织，如图5－7所示。

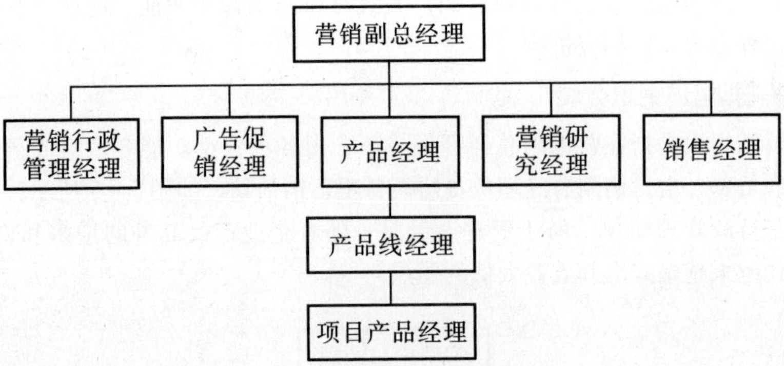

图5－7　产品管理型营销组织

产品管理型营销组织有几个优点：第一，产品经理为产品设计了具有成本效益的营销组合；第二，产品经理对市场上出现的问题反应比专家委员会还快；第三，一些厂牌名气较小的产品不易被忽视，因为它们有了产品代言人；第四，产品管理型营销组织是培训年轻的主管人员的最好场所，因为这些主管人员可以接触公司的全部领域，如图5－8所示。

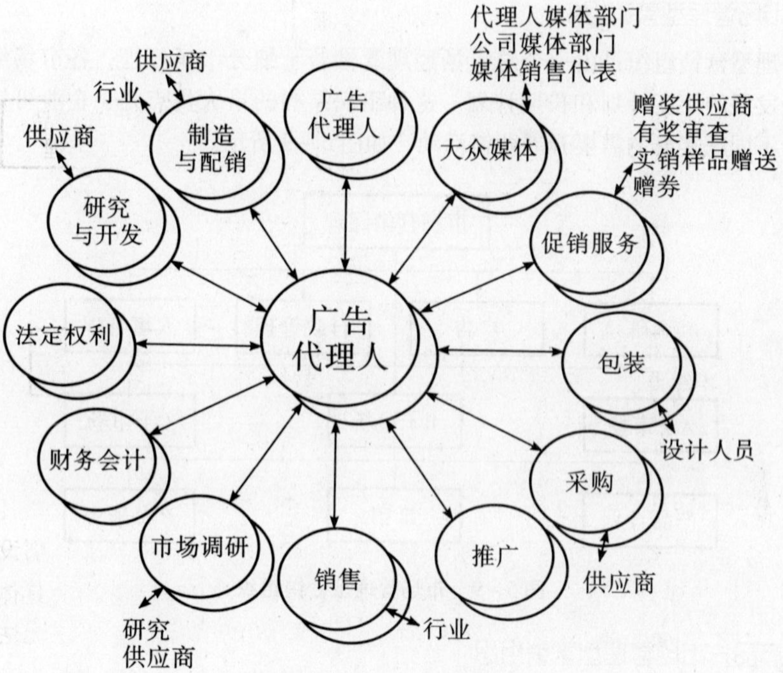

图 5-8 产品经理的优点

案例分析 宝洁公司的产品管理型营销组织

“产品管理型营销组织”最早是由宝洁公司提出的，1927 年在宝洁公司出现了“产品管理经理”这一职位。当时宝洁公司新推出的一款佳美牌香皂经营得不好，宝洁公司的营销部门非常苦恼，因为宝洁公司下属的产品太多，实在是不能非常细致地了解这一产品究竟是哪里出了问题，分身无暇，不知如何解决。最后，宝洁总部为了拯救这一新品牌，就派了一位年轻的经理专门负责这种产品的开发和促销工作。这位年轻的经理叫尼尔·H. 麦克埃利，尼尔上任之后，他开始系统化、全面化地研究这一品牌的营销策略，并做得十分成功。宝洁公司马上意识到设置“产品管理经理”这一职位的必要性，于是宝洁公司立即增设了其他产品经理。

自此以后，不少企业，尤其是主营食品、生活用品、化妆品和化学药品的行业，都建立了产品管理型组织。例如，通用食品公司在其所属邮购部就采用了产品管理组织：有负责麦粉、猫狗食品和饮料的独立的产品经理；在麦粉产品群中，有管理营养麦粉、儿童香甜麦粉、家庭食用麦粉和混合麦粉的独立产品经理；营养麦粉产品经理则管理若干个独立产品经理。

（资料来源：[美] 菲利普·科特勒. 市场营销管理：分析、规划、执行和控制 [M]. 北京：科学技术文献出版社，1991.）

（四）市场管理型营销组织

市场管理型营销组织是由一个总市场经理管辖若干细分市场经理，各市场经理负责自己所管市场发展的年度计划和长期计划。这种组织结构的最大优点是：企业可针对不同的细分市场及不同顾客群的需要开展营销活动，如图 5－9 所示。

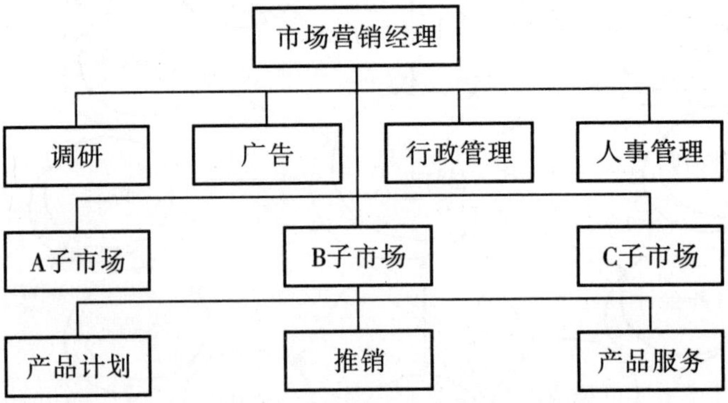

图 5－9　市场管理型营销组织

（五）产品—市场管理型营销组织

适合于生产多种产品并向多个市场销售的企业。这种组织形式可以采用产品管理组织形式，那就需要产品经理熟悉广为分散的各种不同的市场；也可以采用市场管理组织形式，那就需要市场经理熟悉销往各市场的五花八门的产品；或者还可以同时设置产品经理和市场经理，形成一种矩阵式结构，图 5－10 就是杜邦公司的产品——市场营销组织。杜邦公司就是采用矩阵组织的一个公司，它的纺织纤维部门就分成负责人造纤维、醋酸纤维、尼龙、涤纶的产品经理，同时设有主管男士服装、女士服装、家庭装饰和工业市场的市场经理。

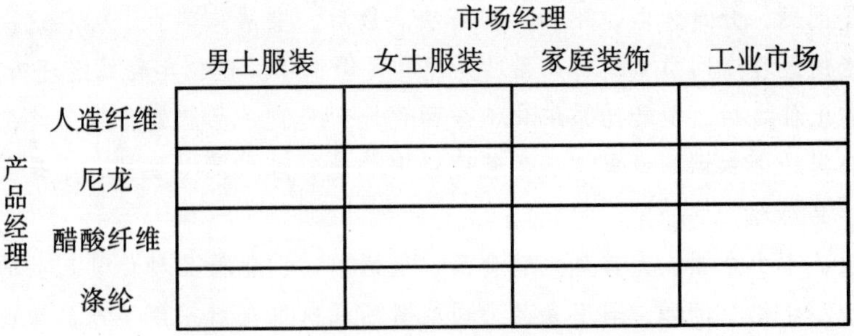

图 5－10　产品—市场管理型营销组织

很多大规模的公司，生产多种不同的产品，面向不同的市场，为了解决这一问题，公司可以设置一种既有市场经理、又有产品经理的二维矩阵组织，产品—市场管理型营销组织就是这种既有产品经理、又有市场经理的二维矩阵组织。产品经理负责产品的销售利润和计划，为产品寻找更广泛的用途；市场经理负责开发现有和潜在的市场，着眼市场的长期需要，而不只是推销眼前的某种产品。这种组织形式适用于多元化经营的企业，不足之处是费用较大，而且由于权力和责任界限比较模糊，易产生矛盾。

四、影响市场营销组织的因素

任何一个市场营销组织都是在不断变化着的社会经济环境中运行的，必然要受这些环境因素的影响和制约。因此，市场营销组织必须根据这些环境因素设计与调整其组织结构与功能。

1. 市场特点

市场是管理营销组织时应考虑的最重要的因素。企业所面临的市场由几个较大的、基本独立的目标市场组成时，常采用按目标市场划分的营销组织。如果目标市场是按照地理因素划分而成，市场分布的地理特点较明显时，地理因素成为划分销售人员业务区域的标准。

2. 企业规模

一般说来，企业规模越大，市场营销组织越复杂，职能划分越细，部门设立越多，组织层次划分也越多，营销事物就越复杂，管理幅度也就越小；企业规模越小，市场营销组织则相对简单。

3. 产品特点

产品特点包括企业的产品种类、产品特色、产品项目的关联性以及产品的技术服务方面的要求等。如产业用品倾向于人员推销的组织，消费品组织结构则重视广告、分销部门等。

4. 企业所处行业和市场阶段

原材料加工企业的营销职能主要是物流、存储和运输，服务行业的营销职能主要是同顾客的沟通和形象塑造。创业阶段的营销组织一般集权程度较高，进入规范化后则多采用分权制的组织结构。

案例分析 联合利华公司的营销组织结构

英－荷联合利华是一家国际食品和家庭及个人卫生用品集团。该集团在1990年经过了彻底重组。在过去，联合利华是高度分权化的，各国的子公司均享有高度的自治权。在20世纪80年代后期和90年代初，公司开始引入新的创新和战略流程，同时清理其核心业务。直到1996年，由荷兰和英国的董事长以及他们的代表组成的一个特别委员会与一个包括职能、产品和地区经理的15人董事会一直独揽着公司的决策大权，整个结构是矩阵式的，其中产品协调人（经理）负有西欧和美国的利润责任，地区经理则负有其他地区的利润责任。责任经常是模糊不清的，一份内部报告称："我们需要明确的目标和角色：董事会过多地卷入了运营，从而对战略领导造成了损害。"

1996年启动的杰出绩效塑造计划造成了公司结构的实质性改变。杰出绩效塑造计划废除了特别委员会和地区经理这一层级，代之以一个8人（后变为7人）的董事会，由董事长加上职能和大类产品（即食品、家庭和个人卫生用品）的经理组成。向他们报告的是13位（后来是12位）负有明确盈利责任的业务集团总裁，后者在特定地区对其管理的产品类别负有完全的利润责任。全球战略领导被明确地置于执委会一级；运营绩效则是业务集团的直接责任。在这种正式结构调整之后，国际协调是由许多正式和半正式的网络促成的。研究和发展由国际网络创新中心负责实施，其领导责任通常属于中心的专家而不是自动地属于英国或者荷兰的总部机构。产品和品牌网络——国际业务小组——在全球范围内协调品牌和营销。同时，职能网络也开展一系列计划，以便就一些关键问题如录用和组织效能实现全球协调。所有这些网络均大大依赖于非正式的领导和社会过程，同时也依赖于电子邮件和内部网络方面投入的增加。是否参与这种协调在很大程度上是由业务集团而非公司总部确定并资助。

（资料来源：［英］艾尔，马龙龙．企业组织与环境［M］．北京：高等教育出版社，2009.）

应用三　市场营销控制

市场营销控制是指市场营销管理者经常检查市场营销计划的执行情况，看计划与实际是否一致，如果不一致或没有完成计划，就要找出原因所在，并采取适当措施和正确行动，以保证市场营销计划的完成。市场营销控制有四种类型：年度计划控制、盈利能力控制、效率控制和战略控制。

课堂实训　行业巨头诺基亚市场营销管理控制的失误

2013 年 9 月 2 日，微软宣布以 37.9 亿欧元（约合 50 亿美元）的价格收购诺基亚旗下的大部分手机业务，另外再用 16.5 亿欧元（约合 21.8 亿美元）的价格购买诺基亚的专利许可证，因此这项交易的总价格大约为 54.4 亿欧元（约合 71 亿美元）。曾经的行业巨头诺基亚在安卓手机系统崛起后开始走下坡路，市场竞争力和市场份额每况愈下。这次的收购也宣告着一个时代的结束。

（资料来源：http://news.163.com/13/0904/07/97TLP2GC00014JB5.html）

诺基亚的失败要归咎于其对原有营销战略的固执以及对新的市场营销环境反应迟钝。市场营销战略中一个基本矛盾就是既定的战略与变化着的市场营销环境之间的矛盾。要使市场营销战略能不断适应变化着的市场营销环境，除了使营销战略本身具有应变性之外，还要加强对市场营销战略实施与管理过程的控制。

一、年度计划控制

年度计划控制是指企业在本年度内采取控制步骤，检查市场营销活动的结果是否达到了年度计划的要求，并在必要时采取调整和纠正措施，以确保市场营销计划的实现与完成。它包含四个步骤：（1）将年度计划分解成月度、季度目标；（2）对市场上的绩效加以监控；（3）找出造成严重绩效偏差的原因；（4）采取正确措施如改变行动方案甚至目标来缩小目标与实绩之间的差距。如图 5－11 所示。

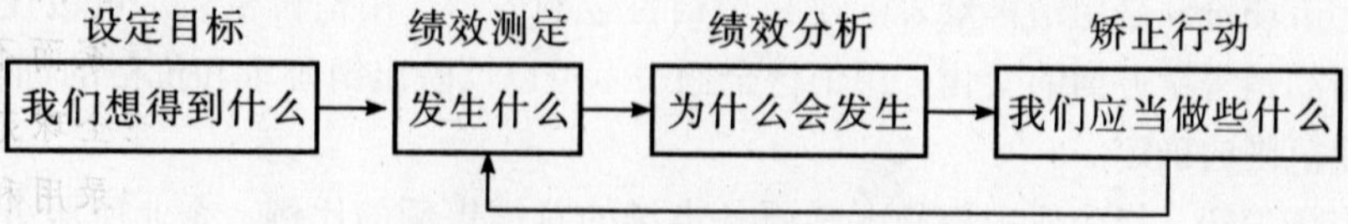

图 5－11　年度计划控制过程

这一控制模式适用于企业内各层次，区别仅在于最高管理层控制的是整个企业年度计划的执行结果，而各部门或地区经理只控制各个局部的计划执行结果。

年度计划执行情况检查分析包括销售分析、市场份额分析、财务分析、顾客态度追踪及纠正措施几个方面。

（一）销售分析

销售分析就是衡量并评估实际销售额与计划销售额之间的差距。

1. 销售差额分析

销售差额分析主要是测定不同因素对销售实绩差额的相对作用。

例 1：假定年度计划要求第一季度按每件 1 元售出商品 40 000 件，即销售额为 40 000 元；但到季度末只以单价 0.8 元卖出了 30 000 件，即 24 000 元，实际销售差额为 16 000 元。在这个差额中，有多少是降价造成的？有多少是因销售量下降造成的？分析计算方法如下：

因降价引起的差额＝（1－0.8）×30 000＝6000（元）

可见，因降价引起的差额占 37.5%。

因销售量下降引起的差额＝1×（40 000－30 000）＝10 000（元）

可见，因销售量下降引起的差额占 62.5%。

结论是，约有 2/3 的销售差额是因为未能达到销售量目标而造成的，所以，企业应该仔细调查未能达到预期销售量目标的原因。

2. 微观销售分析

微观销售分析主要是分别从产品销售及有关方面来考虑未能达到预期销量的原因。假定某企业在三个地区销售，预期销售量分别为 1500 单位、500 单位、2000 单位；实际销售量为 1400 单位、525 单位、1075 单位。这样，销售地区 1 比预期销售额少 7%，销售地区 2 比预期销售额多 5%，销售地区 3 比预期销售额少 46%，显然，销售地区 3 是引起问题的主要原因。营销经理应检查该地区情况，弄清原因：是销售人员不力？还是遇到强有力的竞争对手？或是该地区国民生产总值下降？

（二）市场份额分析

市场份额亦称市场占有率，是指某企业某一产品（或品类）的销售量（或销售额）在市场同类产品（或品类）中所占比重，反映了企业在市场上的地位。通常市场份额越高，竞争力越强。市场份额分析主要包括总的市场份额、服务市场份额、相对市场份额，此外，还包括市场营销费用对销售额的比率分析。

总的市场份额，指企业销售额在行业总销售额中的比例。采用这一分析方法应注意两点：第一，市场份额是用销售量表示还是用销售金额表示。用销售量表示可以反映竞争企业之间在商品销售量方面的变化，用销售金额表示可以反映出销售量和价格的综合性变化。第二，行业范围的确定。

服务市场份额，指企业销售额占其服务市场的总销售额的比例。企业所服务的市场是指所有能够购买其产品的购买者，企业的服务市场份额往往要大于它的总市场份额，企业的首要任务就是通过增加新的产品和地区，赢得所服务市场的最大份额。

相对市场份额，指企业销售额与一个或几个最大竞争对手的销售额在总销售额中的比例。市场份额的分析检查，可用公式“总的市场份额 = 顾客渗透率 × 顾客忠诚度 × 顾客选择性 × 价格选择性”来说明变动。公式中：顾客渗透率指向本企业购买产品的顾客占顾客总数的比例；顾客忠诚度指顾客购买本企业的产品数量占他们购买同类产品总数的比例；顾客选择性指顾客向本企业购买的平均数量占他们向其他企业购买的平均数量的比例；价格选择性指企业的平均价格与所有其他企业的平均价格的比例。

市场营销费用对销售额的比率分析。年度计划控制也需要检查与销售有关的市场营销费用，以确定企业在达到销售目标时的费用支出。市场营销费用对销售额之比是一个主要的价差比率，其中包括销售队伍开支对销售额之比，广告费用对销售额之比，促销费用对销售额之比，销售管理费用对销售额之比等。市场营销管理人员的工作，就是密切注意这些比率，以发现是否有任何比例失去控制。当一项费用对销售额比率失去控制时，必须认真查找原因。

（三）财务分析

营销费用率应放在企业总体财务构架中进行分析，以决定企业如何花钱，把钱花在何处。企业营销主管越来越倾向于利用财务分析来寻找提高利润的战略，而不仅仅限于制定如何扩大销售的战略。

一切营销活动的最终目标通常都以财务项目表示出来。在公司的设想中，有一项专门的投资回报或每股收益增加额。因而，对于建议采取的营销行动方案必须就其有关财务意义做出评估。假设你为一个新的分销中心或者一个广告方案向你的老板要 1000 万元时，却没有呈上有关这样一个要求的财务说明，在现实的营销世界里不会发生这样的事。财务分析可能很复杂，在这里我们介绍比较简单的财务计算方法。

1. 贡献毛利

单位贡献毛利被定义为一件商品的销售价格与制造、销售这件商品的变动成本之间的差额。其实质是营销者补偿固定生产成本、公司营业费用，最后获得利润的单位可获得的金额。

例 2：一个制造商以 12 元售出一件商品，变动成本为 8.40 元，那么单位贡献毛利是：

单位贡献毛利 = 销售价格 - 变动成本

= 12 - 8.40

= 3.60（元）

可见，每单位的销售给予它 3.60 元来补偿固定成本。

总贡献毛利是以单位贡献毛利乘以销售量。例如，假设这家公司售出200 000件商品，那么：

总贡献毛利 = 单位贡献毛利 × 销售数量

= 3.60 × 200 000

= 720 000（元）

假如该产品的总相关固定成本为420 000元，那么，从该产品中获利为：

利润 = 总贡献毛利 - 固定成本

= 720 000 - 420 000

= 300 000（元）

2. 成本

在确定贡献毛利与利润时我们使用了变动成本和固定成本的项目。变动成本是那些每单位产品上是固定的，但在总额上依据制造和销售的数量而变动的成本。也就是说，要耗费一定数量的原材料和劳动来制造一个单位产品。我们制造得越多，总变动成本越多。

固定成本是那些不管生产或销售数量的变化而在总量上保持不变的成本。这样一来，每单位的这些成本就要依据制造和销售的数量而变化。分清楚哪些成本是变化成本和哪些成本是固定成本，在案例分析中是很重要的。

运用的法则是：如果随产量变化而在总量上变化的，就是一项变动成本。因此，劳动、原材料、包装、销售人员的佣金就是变动成本。要注意的是除佣金外的所有营销成本都被视为固定成本。如果一项营销成本或其他的固定成本被表示成单位金额的形式时，不要让它给蒙骗了。也许它看上去像一项变动成本，但它却仅仅是在某一既定产量下的单位金额。

例3：如果我们被告知单位广告费用将为1元，这指的是年末当我们以广告费支出除以总销售量时，结果预计为每单位1元。我们必须知道在何种产量下广告费预计为每单位1元。如果预计产量水平为3 000 000件，我们便知道企业打算在广告上花3 000 000元（1 × 3 000 000件），这3 000 000元是一项固定成本。注意如果他们销售量少于3 000 000件，单位成本将超过1元，反之亦然，故要留心分摊到数量上并以每单位的形式表示的固定成本。

（四）顾客态度追踪

顾客态度追踪是企业通过设置顾客抱怨和建议系统、建立固定的顾客样本或者通过顾客调查等方式，了解顾客对本企业及其产品的态度变化情况，进行衡量并评估。前述的方法主要以财务和数量化分析为特征，它们十分重要，但还不够，还应与定性标准相结合，以便及早反映出企业市场份额的变化。机警的企业一般建立起制度来监控顾客、经销商及其营销组织参与者的态度，主要有顾客投诉和建议制度、典型用户调查、定期的用户随机调查等。顾客态度追踪的主要工作包括：

（1）抱怨和建议系统。企业对顾客的书面或口头抱怨应该进行记录、分析，并做出适当的反应。对不同的抱怨应该分析归类，做成卡片。较严重的和经常发生的抱怨应及早予以注意。企业应该鼓励顾客提出批评建议，使顾客经常有机会发表意见，才有可能收集到顾客对其产品和服务反映的完整资料。

（2）固定顾客样本。有些企业建立由具有一定代表性的顾客组成的固定顾客样本，定期由企业通过电话访问或邮寄问卷来了解其态度。这种做法有时比抱怨和建议系统更能代表顾客态度的变化及其分布范围。

（3）顾客调查。企业定期让一组随机顾客回答一组标准化的调查问卷，其中的问题包括职员态度、服务质量等。通过对这些问卷的分析，企业可及时发现问题，并及时予以纠正。

通过上述分析，企业发现实际营销与年度计划指标差距较大时，则必须采取调整措施：调整市场营销计划指标，使之更切合实际或调整市场营销策略，以利于实现计划指标。

（五）纠正措施

企业在发现实际绩效与年度计划发生较大偏差时，可考虑采取如下措施：消减产量、降低价格、对销售队伍施加更大的压力、消减杂项支出、裁减员工、调整企业簿记、消减投资、出售企业资产、出售整个企业。

二、盈利能力控制

盈利能力控制是通过分析不同产品、地区、顾客群、分销渠道和订单规模等获利的实际情况，从而使企业决定哪些营销活动应当扩大，哪些应当减少甚至放弃，以提高企业的整体竞争能力。

（一）市场营销成本

要实行盈利能力控制，首先要确定市场营销成本，因为营销成本直接影响企业利润。一般来说，企业的营销成本包括几个方面：直接推销费用，包括销售人员的工资、奖金、差旅费、培训费、交际费等；促销费用，包括广告媒体成本、产品说明书、印刷费、赠奖费用、展览会费用、促销人员工资等；运输费用，包括托运费用，自有运输工具的折旧、维护费用、燃料费用、牌照费用、保险费、司机工资等；其他市场费用，包括市场营销管理人员工作、办公费用等。上述成本联同企业的生产成本构成了企业的总成本，直接影响企业的经济效益。

（二）盈利能力的考察指标

获得盈利是所有企业追求的重要目标。盈利能力控制就是通过对财务报表和数据的一系列处理，把所获得利润分解至产品、地区、渠道、顾客等方面，从而衡量出每个因素对于企业最终获利能力的贡献。一般企业是通过以下指标来考察盈利能力的。

1．销售利润率

销售利润率是指利润与销售额之间的比率，表示每销售 100 元使企业所获得的利润。其公式是：

$$销售利润率 = 本期利润/销售额 \times 100\%$$

由于同一行业各个阶段的负债比率不同，而对销售利润率的评价又常需要通过与同行业平均水平来比较，因此，在评估企业获利能力时最好能将利息支出加上税后利润，这样将能大体消除由于负债经营而支付的利息对利润水平产生的不同影响，所以销售利润率也可表达为：

售后利润率 = 税后息前利润/产品销售额 × 100%

2. 资产收益率

资产收益率是指所创造的总利润与企业全部资产的百分比。公式为：

资产收益率 = 本期利润/资产平均总额 × 100%

由于年初和年末资产相差很大，所以企业全部资产应除去资产平均总额。与销售利润率一样，为了在同行业间具有可比性，资产收益率可表达为：

资产收益率 = 税后息前利润/资产平均总额 × 100%

3. 净资产收益率

净资产收益率是指企业税后利润与净资产的百分比。它是一个较为重要的指标。当前我国上市企业能否获取配股资格，必须考察其净资产收益率。其公式是：

净资产收益率 = 税后利润/净资产平均余额 × 100%

4. 资产管理效率

资产管理效率是指企业通过管理资产而产生的效率。它也是衡量一个企业经营效益的一个重要指标。资产管理效率一般是通过以下两个比率来分析的。

（1）资产周转率，指一个企业以产品销售收入净额去除以资产平均总额而得出的全部资产周转率。其公式为：

资产周转率 = 产品销售收入净额/资产平均余额 × 100%

它可以有效反映企业全部投资的利用效率。

（2）存货周转率，指产品销售成本与存货（指产品）平均余额之比。其公式为：

存货周转率 = 产品销售成本/存货平均余额 × 100%

由于企业年初和年末的存货不同，所以存货取年初和年末余额的平均数。该指标主要考察企业存货的流动性，一般地说，存货周转次数越高，说明存货水准越低，周转快，资产使用效率高。下面以某企业为例，对其经营产品活力状况进行分析，见表 5－1。

表 5－1　产品获利能力分析表

	产品 A	产品 B	产品 C	产品 D
销售收入（万元）	28	35	60	42
制造成本（万元）	15	23	38	29
毛利（万元）	13	12	22	13
费用（万元）	8	14	15	12
净利（万元）	5	－2	7	1
销售收益率	17.9%	－5.7%	11.7%	2.4%

从上表可以看出各产品的获利状况，其中只有产品 B 是亏损的。若企业要求销售收益率在 5% 以上，则产品 A、C 已完成。产品 B、D 应进行详细分析，是由于销售价格太高，

还是制造成本分摊不合理？必须找出产品收益低的原因，再采取相应的对策，如降低销售费用和制造成本。如果经过这种措施以后仍未能扭转亏损，那就予以舍弃。

三、效率控制

效率控制是指企业不断寻求更有效的方法来管理推销队伍、广告、促销和分销等绩效不佳的营销实体活动，效率控制的目的是提高销售人员推销、广告、销售促进和分销等市场营销活动的效率。

如果盈利率分析发现企业在特定产品、销售地区或市场上获取的利润不高，那么就需要为这些业绩不佳的营销实体寻找管理推销队伍、广告宣传、促销和分销等各种营销活动的更有效的方法。

（一）推销队伍效率

地方、地区、区域等各级销售经理，必须对所管辖的推销队伍的效率，保持密切注意，提出一些问题，例如：推销代表每天的访问次数是不是太少？他们所花的接待费用是不是太高？他们在每百次推销访问中获得的订单百分比是多少？他们是不是既能吸引足够的新顾客，又能维系老顾客？

推销队伍的效率指标如下：

（1）每天每个推销员推销访问的平均次数；

（2）每次推销访问的平均时间；

（3）每次推销访问的平均收入；

（4）每次推销访问的平均成本；

（5）每次推销访问的接待成本；

（6）百次推销访问获得订单的百分比；

（7）每阶段新增顾客数；

（8）每阶段失去顾客数；

（9）总成本中推销成本的百分比。

（二）广告效率

很多经理觉得很难判断他们的广告支出能带来多少收益。然而，应当做出努力，更好地安排产品定位、明确广告目标、预试信息、使用计算机了解广告中介选择、寻找更佳的中介购买者以及检验事后的广告效果，由此来提高广告效率。

广告效率指标如下：

（1）每千名购买者所获得的每种中介媒体的广告成本；

（2）各种中介媒体中，注意、看到、联想和阅读广告的人在其观众中所占的比例；

（3）消费者如何评价广告内容和有效性；

（4）消费者对产品的态度在广告前后有何差异；

（5）通过做广告引发的顾客咨询次数；

（6）每次咨询成本。

（三）促销效率

有数十种能够激发购买者兴趣和选用产品的促销方法。管理部门应当坚持记录每次促销活动的成本和它对销售量的影响，以便提高促销效率，尤其需要注意促销效率指标数据，通过对不同促销活动成效的总结，向产品经理提出最具成效的促销方式。

促销效率指标如下：

（1）优惠销售的百分比；

（2）每1元销售额中的展示成本；

（3）赠券的回收比例；

（4）一次实地示范所引起的咨询次数。

（四）分销效率

分销渠道的运行情况一般从两个方面进行分析：一是分销渠道的盈利能力分析；二是分销渠道的经济效益分析。此外还需要对分销这一经济活动，提高存货控制、仓储和运送的效率等进行分析。

四、战略控制

战略控制主要是指在企业经营战略的实施过程中，检查企业为达到目标所进行的各项活动的进展情况，评价实施企业战略后的企业绩效，把它与既定的战略目标与绩效标准相比较，发现战略差距，分析产生偏差的原因，纠正偏差，使企业战略的实施更好地与企业当前所处的内外环境、企业目标协调一致，使企业战略得以实现。

实训与实践：购买者的策划过程

谈谈作为购买者的策划。你的家庭在购买空调（或大件商品）时是如何策划的？

一、实训基本信息	
实训项目名称	家庭购买空调时的购买策划实训
二、实训项目	
调查方式选择	人员访问（调查对象为5人以上）
调查对象评估	①被调查对象为男性时的角色分析： ②被调查对象为女性时的角色分析： ③被调查对象为中年人时的角色分析：
市场总结	消费者的购买活动，由于所处的条件和情况不同，会承担不同的角色

思考题

1. 如何理解营销策划的要点？
2. 如何理解营销组织设计的要求与原则？
3. 年度计划控制是如何开展的？
4. 如何理解盈利能力控制？

模 块 三

目标市场战略

目标市场战略又称 STP 战略理论，由市场细分（market segmentation）、目标市场选择（target market selection）、市场定位（market position）三个部分组成，这三个部分是相互联系，缺一不可的。其中，市场细分是企业目标市场选择和市场定位的基础和前提。企业需要通过市场细分选择目标客户，进而以此为根据确定目标市场，最后进行市场定位。

案例分析 利用目标市场战略对 IT 企业服务的研究

加入 WTO 后，国外 IT 企业的进入引起我国 IT 企业服务市场的深刻变化。越来越多的 IT 企业意识到为客户提供服务的价值，并进行了多方面的探索和实践。与此同时，我国大力提倡、支持信息化和信息行业建设，IT 业因此而获得良好的外部环境和发展机会。

随着 IT 企业的市场规模逐渐扩大，IT 企业服务市场的竞争也日益激烈，传统的应对市场的策略受到挑战，为了提高市场渗透力和增强企业竞争力，各 IT 企业开始将重点转移到为客户提供服务上来。

尽管内外部环境的变化为 IT 企业的发展带来了巨大的商机，但是，我国很多 IT 企业在提供服务时，往往出现投资巨大，却得不到应有的收益回报，提供服务的质量没有明显提高，反而出现下降的趋势。部分原因是缺乏提供 IT 企业服务的相关企业，没有形成大规模的成熟的 IT 企业服务市场，主要的原因在于 IT 企业在进行 IT 投资和提供服务时没有重视 IT 与服务的真正结合。

实施服务，一定要看清整个市场的变化，尤其是利用 IT 技术手段为客户提供服务的 IT 企业，由于技术、产品更新速度快，面临的市场更是以惊人的速度在发展和变化，对于目前还处在“粗放式”阶段的我国 IT 企业的服务来说，因缺少成熟有效的理论方法和指导，决策往往落后于市场的发展，不能及时地捕捉商机。究其原因，就是没有对市场和客户做出正确的分析，IT 企业实施服务的对象是客户，服务的内容取决于客户的需求，服务实施的情况、服务质量好坏等来源于客户的评价，因此，在某种程度上说是客户决定了企业的命运。如果要在最大限度上为客户提供优质、高技和满意的服务，最好的方法就是进行市场细分，选定目标客户、定位目标市场，这就是目标市场战略理论。

（资料来源：经济管理论坛. 中国科技信息 . 2006 年第 2 期）

任务六 市场细分

学习目标

通过本任务的学习，应该充分认识有效的市场细分的要求和条件，包括可测量性、可接近性、规模性、差别性以及可操作性等；应熟知市场细分的三大模式：同质偏好、扩散偏好、集群偏好；应熟知市场细分的变量，并掌握市场细分的方法。

市场细分（market segmentation）是美国营销学家温德尔·史密斯（Wendell R. Smith）在20世纪50年代提出的。其产生背景是美国供求关系发生变化，由卖方市场转变为买方市场，相应的，营销观念由生产导向转向顾客导向。按照消费者欲望与需求把因规模过大导致企业难以服务的总体市场划分成若干个具有共同特征的子市场，处于同一细分市场的消费群被称为目标消费群，相对于大众市场而言这些子市场的消费群就是分众了。第二次世界大战结束后，美国众多产品市场由卖方市场转化为买方市场这一新的市场形势下企业营销思想和营销战略的新发展，更是企业贯彻以消费者为中心的现代市场营销观念的必然产物。这一概念提出以来，日益受到工商企业的重视，已经成为市场营销理论的重要组成部分。

引入案例 百雀羚的细分市场

百雀羚创立于1931年，是国内屈指可数的历史悠久的著名化妆品厂商。悠久的历史，承载着光辉的业绩，成就了百雀羚品质如金的美誉。品牌曾被多次评选为“上海著名商标”，并荣获“中国驰名商标”等称号。百雀羚之所以能在护肤用品市场杀出一片天地，很大程度要归功于它一系列成功的市场细分和定位策略。

百雀羚早期推出的是经典系列基础产品，适合大众消费，老少皆宜，畅销多年。随着护肤品市场的发展，女性消费者的需求开始出现了分层，因此，百雀羚推出了水能量系列适合年轻女性，解决缺水导致的氧化、损伤问题，同时推出了北纬30度系列适合中年女性的高端系列，延缓衰老，使肌肤紧致细滑，重启肌肤年轻密匙。之后，它又就男性护肤市场进行了调研，发现了极大的市场，便推出了专为男士护肤设计的男士系列，舒缓倦容，唤醒年轻活力。2017年，百雀羚更是推出了三生花系列，主攻年轻且追求时尚的女性。

百雀羚公司的细分市场告诉我们，在任何市场需求的背后都隐藏着这种可以被进一步明确地细分的潜力和可能，企业在既定的市场需求面前绝不是无所作为的。

应用一 有效细分条件

细分市场不是根据产品品种、产品系列来进行的，而是从消费者的角度进行划分的，是根据市场营销的理论基础，即消费者的需求、动机、购买行为的多元性和差异性来划分的。

一、什么是市场细分

市场细分就是指企业按照某种标准将市场上的顾客划分成若干个顾客群，每一个顾客群构成一个子市场，不同子市场之间，需求存在着明显差别。市场细分是选择目标市场的基础。市场营销在企业的活动包括细分一个市场并把它作为公司的目标市场，设计正确的产品、服务、价格、促销和分销系统“组合”，以满足细分市场内顾客的需要和欲望。从极端来讲，我们可以将世界上的每个人和每个组织定义为一个细分市场，因为每个人或每个组织都是不同的。从另一个极端来讲，我们可以把整个消费者市场定义为一个细分市场，把产业市场定义为另一个大的细分市场。所有的人都有一些类似的特征和需求，所有的组织也是如此。从营销的角度来说，通常在两个极端之间来说明细分市场。经过细分市场，在同类产品市场上，某一细分市场的顾客需求具有较多的共同性，而不同细分市场之间的需求具有较多的差异性。企业应该明确有多少细分市场及各细分市场的主要特征。

市场细分的最终目的是选择和确定目标市场。目标市场在市场细分的基础上，企业确认要进入并开展营销活动的一个或几个细分市场。例如，现阶段我国城乡居民对照相机的需求，可以分为高档、中档和普通三种不同的品种。调查表明，33%的消费者需要物美价廉的普通相机，52%的消费者需要使用质量可靠、价格适中的中档相机，16%的消费者需要美观、轻巧、耐用、高档的全自动或者多镜头相机。国内各相机生产厂家，大多以中档、普通相机为生产经营的目标，因而国内相机市场出现供过于求的现象。而各大中型商场的高档相机，多为高价进口货。如果某一相机厂家选定16%的消费者作为目标，优先推出质优、价格合理的新型高级相机，就会受到这部分消费者的欢迎，从而迅速提高市场占有率。

因此，企业要寻找到合适的目标市场，就需要首先进行市场细分。市场细分不是做文字上的游戏，想怎么分就怎么分。如果对消费者需求差异很小的食盐市场进行细分，从营销的角度上看就没有什么价值。要使细分出来的市场有意义、有开发价值，必须具备一些特征，符合一定的要求。

二、市场细分的条件

企业进行市场细分的目的是通过对顾客需求差异予以定位，来取得较大的经济效益。众所周知，产品的差异化必然导致生产成本和推销费用的相应增长，所以，企业必须在市场细分所得收益与市场细分所增成本之间做一权衡。由此，我们得出有效的细分市场必须具备以下条件。

（一）可测量性

可测量性是指细分市场的标准和细分的子市场是可以测量的。它包括以下三方面的内容：首先是消费者的需求具有明显的差异性，市场需求有差异才值得对市场进行细分，消费需求无差异的市场，就无法确定清楚明确的细分标准，就没有必要花时间和精力去细分市场；其次是指对消费者需求的特征信息较容易获取和衡量，能衡量细分标准的重要程度并进行定量的分析；第三是指经过细分后的子市场的市场规模、潜力等能够预测和估算得出来的，这样企业才能够有效的确定目标市场。

（二）可接近性

细分后的子市场应该是环境条件允许企业进入、企业的营销努力能达到的，而不是虚无缥缈的，否则，该子市场就无意义。例如，某市一小速递公司发现了市内邮件速递这一细分市场，但由于其资源限制及目前邮政管理制度的限制，这些市场对其而言就不是易于接近的，那么这一子市场便不适合该公司进入。

（三）规模性

细分市场必须具有一定规模性和丰厚利润，使得企业值得为之服务。一个细分市场应该是尽可能大的同质群体，并值得企业为其制定专门的营销方案。如位于高校旁边的麦当劳餐厅在该高校发现了“夜猫子”——熬夜学生的消夜市场，并计划为其提供饮食服务，在很大程度上就可能得不偿失，因为“夜猫子”这一市场的规模极其有限，可以带来的利润也非常有限。

（四）可差别性

经过细分之后，各个子市场之间消费者需求的差异应该尽可能大，而同一子市场内部的消费者需求的差异应该尽可能小，即不同子市场之间的需求具有差异性，而同一子市场的需求具有共性。差异性是市场细分的理论及运作基础。

（五）可操作性

可操作性是指经过细分的市场是企业可以利用现有的人力、物力和财力去占领的。这里的接近包括两层含义：第一，指细分后的市场值得企业去占领，也即细分出来的子市场要有适当的规模和发展潜力，同时有一定的购买力，企业进入这个市场之后有足够的销售额。如果细分市场规模过小，市场容量有限，就没有开发的价值。第二，能明确指定有效的方案以吸引和服务细分市场，诸如广告宣传、公共关系、人员推销、营业推广等促销手段，可以达到被选定的细分市场，其营销努力能够引起细分市场上消费者的注意和反应。

三、市场细分的作用

细分市场是从消费者的角度进行划分的，即消费者的需求、动机、购买行为的多元性和差异性来划分的。通过市场细分对企业的生产、营销起着极其重要的作用。

（一）有利于选择目标市场和制定市场营销策略

市场细分后的子市场比较具体，比较容易了解消费者的需求，企业可以根据自己经营思想、方针及生产技术和营销力量，确定自己的服务对象，即目标市场。针对较小的目标市场，便于制定特殊的营销策略。同时，在细分的市场上，信息容易了解和反馈，一旦消费者的需求发生变化，企业可迅速改变营销策略，制定相应的对策，以适应市场需求的变化，提高企业的应变能力和竞争力。

（二）有利于发掘市场机会，开拓新市场

通过市场细分，企业可以对每一个细分市场的购买潜力、满足程度、竞争情况等进行分析对比，探索出有利于本企业的市场机会，使企业及时做出投产、易地销售决策或根据本企业的生产技术条件编制新产品开拓计划，进行必要的产品技术储备，掌握产品更新换代的主动权，开拓新市场，以更好适应市场的需要。

（三）有利于集中人力、物力投入目标市场

任何一个企业的人力、物力、资金等资源都是有限的。通过细分市场，选择了适合自己的目标市场，企业可以集中人、财、物等资源，去争取局部市场上的优势，然后再占领自己的目标市场。

（四）有利于企业提高经济效益

前面三个方面的作用都能使企业提高经济效益。除此之外，企业通过市场细分后，企业可以面对自己的目标市场，生产出适销对路的产品，既能满足市场需要，又可增加企业的收入；产品适销对路可以加速商品流转，加大生产批量，降低企业的生产销售成本，提高生产工人的劳动熟练程度，提高产品质量，全面提高企业的经济效益。

应用二　市场细分的分类

企业根据市场需求的多样性和购买者行为的差异性，把整体市场即全部顾客和潜在顾客，划分为若干具有某种相似特征的顾客群，以便选择确定自己的目标市场。

一、消费品市场的细分

消费品市场的细分标准可以概括为地理因素、人口统计因素、心理因素和行为因素四个方面，每个方面又包括一系列的细分变量，如表6－1所示。

表6－1　消费品市场的细分

细分标准	细分变量
地理因素	地理位置、城镇大小、地形、地貌、气候、交通状况、人口密集度等
人口统计因素	年龄、性别、职业、收入、民族、宗教、教育、家庭人口、家庭生命周期等
心理因素	生活方式、性格、购买动机、态度等
行为因素	购买时间、购买数量、购买频率、购买习惯（品牌忠诚度）、对服务、价格、渠道、广告的敏感程度等

（一）按地理因素细分

按地理因素细分，就是按消费者所在的地理位置、地理环境等变数来细分市场。因为处在不同地理环境下的消费者，对于同一类产品往往会有不同的需要与偏好，例如，对自行车的选购，城市居民喜欢样式新颖的轻便车，而农村的居民注重坚固耐用的加重车等。因此，对消费品市场进行地理细分是非常必要的。

1. 地理位置

可以按照行政区域进行细分，如在我国，可以划分为东北、华北、西北、西南、华东和华南几个地区；也可以按照地理区域来进行细分，如划分为省、自治区，市、县等，或内地、沿海，城市、农村等。在不同地区，消费者的需求显然存在较大差异。

2. 城镇大小

可划分为大城市、中等城市、小城市和乡镇。处在不同规模城镇的消费者，在消费结构方面存在较大差异。

3. 地形和气候

按地形可划分为平原、丘陵、山区、沙漠地带等；按气候可分为热带、亚热带、温带、寒带等。防暑降温、御寒保暖之类的消费品就可按不同气候带来划分。如在我国北方，冬天气候寒冷干燥，加湿器很有市场；但在江南，由于空气中湿度大，基本上不存在对加湿器的需求。

（二）按人口统计因素细分

按人口统计因素细分，就是按年龄、性别、职业、收入、家庭人口、家庭生命周期、民族、宗教、国籍等变数，将市场划分为不同的群体。由于人口变数比其他变数更容易测量，且适用范围比较广，因而人口变数一直是细分消费者市场的重要依据。

1. 年龄

不同年龄段的消费者，由于生理、性格、爱好、经济状况的不同，对消费品的需求往往存在很大的差异。因此，可按年龄将市场划分为许多各具特色的消费者群，如儿童市场、青年市场、中年市场、老年市场等。从事服装、食品、保健品、药品、健身器材、书刊等商品生产经营业务的企业，经常采用年龄变数来细分市场。

2. 性别

按性别可将市场划分为男性市场和女性市场。不少商品在用途上有明显的性别特征。如男装和女装、男表与女表。在购买行为、购买动机等方面，男女之间也有很大的差异，如女士是服装、化妆品、节省劳动力的家庭用具、小包装食品等市场的主要购买者，男士则是香烟、饮料、体育用品等市场的主要购买者。美容美发、化妆品、珠宝首饰、服装等许多行业，长期以来按性别来细分市场。

3. 收入

收入的变化将直接影响消费者的需求欲望和支出模式。根据平均收入水平的高低，可将消费者划分为高收入、中等收入、低收入三大类。收入高的消费者就比收入低的消费者购买更高价的产品，如钢琴、汽车、豪华家具、珠宝首饰等；收入高的消费者一般喜欢到大百货公司或品牌专卖店购物，收入低的消费者则通常在住地附近的商店、仓储超市购物。

因此，汽车、旅游、房地产等行业一般按收入变数细分市场。

4. 民族

世界上大部分国家都拥有多种民族，我国更是一个多民族的大家庭，除汉族外，还有55个少数民族。这些民族都各有自己的传统习俗、生活方式，从而呈现出各种不同的商品需求，如我国西南少数民族饮茶很多、回族不吃猪肉等。只有按民族这一细分变数将市场进一步细分，才能满足各族人民的不同需求，并进一步扩大企业的产品市场。

5. 职业

不同职业的消费者，由于知识水平、工作条件和生活方式等不同，其消费需求存在很大的差异，如教师比较注重书籍、报刊方面的需求，文艺工作者则比较注重美容、服装等方面的需求。

6. 教育状况

受教育程度不同的消费者，在志趣、生活方式、文化素养、价值观念等方面都会有所不同，因而会影响他们的购买种类、购买行为、购买习惯。

7. 家庭人口

据此可分为单身家庭（1人）、单亲家庭（2人）、小家庭（2~3人）、大家庭（4~6人，或6人以上）。家庭人口数量不同，在住宅大小、家具、家用电器乃至日常消费品的包装大小等方面都会出现需求差异。

（三）按心理因素细分

按心理因素细分，就是将消费者按其生活方式、性格、购买动机等变数细分成不同的群体。

1. 生活方式

越来越多的企业，如服装、化妆品、家具、娱乐等行业，重视按人们的生活方式来细分市场。生活方式是人们对工作、消费、娱乐的特定习惯和模式，不同的生活方式会产生不同的需求偏好，如“传统型”“新潮型”“节俭型”“奢侈型”等。这种细分方法能显示出不同群体对同种商品在心理需求方面的差异性，如美国有的服装公司就把妇女划分为“朴素型妇女”“时髦型妇女”“男子气质型妇女”三种类型，分别为她们设计不同款式、颜色和质料的服装。

2. 性格

消费者的性格对产品的喜爱有很大的关系。性格可以用外向与内向、乐观与悲观、自信、顺从、保守、急进、热情、老成等词句来描述。性格外向、容易感情冲动的消费者往往好表现自己，因而他们喜欢购买能表现自己个性的产品；性格内向的消费者则喜欢大众化，往往购买比较朴素的产品；富于创造性和冒险心理的消费者，则对新奇、刺激性强的商品特别感兴趣。

3. 购买动机

按消费者追求的利益来进行细分。消费者对所购产品追求的利益主要有求实、求廉、求新、求美、求名、求安等，这些都可作为细分的变量。例如，有人购买服装为了遮体保暖，有人是为了美，有人则为了体现自身的经济实力等。因此，企业可按利益变数对市场进行细分，确定目标市场。

（四）按行为因素细分

按行为因素细分，就是按照消费者购买或使用某种商品的时间、购买数量、购买频率、购买习惯等变数来细分市场。

1. 购买时间

许多产品的消费具有时间性，烟花爆竹的消费主要在春节期间，月饼的消费主要在中秋节以前，旅游点在旺季生意最兴隆。因此，企业可以根据消费者产生需要、购买或使用产品的时间进行市场细分，如航空公司、旅行社在寒暑假期间大做广告，实行优惠票价，以吸引师生乘坐飞机外出旅游；商家在酷热的夏季大做空调广告，以有效增加销量；双休日商店的营业额大增，而在元旦、春节期间，销售额则更大等。因此，企业可根据购买时间进行细分，在适当的时候加大促销力度，采取优惠价格的策略，以促进产品的销售。

2. 购买数量

据此可分为大量用户、中量用户和少量用户。大量用户人数不一定多，但消费量大，许多企业以此为目标，反其道而行之也可取得成功。如文化用品大量使用者是知识分子和学生，化妆品大量使用者是青年妇女等。

3. 购买频率

据此可分为经常购买、一般购买、不常购买（潜在购买者）。如铅笔，小学生经常购买，高年级学生按正常方式购买，而工人、农民则不常买。

4. 购买习惯（对品牌忠诚度）

据此可将消费者划分为坚定品牌忠诚者、多品牌忠诚者、转移的忠诚者、无品牌忠诚者等。例如，有的消费者忠诚于某些产品，如柯达相机、海尔电器、中华牙膏等；有的消费者忠诚于某些服务，如东方航空公司、某酒店或饭店等，或忠诚于某一个机构、某一项事业等。为此，企业必须辨别他的忠诚顾客及特征，以便更好地满足他们的需求，必要时给忠诚顾客以某种形式的回报或鼓励，如给予一定的折扣。

二、生产资料市场的细分

消费品市场的细分有很多都适用于生产资料市场的细分，如地理环境、气候条件、交通运输、追求利益、使用方便、对品牌的忠诚度等。但由于生产资料市场有它自身的特点，企业还应采用其他一些标准和变数来进行细分，最常用的有：用户要求、用户规模、用户地理位置等变数。

（一）按用户的要求细分

产品用户的要求是生产资料市场细分常用的标准。不同的用户对同一产品有不同的需求，如晶体管厂可根据晶体管的用户不同将市场细分为军工市场、工业市场和商业市场，军工市场特别注重产品质量；工业用户要求有高质量的产品和服务；商业市场主要用于转卖，除要求保证质量外，还要求价格合理和交货及时。飞机制造公司对所需轮胎要求的安全性比一般汽车生产厂商要高许多。同是钢材，有的用作生产机器，有的用于造船，有的用于建筑等。因此，企业应针对不同用户的需求，提供不同的产品，设计不同的市场营销组合策略，以满足用户的不同要求。

（二）按用户经营规模细分

用户经营规模也是细分生产资料市场的重要标准。用户经营规模决定其购买能力的大小。按用户经营规模划分，可分为大用户、中用户、小用户。大用户虽少，但其生产规模、购买数量大、注重质量、交货时间等；小客户数量多，分散面广，购买数量有限，注重信贷条件等。许多时候，和一个大客户的交易量相当于与许多小客户的交易量之和，失去一个大客户，往往会给企业造成严重的损失。因此，企业应按照用户经营规模建立相应联系机制和确定恰当的接待制度。

（三）按用户的地理位置细分

每个国家或地区大都在一定程度上受自然资源、气候条件和历史传统等因素影响，形成若干工业区，例如历史上江苏、浙江两省的丝绸工业区，以山西为中心的煤炭工业区，东南沿海的加工工业区等。这就决定了生产资料市场往往比消费品市场在区域上更集中，地理位置因此成为细分生产资料市场的重要标准。企业按用户的地理位置细分市场，选择客户较为集中的地区作为目标，有利于节省推销人员往返于不同客户之间的时间，而且可以合理规划运输路线，节约运输费用，降低推销成本。

以上从消费品市场和生产资料市场两方面介绍了具体的细分标准和变量。为了有效地进行市场细分，还需注意以下问题：

（1）动态性。细分的标准和变数不是固定不变的，如收入水平、城市大小、交通条件、年龄等，都会随着时间的推移而变化。因此，应树立动态观念，适时进行调整。

（2）适用性。市场细分的因素有很多，各企业的实际情况各异，不同的企业在细分市场时采用的细分变数和标准不一定相同，究竟选择哪种变量，应视具体情况加以确定，切忌生搬硬套和盲目模仿。如牙膏可按购买动机细分市场，服装按什么细分市场合适呢？

（3）组合性。要注意细分变数的综合运用。在实际营销活动中，一个理想的目标市场是有层次或交错地运用上述各种因素的组合来确定的。如化妆品的经营者将18～45岁的城市中青年妇女确定为目标市场，运用了四个变量：年龄、地理区域、性别、收入（职业妇女）。

应用三　影响市场细分的主要因素

目标市场被企业选定必须通过市场细分，准备以相应的产品和服务去满足其现实或潜在需求的一个或几个细分市场。所以，理应从市场细分的模式、市场细分的标准来分析影响市场细分的主要因素。

一、市场细分的模式

市场细分是选择目标市场的基础。市场营销在企业的活动包括细分一个市场并把它作为公司的目标市场，设计正确的产品、服务、价格、促销和分销系统“组合”，以满足细分市场内顾客的需要和欲望。假设生产冰淇淋的企业向冰淇淋购买者询问甜度和奶油两个产品属性，根据消费者的答案可以识别不同偏好的细分市场。由此产生三种不同的偏好模式。

（一）同质偏好

如图6－1（a）所示，一个市场上所有消费者的偏好大致相同。在这种情况下，各品牌冰淇淋是雷同的，它们的甜度和奶油大致相同，都处在甜度和奶油两者偏好的中心。

（二）扩散偏好

如图6－1（b）所示，消费者对产品的要求存在很大的差异，他们的偏好极其分散。第一个进入市场的品牌可以定位于市场的中心，以满足最多的顾客。因为一个定位于中心的品牌可以使所有顾客的不满降低到最低水平。新进入市场的品牌可以定位于原有品牌的附近，与其争夺市场份额；也可以定位于远离原有品牌的角落里，吸引对原有品牌不满的消费者。如果这个市场的潜力很大，市场上的竞争对手很多，这些品牌可能会定位于不同的市场空间，显示与其他品牌的差异。

（三）集群偏好

如图6－1（c）所示，市场上可能出现有不同偏好的几个消费者群体，这些群体自然地形成了不同的细分市场。从第一个进入此市场的公司有三种选择。它可以将产品定位于中心，尽可能赢得所有顾客群体（无差异营销）；也可以将产品定位在最大或某一细分市场中（集中营销），在这种情况下，竞争者往往会引进一些品牌，进入其他细分市场；它可以推出数种品牌，分别定位于不同的细分市场中（差异营销）。

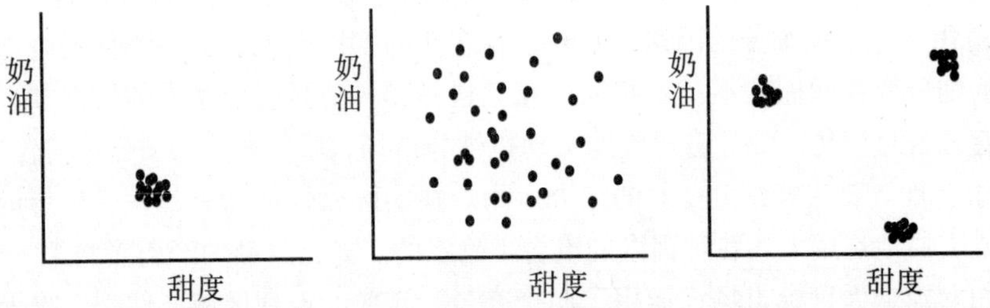

（a）同质偏好　（b）分散偏好　（c）集群偏好

图6－1　市场偏好模式

二、市场细分的标准（变量）

市场细分标准指的是以消费者所具有的明显不同的特征为分类的依据，以确定企业的目标市场。

（一）消费者市场的主要细分变量

市场细分面临的首要问题是市场细分变量的选取。市场细分变量是指那些反映需求内在差异，同时能用作市场细分化依据的可变因素。从消费者市场来看，影响需求倾向的因素归纳起来主要有地理因素、人文因素、心理因素、行为因素。以这些因素为依据划分细分市场，就形成了地理细分、人口细分、心理细分、行为细分这四种市场细分的基本形式。

1. 地理细分

根据消费者所处的地理位置、自然环境等地理因素来细分市场成为地理细分。地理因素是反映消费者生活地区特点的变量。地理细分变量通常包括地理区域、城市规模、人口密度、气候等。由于不同地区在自然条件、气候、文化传统和消费水平等方面的差别，不同地区消费者需求、习惯和偏好存在较大差异，他们对企业所采取的市场营销组合策略可能会有不同的反应。就食品市场而言，我国就有南甜、北咸、东辣、西酸的说法。所以，反映消费者地理特征的有关因素可作为市场细分的重要变量。现代企业，尤其是规模庞大的跨国企业，在进行跨国或跨地域营销时，地理变量往往是其重要的和常用的细分变量。地理细分是市场细分的一个常用的细分方法，也是最稳定、最明显、最易衡量和运用的细分标准。但地理变量并非企业唯一的细分变量，在同一地理环境里，消费者常常也会有不同的需求和消费行为。因此，企业还必须考虑其他细分因素。

2. 人口细分

人口细分根据人口因素来细分市场。人口因素是反映消费者个人基本特点的变量，它包括消费者的年龄、家庭规模、家庭生命周期、性别、收入、职业、受教育程度、民族、种族、国籍、社会阶层等。人口因素是区分消费者群体常用的基础，因为消费者的需求、偏好和使用率与人口变量有密切的联系，并且人口变量比其他类型的变量更容易衡量。人口变量是非常重要的消费者市场细分变量，其中最常用的细分变量有：

（1）年龄。许多产品的需求都与消费者的年龄有关。不同年龄的消费者有不同的需求特点。消费者的需要和消费能力随年龄变化。年龄是许多企业常用细分变量。例如服装、饮料、食品、玩具等行业中的企业均可按照年龄来细分市场。企业在按照年龄对消费者进行市场细分时，不仅要重视消费者的生理年龄，还要注意他们的心理年龄。

课堂实训 饮料市场细分

1999年，“酷儿”在日本研制成功，2001年成为可口可乐的第三品牌，同年10月，“酷儿”在台湾上市，表现不俗。2002年元旦前后，在竞争多元化的成熟市场，不可能处处赢得头彩，而此时制胜的最佳方式，就是对市场进行有效的细分。争做细分市场的领导品牌，成了精明商家迅速胜出的不二法门，这一点，“酷儿”做到了。也许是天时，也许是地利，统一推出鲜橙多引起饮料大战以后，很多先入为主的果汁饮料品牌，都没有针对儿童作为品牌的切入口。无论是鲜橙多的“多喝多漂亮”、娃哈哈的“我喝我的果汁”，都是有效地针对女性市场进行了划分，而果汁龙头品牌汇源“喝汇源果汁，走健康之路”的大网捕鱼市场运作，离儿童市场更是渐去渐远。一年多时间没有品牌杀入儿童果汁饮料市场，给“酷儿”留下了一个绝好的机会，一方面，有着国际品牌运作经验及成熟的市场操作手法，另一方面，果汁饮料市场也恰恰给“酷儿”留下了这样一个空缺，所以，“酷儿”依其市场细分策略，有效针对儿童市场，从真空地带切入果汁饮料行业，并迅速风行，乃是顺理成章的事。“酷儿”在中国市场细分的目标群体是6~14岁的儿童，从当时果汁饮料的竞争态势来看，大部分品牌把目光集中在了女性、漂亮及个性化方面。所以，“酷儿”一出，其品牌形象与渠道通路等方面，一下子就跳出激烈的竞争，形成了鲜明的形象，尤其是“酷”形成了鲜明的对比元素，与其他品牌拉开了竞争的距离，亲近了目标消费者。从营销战略上来讲，科学的市场细分再细分，是“酷儿”成功的基础。如果“酷儿”上市，不是进行有效的市场细分进入儿童市场，而是杀入大家都在争的“漂亮、美丽”等偏重女性的个性市场，未必能打得过先入为主的“鲜橙多”，也就谈不上什么优势了。尽管目前果汁饮料行业的竞争已经非常激烈，但在市场细分方面，除了“酷儿”之外，其他品牌做得并不是很多，虽然鲜橙多提出了“多喝多漂亮”，但具体针对哪部分消费者，还比较感性，而在与目标消费者的沟通技术上，也没有更多的精彩出现，而对细分市场最不注重的汇源“一网打天下”的营销策略，就更落后了。

（资料来源：http://www.emkt.com.cn/article/221/22142.html）

（2）性别。由于生理上的差别，男性与女性在产品需求与偏好上有很大不同。对于提供服装、化妆品以及杂志等性别差异较大的产品或服务的企业来说，性别是一个效果很显著的细分变量。男性和女性消费者对这些产品或服务的需求，有明显的差异。企业将消费者按照性别加以区分，可以更有效地满足消费者的需要，可以发现新的市场机会和形成特色。越来越多不太重视性别这一细分变量的企业开始重视这一变量，例如一些香烟制造商也在将整个市场划分为男性市场和女性市场；一些汽车制造商也开始生产吸引女性的轿车，已经开始认识到性别细分，并改变了它们设计和销售汽车的方式。女性购买汽车和男性很不一样：她们对环境影响更感兴趣，更关心内部设计而不是外部设计，她们将安全设备看作一种帮助驾驶者从事故中逃生而不是避免事故的属性。

（3）收入。消费者收入是直接影响其需求的重要因素。收入细分适用于汽车、旅游、服装、化妆品等行业。企业可以将消费者分为高收入、中等收入、低收入三类，不同收入人群在产品选择、使用时间安排、社会交往等方面都会有所不同。同是外出旅游，在交通工具以及食宿地点的选择上，高收入与低收入者都会有很大的不同。

（4）职业与教育。消费者的职业不同，其需求和购买行为也会有较大的差别。例如某大学一知名教授和某一公司中层经理，其收入水平大体相同，但他们的消费行为、开支方向可能有很大的差异。消费者受教育的程度影响他们的价值观和审美观，也会使其消费行为和需求具有不同的特点。因此，一些企业用职业与教育变量来细分市场。

（5）社会阶层。消费者所处的社会阶层不同，其在某些产品或服务的需求上会有不同的偏好。例如消费者在汽车、服装、家具、业余爱好等方面的需求就会受到所在社会阶层的很大影响。

表6－2　消费者市场细分的常用变量及分界

变量		典型分类
地理因素	地区	东部，中部，西部，华北，东南等
	城市人口数量	10万人以下，10万～30万人，30万～80万人，80万～150万人，150万～300万人，300万～500万人，500万人以上
	气候	北方，南方；热带，亚热带，温带，寒带；春，夏，秋，冬
	人口密度	都市，郊区，农村

（续表 6-2）

变量		典型分类
人文因素	年龄	6岁以下，7~12岁，13~18岁，19~25岁，26~30岁，31~40岁，41~50岁，51~60岁，60岁以上
	性别	男，女
	家庭规模	1~2人，3~4人，5~7人，7人以上
	家庭生命周期	青年单身；青年已婚，无子女；中青年已婚，有6岁以下子女；中青年已婚，最小子女6岁以上；中年已婚，与子女同住；老年已婚，子女已独立；鳏寡
	家庭月收入	少于1000元，1001~2000元，2001~4000元，4001~6000元，6001~8000元，8001~10 000元，10 000元以上
	职业	技术人员，经理，老板，推销员，农民等
	教育	小学，初中，高中（中专），专科，本科，硕士，博士
	宗教	佛教，道教，基督教，伊斯兰教等
	国别	中国，美国，法国，英国，澳大利亚等
	社会阶层	上层，中层，下层
心理因素	生活方式	简朴型，时髦型
	个性	冲动型，进攻型，情感型，自负型，被动型等
行为因素	使用时机	普通时机，特殊时机
	追求利益	便利，经济，服务，质量等
	购买使用情况	首次使用，经常使用，从未用过等
	使用率	不使用，少量使用，中量使用，大量使用
	忠诚度	无，一般，强烈，绝对
	对新产品态度	热情，怀疑，不关心等

3．心理细分

根据消费者心理变量细分市场成为心理细分。消费者心理变量包括消费者的生活方式和个性变量。这类变量经常影响、决定着消费者的需求，使人口因素相同的消费群体往往展示出明显的需求差异。所以，心理因素可作为市场细分的依据。

（1）生活方式。生活方式是指个体在成长过程中，在与社会诸要素相互作用下，表现出来的活动兴趣和态度模式。消费者的消费行为与其生活方式有着非常密切的关系。来自不同文化、不同社会阶层、不同职业的人有不同的生活方式。生活方式影响着人们对各种产品的兴趣和态度，人们的消费行为体现出他们的生活方式。目前以生活方式来细分市场的企业已越来越多。

（2）个性。消费者的个性对其需求和购买动机有较大的影响。虽然人们的个性千差万别、多种多样，但也可以找出共性，将其归类。有的企业使用个性因素来细分市场，设计出产品的品牌个性，以吸引相应个性的消费者。一个品牌可以表现出刺激（耐克）、强力（惠普）、精密（劳力士）。

4．行为细分

根据消费者不同的消费行为细分市场称为行为细分。行为细分的变量是反映消费者购买行为特点的变量。它包括消费者的购买时机与使用时机、利益、进入市场的程度、使用频率、对品牌的忠实程度、购买阶段、对产品的态度等。

（1）需要和利益。买同一个产品并不一定有着相同的需要，也不一定希望从中获得相同的利益。基于需要或者基于利益的市场细分是一种广泛使用的方法，因为它用明确的营销影响来识别不同的市场细分。例如，星座公司在美国高级红酒市场（5.5 美元一瓶或者更高）中识别了六种不同利益的细分市场。狂热者（12%），主要倾向于女性，她们的平均年收入大约是 76 000 美元；也有大约 3% 的“奢侈狂热者”倾向于有着更高收入的男性；形象追寻者（20%），唯一倾向于男性的细分市场，平均年龄 35 岁。他们通常用红酒来显示自己的身份，他们也愿意花费更多的钱来确保他们买到的是正确的酒；精明购物者（15%），他们喜欢购物并且相信自己不需要花费很多钱就能得到好的红酒。他们乐于使用便宜酒架；传统主义者（16%），因为有着很传统的价值观，他们喜欢买那些他们听说过并且具有悠久历史的品牌，他们的平均年龄是 50 岁，68% 是女性；满意的尝试者（14%），他们对于红酒不是很了解，倾向于购买相同的品牌，他们喝的大约一半是白仙粉黛葡萄酒；被征服者（23%）。一个具有潜在吸引力目标市场，他们认为购买红酒很让人困惑。

（2）决策角色。许多产品的购买者很容易识别。在美国，男性通常选择剃须工具，而女性则选择连裤袜。但是即使这样，营销者也必须非常小心地做目标决策，因为购买角色会发生变化。当庞大的英国帝国化学工业公司（ICI）发现在选择家庭油漆的品牌时，60% 的决定由女性来做，公司随即决定向女性推销多乐士（Dulux）这个品牌。

（3）使用者和使用，即真正的使用者以及与使用相关的变量。很多营销者相信，和使用者以及他们的使用各方面相关的变量，如使用场合、使用者状况、使用频率、购买者准备阶段和忠诚度水平等，是构建市场细分的最佳出发点。

（4）使用场合。使用场合标记着消费者一生中天、周、月、年中的一段时间或其他明确的时间。我们可以根据消费者形成需要，购买产品或使用产品的场合来区分他们。例如，航空旅行是由于商务、假期或家庭事务等特殊原因所引发的。场合的市场细分有助于扩展产品的使用。

（5）使用者状况。每一种产品都有它的未使用者、曾经使用者、潜在使用者、初次使用者和经常使用者。包含在潜在使用者群体中的还有在某个生命阶段或生活事件中会变成初次使用者的消费者。将要成为母亲的人就是将会变成初次使用者的潜在消费者。婴儿产品和服务的生产商收集她们的名字，并且将产品和广告集中于她们以收获她们未来购买的占有率。市场占有率的领先者倾向于将重点放在吸引潜在使用者上，因为它们可以从中获得最多。而较小的公司则将注意力放在尝试从市场领导者手中抢夺当前用户上。

（6）使用频率。我们可以将市场划分为轻度、中度和重度产品使用者。重度使用者通常只是很小的一部分人群，但是它们在总消费上占据很高的比例。重度啤酒饮用者占据啤酒消费总量的87%——几乎是轻度饮用者的七倍。营销者宁愿吸引一个重度使用者，也不愿意吸引若干轻度使用者。然而，一个潜在的问题在于重度使用者要么极端地忠诚于一个品牌，要么从不忠诚于任何品牌，而是寻找最低价。他们扩大自己购买量和消耗量的空间也很小。

（7）购买者准备阶段。一些人不知晓产品，一些人了解了，一些人感兴趣，一些人希望购买，还有一些人打算购买。为了描述每个阶段各有多少人以及他们将一些人从一个阶段转向另一个阶段的工作做得如何，营销者可以运用一个营销漏斗将市场划分为不同的购买者准备阶段。

图6－1呈现的是两个假设品牌的营销漏斗。这与品牌B相比，品牌A在变曾经尝试为最近尝试方面表现较差（和品牌B的61%相比，品牌A只有46%的转换率）。基于消费者不再使用的原因，一个营销推广活动可以引进更多相关产品、找到更多可进入的零售点、驱散谣言以及改变消费者所持有的不正确理念。

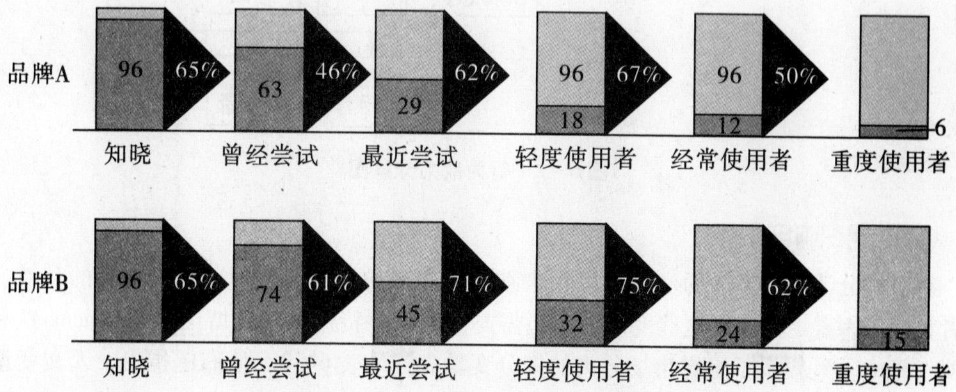

图6－1　A、B两个假设品牌的营销漏斗图

（8）忠诚度水平。营销者通常根据品牌忠诚度水平预想出四个群体：

①核心型忠诚群体——始终只购买一个品牌的消费者；

②分散型忠诚群体——忠诚于两个或三个品牌的消费者；

③转移型忠诚群体——从忠诚于一个品牌转向忠诚于另一个品牌的消费者；

④转变型群体——对任何品牌都不表现忠诚的消费者。

一个公司可以通过分析品牌忠诚度收获很多：核心型忠诚群体可以帮助确定产品的优势；分散型忠诚群体可以向公司反映哪些品牌是它们的最大竞争对手；通过观察放弃该品牌的消费者，公司可以认识到营销的缺点，并尝试改正。需要注意的是：表面上的品牌忠诚度可能会反映出习惯、不在乎、低价、高转换成本或没有其他产品可选等情况。

（9）态度。关于产品的五种消费者态度是狂热、积极、不关心、否定和敌对。在政治竞选中挨家挨户上门的工作人员根据态度来确定对每一个投票者花费多长时间。他们感谢狂热的投票者并提醒他们投票，强化那些有积极态度的人，尝试赢得不关心的投票者的选票，而且不花时间尝试改变否定和敌对投票者的态度。

（10）多重基础。将不同的行为基础组合起来可以提供关于市场及其细分的一个更为综合和连贯的视野。图 6－2 描绘了通过不同的行为细分基础来划分一个目标市场的可能方法。

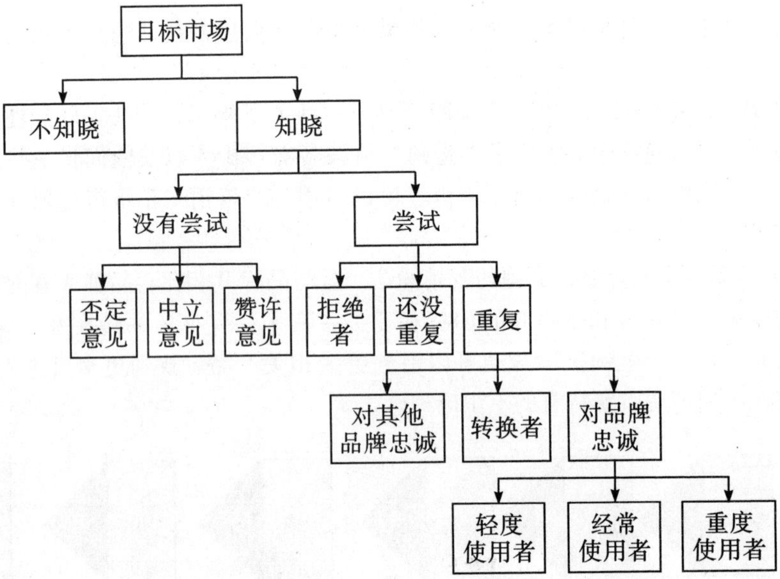

图 6－2　行为能力分解图

（二）组织市场细分

有些细分消费者市场的变量可以用来细分生产者市场，如地理因素、追求的利益、使用者状况等因素。但除了这些变量外，还需要使用某些特殊变量。博纳玛（Bonoma）和夏皮罗（Shapiro）提出了组织市场分类的细分变量表，见表 6－3。他们还指出，人文变量是最重要的市场细分依据，其次是经营变量，直至顾客的个人特征。

表 6－3　组织市场的主要细分变量

人口统计变量
1. 行业：我们应该服务于哪些行业？ 2. 公司规模：我们应该服务于多大规模的公司？ 3. 地点：我们应该服务于哪些地理区域？
经营变量
1. 技术：我们应该把重点放在客户重视的哪些技术上？ 2. 使用者或非使用者状况：我们应该服务于重度使用者、中度使用者、轻度使用者还是未使用者？ 3. 客户能力：我们应该服务于需要大量服务的客户还是需要少量服务的客户？

（续表 6－3）

购买方式
1. 采购职能组织：我们应该服务于拥有高度集中采购组织的公司还是分散采购的公司？
2. 权力结构：我们应该服务于工程导向、财务导向还是其他导向的公司？
3. 现有关系的性质：我们应该服务于和我们有牢固关系的公司还是简单追求最理想的公司？
4. 总体采购政策：我们应该服务于喜欢租赁、签订服务合同、进行系统采购还是需求封闭式投标的公司？
5. 采购标准：我们应该服务于追求质量、服务还是价格的公司？
情境因素
1. 紧急性：我们是否应该服务于需要快递和随时交货或提供服务的公司？
2. 特定应用：我们是否应该关注与我们产品的特定应用而不是所有应用？
3. 定安规模：我们应该着重于大订单还是小订单？
个人特质
1. 购买者—销售者相似性：我们是否应该服务于哪些人员、价值观和我们相似的公司？
2. 对风险的态度：我们应该服务于喜欢风险的公司还是规避风险的公司？
3. 忠诚度：我们是否应该服务于对其供应商表现出忠诚度的公司？

一个公司也可以用购买标准进一步细分市场。政府实验室购买科研设备时需要价钱较低并附带服务合同，高校实验室需要设备，但很少要求服务，企业实验室则需要高度可靠精确的设备。

组织营销者一般通过一个连续的过程来识别细分市场。试想一个铝制品公司，该公司起初使用宏观市场细分，考虑应服务于哪一个终端用户市场；汽车、住宅或者饮料包装。公司选择了住宅市场，然后需要确定最具吸引力的产品应用；半成品、建筑材料还是铝制可移动住宅。决定把重点放在建筑材料上之后，该公司开始考虑最佳的客户规模并选择规模最大的买家。第二阶段由微观市场细分构成。公司根据价格、服务或品质来区分客户的购买，因为该公司在服务方面有着很强的优势，因此决定将重点放在受服务驱动的细分市场上。

擅长组织营销的美国市场专家詹姆斯·C. 安德森和詹姆斯·A. 南洛斯已经敦促营销者向细分市场的所有成员都提供灵活的市场供应物。灵活的市场供给通常由两部分组成：包含所有细分市场成员都重视的产品和服务要素的基本解决方案，以及一些细分市场成员所重视的自由选择。每一个选项都可能包含一个额外的收费。西门子电器部门以包括运费和保修的价格将金属外壳的盒子卖给小制造商，但是它也额外收费来提供安装、测试和通信外围设备。

实训与实践：市场细分方案

以小组为单位完成实训任务，自选一类产品，如笔记本电脑、梳子、饮料等，针对我国消费者对某一产品的需求及发展状况，提出针对该产品市场的细分方案。

提示：(1) 搜集、分析相关数据，确定整体市场的范围，确定市场细分的标准；(2) 识别不同的潜在市场；(3) 概括细分市场的轮廓，描述每个潜在市场。

一、实训基本信息	
实训项目名称	市场细分实训
二、实训项目	
Step 1：细分前的准备	① ② ③
Step 2：确认细分指标	① ② ③
Step 3：采集客户数据	① ② ③
Step 4：数据挖掘和客户聚类	① ② ③
Step 5：描述细分市场	① ② ③
Step 6：选定细分市场	① ② ③

思考题

1. 什么是市场细分？
2. 有效市场细分的条件是什么？
3. 市场细分的模式包括哪几种？
4. 试分析消费品市场的细分。
5. 影响市场细分的因素包括哪些？

任务七 目标市场

学习目标

通过本任务的学习，应充分认识目标市场的内涵，并掌握目标市场选择的四大主要因素：市场规模与发展潜力、细分市场的结构吸引力、企业与市场的吻合程度、可获利状况评估；应熟知目标市场选择具备的条件，并掌握目标市场选择的模式以及目标市场的战略选择。

在当今市场环境中，产品同质化现象非常严重。同样的一款产品，能够提供的厂商不计其数。就拿瓶装饮用水来说，全国品牌和地方品牌的瓶装饮用水，数不胜数。那么，谁才是你的顾客？你的产品和形象在顾客心目中的位置怎么样？如何让你的产品有别于竞争对手的产品，这是目标市场要讨论的问题。

引入案例 微型轿车市场霸主，奇瑞 QQ——“年轻人的第一辆车”

“奇瑞 QQ 卖疯了!”在北京亚运村汽车交易市场 2003 年 9 月 8 日至 14 日的单一品牌每周销售量排行榜上，奇瑞 QQ 以 227 辆的绝对优势荣登榜首！奇瑞 QQ 能在这么短的时间内拔得头筹，归结为一句话：这车太酷了，讨人喜欢。奇瑞 QQ 那艳丽的颜色、玲珑的身段、俏皮的大眼睛、领家小女儿般可人的笑脸，在滚滚车流中是那么显眼，仿佛街道就是她一个人表演的 T 型台。

奇瑞汽车公司成立于 1997 年，全称上汽集团奇瑞汽车有限公司。公司拥有整车外形等十多项专利技术，先后推出了 SQR 系列发动机和“奇瑞 · 风云”系列轿车，2003 年 4 月推出“奇瑞 · QQ”系列和“奇瑞 · 东方之子”系列轿车。

微型车市场

微型客车曾在 20 世纪 90 年代初持续高速增长，但是自 90 年代中期以来，各大城市纷纷取消“面的”，限制微客，同时，由于城市安全、环保要求的提高，抬升微型车成本，价格优势越来越小。主要微型客车厂家转向轿车生产。

在这种情况下，奇瑞汽车公司经过认真的市场调查，精心选择微型轿车打入市场；它的新产品不同于一般的微型客车，是微型客车的尺寸、轿车的配置。QQ 微型轿车在 2003 年 5 月推出，6 月就获得良好的市场反应，到 2003 年 12 月，已经售出 28000 多辆，同时获得多个奖项。

QQ 的目标市场

奇瑞 QQ 的目标客户是收入并不高但有知识有品位的年轻人，同时也兼顾有一定的事业基础、心态年轻、追求时尚的中年人。一般大学毕业两三年的白领都是奇瑞 QQ 潜在的客户。人均月收入 2000 元即可轻松拥有这款轿车。许多时尚男女都因为 QQ 的靓丽、高配置和优性价比就把这个可爱的小精灵领回家了，从此与 QQ 成了快乐的伙伴。

为了吸引年轻人，奇瑞 QQ 除了轿车应有的配置以外，还装载了独有的“I－say”数码听系统，成为“会说话的QQ”，堪称目前小型车时尚配置之最。据介绍，“I－say”数码听是奇瑞公司为用户专门开发的一款车载数码装备，集文本朗诵、MP3播放、U盘存储多种时尚数码功能于一身，让QQ与电脑和互联网紧密相连，完全迎合了离开网络就像鱼儿离开水的年轻一代的需求。

品牌定位与传播

QQ的目标客户群体对新生事物感兴趣，富于想象力、崇尚个性、思维活跃、追求时尚。虽然由于资金的原因他们崇尚实际，对品牌忠诚度较低，但是对汽车的性价比、外观和配置十分关注，是容易相互影响的消费群体；从整体的需求来看，他们对微型轿车的使用范围要求较多。奇瑞把QQ定位于“年轻人的第一辆车”，从使用性能和价格上满足他们通过驾驶QQ所实现的工作、娱乐、休闲、社交的需求。

奇瑞公司根据对QQ的营销理念推出符合目标消费群体特征的品牌策略：

在产品名称方面，QQ在网络语言中有“我找到你”之意，QQ突破了传统品牌名称非洋即古的窠臼，充满时代感的张力与亲和力，同时简洁明快，朗朗上口，富有冲击力。

在品牌个性方面，QQ被赋予了“时尚、价值、自我”的品牌个性，将消费群体的心理情感注入品牌内涵。

引人注目的品牌语言：富有判断性的广告标语“年轻人的第一辆车”“秀我本色”等流行时尚语言配合创意的广告形象，将追求自我、张扬个性的目标消费群体的心理感受描绘得淋漓尽致，与目标消费群体产生情感共鸣。

定位整合传播QQ作为一个崭新的品牌，在进行市场细分与品牌定位后，投入了立体化的整合传播，以大型互动活动为主线，具体的活动包括QQ价格网络竞猜、QQ秀个性装饰大赛、QQ网络FIASH大赛等，为QQ在2003年的营销传播大造声势。

相关信息的立体传播：通过目标群体关注的报刊、电视、网络、户外、杂志、活动等媒介，将QQ的品牌形象、品牌诉求等信息迅速传达给目标消费群体和广大受众。

各种活动“点”“面”结合：从新闻发布会和传媒的评选活动，形成全国市场的互动，并为市场形成了良好的营销氛围。在所有的营销传播活动中，特别是网络大赛、动画和个性装饰大赛，都让目标消费群体参与进来，在体验之中将品牌潜移默化地融入消费群体的内心，与消费者产生情感共鸣，起到了良好的营销效果。

（资料来源：http://www.docin.com/p－808735914.html）

从案例分析中可以看到，无论从战略还是策略角度而言，QQ车都是很成功的。其中最为关键的是它的目标市场战略，QQ策划的目标极其明确：年轻人；定位的精准更是令人称道：年轻人的第一辆车。当然战略的把握还需要其他营销元素的配合，QQ车的营销策略体现了“所有营销元素都必须体现其战略”这一最基本的原则。

应用一　目标市场的选择

目标市场是针对每个企业而言的，市场经过细分成为多个子市场，企业通过全面的评价和筛选，最终确认适合企业去开拓的特定市场，并将主要的营销活动围绕该市场展开，这就是所谓的目标市场。目标市场必须是企业经过合理筛选后找到的最符合企业实际，最适合企业发挥自身优势或者是易于挖掘潜在需要的细分市场。一般情况下，理想的目标市场往往具有以下一些条件：首先，目标市场必须存在尚未满足的需求，这是首要条件，只有当目标市场存在需求，企业营销才有意义，市场才有介入的价值。其次，目标市场要有足够的销售量，也就是说光有需求还不行，消费者要有满足需求的欲望，也就是购买动机，只有当消费者有足够的购买动机，或者形成了规模化的消费潜力，营销活动才能有效地得到反馈。再次，目标市场必须有介入的余地，尚未被竞争者完全占据。理论上看，如果竞争不算激烈，那么我们也可以认为市场尚未被占据，还有余地可以介入，如果竞争相当激烈，且某些竞争巨头有霸占市场的势头，则很难见缝插针。最后，企业自身应该综合考量，确保具备进入目标市场的能力。

一、影响目标市场选择的因素

影响目标市场选择的主要因素有很多，包括市场规模与发展潜力、细分市场的结构吸引力、企业与市场的吻合程度、可获利状况评估等，如图 7－1 所示。

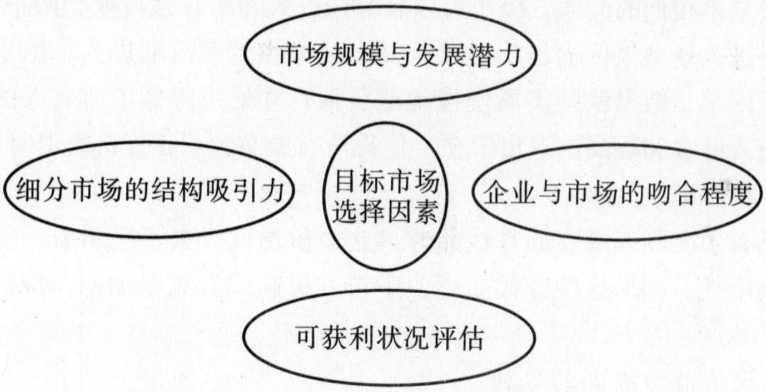

图 7－1　目标市场选择的因素

（一）市场规模与发展潜力

市场规模主要取决于消费者的数量以及消费者的购买能力，当然发展潜力则意味着市场上消费者对于企业营销活动的敏感程度及可能产生的正面反馈。我们在考量市场规模时既要考虑到现有的市场规模又要结合其发展潜力，而目标市场的选择也应当对此进行考量，合理选择的目标市场必须具备一定的市场规模与发展的潜力。当然，这里的市场规模不是说越大越好，一定的市场规模是一个相对的概念，一般情况下，大企业会选择容量较大的市场规模，而中小企业受到生产力和其他资源的限制会相应地选择适合自己的市场规模。但是，不管所选择的市场规模是大是小，都必须具备一定的发展前景。

（二）细分市场的结构吸引力

合适的细分市场是具有一定的市场规模和发展潜力的，但这只是一个前提，有一定市场规模和发展潜力的细分市场不一定对企业具有吸引力，只有当该市场中的现有参与者结构满足一定条件，竞争状况和消费者选择相对稳定且适合介入时，企业才会被吸引。所以，结构吸引力也可以看作是市场生存内在吸引力。西方经济学家迈克尔·波特（Michael Porter）于20世纪80年代初提出了著名的五力模型，他认为行业中存在着决定竞争规模和程度的五种力量，这五种力量综合起来影响着产业的吸引力。五种力量分别为细分市场竞争者的威胁、潜在新加入竞争者的威胁、替代产品的威胁、供应商议价能力提高的威胁、购买者议价能力提高的威胁。

1．细分市场竞争者的威胁

如果一个细分市场已经包含了无数强大或具有侵略性的竞争对手，它就不够有吸引力。如果市场停滞不前或者衰退，如果工厂的生产能力必须大幅提高，如果固定成本和退出壁垒很高，或者如果竞争者在该细分市场中占据重要位置，这个市场会更没吸引力。这些状况会导致频繁的价格战、广告战和新产品的引入，并将使竞争代价变得高昂。例如，移动电话市场的竞争，由于细分市场已经变得很激烈了。

2．潜在新加入竞争者的威胁

具有吸引力的细分市场是进入壁垒很高而退出壁垒很低的市场。新的公司很难进入这个行业，而表现很差的公司却可以轻易退出。当进入壁垒和退出壁垒都很高的时候，潜在利润很高，但是公司必须面对更多的风险，因为表现较差的公司仍然在市场内挣扎。当进入壁垒和退出壁垒都很低的时候，公司可以轻易地进入和离开该行业，回报很稳定但很低。最差的情况就是进入壁垒很低而退出壁垒很高；公司在繁荣时期进入，但是发现想要在不景气时期离开很困难。结果就是市场慢慢地超负荷，并最终降低了所有人的收入。航空业就有着较低的进入壁垒和较高的退出壁垒，使得所有航空公司在经济衰退时期仍苦苦挣扎。

3．替代产品的威胁

当一个产品有了实际或潜在的替代品时，这个市场就失去了吸引力。替代品带来了价格和利润上的局限性。如果这些替代品行业中技术提高或者竞争加剧，价格和利润很可能下降。

4．供应商议价能力提高的威胁

如果公司的供应商可以随意提高价钱或者减少供应量，这个市场就失去了吸引力。当供应商变得更加集中或有组织时，当它们可以整合下游资源时，当几乎没有替代品时，当供应的产品是一个重要收入来源时，当转换供应商的成本很高时，供应商就会变得更强势。最好的防御机制是和供应商建立一种双赢的关系或者使用多种供应来源。

5．购买者议价能力提高的威胁

如果购买者拥有强大或者不断提高的议价能力，这个细分市场就失去了吸引力。沃尔玛这样的零售大亨的崛起使得一些分析师认为，消费品公司的潜在利润将会缩减。当购买者变得更加集中或有组织时，当该产品是他们开销中的一个重要部分时，当产品没有什么区别时，当购买者的品牌转换成本很低时，当购买者因为低利润而对价格敏感时，或者当他们可以整合上游资源时，购买者的议价能力就会提高。为了保护自己，销售者可能会选择磋商能力或者转变供应商能力最弱的购买者。一个更好的防御机制是提供更优越的供给，使得强势的购买者不能拒绝。

（三）企业与市场的吻合程度

目标市场与其他细分市场的区别在于，目标市场是基于市场环境及企业自身情况综合考量后确定的。首先，从资源吻合的角度看，企业可以将自身的优质资源合理地投入到目标市场中，这些优质资源包括企业的资金、技术、人力、区位优势等，都能最大化地利用在目标市场中。反过来说，如果该市场确实存在获利机会，也符合企业的介入需要，如果企业不具备介入该市场的资源，比如没有足够的资金或者没有成熟的技术，抑或是不能通过自身资源在目标市场获得有利竞争优势，那么，这个目标市场也是不适合企业的。其次，从企业长远利益来看，成熟的企业都有自己的发展战略和长远目标，目标市场是否符合企业的长远目标也是企业在选定目标市场时需要考虑的问题。

（四）可获利状况评估

市场的可获利状况可以从目前的市盈状况和市场获利潜力等两个方面分析。企业都渴望寻求较高的投资回报率，对目标市场现有的盈利状况以及获利潜力的分析将有助于企业研究投资回报的高低。理想的目标市场肯定得满足企业合理的投资回报需要。

二、目标市场选择具备的条件

企业根据每个细分市场的吸引力程度，由有相似需求的顾客所组成，选择进入一个或多个细分市场。企业选择的目标市场应是那些企业能在其中创造最大顾客价值并能保持一段时间的细分市场。例如，我们在区别汽车购买者中哪些人需要低成本的基本交通工具，哪些人对豪华车有需求。我们应该注意不要混淆了细分和阶层两者的概念。一个汽车公司可能会认为自己的目标市场是年轻人、中等收入的购车族。然而，问题是年轻人和中等收入群体对汽车的需求是不同的。一些人想购买廉价的车，而另一些想购买豪华昂贵的车。年轻人和中等收入群是一个阶层，但不是一个细分市场。营销者不能创造细分市场，营销者的任务是辨别细分市场并决定以某些子市场作为目标市场。

（一）拥有较理想的现实需求和潜在需求

企业选择的细分市场首先要拥有充足的量，这个足够的量包括现实需求和潜在需求两方面。只有具有足够的购买力和销售量，目标市场才具有实际意义，才具有开发价值，企业才有利可图；也只有具有一定的尚未满足的潜在需求和充分发展的潜在购买力，目标市场的开发才能使企业获得发展。也许某个细分市场目前规模较小，需求量不大，但是随着某些因素的变化，有着高速增长的可能，这样的市场也是值得进入的。影响市场的因素有产业发展、消费观念的变化、收入的增加、政策的变化等。

（二）企业优势符合市场的特征

一个拥有理想需求量的市场对一般企业来说都是具有吸引力的，但不一定就是企业必须选择的目标市场。企业还应考虑自身的目标在这市场中能否有效地实现，自身的资源与能力是否具备进入这一市场的条件。企业应该选择自己具备竞争优势，能为消费者提供超值产品的细分市场，这样企业才能够充分发挥优势，营销适销对路产品，提高企业经济效益，才能以巨大的优势去占领目标市场。然而，很少有各方面的标准均能满足的目标市场，选择目标市场的过程常常是一个各方面利益的权衡过程，企业应该从自身的优势和发展的长远目标出发，权衡利弊，从中做出最佳选择。

（三）竞争对手尚未控制市场，市场竞争还不激烈

美国哈佛大学教授波特认为，一个市场的长期盈利前景取决于市场中五种竞争势力的相互运动，这五种竞争势力是细分市场中的竞争对手、替代产品、潜在的进入竞争者、供应者和购买者。市场中的竞争对手直接对抗的激烈程度表明了该市场竞争的强烈状况。一般来说，成熟的市场竞争必然非常激烈，因为市场这块蛋糕已难以做大，各竞争企业为了保持已经占有的市场份额，或不至于被逐出市场而全力竞争，竞争手段层出不穷，高昂的竞争成本使行业平均利润下降。规模大、吸引力强的市场一定是竞争比较激烈的市场，企业选择这样的市场时充分考虑自身的竞争实力。一个新的不成熟的市场，由于许多潜在需求还没有被企业的营销者开发或完全开发出来，市场蛋糕还没有被做大，虽已有企业进入该市场，但他们的目标还停留在开发市场阶段而不是瓜分市场阶段，因此，竞争对手尚未控制这一市场，市场竞争还不激烈，企业经过分析又具有相当的优势，这样就有利于企业乘势进入并占领这一市场，这一市场就是理想的目标市场。这样的目标市场才是企业能够占领的，并能够取得竞争优势的目标市场。

所以，并不是所有的细分市场都可以作为企业的目标市场，企业必须选择一个或一个以上有利于本企业扩大产品营销的市场为营销对象，而不是越多越好。

应用二　目标市场的选择策略

目标市场选择策略就是企业在划分好细分市场之后，决定选择哪一个或者哪一些细分市场为目标市场，然后据以制定企业营销策略，即决定企业能进入哪些目标市场的策略问题。

一、目标市场选择模式

我们用一组图文来认识常见的5种目标市场选择模式，图中P_1、P_2、P_3代表不同的产品，M_1、M_2、M_3代表不同的市场（如图7－2～图7－4所示）。

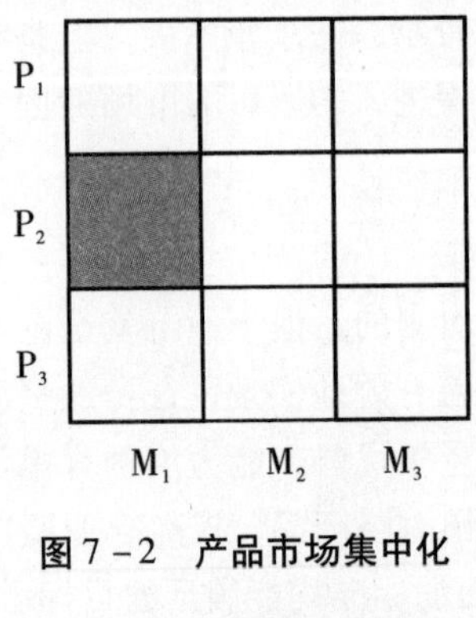

图7－2　产品市场集中化

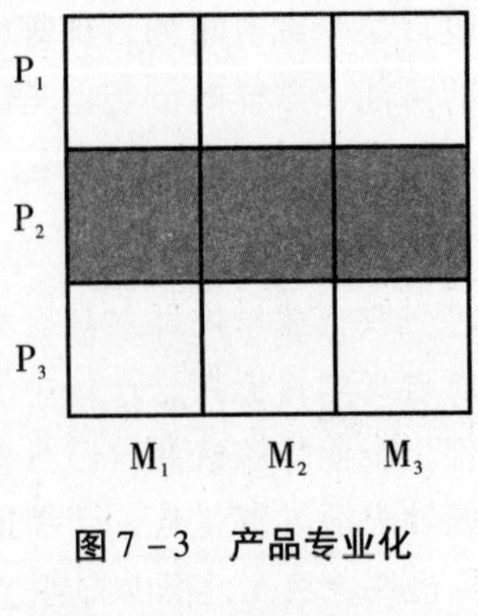

图7－3　产品专业化

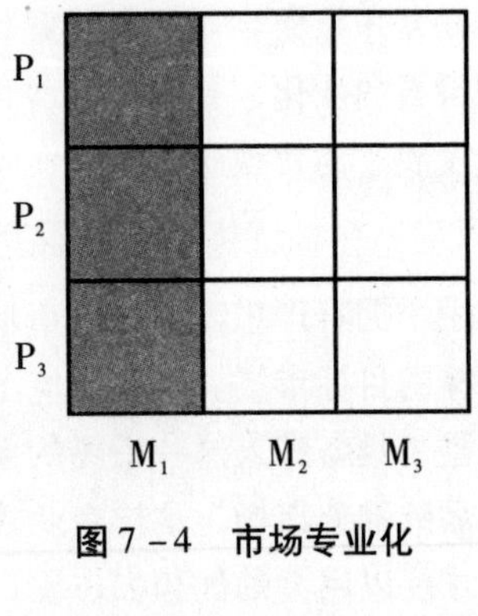

图7－4　市场专业化

（一）产品市场集中化——生产单一产品专攻单一市场

产品市场集中化意味着企业只选择一个细分市场，并且针对该细分市场只生产一类产

品，满足单一的消费者族群，进行集中化营销（如图7－2所示）。例如大众汽车公司集中经营小汽车市场，理查德·D. 伊尔文化公司集中经营经济商业教科书市场，高教书店只出售高教图书等。

一般情况下，企业采取市场集中化的模式往往是由于以下几个原因：首先，企业可能是由于资源限制，比如资金能力有限或者技术能力有限，只能够投身于一个细分市场并生产一类产品；其次，企业可能具备在该细分市场从事专业化经营的绝对优势和必胜把握；再次，该细分市场没有同类产品的竞争者；最后，企业可能是以此市场为出发点，待成熟后再向外拓展。企业选择市场集中化的优势在于，可以通过密集营销，更加了解该细分市场的需求，树立声誉，同时快速建立市场地位并进行巩固。而且，企业通过集中性的投资，使得专业化的分工更具体、生产、销售各个环节都会更严谨，在单一市场中更容易获得稳定的市场份额。当然，市场集中化模式由于市场狭窄，风险有时也会比较大，企业的经营活动易受单一目标市场环境的影响。

（二）产品专业化——生产单一产品覆盖多个市场

产品专业化是指企业只生产一种产品，向各类顾客销售这种产品。例如饮水器厂只生产一个品种，同时向家庭、机关、学校、银行、餐厅等各类用户销售（如图7－3所示）。

企业集中资源生产一种产品，并面向多个市场、多种类型的消费者进行销售。在产品专业化的模式下，企业能够专注于某类产品的研发与生产，形成技术和规模上的优势，在市场中树立专业化的口碑。与此同时，市场面不受限制，产品可以在多个市场得到大范围的推广与销售，与集中化模式相比风险要小得多，有利于形成和发展生产和技术上的优势，在该领域树立形象。其局限性是：当该领域被一种全新的技术与产品所代替时，产品销售量有大幅度下降的危险。不过，该模式也有其局限性，因为当该单一产品被其他替代产品或新兴产品打压时，或者面临市场化淘汰时，整体销量会大幅下降，此时，企业会面临较大风险。

（三）市场专业化——生产多种产品专攻单一市场

市场专业化是指企业只针对一个目标市场生产各种产品，企业专攻单一市场消费人群，生产各种产品满足单一消费人群的各种需求（如图7－4所示）。例如某企业专门向政府机构提供办公设备，包括电脑、传真机、复印机、打印机等，并成为这个客户所需各种新产品的销售代理商。

市场专业化模式下，企业生产经营多种产品，因此从产品角度看，风险较低，而且能够在一定程度上给予消费者归属感。但是，从不利因素看，市场专业化模式下企业只针对单一市场的消费者，如果这类消费者的消费需求因共同性因素普遍下降，将会很大程度上影响企业效益。

（四）选择专业化——生产多种产品专攻各个市场

选择专业化是指选择若干个细分市场作为企业的目标市场。这种选择优于集中化选择，因为这样可以分散公司的风险，即使某个细分市场失去吸引力，企业仍可继续在其他细分市场获取利润。选择专业化模式相比之前的模式要复杂，企业有选择地生产多种产品，同时有目的性地分别将产品投放到相应市场上，以满足不同市场的需要（如图7－5所示）。

在这其中，每个目标市场对于企业而言都是具有获利潜力的，而企业则根据各个市场的需求合理配置资源，分别生产产品以更好地适应每个市场。该模式的优点显而易见，风险较之前的模式都要小，而且针对各个市场都有专攻。当然，该模式对企业的要求也比较高，采取选择专业化模式的企业必须具有雄厚的资源实力和强大的营销能力。

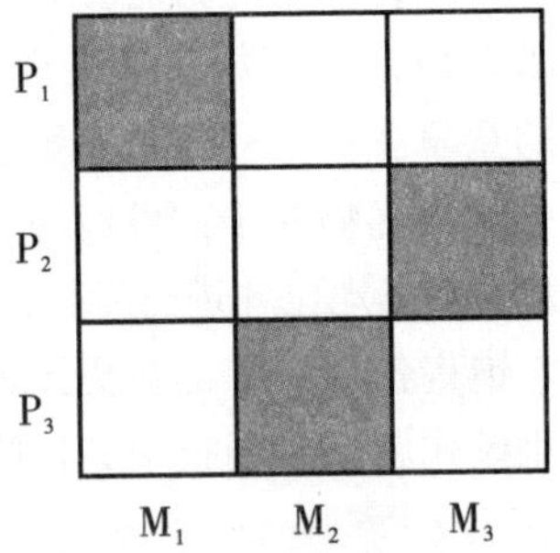

图 7-5 选择专业化

（五）全面覆盖——产品市场面向全面化

全面覆盖是指企业生产多种产品，向各类顾客销售这种产品。产品市场全覆盖意味着企业介入了多个市场，并在各个市场生产各种产品满足消费者的各种需要（如图 7-6 所示）。

由此可知，产品市场全面化的模式只有非常有实力的大规模的企业才有能力采取，也只有有实力的企业才能借此获得成效。很多成长型企业往往首先采取其他模式，在发展成熟并形成规模后逐步演变成产品市场全面化模式。很多国际化的大公司都采取这样的模式，例如通用汽车在全球各大市场均全线推出各品牌系列的轿车，联合利华在全球市场也均采取多产品覆盖战略。

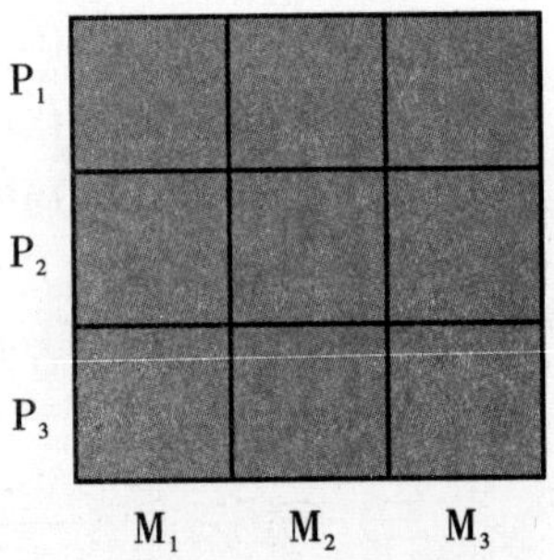

图 7-6 产品市场全面化

二、目标市场选择的战略

案例分析 **阜维公司的目标市场营销战略**

自资源型城市转型以来，阜新的食品及农产品加工业已经初步构建起接续替代产业框架，并成为阜新地方工业经济的三大支柱产业之一。目前，一方面，“十二五”期间，阜新下大力度支持食品及农产品加工业的发展，阜新食品及农产品加工企业遇到了向更深、更高层次发展的机遇；另一方面，外来企业“水土不服”，本土企业“后劲不足”，阜新食品及农产品加工企业急需学习先进企业的做法，在解决问题的基础上更好地利用机遇。阜维公司是本土化成长起来的一个企业，取得了“飞跃式”的发展，成了阜新转型中一颗耀眼的明星。

（案例来源：李红梅. 阜维公司目标市场营销战略案例研究 [D]. 阜新：辽宁工程技术大学，2014.）

总结阜维公司的目标市场营销战略的成功经验，可归纳为以下几点：

（1）把握好了市场机会

在国内，把握住了阜新作为全国资源型城市转型试点的国家政策机遇期；在国际方面，把握住了国际直接投资和跨国公司推动新一轮产业转移和结构调整，及国际分工新格局形成的机会；在东亚地区逐步形成区域经济一体化的形势下，依托于阜新的大豆种植规模这一市场因素，成为日本E公司的供货商，使企业发展了起来。

（2）选择了实用的战术

在与E公司合作前，面对国内大豆蛋白生产商的恶性价格竞争局面，企业根据自身的实力，没有进入国内知名保健品企业原料供货商这种“容易”进入的商圈，而是选择了行业隐性冠军这个“蓝海”。企业初步稳定后，面对国际上大豆蛋白行业的技术和贸易壁垒，和企业技术研发资金有限、人才短缺的局面，根据企业生产线的先进性、开放性，操作人员素质的比较优势送种软实力，扬长避短，达成了与可提供技术的日本E公司的合作。虽然阜维公司成为日本E公司的可溶性饮料蛋白的唯一生产商，对E公司的供货也占到了企业产量的80%。但是，阜维公司仍坚持适当地开发国际市场积极回归国内市场，并使这部分市场的销售量达到了企业产量的20%。为企业进一步开拓国际市场，和进入国内保健品行业，打好了基础。

（3）建立自己的核心技术体系

同时，在技术方面，不满足于现状，依托于E公司的技术提供的国际视野，积极寻求国际技术合作与交易，完成了大豆蛋白分离技术的升级，逐步建立起自己的核心技术体系。

企业通过市场细分，从众多的细分市场中，选择出一个或几个具有吸引力、有利于发挥企业优势的细分市场作为自己的目标市场，综合考虑产品特性、竞争状况和自身实力，选择目标市场。企业在选择目标市场时通常可采用的战略有如下几种。

（一）无差异性的目标市场战略

无差异性的目标市场战略，或者大众营销战略，是指企业运用一种商品和一套营销方案吸引所有的消费者。运用无差异营销的企业可能决定忽略细分市场的差异，用一种产品和服务满足整个市场。这种大众营销战略注重消费者需求的共性，而非个性，它们强调消费者的共同需要，忽视其差异性，企业为吸引绝大多数购买者而设计产品和市场营销策略。无差异性的目标市场战略在同质市场被广泛采用，因为这些市场的需求本身就不存在实质性的差别。再者，当企业推断即使买方需求是有差别的，但他们有足够的相似之处，可以作为同质市场加以对待时，也可采用这种策略。例如人们对饮料的需求是有差别的。可口可乐公司于20世纪60年代前采用这种策略，用单一口味的品种、单一标准的瓶装和统一的广告进行宣传。如果各个细分市场需求共性大于个性，可以忽略它们之间的差异。核心是针对需求的共同点营销，舍去其中的差异点。

无差异性的目标市场战略的缺点是忽视了各子市场需求的差异性，企业难以长期采用。一旦竞争者采取差异化或集中化的营销策略，企业必须放弃无差异营销，否则，顾客会大量流失。

（二）差异化的目标市场战略

差异化的目标市场战略，或者称为细分市场战略，是指企业在市场细分的基础上，选择多个细分市场作为企业的目标市场，并针对各个细分市场的不同特点，分别设计不同的产品，运用不同的营销组合策略，以满足多个细分市场消费者的不同需求。在不同细分市场之间，消费需求个性大于共性。针对各个细分市场，设计不同的营销组合，多种产品、多种渠道、多种促销形式为基础渗透目标市场。

运用差异化的目标市场战略，企业决定瞄准几个市场细分并分别为它们设计不同的产品和服务。例如，可口可乐公司迫于百事可乐及众多饮料厂家的竞争，已经放弃了无差异营销，转向了差异性营销。差异性营销的优点是企业在产品设计、推销宣传等营销策略方面能针对不同的子市场，有的放矢，从而有利于提高产品的竞争力，提高市场占有率；此外还有利于建立企业及品牌的知名度。差异性营销的缺点是多品种生产，势必增加生产及营销成本，增加管理的难度。因此，该策略多为实力雄厚的大公司所采用

（三）集中化的目标市场战略

集中化的目标市场战略是指企业面向的不是整体市场，也不是把力量分散使用于若干细分市场，而是选择一个子市场作为目标市场，制定一套营销方案，集中力量为之服务，争取在这个目标市场上占有大量份额。集中力量在一个或少数细分市场，力争占有较大份额；不是在大市场上只有较小市场份额。选择对象单一，可以有较深了解，建立较高的渗透率。

运用集中营销为补缺营销战略的企业，以一个或少数几个性质相似的子市场作为目标市场，进行专业化经营，力图在较少的子市场上获得较大的市场占有率。细分市场一般比较大，通常吸引多个竞争者。但补缺市场则小得多，只有一个或者为数不多的竞争者。拾遗补阙的战略使小公司得以将自己有限的资源集中于为那些在公司看来不重要或忽略的缝隙市场服务。许多公司从补缺者开始，获得一个与资源雄厚的大公司竞争的根据地，然后逐步成长为强大的竞争者。

集中营销能够带来更高的盈利性。同时，它也蕴含高于一般水平的风险。依赖一个或几个细分市场的公司可能会在细分市场萎缩时遭受重大损失，或者拥有更多资源的大公司可能决定进入同一细分市场。出于这些原因，许多公司宁愿在几个市场细分内进行多元化经营。但其缺点是目标市场狭小，经营风险较大。一旦市场需求突然发生变化，或出现更强的竞争对手，企业就可能陷入困境。该策略适用于实力弱、资源少的小型企业。

（四）微观目标市场营销战略

差异化营销和集中营销者根据不同的细分市场和补缺市场的需要，来调整自己的产品、服务和市场营销方案。但是与此同时，他们并没有针对单个顾客的需求提供定制化的产品和服务。微观目标市场营销战略简称微观营销，指为适合特定个人和特定地区的口味调整产品和营销策略。微观营销不是在人群中寻找顾客，而是在每一位顾客身上探寻个性。微观营销包括当地营销、个人营销和网络营销。

1. 当地营销

根据当地顾客群——城市、社区甚至特定的商店——的需要和欲望，调整品牌和促销策略。例如，沃尔玛为满足当地购物者的需要，为每一个店铺定制商品。沃尔玛的商店设计者根据新店所在街区的特征、创造其相应的形式，例如，办公室停车场附近的沃尔玛商店会在显眼的区域，为忙碌的工作者准备成品或半成品餐饮。于是，利用每一家店铺日销

售情况的丰富数据，沃尔玛非常精准地调整每家店铺的商品。例如，借助 200 多个精准设计的货架图，根据每一家店的需求模式配送汤的种类。

当地营销也存在一些弊端。它会降低规模经济，从而带来制造和营销成本的上升。当公司试图满足不同地区和当地市场的不同要求时，还会引发一系列的物流问题。而且，如果产品和信息在不同的区域差别太大，甚至会稀释品牌的整体形象。但是，由于公司面对的市场越来越细碎，又有不断发展的新技术的支持，当地营销常常利大于弊。面对社区人口特征和生活方式的显著差异，当地营销有助于公司更加有效地开展营销活动。它还直接满足了公司的一线顾客——零售商——的需求，它们希望厂家提供的产品更加适合其周边区域的顾客。

2. 个人营销

极端的微观营销就是个人营销，是根据个体顾客的需要和偏好调整产品和营销策略。个人营销也被称为一对一营销或者单人市场的营销。

大众营销的广泛使用模糊了数百年来消费者一直被单独服务的事实：裁缝为顾客度身定做服装，鞋匠为每个顾客单独设计鞋子，木匠根据顾客需求定制餐具。不过现在，新技术使得许多公司可以回归定制营销。高效的计算机、详尽的数据库、机械化生产和精益制造，以及诸如手机和互联网等互动媒体的发展，所有这一切都共同孕育了“大规模定制”。大规模定制是这样一个过程：公司与大量的顾客进行一对一的相互交流，根据个人需要量身定做地设计并提供产品和服务。

与缺乏人际互动的大规模生产不同，一对一营销使公司与顾客之间的关系空前受到重视。如果说大规模生产是 20 世纪的市场营销原则，那么，互动营销正在成为 21 世纪的营销原则。世界似乎在经历一种循环——从顾客作为个体对待的美好时代，到没有人知道你名字的大众营销时代，现在又到了大规模定制的营销时代。

向个人营销的转变和发展反映了消费者自我营销的趋势。个体顾客对形成自己所购买的产品和购买体验承担了越来越多的责任。考虑两位购买风格迥异的组织客户，第一位遇到几个销售人员，个个试图说服他购买自己的产品。第二位不见任何销售人员，而是直接上网。他搜寻所需信息，在网上与各种供应商、用户及产品分析家互动和交流，然后做出理想的购买决策。显然，第二位采购人员为购买过程承担了更多的责任，而市场营销者对其购买过程的影响更少。

交互式对话越来越多，而单方面广告越来越少。随着这一趋势的发展，市场营销者需要采用新的方式影响购买过程。他们需要在产品开发和购买过程的各个阶段更多地吸引顾客参与，为顾客提供更多的机会去自我营销。

3. 网络营销

互联网的广泛使用对购物者以及为其提供服务的营销者都产生了重要的影响。目前，许多交易是在联系着个人和企业的数字网络中进行的。互联网是一个广阔的公共电脑网站，它将全球各种各样的使用者彼此连接，并可获得海量的信息。网络从根本上改变了顾客对于便利、速度、价格、产品信息和服务的看法。因此，它给营销者提供了一种为顾客创造价值并建立顾客关系的全新方式。

现在，各种企业都通过网络进行营销。网络公司只在网络中进行经营，包括大量企业，从通过网络直接将产品和服务销售给最终买者的电子零售商（比如亚马逊网站），到搜索引擎、门户网站（比如雅虎、谷歌）和交易平台（比如支付宝）。

随着互联网的发展，网络公司的成功使得实体制造商和零售商重新思考如何服务于他们的市场。目前，几乎所有的传统行业都建立了自己的在线销售和传播渠道，成为网络和实体公司。如今，已经很难找到还没有建立一个可靠网站的企业。

网络营销为未来提供了美好的前景和巨大的挑战。其最激情的鼓吹者仍然预想着这样一个时代：互联网和网络营销替代了杂志、报纸甚至商店，成为信息来源和购物场所。但是，大多数营销者保持着一种更为现实的观点。毫无疑问，网络营销将会成为某些企业最成功的商业模式，例如亚马逊、谷歌这类网络企业。但是，对于大多数企业来说，网络营销仍将是一种接近市场的重要手段，需要与整合营销组合中的其他方法一起运用。随着网络营销的发展，它能够帮助企业提升销售，传播企业和产品信息，递送产品和服务，以及建立更加牢固的顾客关系。

三、选择目标市场战略

选择目标市场战略时，公司需要考虑许多因素。究竟哪一种战略最理想，取决于公司的资源。当公司的资源有限时，集中营销是最佳选择。最理想的战略还取决于产品的差异性。无差异营销对诸如柚子或钢铁等同质产品更加适合；诸如相机、汽车等在设计上存在很大差异的产品，则更适合差异化营销或集中营销。产品的生命周期阶段也必须考虑在内。当公司导入一个新产品时，只推出一种型号也许更切合实际，此时无差异营销或集中营销最为适用。但是，在产品生命周期的成熟阶段，差异化营销将更有意义。

市场差异性是另一个需要考虑的因素。如果大部分购买者都具有相同的偏好，购买相同的数量，对市场营销努力具有相同的反应，无差异营销就是合适的选择。最后，竞争者的市场营销战略也很重要。当竞争者运用差异化或集中营销时，无差异市场营销无异于自杀。相反，如果竞争对手运用无差异营销，公司可以借助差异化营销或集中营销获得竞争优势。

案例分析 目标市场营销使“米勒”啤酒获得了成功

由于不少美国啤酒公司都来自欧洲，这些公司只注意产品本身而不注意市场，关心产品的质量，而不太关心顾客从其产品中得到的实际价值。为了宣传啤酒的味道，这些公司在研制和广告方面花费很大，他们强调啤酒花的数量、水的质量、各成分的比例及发酵程序等。这些啤酒公司认为，普通的饮酒者也能像酿酒师一样辨别出各种品牌啤酒的不同味道。实际上，大多数的美国饮酒者并不能区分不同品牌啤酒的差别，人们在选择啤酒时也并非仅仅看中味道。为了了解消费者购买啤酒的因素，新的米勒酿酒公司调查了美国的啤酒消费者，发现啤酒的最大消费群是男性年轻人，主要是蓝领工人。同时还发现，这些蓝领工人是在酒吧里和同伴一起喝酒，而不是在家里和妻子一起饮用。

在公司买下米勒啤酒公司以前，作为主要消费力量的蓝领工人几乎没有引起公司的重视。各啤酒公司所做的广告刊登的是一些与蓝领工人生活格格不入的东西。例如，市场上居领先地位的巴德维塞公司在其广告上刊登这样的画面：在某宅邸幽雅的游泳池旁举行的社交舞会上，上流社会富有的绅士淑女们喝着“巴德”牌啤酒。为此，米勒公司抛弃了“香槟”的概念，推出了“米勒好生活”牌啤酒——一种适应工人口味的新啤酒。由于不少顾客在钓鱼或打猎时也要喝很多啤酒，米勒公司开始使用听装，并开始向超级市场供货。而且，公司还向全国各地的酒店和保龄球场销售其产品。为了使人们问津“好生活”啤酒，米勒公司设计了一个旨在吸引蓝领工人的广告宣传活动，并为此投入了大量财力。“米勒好生活”啤酒挤进了工人们的日常生活，人们下班后的时间成了“米勒”时间。米勒的广告词对石油、铁路、钢铁等行业的工人的工作大加赞赏，把他们描绘成健康的、干着重要工作的、并为自己是班组的一员而自豪的工人。为了进入目标市场，米勒公司只在电视上做广告，这是蓝领工人们所乐于选择的传播媒介，并集中在他们所喜爱的体育节目时间播出。在一年时间里，米勒公司的市场占有率从第八位跃居第四位，随后又逐步上升到第二位。为再接再厉，米勒公司又推出了一种新产品——保健啤酒，该公司将它定位为低热量啤酒，命名为“米勒莱特”。该产品面向三个目标市场：年轻男性蓝领工人、老工人和妇女，结果很快就成为市场上的超级明星。

（资料来源：http://www.tceic.com/87495h1g4431h90j6i85i75g.html）

从案例中我们看到米勒啤酒的成功应归功于市场细分和目标市场营销。在细分市场的基础上，采取“集中市场营销战略”，从而迅速占领了市场。

应用三 影响目标市场选择的因素

企业在进行营销决策时候，要具体分析产品和市场状况和企业本身的特点，找出影响企业目标市场选择的因素。常见影响企业目标市场选择的因素主要有企业资源、产品特点、市场特点和竞争对手的策略四大类。

一、企业资源

企业的资源影响到企业的目标选择，乃至企业的营销战略。资源雄厚的企业，如拥有大规模的生产能力、广泛的分销渠道、程度很高产品标准化和技术含量好的内在质量和品牌信誉等，就有明显的竞争优势，这时，企业可以考虑实行无差异市场营销策略；如果企业拥有雄厚的设计能力和优秀的管理素质，则可以考虑实行差异市场营销策略；而对实力较弱的中小企业来说，适于集中力量进行集中营销策略。企业初次进入市场时，往往采用集中市场营销策略，在积累了一定的成功经验后再采用差异市场营销策略或无差异市场营销策略，扩大市场份额。

二、产品特点

产品的同质性表明了产品在性能、特点等方面的差异性的大小，是企业选择目标市场时不可不考虑的因素之一。一般对于同质性高的产品如食盐等，宜施行无差异市场营销；对于同质性低或异质性产品，差异市场营销或集中市场营销是恰当选择。此外，产品因所处的生命周期的阶段不同，而表现出的不同特点亦不容忽视。产品处于导入期和成长初期，消费者刚刚接触新产品，对它的了解还停留在较粗浅的层次，竞争尚不激烈，企业这时的营销重点是挖掘市场对产品的基本需求，往往采用无差异市场营销策略。等产品进入成长后期和成熟期时，消费者已经熟悉产品的特性，需求向深层次发展，表现出多样性和不同的个性来，竞争空前的激烈，企业应适时地转变策略为差异市场营销或集中市场营销。

三、市场特点

供与求是市场中两大基本力量，它们的变化趋势往往是决定市场发展方向的根本原因。供不应求时，企业重在扩大供给，无暇考虑需求差异，所以采用无差异市场营销策略；供过于求时，企业为刺激需求、扩大市场份额殚精竭虑，多采用差异市场营销或集中市场营销策略。从市场需求的角度来看，如果消费者对某产品的需求偏好、购买行为相似，则称之为同质市场，可采用无差异市场营销策略；反之，为异质市场，差异市场营销和集中市场营销策略更合适。

四、竞争对手的策略

企业可与竞争对手选择不同的目标市场覆盖策略。例如，竞争者采用无差异市场营销策略时，你选用差异市场营销策略或集中市场营销策略更容易发挥优势。企业的目标市场策略应慎重选择，一旦确定，应该有相对的稳定，不能朝令夕改。但灵活性也不容忽视，没有永恒正确的策略，一定要密切注意市场需求的变化和竞争动态。

实训与实践：李宁的目标市场

在20世纪90年代初，在中国市场上主要的运动鞋品牌有国外的耐克、阿迪达斯、锐步和国内的李宁、安踏等。当时国内运动鞋市场上占统治地位仍是国外品牌，其中，耐克高高在上，处在金字塔的顶端，高居用户评价最高的运动鞋品牌榜首，比例为44.84%。李宁作为国内的运动鞋品牌，它的产品质量并不比一线品牌的差。为此，李宁紧盯这一市场，并选定以此为目标市场，专门生产适应这一大众化运动趋势的运动鞋。迅速开发新式跑鞋，并为此花费巨资，开发出风格各异、价格大众化和多用途的产品，引发对品牌比较敏感、充满活力的青少年消费者。1999年，李宁通过与SAP公司合作，引进AFS鞋业解决方案，成为中国第一家实施ERP的体育用品企业，成为中国运动鞋第一品牌，2004年6月在香港上市，2009年产值达到83.87亿人民币，店铺总数达到8156间，遍布中国1800多个城市、并且在东南亚、中亚、欧洲等地区拥有多家销售网点。那么，李宁选择的目标市场是什么？

以学习小组为单位，研究李宁目标市场选择的模式最后形成分析报告，小组开展讨论，做成PPT派出代表上台发言，由各小组互相评分，最后老师作评点总结。

提示：

(1) 选择的目标市场在20世纪90年代是喜欢慢跑的大众，后来又将目标市场定在对品牌比较敏感、充满活力的青少年消费者身上。

(2) 李宁在推出新产品前，首先要对市场进行分析，找出需求旺盛的目标市场，然后利用与SAP公司合作，引进AFS鞋业解决方案，使自己的技术优势尽量做到产品的多样化以满足不同顾客的需求，吸引对品牌比较敏感、充满活力的青少年消费者身上。其强劲的推销和品牌形象也是李宁的新产品不断获得成功的重要原因。

思考题

1. 目标市场选择的因素有哪些？
2. 何谓目标市场？
3. 企业可以采用的目标市场战略有哪些？
4. 分析这些战略的优缺点。

任务八 市场定位

学习目标

通过本任务的学习，应充分认识市场定位的内涵，并明确市场定位的步骤；应掌握市场定位的主要策略，包括避强定位、迎头定位、创新定位、重新定位等；应熟悉市场定位的三大类方法：品牌定位、差异定位、产品定位，并能对市场定位的方法进行熟练应用。

企业进行市场细分和选择目标市场后，必须面临如下问题：如何进入目标市场，以怎样的一种姿态和形象占领目标市场？这就是市场定位。市场定位指企业为其产品和品牌确定市场地位，即在目标顾客心目中塑造特定品牌形象，使产品具有一定特色，适合一定顾客群的需要和偏好，并与竞争者的产品有所差异。市场定位是目标市场营销战略重要的组成部分，它关系到企业及其产品能否在激烈的市场竞争中占领消费者心理、树立企业及产品形象、实现企业市场营销战略目标等一系列至关重要的问题。例如，王老吉的“怕上火”、宝马的“驾驶体验”、沃尔沃的“安全”、格力的“科技领先”等。如何让你在潜在客户的心中与众不同，定位是企业战略中最关键的要素。

应用一 市场定位的认知

企业根据竞争对手现有产品在市场上所处的位置，针对目标顾客（消费者或用户）对该种产品的某种特征、属性和核心利益的重视程度，强有力地塑造出本企业产品与众不同的、给人印象深刻、鲜明的个性或形象，并通过一套特定的市场营销组合把这种形象迅速、准确而又生动地传递给顾客，影响顾客对该产品的总体感觉。可见，市场定位主要是为使产品在目标消费者心目中相对于竞争产品而言占据清晰、特别和理想的位置而进行的安排，让目标消费者感知到自身的产品。因此，企业在进行产品市场定位时，一方面要研究顾客对产品各种属性的重视程度，另一方面要了解掌握竞争对手的产品特色，即把产品和顾客两方面联系起来选定本企业产品的特色和形象，从而完成企业产品的市场定位，即在目标客户心目中树立产品独特的形象。比如，Roseonly 花店是一家网络花店，其定位是中国高端品牌花店，它的特点是在该花店买花，一生只送一人。在你填写 TA 的资料时，他们会提醒你：Roseonly 的玫瑰，一生只送一人。所以，落笔为证，收花人的姓名将烙在 Roseonly。这样就传递了一个信号：Roseonly 见证，你是 TA 此生的唯一。

一、市场定位的内涵

市场定位是企业及产品确定在目标市场上所处的位置。市场定位是由美国营销学家艾·里斯（AL Ries）和杰克·特劳特（Jack Trout）在 1972 年提出的，其含义是指企业根据竞争者现有产品在市场上所处的位置，针对顾客对该类产品某些特征或属性的重视程度，为本企业产品塑造与众不同的、给人印象鲜明的形象，并将这种形象生动地传递给顾客，从而使该产品在市场上确定适当的位置。菲利普·科特勒（Philip Kotler）对市场定位的定义是：所谓市场定位就是对公司的产品进行设计，从而使其能在目标顾客心目中占有一个独特的、有价值的位置的行动。市场定位的实质是使本企业和其他企业严格区分开来，并且通过市场定位使顾客明显地感觉和认知到这种差别，从而在顾客心目中留下特殊的印象。

市场定位并不是你对一件产品本身做些什么，而是你在潜在消费者的心目中做些什么。市场定位的实质是使本企业与其他企业严格区分开来，使顾客明显感觉和认识到这种差别，从而在顾客心目中占有特殊的位置。市场定位是塑造一种产品在细分市场中的形象，这种形象塑造得是否成功取决于消费者认可与接受程度。产品的特色和个性，有的可以从产品属性上表现出来，如形状、成分、构造、性能等；有的可以从消费心理上反映出来，如豪华、朴素、时髦、典型等。从理论上讲，凡是构成产品特色和个性的因素，都可以作为定位的因素。但是，企业实际进行市场定位时，一般是依据目标市场对该产品各种属性的重视程度，综合考虑竞争企业及其产品状况、自身的条件等一系列问题，选择定位的因素，从而完成产品的市场定位。

二、市场定位的原则

各个企业经营的产品不同，面对的顾客不同，所处的竞争环境也不同，因而市场定位所依据的原则也不同。总的来讲，市场定位所依据的原则有以下四点。

（一）具体的产品特点定位

构成产品内在特色的许多因素都可以作为市场定位所依据的原则。比如所含成分、材料、质量、价格等。“七喜”汽水的定位是“非可乐”，强调它是不含咖啡因的饮料，与可乐类饮料不同。“泰宁诺”止痛药的定位是“非阿司匹林的止痛药”，显示药物成分与以往的止痛药有本质的差异。一件仿皮皮衣与一件真正的水貂皮衣的市场定位自然不会一样，同样，不锈钢餐具若与纯银餐具定位相同，也是难以令人置信的。

（二）特定的市场定位

为老产品找到一种新用途，是为该产品创造新的市场定位的好方法。小苏打曾一度被广泛地用作家庭的刷牙剂、除臭剂和烘焙配料，因此它可以定位为冰箱除臭剂，另外还有公司把它当作调味汁和肉卤的配料，更有一家公司发现它可以作为冬季流行性感冒患者的饮料。我国曾有一家生产“曲奇饼干”的厂家最初将其产品定位为家庭休闲食品，后来发现不少顾客购买是为了馈赠，又将之定位为礼品。

（三）顾客利益定位

产品提供给顾客的利益是顾客最能切实体验到的，也可以用作定位的依据。1975 年，美国米勒啤酒公司推出了一种低热量的“Lite”牌啤酒，将其定位为喝了不会发胖的啤酒，迎合了那些经常饮用啤酒而又担心发胖的人的需要。

（四）使用者类型定位

企业常常试图将其产品指向某一类特定的使用者，以便根据这些顾客的看法塑造恰当的形象。美国米勒啤酒公司曾将其原来唯一的品牌“高生”啤酒定位于“啤酒中的香槟”，吸引了许多不常饮用啤酒的高收入妇女。后来发现，占 30% 的狂饮者大约消费了啤酒销量的 80%，于是，该公司在广告中展示石油工人钻井成功后狂欢的镜头，还有年轻人在沙滩上冲刺后开怀畅饮的镜头，塑造了“精力充沛的形象”，在广告中提出“有空就喝米勒”，从而成功占领啤酒狂饮者市场达 10 年之久。

事实上，许多企业进行市场定位的依据原则往往不止一个，而是多个原则同时使用。因为要体现企业及其产品的形象，市场定位必须是多维度的、多侧面的。

三、市场定位的步骤

市场定位是为了让消费者将我们的产品与其他产品区别开，使企业在消费者心中树立独特的形象。而企业要吸引消费者的注意力，就必须发挥自身的潜在优势，在市场上形成一定的竞争力。对于市场上的消费者而言，最直观的竞争筹码就是价格和质量。价格方面，需要企业在保证质量的同时降低成本，形成价格优势；而质量方面，则需要企业在产品性能以及产品的特色方面加大研发力度。因此，我们总结了市场定位的三大步骤，如图 8-1 所示。

图 8-1　市场定位的步骤

（一）分析竞争优势，确定本企业优势

市场的竞争态势可以从三个方面去分析，目标顾客的状态、竞争对手的状态以及企业自身的状态，并通过分析找到企业的优势所在。首先，目标市场上的消费者也就是目标顾客当前有哪些需求，这些需求得到了何种程度的满足，目标顾客的潜在需求有哪些，以及他们期望得到怎样的满足。其次，对竞争环境进行分析，了解竞争对手是如何进行市场定位的，并有效掌握竞争对手的产品特征、产品定位、营销策略以及企业的生产经营状况。最后，企业应当对自身的经营状态进行分析，找到企业面对目标市场所具备的优势和不足。

（二）准确选择本企业竞争优势，并明确目标市场定位

竞争优势是指本企业相较于其他企业更胜一筹的能力，包括既有的竞争优势和潜在的竞争优势。要准确地选择好本企业的竞争优势，就必须同竞争对手进行全方位的比较与分析，在此基础上，企业才能准确地认识到哪些优势是企业独有、相较于其他企业更胜一筹的。那么，这个比较的过程必须涵盖所有对企业竞争力有影响的因素，包括经营管理能力、技术开发能力、采购能力、生产能力、营销能力、财力、产品保障、品牌信誉等。通过这一系列指标的比较，企业分析出哪些相对而言是自己的长处，哪些是短板，从而选出适合本企业介入的优势项目。

（三）向目标市场传播市场定位，显示竞争优势

企业准确选择好自身的竞争优势并明确目标市场定位后，需要将这些优势在目标市场进行展现。此时，企业需要进行一系列的营销活动，将自身的优势传播给既有消费者和潜在消费者，并在消费者心中留下深刻印象。要做到这一点，首先，需要让消费者了解并熟知企业的市场定位，在消费者心中树立与企业预期一致的形象。其次，企业需要通过一系列后续的营销活动巩固自己的市场定位，强化消费者对于本企业产品的消费态度和消费感情。最后，企业一定要避免出现定位偏差，因为定位偏差会致使企业市场定位混乱，所以，一旦出现与市场定位不一致的状况，企业应当及时有效地纠正，保持定位的准确性。

应用二　市场定位的主要策略

案例分析　从“情侣苹果”谈目标市场定位营销

元旦前夕，在某高校门前，一个老妇守着两筐大苹果叫卖，因为天寒，问者寥寥。一位教授见此情形，上前与老妇商量几句，然后走到附近商店买来节日织花用的红彩带，并与老妇一起将苹果两两一扎，接着高叫道：“情侣苹果哟！两元一对！”经过的情侣们甚觉新鲜，用红彩带扎在一起的一对苹果看起来很有情趣，因而买者甚众。不消一会儿就卖光了。老妇感激不尽，赚得颇丰。

那位教授对高校门前来往的人群进行的市场细分可谓别出心裁，占比例很大的情侣给了他突发灵感，使其觉察到情侣们将是最大的苹果需求市场，而其对产品定位更是心迹奇巧，用红彩带两个一扎，唤为“情侣”苹果，对情侣非常具有吸引力，即使在苹果不好销

的大冷天也畅销了。可见，市场定位是非常重要的。把市场定位作为市场营销战略考虑，常见的市场定位的主要策略有以下三种。

企业通过与竞争对手在产品、促销、成本及服务等方面的对比分析，了解自己的优势、劣势，进一步明确了自己的竞争优势，最终可以进行恰当的市场定位。市场定位策略包括避强定位、迎头定位、创新定位和重新定位。市场定位策略的比较详见表 8-1。

表 8-1 市场定位策略比较

定位策略	典型策略	优点	缺点	适用范围
避强定位	定位于市场“空隙”	风险较小，成功率高	成本较高	中小企业
迎头定位	与竞争对手定位相似或相同	发挥企业优势，占领市场最佳位置	风险较大，容易两败俱伤	企业产品、实力与对手相当，有足够的市场规模
创新定位	创新需求	占位迅速，成功率高	成本较高	希望实施避强战略的企业
重新定位	改变原有形象、重新定位	绝处逢生，柳暗花明	背水一战	产品优质且有需求但定位不理想

一、避强定位

避强定位指避开强有力的竞争对手，在无竞争的市场部分定位的策略，是市场定位策略之一。避强定位是一种“见缝插针”“拾遗补阙”的定位方法，其优点是能够使企业远离其他竞争者，在该市场上迅速站稳脚跟，树立企业形象，从而在该市场上取得领导地位。

避强定位是企业把产品定位于市场上的空白处，这样可以避开市场的激烈竞争，企业有一个从容发展的机会。这是企业力图避免与实力最强的或较强的其他企业直接发生竞争，而将自己的产品定位于另一市场区域内，使自己的产品在某些特征或属性方面与最强或较强的对手有比较显著的区别。避强定位优点是能使企业较快地在市场上站稳脚跟，并能在消费者或用户中树立形象，风险小。缺点是往往意味着企业必须放弃某个最佳的市场位置，很可能使企业处于最差的市场位置。

二、迎头定位

迎头定位又称竞争性定位，是指企业选择靠近于市场现有强者企业产品的附近或与其重合的市场位置，与强者企业采用大体相同的营销策略，与其争夺同一个市场。这是企业根据自身的实力，为占据较佳的市场位置，不惜与市场上占支配地位的、实力最强或较强的竞争对手发生正面竞争，而使自己的产品进入与对手相同的市场位置。迎头定位的优点是在竞争过程中往往相当引人注目，甚至产生所谓轰动效应，企业及其产品可以较快地为消费者或用户所了解，易于达到树立市场形象的目的。缺点是具有较大的风险性。

三、创新定位

创新定位是指寻找新的尚未被占领但有潜在市场需求的位置，填补市场上的空缺，生产市场上没有的、具备某种特色的产品。如美国苹果公司的 iPad 等一批新产品正是弥补了市场上随身迷你电脑产品的空缺，并进行不断的创新，使得苹果公司即使在电子产品竞争如此激烈的时期也能迅速发展，稳住世界级的创新类跨国公司形象。采用这种定位方式时，公司应明确创新定位所需的产品在技术上、经济上是否可行，有无足够的市场容量，能否为公司带来合理而持续的盈利。

四、重新定位

重新定位是指企业通过努力发现最初选择的定位战略不科学、不合理，营销效果不明显，继续实施下去很难成功获得强势市场定位时，及时采取的更换品牌、更换包装、改变广告诉求策略等一系列重新定位的总称。企业重新定位的目的在于能够使企业获得新的、更大的市场活力。当然，企业的市场定位并不是一劳永逸的，而是随着目标市场竞争者状况和企业内部条件变化而变化的。当目标市场发生下列变化时，就需要考虑重新调整定位的方向：

（1）当竞争者的销售额上升，使企业的市场占有率下降，企业出现困境时；

（2）企业经营的商品意外地扩大了销售范围，在新的市场上可以获得更大的市场占有率和较高的商品销售额时；

（3）新的消费趋势和消费者群的形成，使本企业销售的商品失去吸引力时；

（4）本企业的经营战略和策略做出重大调整时，等等。

总之，当企业或市场情况发生变化时，都需要对目标市场定位的方向进行调整，使企业的市场定位策略符合发挥企业优势的原则，从而取得良好的营销利润。例如万宝路香烟刚进入市场时，是以女性为目标市场，它推出的口号是：像 5 月的天气一样温和。然而，尽管当时美国吸烟人数年年都在上升，万宝路的销路却始终平平。后来，广告大师李奥贝纳为其做广告策划，他将万宝路重新定位为男子汉香烟，并将它与最具男子汉气概的西部牛仔形象联系起来，树立了万宝路自由、野性与冒险的形象，从众多的香烟品牌中脱颖而出。自 20 世纪 80 年代中期到现在，万宝路一直居世界各品牌香烟销量首位，成为全球香烟市场的领导品牌。

课堂实训　UR 的成功市场定位

UR 是 URBAN REVIVO 的简称，是广州的一家服装连锁品牌。UR 始创于 2006 年，以快奢时尚 DNA 作为运营和管理核心。历经 10 多年成长，已于中国及海外开设超过 160 家门店。UR 启动品牌集团策略，逐步推出集团子品牌并拓展国际时尚版图，以新加坡作为基点，进军英国、美国、法国、日本等海外市场，推进品牌国际化进程。

早期UR的定位与H&M、ZARA的一样，只是一个快消高阶服装品牌，起初也只是被消费者当成H&M与ZARA的仿制者，反响平平。但UR慢慢发现，H&M与ZARA虽然很受消费者喜欢，但是因为它们都是欧洲的服装品牌，其款式设计都更适合身材体型较为高大的欧洲人，对于我国的消费者来说并不是十分友好，尤其是我国南方的一些消费者，身材并不高大，每次在H&M与ZARA购买的服装都需要额外修改。UR便盯准市场，重新找准市场定位，打造一个属于我们国人自己的快奢时尚品牌，设计符合我国消费者身材的快消服装。目标消费者也是定位于20~40岁的时尚年轻白领阶层，主打简洁大方、中低价位的衣服。

2017年，UR在内地保持着稳定的拓展步伐，新开44家门店，同比上涨19%。同时，积极培育旗下新品牌ACC、Collection，3月还将进驻时尚之都伦敦。

"国民男装"海澜之家2017年8月14日公告称，将出资1亿元入股UR，首期认购其不超过10%的股权。未来，双方将形成一定的互补和协同效应，共享国内外的设计、渠道、供应链等资源，进一步提高市场占有率。

UR重新将市场定位为国人自己的快奢时尚品牌，这主要原因有三点：一是原来的市场定位与ZARA等欧洲品牌无异，使得消费者会认为UR只是一个仿冒品牌；二是企业的销售反响平平，与企业预期相差甚远，影响了企业的生存发展。

UR是我们国人自己的快奢时尚品牌的定位，这是我国消费者的心理特点所决定的。UR客观的销量与加盟店惊人的复制速度也足以证明其新定位的准确性。

市场定位是设计公司产品和形象的行为，以使公司明确在目标市场中相对于竞争对手的自身位置。公司在进行市场定位时，应慎之又慎，要通过反复比较和调查研究，找出最合理的突破口。避免出现定位混乱、定位过度、定位过宽或定位过窄的情况。而一旦确立了理想的定位，公司必须通过一致的表现与沟通来维持此定位，并应经常加以监测以随时适应目标顾客和竞争者策略的改变。

应用三　市场定位的主要方法

市场定位的核心是与众不同，我们把市场定位的主要方法理解为以下三类。

一、品牌市场定位

品牌定位是企业对特定的品牌在文化取向及个性差异上的商业性决策，它是建立一个与目标市场有关的品牌形象的过程和结果。换言之，即为某个特定品牌确定一个适当的市场位置，使商品在消费者的心中占领一个特殊的位置，当某种需要突然产生时，比如在炎热的夏天突然口渴时，人们会立刻想到"可口可乐"的清凉爽口。品牌定位的理论来源于"定位之父"、全球顶级营销大师杰克·特劳特首创的战略定位。营销人员需要在目标顾客心目中为其品牌进行清晰的定位。例如，宝洁公司发明了一次性婴儿纸尿裤，取名"帮宝适"。早期帮宝适的营销集中在诸如吸水性、适合性和一次性上。但一般来说，产品属性是品牌定位最不可取的层次。竞争者可以很容易地模仿这些产品的属性。更重要的是，消费者对产品属性本身并不感兴趣，他们感兴趣的是这些产品属性能为自己带来什么利益。品牌可以将其名称与某种顾客渴求的利益相联系来更好地定位，因此，帮宝适超越产品的技术属性，谈论结果控制和源自干爽的皮肤健康利益。“因为我们，全世界婴儿潮湿的屁股更少了”，宝洁全球营销总监吉姆·斯登格尔（Jim Stengel）这样说道。

最强的品牌定位层次超越了强调产品属性或者产品利益，通过强有力的信仰和价值观进行品牌定位。这些品牌强调一种情感冲击。星巴克、苹果以及维多利亚的秘密等品牌很少依赖产品的有形属性来定位，而是更多地围绕产品创造的惊喜、激情和兴奋。成功的品牌能够触动消费者的情感深处。进行品牌定位时，营销人员应当建立品牌使命和该品牌必须成为什么以及做些什么的愿景。一个品牌就是企业始终如一地向顾客传递特定的特征、利益、服务和体验的承诺。

品牌定位是市场定位的核心和集中表现。企业一旦选定了目标市场，就要设计并塑造自己相应的产品品牌及企业形象，以争取目标消费者的认同。由于市场定位的最终目标是为了实现产品销售，而品牌是企业传播产品相关信息的基础以及消费者选购产品的主要依据，因而品牌成为产品与消费者连接的桥梁，品牌定位也就成为市场定位的核心和集中表现。

二、差异化市场定位

为了建立强势品牌并避免商品陷阱，营销者必须从一开始就持有任何事物都可以差异化的信念。根据自己的竞争优势，对品牌进行有效定位，需要营销者能把任何竞争优势都看作顾客优势。例如，如果一家公司宣称其产品的工作速度比竞争者的快，但是如果顾客并不看重速度，这就不算一种顾客优势。

企业对自身产品在特殊功能、文化取向及个性差异上的商业性决策，是建立一个与众不同的品牌形象的过程和结果。换言之，即指为某个特定品牌确定一个区别于竞争品牌的卖点和市场位置，使商品在消费者的心中占领一个特殊的位置。最明显的差异化手段，通常对消费者来说也是最具吸引力的，与产品和服务的各个方面都相关，考虑到其他维度，公司可用来差异化其市场供应物的手段有：人员差异化，公司可以拥有受过更好训练、提供更优客户服务的员工；渠道差异化，公司能够更有效益和效率地设计分销渠道的覆盖面、专业性和绩效，使得购买产品更容易、更令人愉悦也更值得；形象差异化，公司能够精心打造出具有强大吸引力的形象，从而吸引消费者的社会与心理需求；服务差异化，一家服务公司可以通过设计更好更快的支付系统来差异化自身，从而为顾客提供更有效力与效率的解决方案。

差异化定位的目的就是将产品的核心优势或个性差异转化为品牌，以满足目标消费者的个性需求。成功的品牌都有一个差异化特征，有别于竞争对手的、符合消费者需要的形象，然后以一种始终如一的形式将品牌的差异与消费者的心理需要连接起来，通过这种方式将品牌定位信息准确传达给消费者，在潜在消费者心中占领一个有利的位置。

案例分析 华龙面的市场定位

20世纪90年代，河北隆尧县9位农民合股投资200多万元建起一家方便面生产厂，产品冠名“华龙”，经过三四年的发展，这家默默无闻的小企业异军突起，创下了令人吃惊的发展速度：年生产能力由1600吨猛增到16万吨；月平均销售收入由58万元增加到3400多万元；固定资产由218万元飙升到2.5亿元，在竞争激烈的方便面市场，“华龙”所占市场份额紧随“康师傅”“统一”之后，居全国第三名。

华龙人首先对国内方便面市场进行了一番深入细致的调查研究。他们发现，20世纪80年代初期以来，尽管我国方便面生产迅猛，但市场仍有较大空间。在已建成投产的1000多家生产企业中，大致分为两种类型：少数几家中外合资或外商独资企业虽然拥有较高的市场占有率，但目标市场多数定位于大中城市，产品定价等方面没有考虑农村的实际情况。地方小厂“遍地开花”，产品价位也较低，但质量不稳定，主要依靠有限的当地市场维持生存。广大的农村和小城镇对方便面的需求是显而易见的，问题是能不能为他们提供质量可靠、价格适中的产品。

华龙提出了“同等质量比价格，同等价格比质量”的口号，依托当地优质的小麦和廉价的劳动力资源，华龙将一袋方便面的零售价定在0.6元以下，比一般名牌低0.8元左右，而口感、营养成分、卫生状况等各方面并不逊色。为了确保产品质量，华龙从东南亚引进国际一流的设备，高薪聘请台湾食品专家加盟入股并主持研究开发中心的工作，对面粉的加工、面饼的烘焙、调料的配置及外包装等环节实行全程质量监控，与此同时，根据“南甜北咸东辣西酸”的饮食习惯，华龙将销往不同地区的方便面搭配不同的调料包，满足不同地域消费者的需求。在华龙，营销公司撑着企业的半壁江山，汇集了精兵强将。营销公司下设面向各省、市、自治区的营销处，处以下设组，分包一个省的几个区县市场。每个营销员都有明确的分工，定向联系几家地区代理商、经销户。由此形成了营销总部、处、组、户四级营销网络，覆盖长江以北，波及江南数省。为了密切和代理商的关系，华龙采取送货上门、特许入股等形式，与他们结成紧密的利益共同体。华龙的付出赢得了回报，在河南、河北、陕西、内蒙古自治区三省一区，华龙方便面的市场占有率稳居第一；在东北、华北、西北等地区，华龙方便面正呈强劲的扩张势头。

（资料来源：https://www.b2b168.com/news/c1－i3205970.html）

三、产品定位

产品定位是指企业对经营的产品赋予某些特色使产品在用户中树立某种特定的形象，创立品牌特色，树立特定的市场形象，以满足消费者某种需求和偏爱的心理意向和行为方式。产品定位策略体现在实体的构造、形状、成分、性能、命名、商标、包装、价格等直观方面，以及满足消费者豪华、古朴、艳丽、雅淡等不同的心理需求。产品定位的基本策略有两种：一是与竞争对手的产品相对比，显示出独特性；二是与自己的系列产品相比较，显示出创新性。产品定位策略的恰当使用，有利于触发消费者求新、求美、求名、惠顾动机与习惯性购买行为。

在计划差异化和定位战略时，市场营销者常常准备概念定位地图，描绘消费者在重要的购买维度上对公司及其竞争者的品牌认知。图 8－2 展示了一张美国大型豪华 SUV 市场的定位地图。图中每个圆圈的位置表明从价格和导向（强调豪华还是强调功能）两个维度对品牌的认知地位。圆圈的大小表明该品牌的相对市场份额。

由此可见，顾客将悍马 H1 视为性能非常高的 SUV，价格也与之匹配。市场领导者凯迪拉克凯雷德是一种强调在豪华和性能两方面比较平衡的、价格适中的大型豪华 SUV。凯雷德被定位为城市中的豪华 SUV，因此，其高“性能”就意味着动力和安全表现。你会发现，凯雷德的广告从未提及越野、探险。相反，路虎览胜和陆地巡洋舰被定位为极佳越野性能的豪华 SUV。

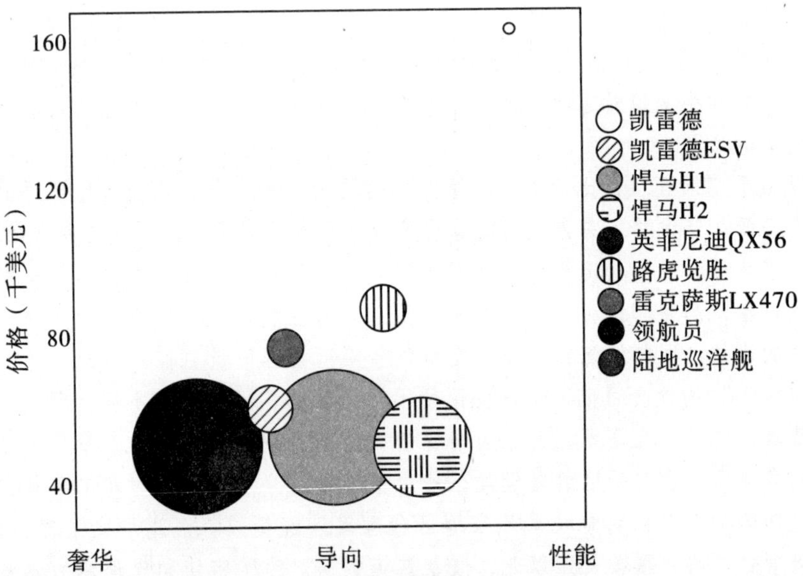

图 8－2　大型豪华 SUV 定位地图

实训与实践：比较大姑妈与万客隆的经营方法

大姑妈的目标市场是社区商圈内的家庭主妇，以食品、生鲜商品和日常用品为主，最大限度地满足居民家庭日常生活“一次购足”的需要。在广州市各区都设有连锁店，而且交通方便，乘坐公共汽车都可以到达，由于连锁店位于市区繁华都市，但是在上下班高峰时间，交通较拥挤，堵车时间较多。虽然位置较好，很多人都是骑车或乘车前往。社区内的百姓是大姑妈的主要客源，大姑妈的客单价为 200 元。

万客隆与其他仓储商店一样，产生之时是以小商贩和集团购买者为目标市场的，因此实行批量销售或捆绑式销售。后来虽然也办理了家庭会员卡，但只是为了扩大目标顾客群。广州万客隆位于城乡结合处的白云区沙井、增城区朱村、花都区。虽然位置略显偏远，但仍有公共汽车从市区到达这里，而且都有庞大的停车场。很明显，万客隆的目标顾客与大姑妈有异，重点是吸引社区外、开车前来批量购物的小商贩及机关、单位和部分家庭消费者。万客隆的客单价为 300 元，比大姑妈高 100 元。

以学习小组为单位，收集大姑妈与万客隆有关市场定位的模式的相关资料，并分析大姑妈在市场细分、目标市场和市场定位的方法。最后形成分析报告，小组开展讨论，做成 PPT 派出代表上台发言，由各小组互相评分，最后老师作评点总结。

提示：

(1) 大姑妈与万客隆在经营上有什么不同?

市场定位不同：大姑妈的目标市场主要是社区内的家庭主妇；万客隆的目标市场主要是小商贩和集团购买者。

商品结构不同：大姑妈主要是食品、生鲜商品和日常用品等；万客隆是以食品和日用工业品为主。

顾客数量和批量不同：大姑妈的顾客数量较多，但批量较小；万客隆的顾客数量较少，但批量较大。

地理位置不同：大姑妈位于交通发达的居民小区；万客隆位于城乡结合处。

服务设施不同：大姑妈的装饰、环境、卖场布置和商品陈列等都较好；而万客隆较简单，要求堆放量大，以节省成本，降低价格。

(2) 造成大姑妈与万客隆经营上不同的主要原因是什么?

超市的类型不同：大姑妈是面向居民、以零售为主的超市；万客隆是面向商贩和集团、以批发为主的超市。

目标市场不同：大姑妈的目标市场主要是社区内的家庭主妇；万客隆的目标市场主要是小商贩和集团购买者。所以，二者的经营特点就不同。

? 思考题

1. 什么是市场定位? 企业为什么要进行市场定位?
2. 市场定位的方法有哪些?
3. 市场定位的策略有哪些?

模　块　四
营销组合

企业在营销过程中，选定目标市场并明确了市场定位之后，就应根据产品在目标市场的定位，制定市场营销组合策略。

营销组合是企业市场营销战略的一个重要组成部分，是指将企业可控的基本营销措施组成一个整体性活动。市场营销的主要目的是满足消费者的需要，而消费者的需要很多，要满足消费者需要所应采取的措施也很多。因此，企业在开展市场营销活动时，就必须把握住那些基本性措施，合理组合，并充分发挥整体优势和效果。

案例分析 华宝滴眼剂营销组合策略

2000年以来，华宝公司在华南地区的滴眼剂领域中始终保持着领先地位，在消费者调查中，华宝公司一直是名列第一的品牌，并且拥有最高的广告知晓度。不过，作为市场领导者也面临着一些挑战。

首先，过去两年的销售额显示，整个滴眼剂市场规模呈现缩减趋势，与此同时，品牌的增长也进入停滞期。此外，消费者调查数据显示，最经常使用华宝公司产品的是30～39岁年龄组的人，恰好属于上一代滴眼剂的使用者。年龄在20～29岁的白领女性中，电脑与互联网的重度频繁使用者被认为是最经常使用滴眼剂的人，但这些人却更喜欢竞争品牌的年轻形象。

公司对20～29岁的年轻白领女性进行了调查，想了解她们的消费习惯。调查主要从三方面进行。

首先，她们关心什么？调查显示，对她们中的大多数人来说，一个典型的工作意味着至少在办公室待8小时，并且长时间在电脑前和日光灯下工作，她们通常感到眼睛疲劳和发痒，而几滴滴眼剂可以缓解这些症状，不过她们通常认为这是无关紧要的小毛病，一忍了之。令她们无法忍受的是不好的个人形象。

其次，跟她们交流的最有效的方式是什么？数据表明，现有的网上活动中，电子邮件的使用率是100%，并且一些聊天工具也应用得比较广泛。

最后，她们是如何使用媒体的？对于华宝公司的目标受众来说，互联网和电子邮件不仅仅是为了完成工作进行信息搜索的工具，也是获取许多乐趣和相关资讯的渠道。

在以上调查的基础上，公司决定针对目标受众的特点制定一个促销方案，该方案的目的是：

（1）将营销的重点转移到经常使用滴眼剂的人群；

(2) 创造出使用滴眼剂的必要性的驱动力；

(3) 转化华宝公司的品牌形象以吸引年轻的用户，非常需要维护长期顾客关系。

华宝公司将营销的重点转移到经常使用滴眼剂的人群，创造出使用滴眼剂的必要性的驱动力，找准产品的卖点，准确进行定位，转化华宝公司的品牌形象，吸引年轻的用户，维持长期的客户关系。

1. 产品策略

在产品功能上应该强调该产品可增强眼细胞活力，改善眼部微循环，具有营养、润滑、抑菌、止痒的作用，可以让眼睛明亮，同时减少眼袋和黑眼圈，让女性变得更靓丽，更有神采。华宝公司作为市场领导品牌应当树立年轻的形象，吸引年轻的女性白领。可以请年轻白领崇拜的偶像做品牌代言人，同时在产品包装上体现青春活力，塑造年轻活泼的品牌个性。

2. 价格策略

因为其目标顾客群是白领女性，特别关注自己的个人形象，所以可以制定撇脂价格。

3. 渠道策略

除了运用传统的药店、医院以外，还可以考虑利用网络进行在线销售。考虑到这种产品的特点，最好是利用商务中介站点进行销售，比如在一些网上商城、网上药店进行销售。

4. 沟通策略

主要包括两个方面：一是网络广告的内容：可以做成一个靓丽的白领女孩，一直在电脑前工作了一天，她的眼睛发涩、流泪、酸痛、发胀，但她没当回事，晚上和男朋友一起吃饭，男朋友惊异地说："你的眼睛怎么出现皱纹了？"女孩：……"华宝"蹦跳着过来了，几滴蓝色的滴眼剂滴入她的眼睛之后，她的眼睛变得明亮，皱纹舒展开了。二是网络广告发布方式：可以做电子邮箱广告。在新浪、搜虎或者网易等网站上做广告，用户一打开邮箱，广告就开始弹出，也可以做浮标广告。

5. 促销策略

选择了网络促销，在一个大网站搞促销互动，有奖玩游戏，在游戏的设计中注重把用眼常识、滴眼剂的作用等相关知识点嵌入其中。还可以发起评选"最明亮的眼睛"的评选活动，参赛者主要为20~29岁的白领女性。

营销组合这一概念是由美国哈佛大学教授尼尔·鲍顿（N. H. Borden）于1948年最早采用的，并确定了营销组合的12个要素。随后，理查德·克莱维特教授把营销组合要素归纳为产品、价格、渠道、促销。市场营销组合是制定企业营销战略的基础，做好市场营销组合工作可以保证企业从整体上满足消费者的需求。市场营销组合是企业对付竞争者强有力的手段，是合理分配企业营销预算费用的依据。

任务九 产品策略的应用

学习目标

通过本任务的学习，应充分认识产品策略的内涵，明确产品的层次、产品与整体产品的区别，以及产品组合的概念、策略等内容；应掌握品牌的含义、品牌对消费者的作用，以及品牌策略；应认识到顾客感知价值的重要性，并掌握提升顾客感知价值的方法；应掌握产品生命周期理论在产品开发中的应用，以及服务营销的内涵、特征等内容。

产品策略在市场营销组合策略中居于首位，其他策略都要以产品策略为基础。产品是企业一切生产经营活动核心的物质载体，没有产品，企业的经营活动也就无从说起。因此，产品策略的成功与否，在一定程度上决定了企业的兴衰成败。

应用一 产品与产品组合

引入案例 三个卖狗的人

有一个父亲想给他女儿买一只狗，在这个城市里有三个卖狗人。第一个人说：“你看这只狗很好，好像你女儿也挺喜欢的，一千块钱，你好好再看一看。如果你喜欢呢，付一千块钱就成交了。至于狗，你也看过了，你女儿现在挺喜欢的，至于说以后怎么样，跟我没关系。”

第二个卖狗人说：“你看这只狗非常好，是英国的纯种狗，这种颜色的结合非常好，好像你女儿也挺喜欢，一千块钱，也合适，但是呢，我不确定你女儿明天是不是还会喜欢，所以你付我一千块，你回去一周后，如果你女儿不喜欢了，只要你把狗抱回来，一千块钱我就退给你。”这是第二个卖狗人。

第三个卖狗人呢，先给这只狗塑造价值，就是说这只狗怎么值钱。同时他说：“你女儿看起来挺喜欢的，但是我不知道你养没养过狗？你女儿是不是喜欢养狗？但她肯定喜欢这只狗，所以呢，我会跟你一块把狗带到你家，然后在你家找到一个最好的地方，搭一个狗窝，我会放足够的食物给它，你可以喂一个星期，我还会教你怎么喂这只狗，然后一个星期以后我再来。如果你女儿仍然喜欢这只狗，这只狗也喜欢你女儿，那这时候我来收一千块钱，如果你说不喜欢，或者你女儿跟这只狗之间没有缘分，那我就把狗抱走，把你家打扫干净，顺便把味道全部清理掉……”

（资料来源：http://blog.tianya.cn/blogger/post_show.asp?BlogID）

这个故事告诉我们，当我们面对自己的客户时，应该站在对方的角度思考问题，尽量满足需求，这样生意会越做越大！

在增城东汇广场4楼，一条美食街上共有4家以鸡肉作为主要食材的饭店，其中最好吃的是王记，它的鸡肉松软劲道、土豆软糯入味、玉米又嫩又甜，但在最新一波的年尾涨房租中，它却最先关门了！是他家的生意不够好吗？事实是每次顾客都要提早到才能有位置坐。其主要症结在于其他家都有外卖，只有王记坚持口感，拒绝和所有外卖商家的合作。他不知道，对付中餐的办公室一族忙起来时根本不太在意口感的完美！他也不知道，在追求口感、精益求精中他错失了多少中午饭不想走出门的客户！优质产品却打不开市场，那是因为你不懂“卖”优质服务！

一、产品与整体产品

产品是指能用于市场交换，并能满足人们某种需要和欲望的劳动成果，它包括实物、服务、场所、设施、思想和计策、体验等有形产品和无形产品。正如“现代营销学之父”、美国西北大学终身教授菲利普·科特勒所言：产品是指为满足消费者某种欲望和需要而提供给市场的一切东西。随着社会生产的进步，人类文明程度的提高，产品的种类越来越丰富，新的产品层出不穷。

而人们通过购买（或租赁）所获得的需要的满足，包括一切能满足消费者某种需求和利益的物质产品和非物质形态的服务，这就是整体产品的概念。消费者对产品的需求是多层次的，因此从营销的角度来看产品整体概念包含五个层级，从低到高依次为：核心产品、有形产品、期望产品、附加产品、潜在产品。

1. 核心产品

核心产品是指消费者购买某种产品时所追求的利益，也就是顾客真正要购买的服务和利益，核心利益层在产品的整体性概念中也是最基本、最主要的部分。

2. 有形产品

有形产品是满足消费者核心利益的物质表现形式，也就是产品基本的有形形式，是核心利益借以实现的载体。

3. 期望产品

符合消费者喜好的，包括价格、方便性以及产品功能表现等各个因素，也就是购买者购买产品时期望的一整套属性和条件。不同的人对这种期望是不同的。

4. 附加产品

这一层次包括供应产品时所获得的全部附加信息和利益，包括送货、维修、保证、安装、培训、指导及资金融通等。随着市场竞争的加剧和顾客要求的不断提高，附加产品越来越成为竞争获胜的重要手段。

5. 潜在产品

潜在产品指此种产品最终可能的所有增加和改变，是企业努力寻求的满足顾客并使自己与其他竞争者区别开来的新方法，如品牌。许多企业通过对现有产品的附加与扩展，不断提供潜在产品，所给予顾客的就不仅仅是满意，还能是顾客在获得这些新功能的时候感到喜悦。所以潜在产品指出了产品可能的演变，也使顾客对于产品的期望越来越高。潜在产品要求企业不断寻求满足顾客的新方法，不断将潜在产品变成现实的产品，这样才能使顾客得到更多的意外惊喜，更好地满足顾客的需要。

以洗衣机为例，核心利益体现在它能让消费者方便、省力、省时地清洗衣物；有形产品是洗衣机的构造外形等；期望产品是该机器能省时省力地清洗衣物，同时不损坏衣物，洗衣时噪音小，方便进排水，外形美观，使用安全可靠等；附加产品主要包括运送、安装、调试、维修、产品保证、零配件供应、技术人员培训等；潜在产品预示着该产品最终可能的所有增加和改变，如图 9－1 所示。

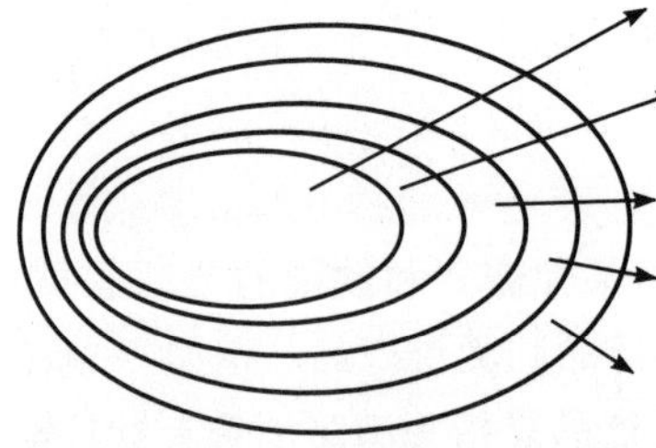

图 9－1　洗衣机的五种层次需求

产品层次是从满足客户需要的角度对产品所提供的服务进行的划分，产品层次的划分有利于营销组合的制定。随着产品层次概念的延伸，产品的附加值增加，给企业带来的利润也随之增加。

二、产品整体概念的意义

产品整体概念对企业市场营销有着重要的意义。

（1）指明了产品是有形特征和无形特征构成的综合体。为此，一方面企业在产品设计、开发过程中，应针对性地提供不同功能，以满足消费者的不同需要，同时还要保证产品的可靠性和经济性。另一方面，对于产品的无形特征也应充分重视，因为它也是产品竞争能力的重要因素。

产品的无形特征和有形特征的关系是相辅相成的，无形特征包含在有形特征之中，并以有形特征为后盾；而有形特征又需要通过无形特征来强化。

（2）产品整体概念是一个动态的概念。随着市场消费需求水平和层次的提高，市场竞争焦点不断转移，对企业产品提出更高要求。为适应这样的市场态势，产品整体概念的外延处在不断再外延的趋势之中。当产品整体概念的外延再外延一个层次时，市场竞争又将在一个新领域展开。

（3）对产品整体概念的理解必须以市场需求为中心。产品整体概念的五个层次，清晰地体现了一切以市场要求为中心的现代营销观念。衡量一个产品的价值，是由顾客决定的，而不是由生产者决定的。

（4）产品的差异性和特色是市场竞争的重要内容，而产品整体概念五个层次中的任何一个要素都可能形成与众不同的特点。企业在产品的效用、包装、款式、安装、指导、维修、品牌、形象等每一个方面都应该按照市场需要进行创新设计。

（5）把握产品的核心产品内容可以衍生出一系列有形产品。

一般地说，有形产品是核心产品的载体，是核心产品的转化形式。这两者的关系给我们这样的启示：把握产品的核心产品层次，产品的款式、包装、特色等完全可以突破原有的框架，由此开发出一系列新产品。

三、产品组合策略

产品好比人一样，都有其由成长到衰退的过程。因此，企业不能仅仅经营单一的产品，世界上很多企业经营的产品往往种类繁多，如美国光学公司生产的产品超过3万种，美国通用电气公司经营的产品多达25万种。当然，并不是经营的产品越多越好，一个企业应该生产和经营哪些产品才是有利的？这些产品之间应该有些什么配合关系？——这就是产品组合问题。

（一）产品组合相关概念

消费者的需要是多样化的，从这个角度来说，企业应生产多品种、多规格、多花色的产品以满足消费者的多样化需要。但是，企业又受自身能力等因素的限制，并非生产经营的产品品种越多越好。企业必须根据市场需要和自身条件，确定最佳产品组合。这里首先介绍产品组合及其相关的几个概念。

产品组合，指一个企业生产经营的全部产品结构和经营范围，即全部产品线和产品项目的组合方式。一个企业的产品组合由若干条产品线构成，每条产品线又包含若干个产品项目。

产品线，也称产品系列或产品大类，是指在技术和结构上密切相关，具有相同使用功能，但型号规格不同的一组产品。例如汽车制造厂生产的小轿车、大客车和运输卡车以及服装厂生产的西服、衬衣和童装都可以各自形成一条产品线。通常每条产品线都有专人管理，称为产品线经理。

产品项目，指产品线中各种不同规格、型号、款式、价格的特定产品品种，是列入企业产品目录中的每一种具体产品。例如宝洁公司的产品组合，如表9-1所示。

表9-1 宝洁公司的产品组合

洗发护发	护肤美容	个人清洁	口腔护理	妇婴保健	家居护理	食品
飘柔 海飞丝 潘婷 沙宣 伊卡璐	玉兰油护肤系列 SK-Ⅱ	舒肤佳香皂 玉兰油香皂	佳洁士牙膏 佳洁士牙刷	护舒宝卫生巾 丹碧丝卫生棉条 帮宝适纸尿布	碧浪 汰渍 熊猫	品客

产品组合与其宽度、深度和关联性有直接关系。产品组合宽度又称产品组合广度，是指一个企业的产品组合中所包含的产品线的数目。所包含的产品线越多，其产品组合的广度就越宽；反之，其产品组合的广度就越窄。由表9-1可以看出，宝洁公司有7个产品

线，即：洗发护发、护肤美容、个人清洁、口腔护理、妇婴保健、家居护理、食品。一般来说，企业产品线较多，有利于充分利用人力、物力和财力，满足市场多方面的需求，降低企业的经营风险；但是产品线过多，生产技术要求高，管理组织复杂，资源分散。产品线少，表明企业专业化程度高，资源集中使用，有利于改进技术，提高产品质量，降低经营成本，但经营方向狭窄，经营风险较大。

所谓产品组合的深度，是指产品大类中每种产品有多少花色、品种、规格。例如佳洁士牌牙膏有3种规格和2种配方（普通味和薄荷味），佳洁士牌牙膏的深度就是6。通过计算每一品牌的产品品种数目，我们就可以计算出宝洁公司的产品组合的平均深度。加深产品组合的深度，可适应市场需求，满足不同顾客的需要，吸引更多的买主，但也会带来加大生产经营成本的问题。企业应权衡利弊，合理决策。

产品组合的关联度即产品组合中各产品线之间在最终用途、生产技术、销售渠道以及其他方面的相关程度。在表中，总的来讲，宝洁公司的产品关联度很强，除了食品行业的品客外，其他的产品几乎都是洗化护理行业的产品。一般来说，产品组合关联度大，有利于创立产品优势，能够充分利用原材料和现有技术装备，创造名牌产品。

市场需求是经常变化的，不会停留在一个水平上。技术的进步和激烈的竞争迫使企业不断花样翻新，不断地向市场推出新产品，淘汰老产品。只有疲软的产品，没有疲软的市场。企业要经常对自己的产品组合进行分析、评估，调整和优化，力求保持最佳的产品组合状态。

（二）产品组合策略

产品组合策略是指根据企业的经营目标，对产品组合的宽度、深度和关联度进行的最优决策，一般有五种选择。

1. 全线全面型策略

全线全面型策略就是尽量增加产品线的宽度，经营更多的产品以满足市场需要的策略。其目的是为消费者提供尽可能多的产品或服务。这种策略又有广义和狭义之分：广义的是指企业尽可能向整个市场提供各方面的产品或服务，尽可能地扩大产品线的宽度和深度，不受产品关联度的约束。狭义的是指在某一领域、某一行业、某一方面内向市场提供全部产品，也就是产品线之间的关联度较大，如海尔集团的产品线很多，但是都和电器有关。

2. 市场专业性策略

市场专业性策略是指向某一专业市场（某类消费者）提供所需的各种产品的策略，可以考虑也可以不考虑产品线之间的关联程度。例如，以建筑业为其产品市场的工程机械公司，其产品组合就应由推土机、翻斗车、挖沟机、起重机、水泥搅拌机、压路机、载重卡车等产品线所组成。再如，旅游服务公司的产品组合就应考虑旅游者所需要的一切服务产品，像交通、住宿、饮食、景点导游、照相等。这种产品组合方式是以满足同一类用户的需要而联系起来的。

3. 产品线专业型策略

这是指企业专注于某一类产品的生产，并将其产品推销给各类顾客的策略。例如，某汽车制造厂的产品都是汽车，推出小轿车、大客车和运货卡车三条产品线，产品分别满足家庭、团体和货运企业用户的需要。

4. 有限产品线专业型策略

采用这种产品组合策略的企业根据自己的专长，集中经营有限的甚至是单一的产品线以适应有限的或单一的细分市场上的需求，以提高市场占有率。例如，某汽车厂专门生产供城市环卫系统运输垃圾用的专用汽车，即属于此种策略。

5. 特殊产品专业型策略

这是企业根据自己的专长，生产某些在市场上有竞争力的特殊产品项目的策略。由于产品的特殊性，这种策略所能开拓的市场是有限的，但竞争的威胁也很小。例如，日本有家公司以专门生产婴儿尿布而闻名于世。

四、产品组合调整决策

课堂实训 “乔士”衬衫调整决策

“乔士”衬衫是广东省阳江市的著名品牌，20世纪八九十年代以质优取胜，打出“乔士，甜蜜的选择”的广告。当地人以穿着“乔士”衬衫为荣，该品牌一时成为身份的标志，许多当地人外出交往互赠礼品时都喜欢带上“乔士”衬衫。1995年该企业为了拓展市场，生产低端产品，沿用“乔士”品牌，“乔士”衬衫非但没有顺利打入低档衬衫市场，反而丧失了一部分高档市场，其市场占有率大幅下降。

这个案例值得我们思考，产品线延伸策略包括哪几种？“乔士”衬衫采取的是那种产品线延伸策略？这种策略会使企业面临什么风险？“乔士”衬衫调整其产品组合的策略为什么失败？这种失败可以避免吗？

由于产品组合状况直接关系到企业销售额和利润水平，企业必须经常就现行产品组合结合未来销售额、利润发展水平和影响做出系统的分析和评价，并决策是否扩大、缩减或延伸某产品线或产品项目，使产品组合始终保持在最优状态。

（一）扩大产品组合

该策略主要包括扩大产品组合宽度、加强产品组合深度和加深产品线的关联性等。当企业预测现有产品线的销售额和利润率在未来时期可能下降时，就应考虑在现有的产品组合中增加新的产品线或加强其中有发展潜力的产品线；当企业打算增加产品特色，或占领更细的市场时，应选择有实力、前景好的生产线增加新的产品项目。扩大产品组合的目的是使企业充分地利用人、财、物等资源，抓住有利机会，分散风险，增强企业的竞争实力。扩大产品组合的方式如下：

1. 扩大产品组合宽度

一个企业在生产设备、技术力量所允许的范围内，既有专业性又有综合性地发展多品种。扩大产品组合的宽度可以充分利用企业的各项资源，增强企业综合发展能力，使企业在更大的市场领域中发挥作用，并且能分散企业的投资风险。

2. 加强产品组合深度

加深产品组合的深度是指企业决定在现有的产品大类范围内增加新产品项目，使其产品向型号、规格齐全的方向发展。加深产品线的深度，可以占领同类产品更多的细分市场，迎合更广泛的消费者的不同需要与爱好。

3. 加深产品线的关联性

就是要增加与现有的产品技术工艺基本相同或使用同一原材料或能满足同类市场的其他相关产品的生产。一个企业的产品尽可能配套，以加强产品线的关联性，提高企业在某一地区某一行业的声誉，提高设备利用率和资源利用率，降低营销费用和投资风险，增强企业市场拓展能力。

（二）缩减产品组合

该策略是指企业采用专业化协作为生产组织形式，缩小产品组合的宽度、深度，实行集中经营。通常是在企业经营状况不景气或是市场环境不佳时采用，往往是先缩减获利小的瘦狗类产品。缩减产品组合有以下益处：（1）可集中力量，对保留下来的产品改进品质，降低成本，增强竞争力。（2）减少资金占用，加速资金周转。（3）扩大少数产品生产规模，以便进行大批量专业化生产，提高劳动生产率。（4）使广告效果集中，营销组合的配置更加合理等。但是缩减产品组合也会丧失部分市场，增加市场风险，因此要慎重决策。

（三）产品线延伸

任何企业的产品都有特定的市场定位，根据企业的实力和市场的变化调整企业产品的市场定位是非常必要的。产品线延伸策略就是全部或部分改变原有产品线市场定位的策略。产品线的延伸有三种形式：

1. 向上延伸

即原来定位于中低档产品市场的企业，在原有的产品线内增加高档产品项目，使企业也进入高档产品市场。产品线上延，要冒一定风险：首先，可能引起生产高档产品的竞争者进入低档产品市场进行反击；其次，对于一直生产低档产品的企业，顾客往往会怀疑其高档产品的质量水平；再次，企业的营销人员和分销商若缺乏培训和才干的话，可能不能胜任为高端产品市场服务。

2. 向下延伸

有些生产高档产品的企业，通过增加中低档产品，实现向下延伸。企业做此种选择也有一定风险：首先，企业新增的低档产品品种可能会损害到高档产品品种的销售，危及企业名牌产品的质量形象。所以企业最好对新增低档产品用新的品牌，以保护原有的名牌产品形象；其次，可能会刺激原来生产低档产品的企业转入高档产品市场而加剧竞争；第三，经销商可能因低档产品获利微薄，及有损原有形象而不愿意或没有能力经营低档产品，从而使企业不得不另建分销网，增加许多销售费用。

3. 双向延伸

原来定位于中档产品层次的企业在占据市场优势后，可能会决定朝产品大类的上下两个方向延伸，一面增加高档产品，提高企业声誉，创建高档名牌；一面增加低档产品，提高市场占有率，扩大市场阵地。双向延伸策略是改变企业处于市场双重积压状态的一种策略，风险很大，既可能受到高档品竞争者的反攻，又可能受到低档品企业的群起而攻之，形成两面受敌的不利局面。因此，实行双向延伸策略也要因势利导，有所侧重，根据需要采取“瞒天过海”“声东击西”“暗度陈仓”等计策。

应用二 产品品牌与顾客感知价值

案例分析 可口可乐的成功管理

可口可乐总裁伍德拉夫曾说过：即使可口可乐公司在全球的工厂一夜之间被大火焚毁，但凭借可口可乐这块牌子，公司在第二天便能重新站起来，各大银行都会主动上门来向公司贷款。这并非狂妄之言，这就是品牌的力量。因为在银行家看来，那些工厂不过是公司所有资产中小小的一部分，即使被毁，但公司的品牌名气犹在，恢复生产后，仍会带来滚滚的财富。可口可乐的经理们甚至直言不讳地说："我们买的不是饮料，而是可口可乐这个牌子。"

（资料来源：《WTO 经济导刊》，2013 年 09 期）

在高度商业化的社会中，企业要在日趋激励的全球化竞争中求得生存、发展和壮大，除了在生产技术、经营管理等方面狠下功夫外，关键是要创造出自己的品牌。市场在经历了价格竞争、质量竞争和服务竞争等阶段后，进入了一个新的阶段——品牌竞争。

一、品牌的含义

任何商品都有其各自的名称，如汽车、巧克力、电视剧等，这些是商品的品名，亦即商品的一般通用名称。品牌则是商品的商业名称，是由企业独创的，具有显著特点的，用以识别卖主的产品的某一名称、术语、标记、符号、设计或它们的组合，其基本功能是把不同企业之间的同类产品区别开来，使竞争者之间的产品不致发生混淆。完整的品牌包括品牌名称和品牌标记两部分。

品牌名称是指品牌中可以用语言成为表达的部分，如"可口可乐""奥迪""康师傅"等。

品牌标记是指品牌可以被识别、认识，但不能用语言称谓表达的部分，如独特的符号、图案、色彩或字体造型等，如"可口可乐"英文字母的独特字体设计、"迪士尼"的唐老鸭等。

商品的品牌经过政府有关部门的审核，获准登记注册则成为商标。商标是企业产权的组成部分，随着市场经济的发展，商标的市场价值会不断提高，企业要妥善运用这一有价值的无形资产，使之更好地为企业经营发挥作用。

二、品牌的作用

案例分析 品牌的实验

营销专家为品牌做了一个有趣的实验：将A啤酒的空瓶里灌上百威啤酒，再在百威的空瓶里灌上A啤酒，然后摆在繁华的王府井大街，请过往的行人免费品尝。先请他们品尝用A啤酒瓶装的百威啤酒，大多数的人都说不好喝，味道不正宗，其中一个人当场吐了出来，抱怨说："这是什么味呀？真难喝！"然后专家请他们品尝用百威啤酒瓶装的A啤酒，结果清一色的都说："这个好喝，味道正。"于是专家问他们喝过百威没有，都说喝过，其中一个还说中午刚喝一瓶，就是这个味。这真令人哭笑不得，消费者就是这样可爱。接下来，专家将瓶子上的标签撕去，再让人品尝，这时品尝者表现得无所适从，一会说这个好喝，一会又说那个好喝。

（资料来源：李寒．中小企业品牌核心价值问题的研究［D］．武汉：华中农业大学出版社，2004.）

无独有偶的是，在美国举行的一次啤酒大会上，主办单位将30多种啤酒装在相同的瓶子里，然后将瓶子的标签全部撕去，让30多个啤酒厂的老板一一品尝，找出自己家的啤酒，结果竟没有一个能从中找出。在产品日益同质化的时代，产品里的物理属性已经相差无几，唯有品牌给人以心理暗示，满足消费者的情感和精神寄托。

（一）品牌对于消费者的作用

（1）有助于消费者识别产品的来源或产品的制造厂家，更有效地选择或购买商品。

（2）借助品牌，消费者可以得到相应的服务便利，如更换零部件、维修服务等。

（3）品牌有利于消费者权益的保护，如选购时避免上当受骗，出现问题时便于索赔和更换等。最佳品牌就是质量的保证。品牌实质上代表着卖者交付给买者的产品特征、利益和服务的一贯性的承诺。

（4）有助于消费者避免购买风险，降低购买成本，从而更有利于消费者选购商品。

（5）好的品牌对消费者具有很强的吸引力，有利于消费者形成品牌偏好，满足消费者的精神需求。

（二）品牌对于生产者的作用

（1）有助于产品的销售和占领市场。品牌知名度形成后，企业可利用品牌优势扩大市场，促成消费者对于品牌的忠诚。

（2）有助于稳定产品的价格，减少价格弹性，增强对动态市场的适应性，减少未来的经营风险。

（3）有助于细分市场，进而进行市场定位。

（4）有助于新品的开发，节约产品投入成本。借助成功或成名的品牌，扩大企业的产品组合或延伸产品线，采用现有的知名品牌，利用其一定知名度或美誉度，推出新品。

（5）有助于企业抵御竞争者的攻击，保持竞争优势。品牌通过注册得到法律保护，是竞争者无法模仿的，当市场趋于成熟，市场份额相对稳定时，品牌忠诚是抵御行业竞争的最有力的武器。

三、品牌策略

品牌策略是以品牌输出为核心的营销策略，如何把品牌做到消费者心坎里去是品牌策略中最重要的一个环节。品牌是一种无形资产，品牌是企业的知名度，有了知名度就具有凝聚力与扩散力，就成为发展的动力。

（一）有无品牌决策

历史上，最初的商品是没有品牌的，随着手工业、机械化的发展，有些个人和企业为了保护自己并使消费者免受劣质商品的侵害而在其产品上加上印记，这是最早的品牌。尽管品牌能给所有者和使用者带来好处，但并不是所有产品都必须要有品牌，要视品牌运营成本的投入与收益测算而定。一般来说，对于那些在生产过程中无法形成一定特色的产品，由于产品同质性很高，消费者在购买时不会过多地注意品牌。此外，品牌与产品的包装、产地、价格和生产厂家等一样，都是消费者选择和评价商品的一种外在线索，对于那些消费者只看重产品的式样和价格而忽视品牌的产品，品牌化的意义也就很小。未加工的原料产品以及那些不会因生产商不同而形成不同特色的商品仍然可以使用无品牌策略，这样可以节省费用，降低价格，扩大销售。实践中有的营销者为了节约包装、广告等费用，降低产品价格，吸引低收入购买力，提高市场竞争力，也常采用无品牌策略。例如在批发市场或农贸市场里就有无品牌产品，它们多是包装简易且价格便宜的商品，如散称糖果、散装酒等。

一般认为，下列几种情况下可以考虑不使用品牌：（1）大多数未经加工的原料产品，如棉花、矿砂、中药材等；（2）不会因生产商不同而形成不同特色的商品，如钢材、大米等；（3）某些生产比较简单，选择性不大的小商品；（4）临时性或一次性生产的商品。

随着市场经济的高度发展和经济全球化的冲击，越来越多的商品出现了品牌化，如卫生纸、酱油都有自己的品牌，在超市里，甚至大米也在经过分装后定牌出售。

品牌是人们对一个企业及其产品过硬的产品质量、完善的售后服务、良好的产品形象、美好的文化价值、优秀的管理结果等所形成的一种评价和认知，是企业经营和管理者投入巨大的人力、物力甚至几代人长期辛勤耕耘建立起来的与消费者之间的一种信任。因此，品牌既提供了区别于其他产品或服务的方法和手段，同时又是企业赢得竞争胜利的重要武器。

（二）品牌名称策略

品牌无论归属于生产者，还是归属于中间商，或者是两者共同拥有品牌使用权，都必须考虑对所有的产品如何命名的问题。是使用一个品牌还是使用多个品牌，一般有四种可供选择的策略。

1. 统一品牌策略

企业所有产品都统一使用一个品牌，如飞利浦、西门子、GE 通用电气等。当企业所生产经营的各种产品具有密切的关联性且质量水平大致相同时，就可以采用统一品牌策略。这一策略的优势在于可以接受品牌业务费用，尤其是通过品牌扩展可以节省新产品的宣传和促销费用，有利于消除顾客对新产品的不信任感，可在企业的品牌已赢得良好市场信誉的情况下实现顺利推出新产品的愿望；同时也有助于显示企业实力，塑造企业形象。如美国通用电气公司的所有产品都统一使用“GE”这个品牌名称。但是，一旦企业的某个产品出现问题，就会影响企业其他产品的声誉，进而毁坏整个品牌的形象。

2. 个别品牌策略

企业针对不同产品而采用不同的品牌。当企业的产品品种较多，生产条件、技术专长等在各种产品上又有较大差别时，采用这一策略较为有利。这种策略的好处在于，为每种产品寻求不同的市场定位，有利于增加销售额和对抗竞争对手，还可以分散风险，使企业的整个声誉不会因某种产品表现不佳而受到影响。如宝洁的洗衣粉使用了“汰渍”品牌，香皂使用了“舒肤佳”品牌，牙膏使用了“佳洁士”品牌。这种策略的确定主要是因为品牌业务的工作量较大，企业要为每一个产品分别进行品牌设计和广告宣传，相关的费用支出较大，创立品牌需要付出较多的努力和较长的时间。

3. 分类品牌策略

企业给不同类型的产品分别使用不同的品牌名称。当企业生产经营多个不同种类的产品，产品之间的相关性又很低时，适合采用这一策略。这主要是因为企业生产或销售许多不同类型的产品，如果都使用一个品牌名称，则这些不同类型的产品就容易互相混淆。

4. 个别品牌名称与企业名称并用

企业对不同的产品使用不同的品牌名称，同时在各种产品的品牌名称前都冠以企业名称。这种策略实际上是个别品牌名称和统一品牌名称的结合，因为它兼有两种品牌名称策略的优点。企业多将这种策略用于新产品开发，在新产品的品牌名称上加上企业名称，可以使新产品享受企业的声誉，而采用不同的品牌名称，又可使各种新产品显示出不同的特色。例如，海尔集团就推出了“海尔——双王子”“海尔——帅王子”冰箱，“海尔——探路者”“海尔——先行者”彩电，以及“海尔——神童”“海尔——小小神童”洗衣机等。

（三）多品牌策略

多品牌策略是指企业为同一种或同一类产品设计两种或两种以上互相竞争的品牌。如全球最大的日用品公司之一的宝洁，在中国市场仅洗发水就拥有海飞丝、飘柔、潘婷、沙宣等品牌。采用多品牌策略的优点是：可以抢占更多的货架面积、占领更多的细分市场并吸引多种不同需求的消费者。此外，由于国家、民族、宗教信仰等的不同，为了避免品牌命名不当而引起的市场抵触，适应不同市场的消费习惯，多品牌也是一种适应策略。但是，由于多种不同的品牌同时并存必然使企业的促销费用上升且存在互相竞争的风险，所以在使用多品牌策略时要注意各品牌市场份额的平衡。

四、顾客感知价值

人们买的不是商品，而是他们的期望。消费者希望在交易过程中实现一定的顾客价值。顾客价值的本质是顾客感知，即顾客对与某企业交互过程和结果的主观感知，包括顾客对其感知利得与感知利失之间的比较和权衡。顾客感知价值就是顾客所能感知到的利益与其在获取产品或服务时所付出的成本进行权衡后对产品或服务效用的总体评价。顾客感知价值体现的是顾客对企业提供的产品或服务所具有价值的主观认知，而区别于产品和服务的客观价值。比如企业通过周密、细致的调查研究，使产品的外观、颜色、名称、包装等方面十分符合顾客的需求，则会提高顾客感知价值。广州本田轿车与同档次轿车相比，造价并没有高出多少，质量、功能也相近，但由于它豪华、大气的外形满足了消费者的心理需求，因此在市场上十分走俏。

企业通过对顾客期望价值和环境进行分析预测，来整合企业内外资源，为顾客提供期望的价值，并创造出未来市场的产业组织和管理形态。以顾客价值为基点来培育企业的核心竞争力，首先要识别和了解目标市场顾客的期望价值。通过培养企业的产业洞察力，超越现有的产品和市场，寻找顾客一直重视的价值领域，并在这些领域建立起优势技能。因此，企业核心竞争力的构建是一个审视、分析、发现和创新的管理过程。营销的本质是在产品价值与顾客感知价值之间进行协调，以达到一种动态的购买平衡。从买方市场的角度来讲，顾客感知价值是企业进行营销时须首要考虑的问题。然而，顾客感知价值是不易量化的，从某种意义上来讲正是这种模糊的概念才给予了企业在产品上增加附加值的机会。

（一）购买前的渲染

与广告不同的是，渲染的主要目的是增加产品价值评判的广度和深度，以此来影响顾客感知价值。

1. 历史的作用

人们总是相信越长久的东西越好，因此他们的脑海中总会闪现一个词：沉淀。就像白酒，年份越长价格越高，其本身的价值真的如宣传那般吗？人们总是喜于乐此不疲地去追寻历史。产品也一样，也有自己的历史，如果能说点历史，势必会让顾客产生一些好感，主观的就会认为做了那么多年，仍然存在，肯定是好的产品。不是所有产品都是历史越长消费者越认可，但可以讲企业的历史，或者其他产品的历史，再不行就讲工艺。

2. 人物的作用

一种是具有代表性的企业家，例如华为的任正非。一种是对于产品追求极致完美的设计师，例如乔布斯。还有一种就是能感动大众的草根。前面两种人基本上是一般人都无法达到的，所以顾客对他们充满了敬畏和崇拜；后面一种人是每个人都可以选择的，但还是很少有人那么做，最后就有了感动和尊重。尽管这两种情感不一，但作用却异曲同工。人都是感性的动物，即使再理智的人也不例外，由人物联想到产品，或者说人物的灵魂与产品之间的融合是最能打动顾客的。

3. 故事的作用

产品也需要故事，一个优美动人的故事总能影响一批人，而这批人很可能就是利润来源。就部分人而言，他们拒绝不了心酸与感动，当他们看到这样的一幕情景，他们内心是触动的。如果有足够的购买力，他们会毫不犹豫地购买；如果没有，他们也会想有一天去得到它。因此，不论是立即购买还是成为一名潜在的顾客，这都是企业的幸运。而事实上，潜在的顾客更利于产品的宣传，因为他得不到，所以他就会对此产品产生各种美好的幻想，甚至影响周围的人，利用鼓励周围的人购买的方式去一窥究竟。但讲故事得与产品有相当高的关联度，否则只会让人心生厌恶，因为破坏了一个美好的故事。

4. 情怀的作用

情怀产生的基础是信任与认同，鉴于买方与卖方之间的利益关系，信任的产生似乎总是不易的，不管企业是否真如自己所说的那样根本没有赚钱，但消费者还是认为企业是赚钱的，因为企业的目的就是盈利，这是改变不了的事实。能够打出情怀这个口号的产品，必定要在技术上积累，在产品上创造，在宣传上持续地投入，这样才能形成与之相匹配的产品。总的来说价值高的产品，植入情怀会更容易被顾客接受；价值低的产品，情怀的植入或许就要另辟蹊径了，可以考虑是否能将这种情怀的范围延伸，或者将“情趣”放大，给产品一个足够的想象空间。

（二）购买中的体验

购买行为是直接利润的来源，体验直接影响购买决策，通俗一点地说：要让顾客在购买的整个过程中有种上帝的感觉。

1. 视觉上的体验

顾客在获取产品信息及与之相关的信息时最常用的是“看”这种方式，不论是网上购物的实物图片，还是真实存在的实物。俗话说得好：“眼见为实，耳听为虚。”从周围环境的选择，到人员的着装；从实物的陈列，到整体的布局设计。如果一个企业的某一种产品比其他企业同类同价格的产品多出一个以上的有用功能，我们可以把这“多”出的功能看作提高顾客感知价值的超值服务，即超出市场上同类同价产品的性价比的服务价值。从文字的阐述，到宣传片的考量等，都应该是配合得天衣无缝的，要让顾客感觉这所有的一切都是为产品而生，而自己正要享受这一切。但需要避免华而不实，明明一个五块钱的面包还卖五十元，即使从成本的角度去考虑也不切实际。

2. 响应性上的体验

响应性一词与速度具有相似性，都是指快速响应顾客，及时提供产品和服务。因为有些购买是需要顾客独立完成的，例如在沃尔玛购物或者吃自助餐。或许这属于4C中的便利性，从某种意义上来说，便利性节约了时间，简化了流程，也相应地提高了响应性。虽说好的东西都值得等待，但仔细推敲就会发现“值得”这个词其实是被动的，没有一个顾客不是想立刻得到自己心爱的宝贝的，顺应顾客的需求，快速做出响应会让顾客看到你的效率与诚意。

3. 服务上的体验

简而言之就是：用心、贴心、放心、舒心。用心：企业用专业的知识，真心实意地为顾客服务；贴心：永远首先考虑顾客的需求，体贴入微地服务，做到只有顾客想不到的，没有企业办不到的；放心：服务质量好，效率高；贴心：人性化的服务，让顾客产生亲切感甚至感激之情。如果说价格是最具杀伤力的武器，那么服务就是最完美的盾牌。根据美国哈佛商业杂志的研究报告显示，“再次光临的顾客可为公司带来25%～85%的利润，而吸引他们再次光临的因素首先是服务质量，其次是产品本身，最后才是价格”。要尽可能多地向顾客传达产品或服务的真实信息，让顾客从物有所值、没被欺骗的认识角度产生更高的感知价值。

（三）购买后的顾客维护

与顾客建立和谐的关系可以提高顾客忠诚度，保证稳定的现金流。尽管没有直接创造顾客感知价值，但顾客维护也是必不可少的一个环节。

1. 产品购后追踪

交易的达成往往是双方认知的开端，也是继续交易的前提。一个持续的售后服务显然是必不可少的，除非企业不想长久地经营下去。售后的使用问题解答及使用感受调查不仅能反映一个企业的专业性，也代表着企业对于顾客的关心。也许这种互动的范围较为局限，至少在顾客的心中还是可以留下较好的印象。就像消费者对于中国电信的偏好，并不是它解决了多大的问题，提供了多大的便利性或者带来了多大的增值服务，就那么几次使用感受的回访就足够了。同时，在这种互动的过程中企业可以更加了解顾客，也可以顺带着介绍其他产品或者提供相关的折扣，效果要比在媒体上投放被动接受的广告好。

2. 真诚的问候

成本最小化，利润最大化，是企业孜孜不倦的追求目标，为此它们会削减员工福利，降低材料标准，甚至重金引入新的技术设备。最现实的问题就是，利润来自哪里？是产品吗？是技术吗？还是服务？应该是顾客！拥有顾客的企业就拥有一切，从小米的发家史我们可以看出，初期的小米没有自己的工厂，没有自己的专利，也没有那么多的闲置资金，但它拥有上百万的顾客。一条短信，一句祝福语，一句暖人心的问候，成本低得可怜，换来的却是顾客对产品的认可，对企业的认可，甚至免费帮企业做宣传。

3. 建立信任关系

经历利益往来还能建立信任关系，可想而知是多么不容易的一件事情，用时髦的话说：“或许这就是真爱。”一流的产品质量，一流的购买体验，一流的售后服务，再加上真诚的互动，其实离信任这一步已经很近了，最终需要的就是时间的考验。因为在我们的观念里，有句话叫作：“路遥知马力，日久见人心。”如果说就像网上的某些不法商家一样，东西一卖完人马上不见了，或者一遇到问题马上就找各种理由不予退换，更将各种责任都推给了顾客，那肯定是没有信任可言的。总之，没有信任关系的交易都是一锤子买卖。

案例分析 **销售与顾客的感知——卖辣椒的妇女**

卖辣椒的人总会遇到这样的问题：“你这辣椒辣吗？”怎么回答呢？说辣吧，怕辣的人立马走了；答不辣吧，也许人家喜欢吃辣的，生意还是做不成。

有这样一个卖辣椒的妇女，当一个买主问：“辣椒辣吗？”卖辣椒的妇女会肯定地告诉他：“颜色深的辣，浅的不辣！”买主信以为真，挑好付过钱，满意地走了。不一会儿，颜色浅的辣椒就所剩无几了。又有个买主来了，问的还是那句话：“辣椒辣吗？”卖辣椒的妇女看了一眼自己的辣椒，信口答道：“长的辣，短的不辣！”果然，买主就按照她的分类标准开始挑起来。这轮结果是，长辣椒很快告罄。看着剩下的都是深颜色的短辣椒，当又一个买主问“辣椒辣吗”的时候，卖辣椒的妇女信心十足地回答：“硬皮的辣，软皮的不辣!”可不是嘛，被太阳晒了半天，确实有很多辣椒因失水变得软绵绵了。这样，卖辣椒的妇女卖完辣椒。

在这个案例中，卖辣椒的妇女根据自己的产品“辣椒”销售量的变化随时改变卖点，引导顾客的感知。其实，顾客感知贯穿于整个交易过程，其核心在于引导消费，创造价值，其内涵在于用心。

顾客选择商品时，选择的不是商品的本身价值，而是他们期望得到的价值。顾客价值的本质是顾客感知，即顾客对某商品选择的主观感知，包括顾客对其感知利得与感知利失之间的比较和权衡。顾客感知价值是指顾客对企业提供的产品或服务所具有价值的主观认知，它不同于传统意义上的顾客价值概念。后者是指企业认为自己的产品或服务可以为顾客提供的价值，属于企业内部认知导向；而前者是指顾客对企业所提供的产品或服务的价值判断，属于外部顾客认知导向。只有当顾客感知价值大于或等于顾客期望价值时，顾客才会满意甚至忠诚。

应用三　产品生命周期与新产品开发

产品生命周期与企业制定的产品策略以及营销策略有着直接的联系。要使产品有一个较长的销售周期，以便赚取足够的利润来补偿在推出该产品时所做出的一切努力和经受的一切风险，就必须认真研究和运用产品的生命周期理论。此外，产品生命周期也是营销人员用来描述产品和市场运作方法的有力工具。

一、产品生命周期理论

产品生命周期是产品的市场寿命，即一种新产品从开始进入市场到被市场淘汰的整个过程。产品生命周期理论是美国哈佛大学教授雷蒙德·弗农 1966 年在《产品周期中的国际投资与国际贸易》一文中首次提出的。弗农认为：产品生命是指市场上的营销生命，产品和人的生命一样，要经历形成、成长、成熟、衰退这样的周期。就产品而言，也就是要经历一个开发、引进、成长、成熟、衰退的阶段。

（一）产品生命周期理论的概念

产品生命周期包含产品需求收集、概念确定、产品设计、产品上市和产品市场生命周期管理。产品生命周期是指产品从进入市场开始，直到最终退出市场为止所经历的整个市场过程，它是从产品的市场销售额和利润额的变化来进行分析判断的。大多数的产品市场生命周期呈 S 形，它可以分为四个主要阶段：引入期、成长期、成熟期、衰退期，如图 9－2 所示。

在现实经济生活中，并不是所有产品的生命历程都完全符合这种理论形态，如有些产品上市伊始就迅速成长，可能跳过销售额缓慢增加的引入阶段；另一些产品有可能持续缓

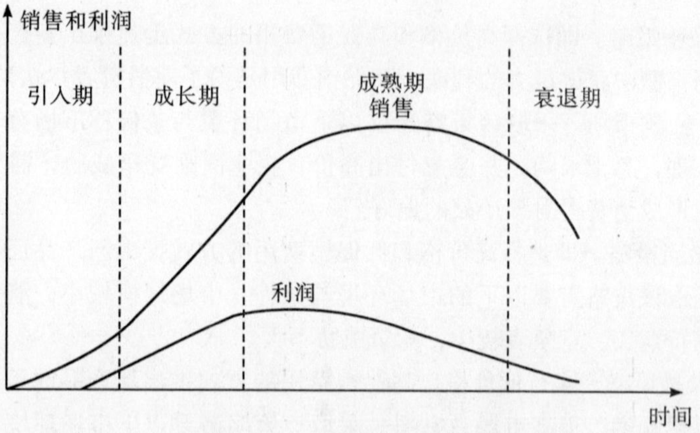

图 9－2　产品生命周期示意图

慢增长，由引入期直接进入成熟期；还有些产品经过成熟期后再次进入迅速成长期。

需要注意的是产品生命周期泛指“产品”，而实际上在产品的种类、品种和具体品牌之间分析起来大不相同。产品种类的生命周期最长，甚至在相当长的时期内显示不出其阶段的变化，其次为产品品种，周期最短的是具体品牌的产品。例如，糖果是一种产品种类，糖果中的口香糖是其中的一个品种，而绿箭牌口香糖则是具体品牌的产品，三者比较，糖果的周期最长，绿箭牌口香糖的周期最短。在实际经营中，应用产品生命周期理论分析产品种类的情况较少，而更多的是分析产品品种或具体品牌。

（二）产品生命周期各阶段的特点及营销策略

在产品生命周期的不同阶段，企业产品的销售额、成本水平、利润水平及价格都呈不同的变化趋势，形成产品生命周期与销售利润及成本曲线，如图 9－3 所示。

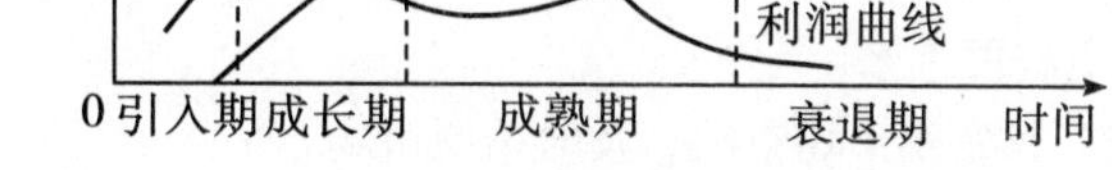

图 9－3　产品生命周期与销售利润及成本曲线

1. 引入期

新产品投放市场，便进入引入期。此时，顾客对产品还不了解，只有少数追求新奇的顾客可能购买。在这一阶段，由于技术方面的原因，产品不能大批量生产，因而成本高，销售额增长缓慢，企业不但得不到利润，反而可能亏损，许多新产品在此时期夭折。但该时期市场竞争者较少，企业若能制定有效的营销策略，可以使新产品快速进入成长期。

根据上述特点，引入期市场营销策略的重点是突出一个“快”字，其营销策略主要有以下四种选择：

（1）快速撇脂策略。即选择高价格和高促销费用的方式迅速推出新产品，高价格是为了在每一单位销售额中获得最大的利润；高促销费用是为了使消费者尽快熟悉和了解产品，快速打开销路，占领市场。采取该策略需要以下市场环境与条件：市场有较大潜力，顾客有求新、求异心理，急于求购，并愿意付出高价；企业面临竞争威胁，需要创建高价名牌的形象，并迅速形成消费者对该产品的偏好。

（2）缓慢撇脂策略。即选择高价格和低促销费用的方式推出新产品面向市场，以求取较高的利润。采取该策略需要以下的市场环境与条件：市场规模较小，消费者已熟悉该产品，并愿意出高价购买，竞争者较少，竞争威胁不大。

（3）快速渗透策略。实行低价格、高促销费用的方式推出新产品的策略，以迅速占领市场，以低价赢得顾客，提高市场占有率。采取该策略需要以下市场环境与条件：市场容量很大，顾客对产品缺乏了解，但对价格比较敏感；竞争者多，竞争比较激烈，产品单位成本可随生产规模及销售量迅速下降。

（4）缓慢渗透策略。实行低价格和低促销费用的方式推出新产品，以低价扩大市场份额，以低的促销成本获取相对较高的净利润。采取该策略需要以下市场环境与条件：市场容量较大，市场需求价格弹性较大，促销弹性较小，顾客对价格比较敏感，存在较多潜在竞争者的威胁。

引入期是产品成长的关键阶段，决定着产品的市场前景，以上策略应当作为整个产品生命周期计划中营销战略规划的一个组成部分加以选择和进行调整，不能为了短期利益牺牲长远利益。

2. 成长期

这时顾客对产品已经比较熟悉，大量的新顾客开始购买，市场逐步扩大。产品大批量生产，生产成本相对降低，企业的销售额迅速上升，利润也迅速增长。竞争者看到有利可图，将纷纷进入市场参与竞争，使同类产品供给量增加，价格随之下降，企业利润增长速度逐步减慢，最后达到生命周期利润的最高点。

根据产品成长期的市场特点，企业营销的目的主要是扩大市场占有率，掌握市场竞争的主动权，市场营销策略的重点应该突出一个“好”字。一般可采取以下营销策略：

（1）改善产品品质、增加产品性能，提高产品质量。

（2）加强促销、创建名牌，树立良好的企业形象，促销策略的重心逐步从建立产品知名度转移到建立产品美誉度上来。

（3）加强市场细分，发现市场空缺，及时拓展市场。

（4）重视产品价格、渠道、促销方式的巧妙组合，以新的促销方式吸引顾客，增加或拓宽销售渠道，开拓新的市场等。

在成长阶段，企业面临着“高市场占有率”和“高利润率”的选择，一般来说，实施市场扩张策略会减少眼前利润，但加强了企业的市场地位和竞争能力，从长期利润观点来看，有利于企业的发展。

3. 成熟期

市场需求趋向饱和，潜在的顾客已经很少，销售额增长缓慢直至转而下降，标志着产品进入了成熟期。在这一阶段，竞争逐渐加剧，产品售价降低，促销费用增加，企业利润下降，行业内生产能力出现过剩。

根据成熟期的市场特点，企业营销的主要目的是千方百计维持甚至扩大原有的市场份额，尽量延长产品的市场寿命，因此市场营销策略的重点是要突出一个“改”字，具体可采取以下营销策略：

（1）市场改进策略。通过发现产品新的用途或改变促销方式，发现新用户，开拓新市场。

（2）产品改进策略。通过进一步改进产品的性能、质量和服务，实现产品的再次推出，吸引新老顾客。

（3）营销组合改进策略。通过对产品、价格、渠道和促销等因素加以改进，刺激顾客消费，从而延长成熟期。

4. 衰退期

这一时期的主要特征是产品老化，陷于被市场淘汰的境地，产品的销售额和利润迅速下降，企业生产能力过程日益突出，部分企业退出市场。

面对衰退期的产品，企业要认真分析，对症下药，有计划地“撤”，有预见地“转”，是这一阶段的营销重点。可采取的营销策略有：

（1）集中策略。把企业的有限资源集中到最有利的细分市场和销售渠道上来，销售最易且有利可图的品种，通过缩短战线，集中力量，获取较大的利润后再退出市场。

（2）收缩策略。放弃落后产品的生产与经营；大幅度降低销售费用，减少人员推销，保持低水平的销售，通过降低营销成本以获得微薄的利润。

（3）重新定位策略。寻找产品的新用途或新的营销市场，使得进入衰退期产品得以延续，重新焕发青春，甚至通过重新定位，使之成为一个新的产品。

并非所有的产品都遵循这样的生命周期，一些产品被引入市场不久便很快地消失了；另一些产品在成熟期停留很久；还有一些产品在进入衰退期后，由于大规模的促销活动或重新定位，又回到了成长阶段。一个经营良好的品牌看起来似乎可以永久地存活，这些历史悠久的品牌包括可口可乐、吉利、百味等，百余年后它们仍在各自的领域保持强劲的势头。

二、新产品的开发

新产品开发是指从研究选择适应市场需要的产品开始，到产品设计、工艺制造设计，直到投入正常生产的一系列决策过程。从广义而言，新产品开发既包括新产品的研制，也包括原有老产品的改进与换代。新产品开发是企业研究与开发的重点内容，也是企业生存和发展的战略核心之一。企业新产品开发的实质是推出不同内涵与外延的新产品。

（一）新产品的类型

新产品，是相对老产品而言的，是指新出现的、与市场上的老产品有所区别的产品。营销中的新产品含义与一般的科技开发上的新产品含义并不完全相同，前者的内容要比后者广泛得多。新产品有 4 种形式。

1. 全新产品

全新产品指采用新的原理、新的材料、新的技术而制成的产品，与现有的产品毫无雷同之处。如电话、飞机、尼龙、复印机、电视机、计算机等就是19世纪60年代至20世纪60年代世界公认的最重要的全新产品。

2. 换代新产品

换代新产品指产品的性能、结构有重大突破与改进，从而与企业原有产品形成系列，扩大产品的目标市场。如洗衣机从原来的半自动变为全自动，就是换代新产品。

3. 改良新产品

这是对企业现存产品的材料、结构、性能、外形设计、颜色、包装等方面做出某些改进的产品，改进后的新产品，其结构更加合理，功能更加齐全，品质更加优质，能更满足消费者不断变化的需要。这是企业最容易开发的新产品。

4. 模仿新产品

指企业对市场上已出现但自己还没生产过的产品进行模仿改进而生产的产品。

（二）选择新产品开发的方式

企业开发新产品，选择合适的方式很重要。选择得当，适合企业实际，就能少担风险，易获成功。

1. 独立研制

独立研制是企业在应用技术研究成果的基础上，自己研制的独具特色的产品。采用这种方式开发的一般是全新的或者换代的产品。独立开发新产品，特别是研制复杂的产品，要求企业有较高的技术水平，有较雄厚的人力和财力资源。因此，企业在创业阶段，最好是开发不太复杂的产品或开发仿制型、改良型产品。

2. 技术引进

技术引进是指利用国外或国内其他单位或个人已有的成熟技术从事的新产品开发。采用这种方式，企业投资少，并可以较快地掌握产品制造技术，争取时间把产品制造出来，因此较适用于刚开始创业的企业。但是，引进技术多属于别人已经采用的技术，其产品已占领了一定的市场。所以，企业的新产品开发不应长期建立在技术引进的基础上，等到新创企业的资金和实力积累到一定程度，就应该尽可能地建立自己的产品研究开发机构，逐步形成自己的产品开发能力，发展有自己特色的技术。

3. 科技协作开发方式

科技协作开发方式是一种由企业、高等院校或科研机构协作进行新产品开发的方式。这种方式花钱少、见效快，又能促使企业提高开发能力，是一种较好的方式。

（三）新产品开发的程序

开发新产品将会涉及企业的生产技术和经营管理各个领域，是一项十分复杂和细致的工作，必须按照一定的程序来进行。新产品开发过程由8个阶段构成，即寻求创意、甄别创意、形成产品概念、制定市场营销战略、营业分析、产品开发、市场试销、批量上市。新创企业应按科学的程序来进行新产品开发，减少失败的风险。

1. 寻求创意

所谓创意，就是开发新产品的设想。新产品创意的主要来源有顾客、科学家、竞争对手、企业推销人员和经销商、企业高层管理人员、市场研究公司、广告代理商等。此外，企业还可以从大学、咨询公司、同行业的团体协会、有关报刊媒体那里寻求有用的新产品创意。

2. 甄别创意

取得创意之后，要对这些创意加以评估，研究其可行性，并挑选出可行性较强的创意，这就是甄别创意。甄别创意的目的就是淘汰那些不可行或可行性较低的创意，使企业有限的资源集中于成功机会较大的创意上。甄别创意时，一般要考虑创意与企业的战略目标和企业能力的适应性。

3. 形成产品概念

所谓产品概念，是指企业从消费者的角度对这种创意所做的详尽的描述。企业必须根据消费者的要求把产品创意发展为产品概念，选择最佳产品概念后，进行产品和品牌的市场定位。

4. 制定市场营销战略

形成产品概念之后，需要制定市场营销战略，企业的有关人员要拟定一个将新产品投放市场的初步的市场营销战略报告书。报告书大体分为 3 个部分：第一部分是描述目标市场的规模大小、结构行为、新产品市场位置、产品销售最初几年的销售量、利润、市场占有率等；第二部分是规划新产品的预期价格、分销渠道及第一年以促销（尤其是广告）为重点的营销预算费用；第三部分是阐述较长期的销售额和利润目标及不同时期的营销组合策略等。

5. 营业分析

在这一阶段，企业市场营销管理者要复查新产品将来的销售额、成本和利润的估计，看看它们是否符合企业的目标。如果符合，就可以进行新产品开发。

6. 产品开发

这一阶段主要是将通过商业分析后的新产品概念送交研究开发部门或技术工艺部门研制成为产品模型或样品，同时进行包装的研制和品牌的设计。这是新产品开发的一个重要步骤，只有通过产品研制，投入资金、设备和劳力，才能使产品概念实体化，才能发现产品概念的不足与问题，进而继续改进设计，也才能证明这种概念在技术、商业上的可行性。

7. 市场试销

企业将少量通过生产测试的样品作为正式产品，投放到有代表性的小范围市场上进行试销，旨在检查这种新产品的市场效应，然后再决定是否大批量生产。不过并非所有新产品都必须经过试销，是否试销主要取决于企业对新产品成功率的把握。如果对新产品成功率没有把握，付出一定的试销费用是必要的。

8. 批量上市

新产品试销成功以后，就可以正式批量生产，全面推向市场。这时企业就要动用大量资金支付大量费用，而新产品投放市场的初期往往利润微小，甚至亏损，因此，企业在此阶段应在投放时机、投放地区、目标市场和营销组合等方面慎重考虑。

（四）新产品特征与市场扩散

新产品进入市场后，企业的任务就是抓住时机推广，使消费者尽快接受。新产品能否为市场迅速接受，取决于众多因素，但新产品所具有的特征是影响市场扩散程度的一个重要因素。新产品主要有如下几个特征。

(1) 新产品的相对优点。消费者对新产品的要求，很重要的一点就在于新产品优异于旧产品。新产品的相对优点愈多，即在诸如功能性、可靠性、便利性、新颖性等方面比原有产品的优越性愈大，满足消费者需要的程度就愈高，市场接受和扩散速度就愈快。例如，近几年市场流行的各种遥控彩电、多功能家用炊具、台式组合音响等，其扩散速度就比较快，因为这些产品的优越性显而易见。与上述产品相比，家用洗碗机的扩散速度就慢得多了。虽然家用洗碗机也有很多优越性，但这种优越性却不容易为人们认知和觉察，而且在设计家用洗碗机时，制造商忽略了城市的大部分家庭厨房面积狭小、三口之家在不断增加这两种重要因素，故很多小家庭对这样一个功能单一、既费电又占地方、很不实惠的“庞然大物”是很难产生需求的。相对优点少，就是家用洗碗机市场扩散缓慢的重要原因。

(2) 新产品的使用方法是否复杂。一般而言，新产品的结构和使用方法越简单，越有利于新产品的推广扩散，消费品更是如此。如果使用一种新产品需要掌握复杂的知识和技能，那就不容易被消费者接受。一般照相机的使用需要相当多的知识背景，很多人觉得难以掌握其要领，因此，一般照相机的扩散速度受到了限制。在简化操作程序、调整一般相机结构基础上生产出来的“傻瓜”相机，适应了消费者操作简单、使用方便的心理要求，一投放市场便迅速地得到了扩散。所以在设计新产品时应尽量简化操作程序，大众化、方便化，这将有利于新产品的扩散。

(3) 新产品的可传播性。即新产品的性能或优点是否容易被人们观察和描述，是否容易被说明和示范。凡信息传播较便捷、易于认知的产品，其采用速度一般比较快。例如，流行服装不用广而告之，即可知晓，因而流行较快；反之，某些除草药剂因不能立即看到效果，市场扩散就比较慢。

(4) 新产品与目标市场的消费习惯、消费方式和消费观念是否协调一致。当新产品与目标市场的消费习惯、消费方式和价值观念相适应或较为接近，就会加速产品的推广使用。反之，一种新产品的使用，需要改变消费者原有的消费方式、消费习惯和价值观念，那么新产品的扩散速度就会受到影响。

(5) 新产品的可试性。新产品允许购买者试用可以加快产品的扩散速度，尤其是一些在试用后，短时间内可以表明使用效果的产品更是如此。一些零售商、制造商让顾客试用、试听、试尝，或折零销售，其意义就在于此。齐齐哈尔某商店实行香烟论支卖，生意非常兴隆。因为现在香烟新牌子比较多，一些顾客想买又怕不好抽。把整盒的烟打开论支卖，顾客品尝后，香烟的好坏马上可知，这样既可以为新牌子香烟打开销路，又能招来大批顾客。不少厂家和商店的产品，尤其是新牌子的产品之所以问津者稀少，其中一个主要原因就是产品未被消费者所认识，产生不了购买欲望。

新产品的上述特征往往不能一目了然地为消费者或用户所察觉，为此，企业应当认真做好各种促销工作。

应用四 服务营销

服务营销是企业在充分认识消费者需求的前提下，为充分满足消费者需要在营销过程中所采取的一系列活动。服务作为一种营销组合要素，真正引起人们重视是在20世纪80年代后期，这一时期，由于科学技术的进步和社会生产力的显著提高，产业升级和生产的专业化发展日益加速。

一、服务

美国服务营销专家克里斯蒂·格鲁诺斯认为，服务一般是以无形的方式，在顾客与服务人员、有形资源商品或服务系统之间发生的可以解决顾客问题的一种或一系列行为。

把服务当作一种产品来理解，服务被当作一种可以生产、营销、消费的对象，包含各种有形和无形服务的集合，它由三个部分组成：核心服务、便利性服务、支持性服务。核心服务是企业存在于市场的原因，比如，体育场馆提供的健身娱乐服务是核心服务。为了让顾客可以使用核心服务，通常还需要附加的服务，如体育场馆的接待服务。这种附加的服务由于方便核心服务的消费和使用，所以属于便利性服务。支持性服务不是为了方便核心服务的消费和使用，而是用来提高服务价值或者是与竞争对手区别开来，如体育场馆的茶饮、淋浴服务就属于支持性服务。支持性服务与便利性服务之间的界限不是很分明，但是可以这样来理解：便利性服务是必不可少的，缺少它核心服务就处于瘫痪；而支持性服务仅仅是作为一种竞争手段，即使没有它们，核心服务仍然可以发挥作用。由于服务的特点，顾客在一定程度上参与服务的生产，服务的过程即买卖双方相互作用，包含三个基本要素：服务的可接近性、买卖双方的相互作用、顾客参与。这些要素扩大了服务的概念，形成了扩大的服务供给。当然，这三种服务供给的要素必须服从顾客利益。例如，如果顾客的要求长时间得不到服务员的响应，或者顾客健身后，浴室用起来过于麻烦，那么再好的服务其感知质量也会很糟。同时由于服务的无形性，沟通活动不仅对顾客预期产生影响，对顾客的经历也有直接的影响。

（一）服务的特征

绝大多数服务都有以下四个基本特征，它们影响到企业营销方案的制订。

（1）无形性。服务在很大程度上是无形的和抽象的，在被购买之前，是看不见、摸不到的，这使得顾客的购买风险增加。为了减少购买的不确定性，顾客会寻求服务质量标记或证据。

（2）差异性。服务行业是以“人”为中心的产业，由于人类个性的存在，使得对服务的质量检验很难采用统一的标准。

（3）不可分离性。该特征是指服务的生产过程与消费过程同时进行，顾客只有加入服务的生产过程才能最终消费服务。

（4）不可贮存性。由于服务的无形性和不可分离性，使得服务不可能像有形产品一样贮存保管，以备将来出售。

（二）服务的分类

为了更好地理解服务，对服务进行有效的管理，依据不同的标准，可以对服务进行不同的分类。

（1）根据提供服务的工具不同，可分为以机器设备为基础的服务（如旅游、剧院、自动售货机）和以人为基础的服务（如咨询、会计、教育）。

（2）根据顾客参与程度，可以将服务划分为：高接触性服务，顾客在服务推广的过程中参与其中全部或大部分的活动，如教育、公共交通等；中等接触性服务，顾客在服务推广中只是部分地或在局部时间内参与其中的活动，如银行、律师、房地产经纪人等；低接触性服务，在服务推广的过程中顾客与服务的提供者接触较少，如邮电通信业、批发商业等。

（3）根据服务活动的本质分类。可分为作用于人的服务和作用于物的服务。作用于人的服务有些需要消费者在场，如民航服务、理发、外科手术等；有些不需要消费者在场，如娱乐、网络教育等。作用于物的服务需要被处理的物体对象在场，而顾客本人则不需在场，如干洗衣服、汽车修理等。

（4）根据劳动密集程度与交互性和个性化程度的结合，可将服务划分为服务工厂、服务作坊、大众化服务、专业化服务四种类型。服务工厂提供标准化的资本密集型服务，如航空公司、公共交通。服务作坊提供定制化服务，更倾向于满足个性化的需求，要在高资本条件下开展业务，如医院、修理厂。大众化服务是在劳动密集型服务状态下得到无差别服务，如学校、零售业等。专业化服务是由经过特殊训练的专家向顾客提供个性化服务，如会计、律师事务所提供的服务。

案例分析 迪士尼乐园服务营销

"只要你来到这里，里面的任何一个角落，你都能找到一个属于你内心的童话世界。"提起迪士尼，人们便会想到家庭娱乐，想到"米老鼠"。人们进入迪士尼就如同进入梦幻世界，在这里可以看到我们这个星球的过去和未来，从中得到假日的娱乐。而从前的娱乐只是少数人的"特权"，大众难以进入。靠着"在娱乐之中学习知识"的诀窍，迪士尼成了名留青史的企业巨头，开创并主宰了一个全新的卡通世界。迪士尼的与众不同之处在于，它生产的是精神产品、无形产品、文化产品和娱乐产品，目的是为孩子和家长提供娱乐、创造人间的欢乐童话。

迪士尼把生产有形产品推进到生产无形产品的远见卓识是领先于时代的，正是这种远见使其能在竞争激烈、复杂险恶的环境中始终比别人先走一步。在动画片由无声到有声、由黑白到彩色、由短片到长片的关键转折过程中，它总能够走在时代的前列，始终引领动画片的发展方向，不断开拓新的领域，从而走向更大的成功。

迪士尼在"产品"上不断求变。经营者不但创作卡通，而且朝着全方位的家庭娱乐组合发展，包括电视、主题公园以及都市规划。通过主题公园的形式，迪士尼致力于提供高品质、高标准和高质量的娱乐服务。同时，公司还提供餐饮，销售旅游纪念品，经营度假宾馆、交通运输和其他服务支持行业。迪士尼品牌、米老鼠、唐老鸭、苏菲等动画人物，均享有极大的影响力和声誉，并包含着巨大的经济利益。然而，整个迪士尼经营业务的核心仍是“迪士尼乐园”本身。而该乐园的生命力，在于能否使游客欢乐。由此，给游客以欢乐，并由游客和员工共同营造“迪士尼乐园”的欢乐氛围，成为“迪士尼乐园”始终如一的经营理念和服务承诺。

引导游客参与是营造欢乐氛围的另一重要方式。游客们能同艺术家同台舞蹈，参与电影配音，制作小型电视片，通过计算机影像合成成为动画片中的主角，亲身参与升空、攀登绝壁等各种绝技的拍摄制作等。在“迪士尼乐园”中，员工们得到的不仅是一项工作，而且是一种角色。员工们身着的不是制服，而是演出服装。他们仿佛不是为顾客表演，而是在热情招待自己家的客人。当他们在游客之中，即在“台上”，当在员工们之中，即在“台后”。在“台上”时，他们表现的不是他们本人，而是一个具体角色。根据特定角色的要求，员工们要热情、真诚、礼貌、周到，处处为客人的欢乐着想。简而言之，员工们的主体角色定位，是热情待客的家庭主人或主妇。

（资料来源：https://yuedu.baidu.com/chapter/1a85c46ba517866fb84ae45c3b3567ec102ddc96/365f315f375f31）

二、服务营销的特征

服务营销包括两大类，服务产品的营销和客户服务的营销。服务产品营销的本质是研究如何促进作为产品的服务的交换；客户服务营销的本质则是研究如何利用服务作为一种营销工具促进有形产品的交换。

（一）服务营销的要素

服务营销的特殊性决定了服务营销过程和质量由三个重要因素组成，即企业、顾客和服务提供者。三个要素之间形成三种类型的营销，它们是使一项服务成功而必须要进行的活动，即外部营销、内部营销和互动营销，形成服务营销三角模型，如图 9－4 所示。所有者的活动都涉及做出并保持对顾客的承诺。

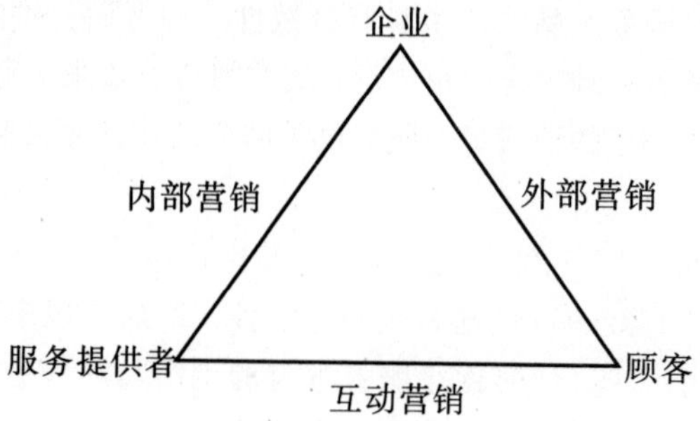

图 9－4　服务营销三角模型

1. 外部营销

外部营销是根据顾客的期望以及提供方式，公司向顾客做出的承诺，除了广告、营业推广外，还包括各种营销研究、发掘市场上消费者未被满足的需求、确定目标市场、决定各项产品决策、通路决策、促销决策等。

2．内部营销

要使服务提供者和服务系统按照公司做出的承诺提供服务，服务提供者必须具备提供服务的技艺、能力、工具和动力。他们必须理解公司的意图，并有意愿、有能力去实现意图，这些营销活动被称为内部营销。内部营销是外部营销成功的先决条件。

3．互动营销

互动营销是指服务提供者与顾客在服务提供过程中发生直接接触，服务提供者能够站在顾客的观点出发，将公司的服务提供给顾客的互动行为。服务人员与顾客产生良好、友善、高质量的互动才是真正优良的服务。例如，UR 是一个广州的女装品牌，因为 UR 的女装不仅款式好而且价格不高，因此每当节假日 UR 的试衣间总是爆满。为了更好地实现 UR 以顾客为中心、为顾客提供最佳服务的企业承诺，UR 的技术部推出了 UR 小程序（如图 9－5 二维码所示），让用户可以在小程序上直接预约试衣间，从而大大减少因试衣间拥堵造成用户服务体验差的尴尬局面。

图 9－5　UR 互动营销二维码

一个完整的三角形必须由三条边组成，对于服务来说，三条边代表的三厢营销活动，都是服务营销活动的关键。

（二）服务营销的一般特点

服务营销是一种通过关注顾客，进而提供服务，最终实现有利的交换的营销手段，服务营销的一般特点主要表现在供求分散性、营销方式单一性、顾客的复杂多变性、消费者需求弹性大、对服务人员总体要求高。

1．供求分散性

在服务营销活动中，服务产品的供求具有分散性。一方面，供给方覆盖了第三产业的各个部门和行业，所提供服务的内容也很广泛；另一方面，需求方则涉及各种类型的企业、社会团体和千家万户不同类型的消费者。服务供求的分散性，要求服务网点要广泛而分散，尽可能地接近消费者。

2．营销方式单一性

有形产品的营销方式有经销、代理和直销等多种，产品可以多次转手，经批发、零售等多个环节才到达消费者手中。但是由于服务本身的生产与消费的同时性，决定了服务营销只能采取直销方式，中间商的介入和存储待售都是不可能的。服务营销方式的单一性、直接性，在一定程度上限制了服务市场规模的扩大，也限制了服务业在许多市场上出售自己的服务产品。

3．顾客的复杂多变性

服务市场的购买者是多元的、广泛的、复杂的，其购买动机和目的也是各异的，某一服务产品的顾客可能牵涉社会各行各业不同类型的家庭和不同身份的个人，即使购买同一服务产品，有的顾客用于生活消费，而其他顾客却用于生产消费。

4. 消费者需求弹性大

根据马斯洛需求层次原理，人们的基本物质需求是一种原发性需求，这类需求人们容易产生共性。而人们对服务的需求，尤其是精神文化消费的需求，属继发性需求，需求者会因各自所处社会环境和自身条件不同而形成较大的需求弹性。同时，对服务的需求与对有形产品的需求在一定组织及总金额支出中相互牵制，也是形成需求弹性大的原因之一。此外，服务需求受外界条件影响大，如季节变化、气候变化、意外事件等对旅游服务、航运服务、信息服务、环保服务的需求造成重大影响。服务需求的弹性大是服务业经营者最棘手的问题。

5. 对服务人员总体要求高

服务者的技术、技能和技艺直接关系着服务质量，消费者对各种服务产品的质量要求也就是对服务人员的技术、技能和技艺的要求。服务人员的服务质量很难有唯一的、统一的衡量标准，而只能有相对的标准和消费者的心理感知，这就对服务人员的总体素质和能力提出了很高的要求。

课堂实训

某超市顾客抱怨的处理方案

商品缺货，致使顾客抱怨买不到商品

一位顾客到超市购买某项特价商品，发现货架上空无一物，于是前往服务台抱怨。其处理程序如下：

顾客：小姐，你们这是什么超市嘛！

服务人员：有什么问题，我可以为您服务吗？

顾客：为什么我每次到你们店里买特价商品总是买不到？像这次三公斤装的“××沙拉油”，宣传单上明明写的特价时间是一个星期，结果我第三天来买就没有了，把我们当傻瓜呀？这不是欺骗顾客吗？

服务人员的处理方法：我可以理解当您大老远跑来一趟，买不到自己想要的东西时，心里一定很不舒服。实在很抱歉让您白跑一趟，我们已经跟厂商联络了，但货还没有送到，是不是可以先请您填一张取货单，留下您的姓名和联系方式，等货送到后，我们马上通知您。服务人员（在顾客同意之后）拿出取货单请对方填写，同时填写抱怨记录表。货品送到之后，立即通知顾客前来取货。服务人员在完成以上处理后通知店长及采购人员立即联络厂商，并重新估计正确的订货量，避免再度发生因店内订货不足而导致顾客抱怨的事，以免影响超市形象。

顾客抱怨商品价格太贵

顾客：小姐，你们的东西为什么比别人贵？

服务人员：有什么问题，我可以为您服务吗？

顾客：像这个××洗发水，你们卖32元，但是前面××超市才卖28.5元，为什么你们要赚的比人家多？简直是剥削消费者嘛！

服务人员的处理方法：在这里买了东西后，发现别的地方更便宜，心里一定很不舒服。

实在很抱歉，不过我们很感谢您向我们提供这些商品信息，让我们了解应该改进的地方。我会将您的建议写在顾客意见单上并汇报给店长和采购人员，我们一定会改善。服务人员（在顾客同意之后）拿出顾客意见单请对方填写，同时填写抱怨记录表存档。若顾客希望直接见店长，则应立即通知。服务人员在处理后，通知店长及采购人员立即做市场调查，并重新评估是否有修订售价的必要。若商品的确有降价的变动，可打电话告知顾客，本店已经依他的建议予以改善。

上述两位服务人员在处理顾客抱怨时的处理方法基本上是正确的，但在实际经营管理过程中，由于引起顾客抱怨的原因、理由和环境等因素复杂多样，顾客心理也是不同的，所以，在处理顾客抱怨时还是要强调因时、因地和因人而异。

（三）服务营销的要素

市场营销的实质是一种交换关系，物质产品营销的理论和原则也适用于服务营销。由于服务的前述特征，服务营销战略的形成和实施，以及服务营销组合均应有所调整。服务市场营销的要素主要有5点。

1. 产品

服务产品必须考虑的要素是提供服务的范围、质量、品牌、保证以及售后服务等。服务产品包括核心服务、便利性服务和支持性服务。核心服务体现了企业为顾客提供的最基本效用，如航空公司的运输服务、医院的诊疗服务等；便利性服务是为配合、推广核心服务而提供的便利，如订票、送票、送站、接站等；支持性服务用以增加服务的价值或区别于竞争者的服务，有助于实施差异化营销战略。

2. 分销

随着服务领域的扩展，服务销售除直销外，经由中介机构销售者日渐增多。中介机构主要有代理、代销、经纪、批发、零售等形态。

3. 定价

由于服务质量水平难以统一界定，质量检验也难以采用统一标准，加上季节、时间因素的影响，服务定价必须有较大的灵活性。而在区别一项服务与另一项服务时，价格是一种重要的识别标志，顾客往往从价格中感受到服务价值的高低。

4. 促销

服务促销包括广告、人员推销、营业推广、宣传、公共关系等营销沟通方式。为增进消费者对无形的服务的印象，企业在促销活动中要尽量使服务产品有形化。

5. 人员

服务业的操作人员，在顾客心目中实际上是产品的一个组成部分。

实训与实践：分析品牌的宣传载体

选择身边熟悉的产品（如手机、汽车或其他产品或服务）品牌进行分组调研，统计一周内该品牌出现的时间、地点、次数和宣传载体的类型，分析该品牌所使用宣传载体的优点和不足，形成分析报告上交，由教师点评。

实训流程：

（1）调查对象：

（2）调查时间（一周）：

（3）调查内容：

类别 时间	品牌名称	地点	宣传载体（如宣传单、户外广告牌、电视广告、网络广告等）	备注

分析各品牌产品所用宣传载体的优缺点（由宣传载体与目标市场的匹配度着手分析），并提出改进措施。

思考题

1. 以手机为例，分别描述其核心产品、有形产品、期望产品、附加产品、潜在产品，你觉得其中的哪个层次还可以更丰富，进一步满足消费者的需求？

2. 如何理解品牌的含义与品牌的作用？

3. 什么是顾客的感知价值？你如何理解顾客感知价值？

4. 什么是产品生命周期？产品生命周期包含哪些阶段？

5. 什么是服务？什么是服务营销？服务营销包括哪些特征？

任务十 渠道策略的应用

学习目标

通过本任务的学习，应充分认识渠道策略的内涵及其重要性，并掌握渠道的功能以及分类；应掌握渠道设计的决策和方法，以及分销渠道设计的影响因素；掌握渠道目标建立、约束等技能，以及评估渠道方案的方法；掌握渠道成员管理以及冲突、合作、竞争管理等内容；充分认识电子商务营销渠道的重要性、类型以及管理和发展。

任何商品或者服务，不管有形或者无形，都必须要通过一定的途径和方式才能够到达消费者手中，最终实现交换。企业营销渠道的选择将直接影响到其他营销决策，它同产品策略、价格策略、促销策略一样，也是企业是否能够成功开拓市场、实现销售及经营目标的重要手段。

应用一 营销与营销渠道

一个企业仅有好产品是远远不够的，必须建立、开发和设计一个有效、畅通的营销渠道。戴尔（DELL）因为其有效的直销渠道，在短短20年内，打败了称霸PC市场多年的巨人IBM、康柏而稳坐世界PC第一的交椅，联想开发了3000多家稳定牢固的代理商，从而成为中国PC的老大，麦当劳在全球拥有20 000多家连锁加盟店，成了快餐行业的首霸。现今，是一个渠道横行的时代！

一、营销渠道的内涵及其重要性

关于营销渠道的内涵，市场营销学权威菲利普·科特勒指出："营销渠道是指某种货物或劳务从生产者向消费者移动时，取得这种货物或劳务所有权或帮助转移其所有权的所有企业或个人。"美国市场营销协会（AMA）认为营销渠道是企业内部和外部的渠道成员和经销商（批发和零售）的组织机构，通过这些组织，产品或劳务才得以在市场销售。美国学者伯特·罗森布罗姆将营销渠道定义为与企业外部关联的、达到企业分销目的的经营组织。哈佛商学院两位营销学教授亚德里安斯和莱沃斯基认为营销渠道是指"一个企业的整体运作，包括如何选择顾客，确定和区分顾客反应，定义自身的任务和外包的内容，确认其资源，进入市场，是一个为顾客提供效用和在活动中获得利润的整体系统"。简单地说，营销渠道就是商品和服务从生产者向消费者转移过程的具体通道或路径。

渠道选择会影响其他的营销决策。企业的定价取决于它是使用在线折扣店还是高档精品店，企业的销售人员和广告决策也取决于分销商需要企业提供多少培训和激励。此外，渠道决策包括对其他企业所做的相对长期的承诺以及一系列政策和程序。当一个汽车制造商授权独立的经销商销售其汽车的时候，制造商不能第二天就买回其经销权而代之以自己的经销点。但同时，渠道选择本身取决于企业基于市场细分、目标市场的选择和定位考虑而制定的营销战略。全方位营销者确保这些所有不同领域的营销决策综合起来可以创造出最大的价值。

中粮集团是入选世界500强的企业之一，生产经营的产品包括粮食、食用油、巧克力、服装、茶叶、葡萄酒等。这些产品的营销渠道有三种：（1）生产者→批发商→零售商→消费者；（2）生产者→进口商→零售商→消费者；（3）生产者→零售商→消费者。

营销渠道系统的决策是管理者面临的最重要的问题之一。营销渠道也代表了一种重要的机会成本，其主要作用之一是将潜在的顾客转换成带来利润的顾客。

二、渠道功能和流程

生产者愿意把部分销售工作委托给中间机构，这种委托意味着放弃对于如何推销产品和销售给谁等方面的某些控制。不过，生产者可以借助中间机构获得更好的效果和更高的效率。凭借自身的各种联系、经验、专业知识以及活动规模，中间机构将产品广泛地推向目标市场，它们通常比生产企业自己做要更加出色。

（一）渠道成员的功能和流程

1. 渠道成员功能

营销渠道执行的任务是把产品从生产者那里转移到消费者手中。它填补了产品、服务与实际需求在时间、空间和所有权方面的差距。营销渠道的成员执行了一系列的重要功能：

（1）收集市场中的潜在和现有顾客、竞争者以及其他相关参与者的信息；

（2）设计和传播具有说服力的广告信息来刺激购买；

（3）在价格和其他事项上达成协议使得对所有权或财产权的转移产生影响；

（4）向制造商下订单；

（5）获得资金，为营销渠道不同层级下的存货提供资金；

（6）评估开展渠道工作涉及的风险；

（7）提供连续的存货和实物产品的搬运；

（8）为购买者的付款提供银行或其他金融机构服务；

（9）监督组织或个人之间的实际所有权转移。

2. 营销渠道的五项营销流

营销渠道是为了完成销售活动，渠道是销售活动的载体，而销售活动又是包含各方面相互联系的流程。要完成销售活动，必须分析其中的销售流程，保持销售流程的通畅，发挥营销渠道的功能。在实际中，一些企业产品质量好，但由于销售渠道不畅，没管理好，销售不好，经济效益不高，甚至导致产品停产。以下为有代表性的企业产品的营销渠道的五项营销流，如图 10－1 所示。

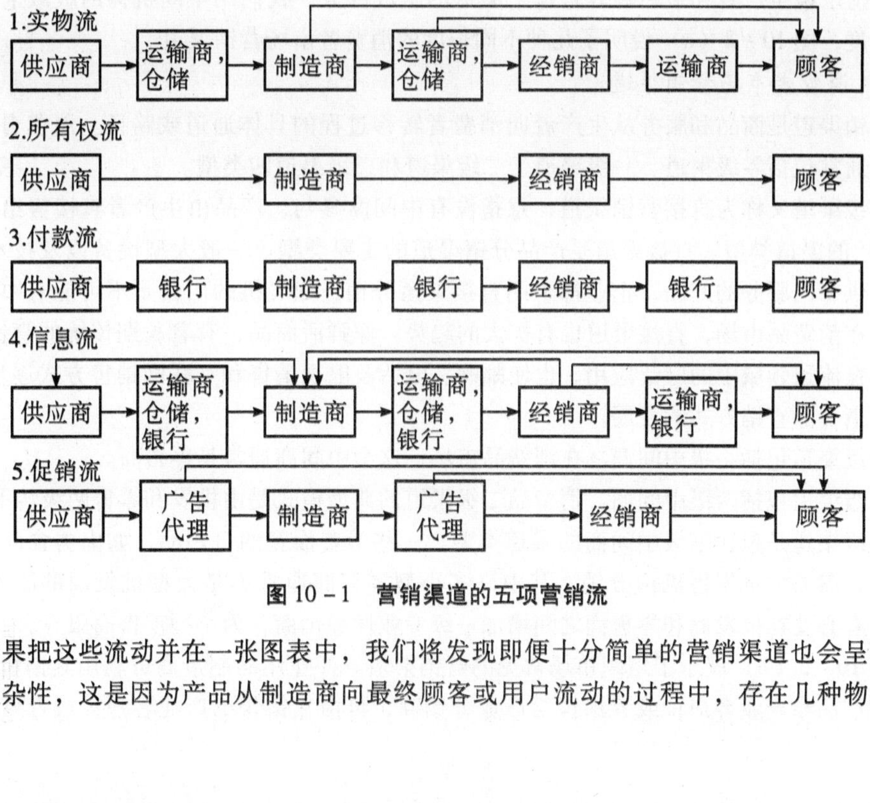

图 10－1 营销渠道的五项营销流

如果把这些流动并在一张图表中，我们将发现即便十分简单的营销渠道也会呈现出极大的复杂性，这是因为产品从制造商向最终顾客或用户流动的过程中，存在几种物质或者非物质形式的运动"流"，渠道则表现为这些"流"的载体。组成分销渠道的各种机构是由实物流、所有权流、付款流、信息流和促销流联结起来的。

（1）实物流也称为物流，是指产品从生产领域向消费领域转移过程中的一系列产品实体的运动。它包括产品实体的储存以及由一个机构向另外一个机构进行运输的过程，同时还包括与之相关的产品包装、装卸、流通加工等活动、物流活动使产品由生产领域向消费领域转移得到了实质保证。

（2）所有权流亦称为商流，是指产品从生产领域向消费领域转移过程中的一系列买卖交易活动。在这一活动中，实现的是产品所有权由一个机构向另一个机构的转移。

（3）资金流亦称为货币流，是指产品从生产领域向消费领域转移的交易活动中所发生的货币运动。一般是顾客通过银行或其他金融机构将货款付给中间商，再由中间商扣除佣金或差价后支付给制造商。一般来说，资金流与所有权流正好反方向运动。

（4）信息流是指产品从生产领域向消费领域转移过程中所发生的一切信息收集、传递和加工处理活动。它既包括制造商向中间商及其顾客传递产品、价格、销售方式等方面的信息，也包括中间商及其顾客向制造商传递购买力、购买偏好、对产品及其销售状况的意见等信息，信息流运动是双向的。

（5）促销流是指企业为了产品销售、通过广告、宣传报道、人员推销、营业推广、公共关系等促销活动对顾客施加影响的过程。

在以上"五流"中，实物流和所有权流是最为重要的，是整个产品分销活动得以实现的关键，对分销渠道的研究也主要是针对这两个流程。

（二）渠道层级

渠道层级生产者和最终顾客是每个渠道的组成部分。我们用中间机构的级数来表示渠道的长度，图 10－2（a）说明了几种不同长度的消费者市场营销渠道。

1. 消费者市场营销渠道

营销渠道是商品和服务从生产者向消费者转移过程的具体通道或路径。消费者市场营销渠道通常包括零级渠道、一级渠道、二级渠道和三级渠道四类型。

零级渠道又称为直接营销渠道，意指没有中间商参与，产品由生产者直接售给消费者（用户）的渠道类型。直接渠道是产品分销渠道的主要类型。一般大型设备以及技术复杂、需要提供专门服务的产品，企业都采用直接渠道分销，如飞机的出售是不可能有中间商介绍的。在消费品市场，直接渠道也有扩大的趋势。像鲜活商品，有着长期传统的直销习惯，新技术在流通领域中的广泛应用，也使邮购、电话及电视销售和互联网销售方式逐步展开，促进了消费品直销方式的发展。

一级渠道包括一级中间商。在消费品市场，这个中间商通常是零售商。

二级渠道包括两级中间商。消费品二级渠道的典型模式是由批发和零售两级转手分销。

三级渠道是包含三级中间商的渠道类型。一些消费面宽的日用品，如肉类食品及包装方便面，需要大量零售机构分销，其中许多小型零售商通常不是大型批发商的服务对象。对此，有必要在批发商和零售商之间增加一级专业性经销商，为小型零售商服务。

图 10－2（b）展示了组织市场常见的营销渠道。产业用品制造商可利用其销售人员直接销售产品给产业客户；或者销售给产业分销商，再由它销售给产业客户；或者可通过制

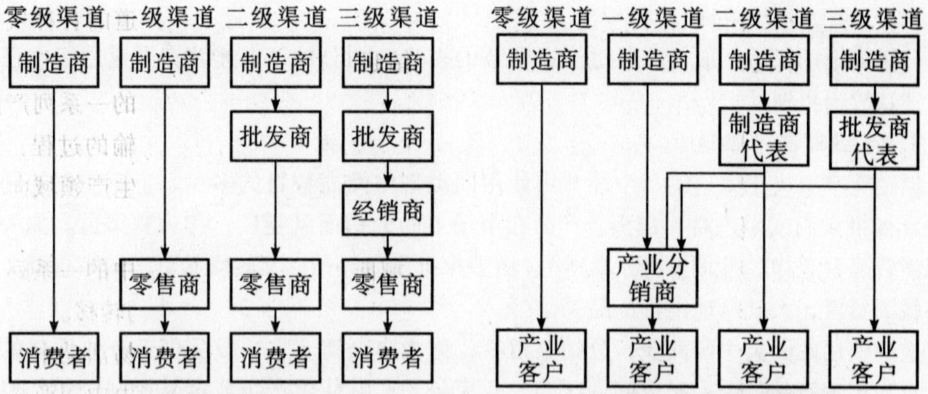

(a) 消费者市场营销渠道　　(b) 组织市场营销渠道

图 10-2　消费者市场和组织市场营销渠道

造商代表或销售分支机构直接销售给产业客户；或者通过产业分销商间接销售给产业客户，因此，零级、一级和二级营销都很常见。

渠道一般是指产品从来源到用户的正向运动。也有人提出所谓的逆向流渠道，它们在以下情况下显得很重要：(1) 重复使用的产品或者容器（如反复灌装化学药品的圆桶）；(2) 可修整再销售的产品（如电路板或者计算机）；(3) 循环使用的产品（如纸张）；(4) 销毁的产品或者包装物。

有几种中间商在各种逆向流渠道中起作用，其中包括：制造商的回收中心、社区小组、废弃物收集专业人员、回收利用中心、废弃物回收利用经纪商、中央处理仓库。

2. 服务领域渠道

随着互联网和其他技术的进步，服务行业如银行、保险、旅游和股票买卖，都通过新的渠道进行。

营销渠道在“个人营销”中也不断变化。除了现场和电视娱乐节目，演艺人员、音乐家和其他艺术家能够通过许多在线渠道接触到潜在和已有的粉丝——通过他们的个人网站、社交网络以及第三方网站。政治家也必须寻找渠道组合——大众传媒、集会、喝咖啡吃茶点时间、电视广告、布告栏、传真、电子邮件、博客、播客、网站和社交网络——来向他们的选民传播信息。

非营利服务机构也采用多种渠道，如学校开发了“教育传播系统”，医院开发了“健康传送系统”。为了接触到更大范围的人群，这些机构必须找到合适的机构和地点。

(二) 营销渠道的分类

营销渠道分类是指企业根据企业的战略目标，选择适合企业需求和目标的渠道模式。

1. 直接渠道与间接渠道

直接渠道与间接渠道的区别在于有无中间商。

直接渠道，是指生产企业不通过中间商环节，直接将产品销售给消费者。直接渠道是工业品分销的主要类型。

间接渠道，指生产企业通过若干中间商环节把产品传送到消费者手中。间接分销渠道是消费品分销的主要类型，工业品中有许多产品诸如化妆品等采用间接分销渠道。

2. 长渠道和短渠道

分销渠道的长短一般是按通过流通环节的多少来划分的，上述营销渠道层级中已有详细论述，故不再展开。

3. 宽渠道与窄渠道

渠道宽窄取决于渠道的每个环节中使用同类型中间商数目的多少。企业使用的同类中间商（如批发商或零售商）越多，产品在市场上的分销面就越广，称为宽渠道。如一般的日用消费品（毛巾、牙刷、开水瓶等），由多家批发商经销，又转卖给更多的零售商，能大量接触消费者，大批量地销售产品。

企业使用的同类中间商少，分销渠道窄，称为窄渠道。它一般适用于专业性强的产品或贵重耐用消费品，由一家中间商统包，几家经销。它使生产企业容易控制分销，但市面上的分销面受到限制。

4. 单一渠道和多渠道

当企业全部产品都由自己所设的门市部直接销售，或全部交给某一个批发商（有时是零售商）经销，称为单一渠道。多渠道则可能是在本地区采用直接渠道，在外地则采用间接渠道；在有些地区独家经销，在另一些地区多家分销；对消费品市场用长渠道，对生产资料市场则采用短渠道。

案例分析 惠康电脑直销模式

1998 年 8 月，广州某大学毕业生林惠康凭着 1 万元的创业资本，创办了“惠康电脑公司”，经营起个人电脑生意，“惠康电脑”成为第一家根据顾客个人需求组装电脑的公司，而且不经过批量销售电脑的经销商控制系统，直接接触最终用户。林惠康的理念非常简单：按照客户要求制造计算机，并向客户直接发货，使惠康公司能够最有效和明确地了解客户需求，继而迅速做出回应。这个直接的商业模式消除了中间商，这样就减少了不必要的成本和时间，让惠康公司更好地理解客户的需要。这种直接模式允许惠康公司能以富有竞争性的价位，为每一位消费者定制并提供具有丰富配置的强大系统。通过平均每周一次的库存更新，惠康公司能够把最新相关技术带给消费者，而且远远快于那些运转缓慢、采取分销模式的公司。

正是这种大胆的直接与客户接触的网络营销观念使得惠康公司迅速发展，并在市场中占据有利地位。这种革命性的举措和独到的先见之明使惠康公司成为领先的计算机系统直销商，跻身业内主要制造商之列。

应用二 渠道设计决策

营销渠道设计是按照企业产品特点和相应的市场需求，科学构建和确定企业产品营销渠道的组织体系。渠道设计是营销渠道战略的具体化，是为了实现渠道战略，保证产品销售顺利完成。因为营销渠道需要企业的各方面资金投入，且关系到产品销售的效率和效益，一旦建成后要保持相对稳定性，难以轻易改变。渠道的建成或关停都要耗费人力、物力、财力，所以，在建立之初必须做好设计，设计是渠道管理的开端，良好的开端是成功的基础。

一、分析顾客需求

营销渠道设计通常是从分析顾客需求开始，通过对各种备选的渠道类型进行评估，创建全新的分销渠道，或改进现有渠道，从而实现营销目标的活动。

（一）分销渠道目标设计

消费者会基于价格、产品品类、便利程度和他们自己的购物目标（经济的、社会的或经验的）来选择喜欢的渠道。就像产品存在细分一样，营销者必须注意到不同的消费者在购买过程中有着不同的需求。

（1）批量大小。批量是分销渠道在购买过程中提供给用户的单位数量。不同批量，供应价格不同，服务水平也有所差别。一般集团和单位的购买量较大，享受的优惠和服务较高；家庭和消费者个人的购买量较小，得到的优惠和服务也会较少。当然，有时家庭和个人也会为了享受大量优惠而大量购买，比如团购。

（2）等候和交付时间。等候时间是顾客等待收到货物的平均时间。顾客越来越喜欢交货更快的渠道，这就要求渠道成员必须提高自己的供货服务水平。当然，这也需要渠道成员之间的协调与沟通。因此，供应链管理与建立快速反应系统成为渠道建设的重要任务和必不可少的工具。

（3）空间便利。空间便利是分销渠道为用户购买产品所提供的方便程度。这主要是指渠道成员的仓储设施、供应网点数量是否足够多以及分布是否足够广。它直接影响到用户购买的成本和便利性，也影响到用户产品的供应保障程度。

（4）产品多样性。产品多样性是由渠道提供的商品品种的宽度。一般来说，顾客更喜欢较多品种，因为更多选择会增加找到他们想要的产品的概率，不过更多的选择有时也会带来负面的效果。

（5）服务支持。服务支持是分销渠道的附加服务（信贷、交货、安装、维修等）。服务支持越多，越受用户欢迎，用户的忠诚度就越高，同时渠道成员支出的成本也越高。

（二）影响分销渠道设计的因素

1．顾客特性

市场状况直接影响产品销售，因此，顾客特性是影响分销渠道设计的重要因素之一。顾客特性主要涉及目标市场范围、顾客的集中程度、顾客的购买习惯、顾客的购买频率及购买行为、顾客对不同促销方式的接受程度等因素。目标市场范围越大，渠道就越宽、越长；反之，则越短、越窄。顾客越集中，渠道越短、窄；反之，则渠道越长、宽。如果顾客愿意到零售点购买，则适宜间接渠道；反之，则适宜直接渠道。购买频率高、经常小批量购买的，一般就近购买，则需要长、宽渠道；反之，则需要短、窄渠道。同时，顾客对不同促销方式的敏感性也影响到渠道选择。

2．产品特性

产品的价格、产品的体积和重量、产品的式样、产品的自然生命周期、产品的标准性和专用性、产品的市场生命周期等因素都是产品的特性，这些因素将会影响企业的分销渠道决策。单价低的商品适合长、宽渠道；相反，则适合走短、窄渠道。体积大、重量重的商品应该走短渠道或直接渠道，以避免商品质量受损；反之，则走长渠道或者间接渠道。流行性商品应该走短、宽渠道。易腐烂变质的商品、专用性商品宜走短渠道；而易存商品、标准商品则走长、宽渠道。在产品市场生命周期的引入期，商品应该走短、窄渠道，成长期和成熟期则应该走宽、长渠道，衰退期则要收缩网点，选择短、窄渠道。

3. 中间商特性

不同的中间商实力、特点各有不同，诸如广告、运输、储存、信用、人员素质、送货频率等方面具有不同的特点，从而影响生产企业对分销渠道的选择。中间商特性主要涉及中间商的类型、执行的职能与可能提供的服务、实力状况、市场声誉、分销业绩与经验等方面。如果选择连锁商业，则渠道又长又宽；而选择独立店，则渠道就比较窄。实力强的、形象好的中间商，分销经验丰富，市场覆盖面广，顾客众多，渠道会长而宽；相反，则短而窄。

4. 竞争特性

企业分销渠道的设计往往受到竞争对手的分销渠道的影响。竞争特性主要涉及竞争者的实力、营销目标、营销战略以及市场营销组合策略等情况。一般而言，生产者都要避免选择与对手相同的渠道，避开竞争对手，以免造成两败俱伤。若实力较强，也不妨选择同一渠道展开竞争。

5. 企业自身特性

企业自身特性涉及企业的规模和声誉、营销战略与政策、管理能力与经验以及企业控制渠道的愿望和能力等。企业自身实力强的，一则自建渠道体系，二则选择中间商，因为消费者喜欢购买其产品，中间商也愿意经营；实力弱的，一般选择中间商经营。如果企业要求对用户快速交货，则对中间商提出更高要求，如对服务要求、配送要求、存货要求等。管理能力高、经验丰富的企业，渠道选择有较高的灵活性。企业要控制渠道，则会选择短渠道或者自建渠道；反之，会选择长、宽渠道。

6. 环境特性

宏观经济环境特性涉及的因素较多，如经济形势、交通运输条件、民族传统与民族习惯等，一些关系国计民生的重大商品，必须按照国家规定的分销渠道进行，像粮食、棉花、石油等；所涉及的法规主要有专卖制度、反垄断法、进出口规定和税法等，如税收政策、价格政策等因素都影响着企业对分销渠道的选择，烟酒的专卖制度就要求企业应当依法选择分销渠道。

二、建立渠道目标和约束

营销者应该用服务产出水平、相关的成本和支持水平来描述渠道目标。在竞争情况下，渠道成员应该对其功能任务进行安排，使得降低费用的同时提供消费者期望达到的服务产出水平。一般来说，设计者可依据对不同服务产出水平的需求来识别细分市场，然后为不同的细分市场选择最佳渠道。

渠道目标因产品特性的不同而不同。体积庞大的产品，如建筑材料，要求采用运输距离最短、搬运次数最少的渠道布局。非标准化产品，如顾客定制的机器等，则由公司销售代表直接销售。需要安装或者长期维护服务的产品，如制冷制热系统，通常由公司或者特许经销商销售并维护。单位价值高的产品，如发电机，一般由公司人员销售，很少通过中间商。

营销者必须使渠道目标适应整个大环境。当经济不景气时，生产者总是要利用较短的渠道将其产品推入市场，并且取消一些会提高产品最终价格的非必要的服务。法律规定和限制也将影响渠道设计。

三、识别主要渠道方案

每种渠道——从销售人员到代理商、分销商、经销商、直邮、电话销售和互联网，都有各自的优势和劣势。销售人员可以处理复杂的商品和交易，但交易费用高昂。使用互联网成本很低，但无法处理复杂的商品交易。分销商可以创造销售额，但公司失去了直接联系顾客的机会。分销商的多个客户可以分摊其销售代表的成本，但是他们的销售力度也要比制造商自己的销售代表的力度弱一些。

渠道方案在三个方面相区别：中间商类型、中间商的数量、渠道成员的条件和责任。

1．中间商类型

一般来讲，企业在选择渠道成员的过程中，要了解中间商经营时间的长短、成长记录、人员的素质与数量、清偿能力、合作态度、经销的其他产品大类的数量与性质、商店的位置、经常光顾的顾客类型、市场形象与声望、未来发展潜力等情况，以便做出合理、科学、高效的决策。

企业在选择渠道成员时经常出现两种情况：一是毫不费力地找到愿意加入渠道系统的中间商；二是必须费尽心思才能找到期望数量和质量的中间商。不论遇到哪一种情况，企业利用、选择中间商构架企业的分销渠道与分销体系，都要发掘和发挥中间商的优势与特长，尽量使不同中间商之间、企业与中间商之间能够相互补充、协调配合，从而使分销系统的功能更强、效率更高。

2．中间商的数量

有三种渠道战略：密集性分销战略、独家性分销战略、选择性分销战略。

密集性分销战略。密集性分销是使用尽可能多的中间商销售自己的商品或劳务，又叫广泛分销，是最宽的一条渠道。其优点是市场覆盖面广，缺点是难以调动中间商的积极性，制造商需承担相当大的广告费用。此战略适合消费品中的便利品和产业用品中的供应品。

独家性分销战略。独家性分销是在一定地区和一定时间内，只选择一家中间商经营本公司产品或服务。一般来说，独家性的零售商不再经营竞争品牌。其优点是能调动中间商的积极性，提高经营效率，控制价格。缺点是会失去潜在顾客。此战略适合特殊商品、名牌商品和专业技术性强的商品。

选择性分销战略。选择性分销仅仅通过少数几个精心挑选的最合适的中间机构来经营某一种特定产品。此策略比独家性分销宽，利于市场开拓，同时比密集性分销节省费用，便于管理和控制，加强协作，提高销售水平。此战略适合各种商品，尤其是名牌商品。

3. 渠道成员的条件和责任

渠道成员必须受到尊重并有获得盈利的机会。“贸易关系组合”中的主要因素有：价格政策、销售条件、分销商地区权利以及双方的服务和责任。

价格政策。要求制造商制定价目表、折扣计划表与补贴明细表，使中间商确信这些是公平而充分的。

销售条件。指付款条件和制造商担保。大多数制造商对付款较早的分销商给予现金折扣。他们也可以向分销商提供有关产品质量或价格下降等方面的担保，以激励分销商更多地购买产品。

分销商地区权利。指确定分销商的管辖地区并规定生产商允许其他分销商进入的条件。分销商一般喜欢把自己销售地区的所有销售业绩都归功于自己，不管这些销售是不是通过它促成的。

双方的服务和责任。双方的服务和责任必须十分谨慎地确定，尤其是采用特许经营和独家代理等渠道形式。麦当劳向加盟的特许经销商提供房屋、促销支持、记账制度、人员培训、一般行政管理与技术协助。反过来，特许经销商必须在设施设备方面符合公司的标准，对公司新的促销方案予以配合，提供公司需要的信息并向特定的供应商购买供应品。

四、评估主要渠道方案

营销渠道设计有利于产品销售，提高市场占有率，实现企业的利润目标。所以，每一个渠道方案都需要对经济性、可控性和适应性进行评估，以使营销渠道设计与企业目标一致。

经济性标准是分销渠道方案评估的最主要标准，主要是通过比较分销渠道的销售额与销售成本之间的关系，对不同渠道的经济效益进行评估。经济性分析主要是比较每个方案可能达到的销售额及费用水平，比较由本企业推销人员直接推销与使用销售代理商哪种方式销售额水平更高，比较由本企业设立销售网点直接销售所花费用与使用销售代理商所花费用哪种方式支出的费用更多，企业通过对上述情况的权衡和比较，从中选择最佳分销方式。

可控性和适应性标准。使用代理商要考虑控制问题。代理商会专注于那些购买商品最多的顾客，而不是那些购买本公司产品的顾客。此外，代理商的推销人员可能没有掌握公司产品的技术细节，或者不能有效地利用促销材料。为了发展渠道，渠道成员必须在一个特定的时期对彼此做出承诺。但是这些承诺实际上降低了生产商应对市场变化和不确定的能力。生产商需要寻求有高度适应性的渠道结构和政策。

课堂实训 永辉超市的渠道建设

永辉超市是一家以生鲜为特色的区域连锁超市，旗下有永辉门店、永辉 Bravo、超级物种、彩食鲜等品牌。在原有传统连锁超市实体门店的基础上，近年来开始试水电商。2015 年 8 月，京东与永辉达成战略合作协议，促其加快了线上渠道的布局和发展。截至 2016 年底，公司门店总数487家，新签约门店123家，已签约未开业门店达202家，有望带动未来业绩稳步提升。公司计划2017年新开100家以上Bravo店和24家超级物种。2017年，永辉生活APP（如图10－3二维码所示）悄然出世，其功能分析如表10－1所示。它是永辉微店的升级版，由此可见永辉集团并未放弃自建移动商店这一渠道，自建和入驻第三方平台2条渠道同时进行。同年，永辉入驻了第三方平台——京东到家（功能分析如表10－2所示）。京东到家是京东2015年重点打造的O2O生活服务平台，它既基于京东物流体系和物流管理优势，同时在共享经济风行的推动下依托“互联网＋”技术大力发展“众包物流”，整合各类O2O生活类目，向消费者提供生鲜及超市产品的配送，并基于LBS定位实现2小时内快速送达，打造生活服务一体化应用平台。

图10－3 永辉生活APP

表10－1 永辉生活APP功能分析表

项目	具体内容
展示订单	永辉生活最新促销信息，吸引顾客试用，打开销路 基于GPS定位，在配送范围内永辉店、Bravo店、超级物种均可下单购买
支付和提货	支付方式：微信支付和支付宝 配送方式：依托于京东到家的达达物流，开展当日达配送
服务和购物分享	会员中心可以查找订单详情、进度、购后评价；拼团服务；购买会员卡以及充值；联系客服及意见反馈

表10－2 京东到家APP功能分析表

项目	具体内容
展示订单	展示各入驻商家最新的促销信息 基于GPS定位，在配送范围内各入驻商家均可下单购买
支付和提货	支付方式：微信支付和支付宝 配送方式：达达物流，当日配送；部分商家自己配送
服务和购物分享	会员中心可以查找订单详情、进度、购后评价；地址管理；达达配送员招募；联系客服及意见反馈

请就永辉超市目前的渠道建设状况进行评估与分析，并提出改进的建议。

1．渠道整合分析

表 10－3 永辉超市渠道整合分析表

项目	具体内容
营销要素整合	产品：线上渠道的产品品类较线下实体店少，除此之外，线上线下品类基本一样 价格：除少数特惠产品外，线上线下价格齐平 促销：线上线下各自开展，手机端并未展示门店最新促销信息，吸引顾客进店消费；线上门店较少宣传永辉生活以及京东到家 APP，也未见扫码下载的广告单
信息整合	信息访问：消费者在 APP 各自登录，各自订单系统 交易信息：产品分拣由各门店完成，配送统一由达达物流完成
服务整合	永辉生活 APP 和京东到家 APP 目前都不支持永辉门店会员卡的识别

从表 10－3 可以看出，永辉超市无论是门店、京东到家 APP 还是永辉生活 APP，各渠道间信息缺乏交叉渗透和互相引流。渠道间触达信息的交叉渗透与引导十分重要。其原因在于：渠道间信息的交叉渗透是渠道整合的结果，也是信息融合的体现，为顾客提供了更多渠道选择以及渠道转换的机会，体现了以消费者为中心的思想，可以在第一时间引导有需求的顾客到其他渠道去体验购买，降低购物认知与情感成本。此外，它们也融合了顾客与零售商信息的产品或服务的个性化设计与推荐，是维持顾客忠诚度、降低顾客流失率的关键方法。

2．渠道冲突分析

虽说全渠道的渠道整合和融合能给各渠道都带来双赢的结果，提升整个渠道的效益，但是若全渠道还停留在 1.0 模式，更多地体现为多渠道，或者说渠道整合还停留在初级探索阶段，那么渠道之间的冲突就不可避免。永辉超市移动商店的客户群大部分由实体门店的客户群引流而来，若移动商店后续不能带来流量的放大效益，渠道之间就达不到双赢效果，则只能是零和博弈的效果，移动商店的销量和实体门店的销量就只能是此消彼长的关系。因此，关键在于永辉超市后续能否依托于移动商店的放大力量，从移动商圈获得远超地面商圈的流量，促进销量的进一步快速增长以及线上渠道和线下渠道整合程度的加强，渠道间互惠也就更加明显，彼此也能实现双赢的效果。

应用三　渠道管理决策

为实现企业销售的目标而对现有渠道进行管理，以确保渠道成员间、企业和渠道成员间相互协调和能力合作的一切活动，其意义在于共同谋求最大化的长远利益。

课堂实训 经销商的胁迫退出网络渠道的不理智选择

最近，某著名国内手机品牌公开宣布，该品牌的产品从未在网络渠道上进行销售，现在网络上销售的产品，公司难以保证是原厂正品。一个著名品牌如何会做出这样看似自毁长城的声明呢？其中原因不是厂家要打击假货，而是网络上销售的产品远远低于厂家分销渠道的终端零售价，影响了这个渠道价值链的利润空间，于是各级经销商群起攻之，迫使厂家壮士断腕，告别网络渠道。

厂家在经销商的胁迫下放弃网络渠道，是非常不理智的。因为在互联网市场条件下，有些产品并不一定都是厂家直接销售的，而是网民利用各级价差，包括经销渠道的差异化的价格而开展的趋利行为，如果厂家面对这种状态（只经传统的销售渠道）而不管时，最终的结果肯定是越来越乱。与其陷于被动，还不如早日主动出击，将网络渠道体系纳入企业的渠道策略体系规划中。

一、渠道成员管理

企业在确定了渠道方案以后，必须对每个渠道中的每个中间商进行选择、培训、激励和评价，必须随着时间调整渠道设计和安排。当公司不断发展壮大时，也要考虑将渠道扩展到国际市场。

（一）渠道成员的选择标准

生产者在招募中间商时，常处于两种极端情况之间。一是生产者毫不费力地找到特定的销售商（如零售商场）并使之加入渠道系统。它之所以能够吸引经销商前来加入渠道系统，可能是因为它很有声望，也可能是因为它的产品能赚钱。在某些情况下，独家分销或选择分销的特权也会吸引大量的中间商愿意加入其渠道系统。对于那些毫不费力地得到所需数目的中间商的生产者来讲，它所做的工作只是选择适当的中间商而已。二是生产者必须费尽心思才能找到期望数量的中间商。例如，某一清凉饮料的生产者好不容易在食品商店找到合适的陈列位置。生产商还必须研究中间商如何做采购决策，尤其是研究他们对毛利、广告与销售促进、退货保证等重视的程度。此外，生产者还必须开发一些能使中间商赚大钱的产品。

不论生产者遇到上述哪一种情况，都须明确中间商的优势特性。一般来讲，生产者要评估中间商经营时间的长短及其成长记录、清偿能力、合作态度、声望等。当中间商是销售代理商时，生产者还须评估其经销的其他产品大类的数量与性质、推销人员的素质与数量。当中间商打算授予某家百货公司独家分销时，生产者尚须评估商店的位置、未来发展的潜力以及经常光顾的顾客的类型。

（二）培训和激励渠道成员方案设定

企业要像对待最终顾客一样对待其中间商，需要明确中间商的需要，并为其设计合适的渠道产品，从而向中间商提供优良价值。企业需要详细计划并执行培训项目、市场研究以及其他构建能力的项目，以激励中间商并提高其绩效。企业必须不断地传达这样一个观点，即把中间商当作重要的合作伙伴，两者共同努力以使最终消费者满意。中间商的激励是指对分销渠道中的各个渠道成员所进行的激励。分销商的激励包括直接激励和间接激励两种。

1. 直接激励

直接激励是指通过给予中间商物质、金钱的奖励来激发中间商的积极性，从而实现公司的销售目标。直接激励主要包括三种形式：返利、价格折扣和开展促销活动。

（1）返利。采用返利方式激励时应注意：返利标准，一定要分清品种、数量、登记、返利额度；返利形式，一定要注明是现金返还是货物返，或是两者结合。对于货物返，能否作为下期的销售任务数，也要注明；返利时间，是月返、季返还是年返，应根据产品特性、流转周期而定；返利附属条件，如严禁跨区域销售、严禁擅自降价、严禁拖欠货款等。

（2）价格折扣。价格折扣方式包括数量折扣、贸易折扣、现金折扣、季节折扣。

（3）开展促销活动。促销活动开展应注意：①促销目标一定要明确，如销售额增加多少，渗透终端店多少等；②促销力度，既要考虑是否刺激中间商，又要考虑企业成本的承受能力；③促销内容，如赠品、抽奖、派送、返利等，一定要吸引人；④促销时间，何时开始，何时结束，必须要让所有顾客都知道；⑤促销费用申报；⑥促销活动管理；⑦促销活动考评，对促销效果进行考评。

2. 间接激励

间接激励是指通过中间商获得更好的管理、销售方法，从而提高销售绩效。

（1）帮助中间商做好进销存管理，指帮助中间商建立进销存报表，做好安全库存数和先进先出库管理。

（2）帮助中间商进行零售终端管理，指帮助中间商整理货架，设计商品陈列形式等终端管理工作。

（3）帮助中间商管理其客户网络，指帮助中间商建立客户档案，包括客户的店名、地址、电话等，并根据客户的销售量将它们划分等级，据此告诉中间商对不同等级客户应采用不同的支持方式等。

（4）实施伙伴关系管理。指生产企业与中间商结成合作伙伴，风险共担，利益共享。伙伴营销的基本构成要素包括共享利润、相互信任、相互尊敬、相互联系、诚实反馈、相互合作、灵活多样、相互理解。在伙伴营销中，生产企业与中间商作为合作者，共同致力于提高产品质量、降低管理成本，相互参与对方的产品开发、存货管理与销售过程。伙伴营销建立多以长期合同为基础，双方着眼于未来交易和长期利益，将为共同的目标而努力。

案例分析　店家大卖高仿假洋河酒

2013 年 1 月 28 日上午 10 点，南京江宁区科学园工商分局接到举报，称位于天元及第城附近的一家白酒批发单位，在销售假冒伪劣洋河系列白酒，并且涉及多个品牌。

接到举报后，执法人员一边派人着便装进行暗访，一边迅速和洋河酒厂的打假人员取得联系。暗访人员首先来到这家大型白酒批发店，自称是一家公司的采购员，要购买洋河系列酒作为礼品送人。

看见来了顾客，老板很热情，他说，他们店送人有两种酒，一种是市场上销售的洋河系列酒，一种是他们店通过内部关系搞来的特供酒，至于酒的真假，老板没有正面回答，只是说很多单位都来订这些酒送人，质量绝对没有问题。

为了取证，执法人员表示要先看货。老板满口答应，随即给伙计们使了一个眼色，伙计们立即在琳琅满目的货品中扒出几箱洋河“特供酒”。这些特供酒没有豪华的外包装，都是简单地在包装外面印上“政府特供”“军队特供”等字样。

看执法人员对特供酒没有什么兴趣，老板又从货品堆里搬出几瓶洋河“梦6”白酒，还表示是通过关系进的货，价格要比市场便宜100多元。

在确认无误后，执法人员立即亮明身份，配合第二批赶来的执法人员和酒厂打假人员对该批发店的各种白酒进行检查。经过执法人员和打假人员的鉴别，发现该店销售的洋河梦之蓝、天之蓝等白酒均为假酒。

记者在现场看到，这些假酒除了标有“特供”字样之外，外包装和商场超市销售的白酒没有什么两样。据打假人员胡先生介绍，他们作为打假人员，对产品十分了解，除了查看产品外包装外，正品白酒还有很多标记，这些标记一般人是发现不了的，只有他们打假人员才知道。

售假老板说，他这次进的数百瓶假冒洋河系列酒，都是低于正品好几成的价格买来的，比如洋河“梦6”系列高仿白酒，进价只要280元，天之蓝只有120元，这样，他们随便加点钱，很容易脱手。“做生意是要看人的，熟人一般给真的，不认识的一般给这种酒，因为价格比市场低了很多，他们还以为自己捡了个便宜，不知道其中有假。”

（资料来源：http://jsnews2. jschina. com. cn/system/2013/03/15/016563683. shtml）

在选择分销渠道成员时要考虑哪些因素？而洋河酒厂应该采取哪些措施加强对中间商的管理？

白酒批发单位卖假酒是典型的“挂羊头、卖狗肉”，这则案例反映了洋河集团对中间商选择、监管的薄弱。生产者不仅要通过中间商销售其产品，还要向他们推销其产品和理念，对他们进行必要的监督和激励。否则，一些定力不足的中间商就会做出不忠于生产商的销售行为。

二、渠道冲突、合作与竞争

无论对渠道进行多么好的设计和管理，冲突总会存在，最根本的原因就是各个独立的企业实体的利益不会总是一致。当一个渠道成员的行为导致其他渠道无法实现目标的时候，渠道冲突就会发生。当渠道成员都联合到一起来完成共同的渠道目标，而非各自潜在的不兼容目标时，就会产生渠道协调。

（一）渠道冲突和竞争类型

从渠道产生的环节看，渠道冲突类型有以下三种。

（1）垂直渠道冲突。指同一渠道中不同环节的冲突。如供应商与零售商之间的冲突。

（2）水平渠道冲突。指同一渠道中同一环节的不同成员之间的冲突。如在同一区域内同一供应商的零售商之间的冲突。

（3）多渠道冲突。指制造商建立的两个或者两个以上的渠道，这些渠道在向同一市场销售同一商品时产生冲突。如自建渠道与中间商之间的冲突。

从渠道冲突的后果和严重性看，渠道冲突分为两种类型。

（1）良性冲突。这是指渠道成员之间的冲突能够促进更好、更新的观点与方法产生，相互之间的攻击行为没有失去理智，不具有破坏性，有利于提高整体渠道绩效。

（2）恶性冲突。指渠道成员之间的敌对情绪和对抗超过一定程度，对渠道关系和渠道绩效产生破坏性影响，带来严重的消极后果。这种冲突分散了渠道成员为实现整体目标所做的努力，渠道资源被用于报复对方所采取的行动中，渠道成员彼此不信任和敌视，如窜货行为。

渠道冲突的原因包括以下几种。

（1）目标不一致。制造商想要通过低价策略实现快速市场渗透。相反，经销商更偏爱高毛利和追求短期的盈利。

（2）角色和权利不清晰。双方在签订合同时，对双方的责权规定模糊，如销售区域、价格折扣等。

（3）认知差异。制造商可能对短期经济前景较为乐观并希望经销商多备存货，但经销商却不看好。如在饮料行业，制造商和分销商对于最优广告战略经常产生争论。

（4）中间商对制造商的依赖。专用特许经销商的利益与制造商的产品和价格决策休戚相关，这为冲突埋下了隐患。

（二）渠道冲突管理

一些渠道冲突能起到建设性的作用，能使公司更好地适应变化的环境；但是太多的冲突就会导致功能失调。管理不在于消除所有的冲突——这也不可能实现——而在于如何更好地管理它。以下是一些有效的管理冲突的机制。

1. 战略性理由

在某些情况下，一个可信的战略性可以减少渠道成员之间的潜在冲突——如渠道成员为不同的细分市场服务，因此竞争并不像他们想象中那么激烈。为不同的渠道成员提供不同的产品是一种强调渠道差异化的有效办法。

2. 双重回报

双重回报意味着为新渠道实现的销售向现有渠道付费。例如公司在线上销售时，同意支付给代理人2%的佣金，以激励他们为那些在网上获得报价的顾客提供面对面的服务。

3. 高级目标

渠道成员基于共同追求的基本目标或高级目标达成协议，共同目标可以是生存、市场份额、高品质或顾客满意。这种情况经常发生在渠道面临外部威胁时，如出现更有效的竞争渠道、法律的不利规定或消费者需求发生改变。

4. 员工交换

一种有效的措施是在两个或更多的渠道层级上交换员工。

5. 成员联合

营销者可以鼓励协会等第三方机构成员间形成联合的伙伴关系。

6. 拉拢收买

拉拢收买是指一个组织通过将另一个组织的领导者纳入其咨询委员会、董事会等类似决策层，以赢得其支持。如果发起组织以认真的态度对待对方的领导者并听取他们的意见，合作经营就会减少冲突；不过，发起组织为了赢得对方支持，可能需要对自身的政策和计划做出让步。

7. 协商、调解或仲裁

当冲突是长期性的或比较尖锐时，冲突方可能需要采取更强硬的手段。协商是双方派出个人或小组与对方面对面地解决冲突。调解意味着由经验丰富的中立第三方根据双方的利益进行调停。仲裁是双方同意把纠纷交给第三方（一个或更多的仲裁员），并接受其仲裁决定。

8. 诉诸法律

当上述方法都无效时，公司或渠道成员可能会选择诉诸法律。

应用四 电子商务渠道

电子商务是指厂商利用网站在线为消费者提供产品或服务并完成交易。在线零售销售近年来呈现爆炸式增长。在线零售商能够有预见性地为各种不同类型的顾客和商家提供便利、内容丰富、个性化的购物体验。因为不需要花费店铺门面、人员以及存货的成本，在线零售商可以向市场提供小批量的产品并获得利润。在线零售商之间在以下三个方面展开竞争：顾客与网站间的互动性、送货、产生问题时的解决能力。

一、电子商务企业经营对象类型

企业与消费者之间的电子商务（business to customer，即 B2C）。这是消费者利用互联网直接参与经济活动的形式，类同于商业电子化的零售商务。随着互联网的出现，网上销售迅速地发展起来。B2C 是电子商务按交易对象分类中的一种，即表示商业机构对消费者的电子商务。这种形式的电子商务一般以网络零售业为主，主要借助于互联网开展在线销售活动。

企业与企业之间的电子商务（business to business，即 B2B）。B2B 方式是电子商务应用最多和最受企业重视的形式，企业可以使用互联网或其他网络对每笔交易寻找最佳合作伙伴，完成从订购到结算的全部交易行为。B2B 是企业对企业进行网上交易，即商家（泛指企业）对商家的电子商务。

消费者与消费者之间的电子商务（consumer to consumer，即 C2C）。C2C 商务平台就是通过为买卖双方提供一个在线交易平台，使卖方可以主动提供商品上网拍卖，而买方可以自行选择商品进行竞价。例如一个消费者有一台旧电脑，通过网上拍卖，把它卖给另外一个消费者，这种交易类型就称为 C2C 电子商务。

C2B 是电子商务模式的一种，即消费者对企业（customer to business）。最先由美国流行起来的 C2B 模式也许是一个值得关注的尝试。C2B 模式的核心，是通过聚合为数庞大的用户形成一个强大的采购集团，以此来改变B2C模式中用户一对一出价的弱势地位，使之享受到以大批发商的价格买单件商品的利益。目前国内很少厂家真正完全采用这种模式。

二、电子商务公司分类

我们能够区分纯点击公司——那些开始于Web站点的公司，之前并没有任何企业形式的存在，以及实虚合一公司——现有的传统公司又增添了在线网站，以提供信息或实施电子商务。

纯点击公司包括多种类型的纯线上企业：搜索引擎、互联网服务提供商、电子商务网站、交易网站、内容网站和驱动网站。电子商务网站出售各种产品和服务，包括畅销书、音乐、玩具、保险、股票、服装和金融服务等。

电子商务成功的要素：一是企业必须谨慎地创立和经营自己的电子商务网站，顾客服务是关键。企业应该将网页设计得更快捷、更简单、更易于使用。有些非常简单的举措，如在屏幕上放大产品的图片，可以增加访问者的观看时间，提高购买概率。二是消费者调查显示，最重要的抑制网上购物的原因是缺乏愉快的体验、社交互动以及与企业代表一对一咨询的机会。企业对此做出了回应。很多企业现在提供在线实时聊天服务，为潜在顾客提供即时的产品咨询以及额外购买建议。为了增加基于网络的购物体验的客户满意度、娱乐性以及信息价值，一些公司雇用网络虚拟角色、虚拟图像或动画人物来充当公司的销售代表、个人购物助理、网站导游或者对话伙伴。网络虚拟角色可以提高基于网络的销售渠道的有效性，特别是当他们被视为专家或有吸引力时。三是保证在线交易的安全性和隐私性也十分重要。消费者必须相信网站是可靠的——即使网站背后是一家已经有很好声誉的线下公司。对于网站设计和流程的投资可以减少消费者对于网上购物风险的顾虑。在线零售商也正在尝试通过新技术来吸引新顾客——如博客、社交网络和手机营销。

实虚合一公司。虽然很多实体公司在决定是否要增加一个在线电子商务渠道之初都要经历一番辩论，因为害怕它们的线上产品或服务会与线下零售商、代理商或者自营商店产生冲突，不过最终在看到通过网络渠道可以获得巨大商机之后大部分都决定要增加互联网作为分销渠道。即使是宝洁这种多年来都通过传统实体渠道独家分销的公司，也开始在网上销售汰渍、帮宝适和玉兰油等大品牌产品；部分原因是这样可以更密切地关注和检验消费者的购物习惯。对于许多公司来说，同时管理线上和线下渠道成为当务之急。

增加电子商务渠道带来了对零售商、经纪商、代理商和其他中间商产生冲击的威胁。问题是怎样同时通过中间商和网络进行销售。要取得中间商的认可和支持至少有三种策略：第一，为线上渠道供应不同的品牌或产品；第二，为补偿对线下渠道成员销售造成的负面影响，提供更高的佣金；第三，下单过程在线进行，但是运送和收款环节由零售商完成。

三、移动电子商务

目前世界上手机的数量已经远多于个人计算机的数量，手机和智能手机的广泛渗透使得人们可以随时随地连接到互联网、在网上下订单。很多人在移动电子商务中看到了巨大的商机，目前已有的移动渠道和媒体可以使消费者与某个品牌实现全天候的联系和互动。移动互联功能可以帮助消费者把握购买喜爱品牌的机会。

移动营销和这样一个事实——公司可以使用 GPS 技术对一位顾客或员工进行定位——都引发了个人隐私的问题。就像很多新科技一样，基于定位的服务既可能产生正面影响，也可能产生负面影响，并最终需要公众的监督和管理。

四、跨境电商

跨境电子商务是指分属不同关境的交易主体，通过电子商务平台达成交易、进行支付结算，并通过跨境物流送达商品、完成交易的一种国际商业活动。

跨境电子商务是基于网络发展起来的，网络空间相对于物理空间来说是一个新空间，是一个由网址和密码组成的虚拟但客观存在的世界。网络空间独特的价值标准和行为模式深刻地影响着跨境电子商务，使其不同于传统的交易方式而呈现出自己的特点：（1）全球性；（2）无形性；（3）匿名性；（4）即时性；（5）无纸化；（6）快速演进。

跨境电子商务作为推动经济一体化、贸易全球化的技术基础，具有非常重要的战略意义。跨境电子商务不仅冲破了国家间的障碍，使国际贸易走向无国界贸易，同时它也正在引起世界经济贸易的巨大变革。对企业来说，跨境电子商务构建的开放、多维、立体的多边经贸合作模式，极大地拓宽了进入国际市场的路径，大大促进了多边资源的优化配置与企业间的互利共赢；对于消费者来说，跨境电子商务使他们非常容易地获取其他国家的信息并买到物美价廉的商品。例如，网易考拉（如图 10－4 二维码所示）、小红书等都是我国跨境电商领域的新兴企业。

图 10－4　网易考拉二维码

五、O2O 线上线下管理

O2O 即 online to offline，这个概念最早来源于美国，是指将线下的商务机会与互联网结合，让互联网成为线下交易的前台。O2O 的概念非常广泛，只要产业链中既可涉及线上，又可涉及线下，就可通称为 O2O。2017 年的“双十一”，仅是京东商城当日的销售额就达到了 1271 亿元，天猫更是达到了 1682 亿元，远远超过冰岛和喀麦隆等国家一年的 GDP。

第十六届中国互联网大会公布，2016 年中国电子商务经济总量达到 22.6 万亿元，占 GDP 比重超过 30%。预计到 2020 年，中国数字经济规模将超过 32 万亿元，占 GDP 比重 35%，到 2030 年，数字经济占 GDP 比重将超过 50%，我国已经进入“互联网＋”的新时代。“互联网＋”已经成为人们生活不可分割的一部分，哪怕传统得像农业生产这样古老的行业，都在开始思考如何进行网络营销和开展电子商务了，但传统企业在营销模式尤其是渠道模式网络化转型的过程中却遇到了很多麻烦。

课堂实训 网络渠道与传统渠道的冲突（京东与国美之战）

2010年岁末，国美、苏宁等家电销售连锁巨头以窜货为由，要求其供应商各大家电厂，减少向网络销售商京东商城供货，企图“封杀围剿”京东商城，从而使得传统渠道对网络渠道的对抗公开化了。有着60：100的销售规模份额的京东商城也毫不示弱，指责苏宁和国美等渠道运作效率不高，企图价格垄断，要求供应商出面协调，给个说法。一边是新兴渠道的快速增长、年轻消费族群的巨大潜力，一边是传统渠道巨大的现实销量和广阔的覆盖面，各供应商只能在火药味越来越浓的两者冲突中不断救火，小心平衡。

线上渠道与线下渠道面向的客户群体重叠，这是冲突的本源。线上（即网络渠道）作为新兴的渠道模式对线下（即传统渠道）的挤压是必定存在的，而且网络渠道携互联网之传播快速的优势及中间环节简化带来的价格优势，让传统渠道从直观上对网络渠道有敌意。由互联网的特性带来的价格冲击，这是线下渠道反应激烈的本质，网络渠道销售的商品由于不存在物流和仓储成本，也无需负担昂贵的营销成本，最终导致同样产品在线上售卖的价格比线下零售店的要便宜。

线上与线下渠道都有各自的优缺点。线上渠道的优点：成本低、品类多，其追求广域覆盖、海量分销和低价冲击，购买与销售效率高，而且可以海量搜索，性能比对和价格PK；缺点：产品质感、使用体验与品牌感觉无法实现，容易出现窜货现象。线下渠道的优点：可以面对面服务和产品感受的体验式营销，有很好的消费氛围，给消费者以增值感；缺点：渠道运营成本很高，需要排他性的产品代理、较高的价格空间和严格的区域保护。

解决线上线下渠道冲突的办法主要有以下几种。首先要做好渠道模式优化和运作管理提升。大部分的渠道冲突都是利益主体不明确、分配机制不合理、分工协同体系混乱等渠道设计原因而导致的，所以要设计好渠道模式，做到利益分配清晰，分工协同高效，市场管理规范，这样才能解决根本矛盾。其次要做好产品区隔与价格政策的管理。产品区隔和价格保护是有效解决传统渠道与网络渠道冲突的有力措施。要保护线下传统渠道，在产品定价时应该有一个最低限定价格线。同时要做好市场推广和促销活动的协同配合。网络渠道在市场推广和促销告知上有许多独特的优势，只要策略得当，做好协同，就能够与传统营销方式联动，取得事半功倍的效果。线上线下的促销活动规则和力度应一致，且积分可以通用。

做好客户服务策略优化与协同实施。在客户服务方面，传统渠道和网络渠道要保持一致的服务内容和标准，以便给顾客统一的服务界面，但在服务形式与手段方面，却要发挥各自特长，以降低服务成本，提升客户服务效率。做好线上线下渠道的维护与管理。在其营销网络化的过程中，这种渠道管理不能放松，对网络渠道的各级主体和合作商要严格把关，仔细筛选出与公司营销理念相同、具备相当条件的网络经销商，同时明确规则和奖惩措施，对网络渠道出现的违规现象要坚决处理，这样才能有良好的市场执行，各类经销商才会更加有信心。

实训与实践：选择营销渠道模式

让学生熟悉和掌握中小企业如何选择分销渠道模式，了解现有的渠道运行的状况及存在的问题。

（1）选择学校所在城市，对该城市的不同行业的企业进行分类。小组根据所选行业、调查目的、内容，统一制作调查问卷。

（2）进行实地调查，对所选的行业内企业进行走访，了解其渠道选择、渠道运行、渠道管理的状况。

（3）总结走访企业的渠道状况及渠道选择的一般模式。

（4）指出调查企业渠道设计、运行、管理中的问题。

（5）针对渠道运行中存在的问题，提出具体的解决措施。

实训步骤：

（1）根据教学班级学生人数来确定数个小组，每一小组人数以 7 ~ 9 人为宜，小组中要合理分工。

（2）在老师指导下统一认识，以小组为单位开展企业分销渠道调查，分别采集不同的资料和数据。

（3）在调查的基础上，小组成员充分讨论，形成小组的课题报告。

（4）在全班进行交流，师生共同评价。

一、实训基本信息	
实训项目名称	不同行业企业渠道选择、渠道运行、渠道管理项目实训
二、实训项目	
调查方式选择	①人员访问； ②邮寄问卷
调查内容评估	①小组分别对所选行业进行调查分析； ②对行业的营销渠道、渠道运行、渠道管理等项目进行分析总结； ③指出企业在运行管理中存在的问题； ④针对运行中的问题，指出解决的措施
市场调查总结	营销渠道的选择要视不同行业、企业的具体情况来进行具体分析

思考题

1. 消费品分销渠道长度模式有哪几种？
2. 分销渠道设计应该考虑哪些因素？
3. 如何正确处理渠道成员之间的利益冲突？
4. 激励经销商的措施有哪些？
5. 电子商务公司的分类是怎样的？

任务十一 价格策略的应用

学习目标

通过本任务的学习，应充分认识价格策略的内涵，熟悉价格的含义与影响价格的重要因素，以及定价模型；应掌握新产品的主要定价方法：撇脂定价、市场渗透定价等；应掌握产品线定价、被选产品定价、附属产品定价、副产品定价、一揽子定价等产品组合定价策略；应掌握折扣定价、市场细分定价、心理定价、差别定价等价格调整策略。

价格策略是企业根据购买者各自不同的支付能力和感知效用情况，结合产品进行定价，从而实现最大利润的定价办法。价格策略是一个比较近代的观念，源于19世纪末大规模零售业的发展。在历史上，多数情况下，价格是买者做出选择的主要决定因素；不过在最近的十年里，在买者选择行为中非价格因素已经相对地变得更重要了。但是，价格仍是决定公司市场份额和盈利率的最重要因素之一。在营销组合中，价格是唯一能产生收入的因素，其他因素表现为成本。

案例分析 成也价格、困也价格的小米公司

小米1发布的时候，雷军喊出1999元价格确实给了当时还不算成熟的智能手机市场当头棒喝，从那时候起，“价格屠夫”的称号就和小米捆绑到了一起。

价格一直作为小米的武器，曾经可以视作是一把长剑，现在呢，大概是一把匕首了。习惯了小米“低价”特点的消费者使得小米在开拓新产品以及高价市场方向的这条路上，寸步难行。

小米对其新产品“小米路由”的定价策略与以往的小米主调的低价不同，小米路由的定价甚至比一般的无线路由价格还更高，试图从“小米路由”开始，走上高价市场。然而，事情并不如小米预期的那么顺利。这次小米路由开始发行时，并没有重现小米产品以往的抢购热潮，淘宝上的渠道商甚至开始以原价加赠品，或者跌价出售699元的小米路由了。

小米产品的目标就是对价格敏感的群体，通过红米、小米电源的价格下潜，小米走得非常顺畅。然而，对于适应了低价小米的消费者而言，小米路由在两极分化严重的路由器市场中走出了“价格高端化”路线，与消费者的内心接受程度相差太大，所以这一步小米踏空了。

从一开始，小米就拿着价格作为武器大杀四方，获得了巨大的成功，但是到了现在，价格也成了困住小米向上发展的牢笼。可见，定价策略对于一个公司来说至关重要，采用何种定价策略，又该在何时进行定价策略的转变，都会直接影响到企业的利益。

（资料来源：http://www.100ec.cn/detail--6170758.html.）

应用一　价格的影响因素

营销组合中关键是价格因素，而价格是最难以确定的因素。企业价格策略是为了占领市场，促进销售，获取利润。这要求企业不但要考虑成本的补偿，而且还要考虑消费者对价格的接受能力，从而使定价策略体现了买卖双方双向决策的特征。除此之外，价格还是市场营销组合中最灵活的因素，会对市场做出灵敏的反映。一个企业在制定生产销售计划时，必须研究分析价格这个因素，要根据市场竞争和供求变化及产品成本情况，确定一个消费者既愿意接受、企业又能盈利的产品价格。

一、价格的含义

价格是商品同货币交换时单位商品量货币的多少，或者说是价值的表现形式。在经济学及营销的过程中，价格是一项以货币为表现形式，为商品、服务及资产所订立的价值数字。狭义上说，价格就是消费者购买商品时所需支付的货币数额。广义上说，价格是商品价值在货币上的数量表现，是商品的交换价值在流通过程中所取得的转化形式。

一直以来，价格都是影响消费者购买商品的重要因素，也是营销组合中，唯一一个直接影响企业盈利的因素。在宽泛的数据统计中，终端价格每波动1%，企业相应的盈利率会变动5% ~10%。因此，对价格的准确制定是企业最重要的营销任务之一。

然而，如何制定一个既能让企业赢得最大利益、又能让消费者欣然接受的价格，是企业最大的难题。对于企业而言，价格当然越高越好，而站在顾客的角度，则希望价格可以接近产品成本价甚至低于成本价格。这一矛盾的化解，便需要对价格的影响因素进行充分的认识和分析，从而制定出能同时满足企业与消费者共同需求的价格。

二、价格的影响因素

产品的价格会受到多种因素的影响，按照影响来源分，主要可以分为内部因素与外部因素；按照影响作用力分，主要可以分为正向因素与负向因素。

（一）影响价格的内部和外部因素

影响产品定价的因素很多，有企业内部因素，也有企业外部因素，如表11－1所示。

表11－1　价格影响因素

内部因素	产品成本	生产成本、储运成本、营销成本
	定价目标	短期利润最大化、市场占有率最大化、建立品牌形象、维持生存、快速回本

（续表 11－1）

外部因素	顾客感知价格	顾客心中对产品价值的判定，从而以其愿意支付的货币为表现形式
	市场需求	供求情况、需求价格弹性、需求收入弹性情况
	竞争者	竞争环境、竞争者模式
	政府政策	经济手段、法律手段、行政手段

1．内部因素

内部因素是指企业内部的影响因素。企业内部的各种决策因素会影响企业的走向，影响价格的内部因素主要包括产品成本和定价目标。

（1）产品成本是指企业为了生产产品而发生的各种耗费。可以指一定时期为生产一定数量产品而发生的成本总额，也可以指一定时期生产产品的单位成本。产品成本是产品价值的重要组成部分，所以产品成本是制订产品价格的重要依据。产品成本一般包括生产成本、储运成本、营销成本等。

产品成本决定了产品定价的最低值，故有成本导向定价法。成本导向定价法是指以产品成本为基础，再加上一定的利润来确定产品价格的方法。由于补偿成本是企业经营的最起码要求，所以这类方法被企业广泛采用。主要的成本导向定价包括成本加成定价法与变动成本定价法。

①成本加成定价法。成本加成定价法是按产品单位成本加上一定比例的利润制定产品价格的方法。大多数企业是按成本利润率来确定所加利润的大小的。

其公式：单位产品价格＝单位产品成本＋单位产品利润

即：单位产品价格＝单位产品成本×（1＋目标利润率）

例1：某服装厂生产1000件T恤，每件T恤的变动成本为30元，总固定成本为2万元，确定目标利润率为50%，采用总成本加成定价法的计算过程：

单位产品的变动成本为：30元

单位产品的固定成本为：20 000/1000＝20（元）

单位产品总成本为：30＋20＝50（元）

单位产品的价格为：50×（1＋50%）＝75（元）

②变动成本定价法。变动成本定价法是在定价时只计算变动成本，而不计算固定成本，在变动成本的基础上加上预期的边际贡献。由于边际贡献会小于、等于或大于变动成本，所以企业就会出现盈利、保本或亏损三种情况。这种定价方法一般在卖主竞争激烈时采用。因为这时如果采取总成本加成定价法，必然会因为价格太高影响销售，出现产品积压。采用变动成本加成定价法，一般价格要低于总成本加成法，所以容易迅速扩大市场。这种定价方法，在产品必须降价出售时特别重要，因为只要售价不低于变动成本，说明生产可以维持；如果售价低于变动成本，就是生产越多亏本越多。

其公式：产品价格=单位产品变动成本+单位产品边际贡献

例2：某皮包厂在一定时间内发生固定成本100 000元，单位变动成本0.8元，预计销量100 000个，在当时的市场上，同类产品的价格为1元/个，那么企业是否应该继续生产呢？

决策过程：

固定成本：100 000（元）

变动成本：0.8×100 000=80 000（元）

销售收入：1×100 000=100 000（元）

企业盈亏：100 000-80 000-100 000=-80 000（元）

由此可见，若继续生产，企业会出现80 000元的亏损，但作为已经发生的固定成本，在不生产情况下，已经发生了100 000元，这说明生产可以减少20 000元的固定成本损失，并补偿了全部变动成本，因此，企业应该继续生产。

（2）定价目标是指企业通过制定和实施价格策略所希望达到的目的。企业在定价之前，首先应考虑一个与企业的经营总目标、市场营销目标相一致的定价目标，作为企业确定产品价格策略和定价方法的依据。不同行业的企业，同一行业的不同企业，以及同一企业在不同的时期，不同的市场条件下，都可能有不同的定价目标。如短期利润最大化、市场占有率最大化、建立品牌形象、维持生存、快速回本等。例如，大润发超市希望对消费者建立的品牌形象就是品类多且价格低，因此，大润发在进行价格制定的时候就会以较低的价格作为定价标准。相反，永旺超市希望对消费者建立的形象是快乐、便捷的一站式购物店，永旺在制定价格是就会以较高定价来凸显出自己品牌的品质。

2. 外部因素

外部因素就是企业外部的影响因素。影响价格的外部因素主要包括顾客感知价格、市场需求、各类竞争者、政府政策等。

顾客感知价格，是指顾客心中对产品价值的判定，从而以其愿意支付的货币为表现形式。如同在任务一中所提到的现代营销组合4Cs中的“cost”（成本），企业在进行产品定价时不仅要考虑产品成本，更重要的是要考虑到顾客究竟愿意花多少钱来进行购买，即顾客的感知价格。例如，同样的一瓶水定价3元，A顾客因为完全不口渴，可能就最多愿意花1元钱进行购买，而绝不会花3元钱购买这瓶水，而B顾客刚刚跑完步，非常口渴，可能就愿意花费5元进行购买。同样的产品，不同的顾客会有不同的价格感知，如果企业定的价格超过了顾客内心的感知，则顾客就不会进行购买。

市场需求，是市场的供求情况与需求弹性情况。若市场供大于求，则为买方市场，价格很可能会被压低，反之，价格很可能破格提升；而需求弹性则表现为，当需求弹性越大，每当提高或降低产品价格，销量将会发生巨大变化，反之，需求弹性越小，甚至接近于零，则无论价格如何变化都不会影响市场需求。例如，菜市场的大米今天大降价，原来2元一斤，今天只要1元一斤，但是今天大米的销量却不会比往常多十倍；而如果往常大米2元一斤，今天大米涨价到5元一斤，依旧不会使得大米的销量低于往常太多。这是因为大米本身就是生活的必需品，无论大米是否调整价格，消费者对大米的需求都不会受到影响，因此大米就算是需求弹性非常小的产品。

竞争者对价格的影响是多方面的，如果行业竞争较小，且企业能够在行业中占据垄断地位，则企业可以制定高价；相反，如果行业竞争较大，且企业在行业中的没有任何影响力，则企业制定价格时需要跟随行业领导者的定价方向，或者以较低的价格获得生存。

政府可以通过各类政策对价格产生方方面面的影响和制约。例如，政府会提出最低限价政策，又称“保护价”，是指一国政府对某种进口商品规定的最低价格界限，即当进口货物的价格低于规定的最低价格时，则对其征收进口附加税或禁止进口。而当企业将该种产品销入该国市场，对产品的定价就必须高于政府的最低限价。

总的来说，内部因素中的成本因素直接决定了产品价格的最低值，企业需要盈利，则其产品价格必须高于成本才能产生利润。而外部因素中的顾客感知价格因素直接影响了企业制定价格的最高值，只有当价格低于顾客感知价值，顾客才会产生购买需求。除此两因素外，其他因素也对价格产生着不同的影响。

（二）影响价格的正、负作用力

不同的因素对价格会产生不同的作用力，有些因素对价格可以产生正向作用力，促使企业提高价格，反之，有些负作用力因素则会迫使企业调低价格。如图 11－1 所示。

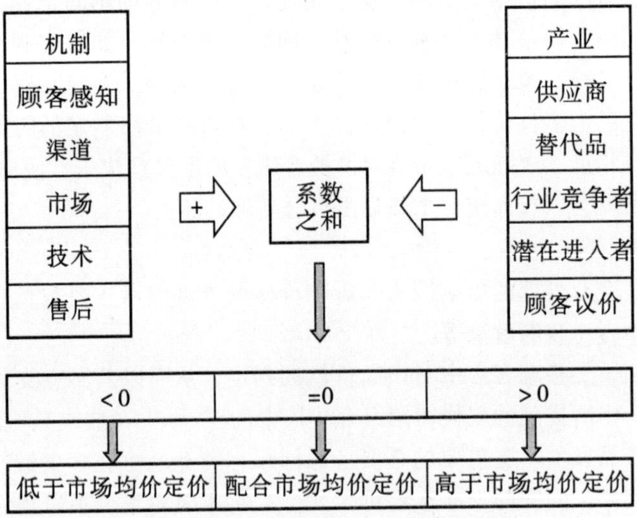

图 11－1　影响价格作用力模型

价格正向作用力包括：机制、顾客感知、渠道、市场、技术、售后。

机制：企业机制灵活度越大，扁平化越高，正向作用力越大。顾客感知：顾客感知价值能力越强，对企业认可度越高，正向作用力越大。渠道：渠道流通性越强，覆盖精准度越高，正向作用力越大。市场：企业营销越成功，市场相对份额越高，正向作用力越大。技术：企业技术越领先，技术核心越难被模仿，正向作用力越大。售后：售后服务越完善，顾客体验越好，正向作用力越大。

价格负向作用力包括：产业、供应商、替代品、行业竞争者、潜在进入者、顾客议价。

产业：波动幅度越大，负作用力越大。供应商：企业对供应商依赖程度越强，负作用力越大。替代品：企业产品替代品越多，可替代性越强，负作用力越大。行业竞争者：市场竞争越激烈，负作用力越大。顾客议价：顾客议价能力越强，负作用力越大。

然而，正、负作用力几乎不会单独存在，因此，企业究竟是就高制定价格，还是调低价格，则取决于价格正负作用力的合力方向。如图 11－1 的模型所示，各向作用力的系数之和，若小于零，则意味着合力为负向作用力，企业需要制定低于市场均价价格；若等于零，企业定价则应配合市场均价；若大于零，意味着企业有足够的正向作用力，可以进行高于市场均价的价格制定。

例如：广州永辉超市在对货架产品进行定价时，就采用了影响价格作用模型。首先，永辉超市将各个系数与其对应权值进行了计算，如表 11－2 所示。

表 11－2　正向作用力与负向作用力相比较

	因素	权值	等级（1~6）	计分
正向作用力	机制	0.15	4	0.6
	顾客感知	0.2	3	0.6
	渠道	0.25	5	1.25
	市场	0.2	4	0.8
	技术	0.2	3	0.6
	合计	1		3.85
负向作用力	产业	0.10	2	0.2
	供应商	0.25	3	0.75
	替代品	0.15	4	0.6
	行业竞争者	0.20	5	1
	潜在进入者	0.10	3	0.3
	顾客议价	0.2	2	0.4
	合计	1		3.25

系数之和 $=3.85-3.25=0.6>0$

所以，永辉超市整体正向作用力大于负向作用力，在进行超市价格定价时，会采取稍高于普通超市市场均价的定价。

由于各个企业的具体情况不同，可以根据企业所在行业的各类因素结合该影响价格作用力模型为企业制定定价策略。

应用二　新产品定价策略

企业对于产品的定价策略并不是一成不变的，在前面章节中提到过产品生命周期就是企业进行定价策略转变的重要参考时间点，产品的价格往往会随着产品生命周期的波动而出现波动，即企业在产品不同的生命周期中会采取不同的定价战略。

在新产品的导入期，企业往往会根据自身定价目标的不同，采取撇脂定价或市场渗透定价。

一、撇脂定价策略

撇脂定价策略是指企业在推出新产品时制定高价，并且企图在竞争者推出同类产品之前通过定价赚取最大利润，而随着市场竞争的出现和产品生命周期的演变逐步降低价格的定价手段。它是利用消费者的求新、求奇心理，抓住激烈竞争尚未出现的有利时机，有目的地将价格定得很高，以便在短期内获取尽可能多的利润，尽快地收回投资的一种定价策略。其名称来自从鲜奶中撇取乳脂，含有提取精华之意。例如苹果公司的 iPod 产品是近些年来最成功的消费类数码产品之一，一推出就获得成功，第一款 iPod 零售价高达 399 美元，即使对于美国人来说，也是属于高价位产品，但是有很多“苹果迷”既有钱又愿意花钱，所以还是纷纷购买。苹果的撇脂定价取得了成功。之后苹果认为还可以“撇到更多的脂”，于是不到半年又推出了一款容量更大的 iPod，当然价格也更高，定价 499 美元，仍然卖得很好。苹果的撇脂定价大获成功。

又如柯达如何走进日本也是撇脂定价策略成功案例。柯达公司生产的彩色胶片在 20 世纪 70 年代初突然宣布降价，立刻吸引了众多的消费者，挤垮了其他国家的同行企业，柯达公司甚至垄断了彩色胶片市场的 90%。到了 80 年代中期，日本胶片市场被富士所垄断，富士胶片压倒了柯达胶片。对此，柯达公司进行了细心的研究，发现日本人对商品普遍存在重质而不重价的倾向，于是制定高价政策打响牌子，保护名誉，进而实施与富士竞争的策略。他们在日本发展了贸易合资企业，专门以高出富士 1/2 的价格推销柯达胶片。经过 5 年的努力和竞争，柯达终于被日本人接受，走进了日本市场，并成为与富士平起平坐的企业，销售额也直线上升。撇脂定价策略可以为企业带来丰厚的利润，但是，撇脂定价策略的使用对产品本身有着较高的要求，并不是所有产品都能够采取撇脂定价。

二、市场渗透定价策略

与撇脂定价策略正好相反，市场渗透定价策略，又称薄利多销策略，是指企业在产品上市初期，利用消费者求廉的消费心理，有意将价格定得很低，使新产品以物美价廉的形象，吸引顾客，占领市场，以谋取远期的稳定利润。市场渗透定价策略的目标就是赢得最大的市场份额。例如，每学期开学，学校的学生创业商业街总会有许多新的餐馆开张，“老客家”就是其中新开的一家客家风味菜馆。为了快速打开该学院市场，让同学们都愿意来品尝客家菜风味，“老客家”就采用了市场渗透定价策略，将店里最出名的特色菜定价为 5 元，从而吸引同学们纷纷尝试，“老客家”也就靠着这 5 元的菜在短短两个星期夺得了极高的市场份额。

市场撇脂定价与市场渗透定价，一个从高入手获利润，一个从低起步赢市场，两种定价策略没有好坏之分，只是对产品的适用要求不同，如表11－3所示。

表11－3 市场撇脂定价与市场渗透定价对比

撇脂定价策略	高	市场需求水平	低	市场渗透定价策略
	较大	与竞争产品的差异性	不大	
	小	价格需求弹性	大	
	小	生产能力扩大的可能性	大	
	高	消费者购买力水平	低	
	不大	市场潜力	较大	
	难	仿制的难易程度	易	
	较短	投资回收期长度	较长	

三、满意价格策略

满意价格策略，又称平价销售策略，是介于撇脂定价和市场渗透定价之间的一种定价策略。由于撇脂定价法定价过高，对消费者不利，既容易引起竞争，又可能遇到消费者拒绝，具有一定风险；市场渗透定价法定价过低，对消费者有利，对企业最初收入不利，资金的回收期也较长，若企业实力不强，将很难承受。而满意价格策略采取适中价格，基本上能够做到供求双方都比较满意。

满意定价策略的优点是：产品价格能较快地为消费者接受，消费者比较满意，而不会引起竞争者的对抗；可以延长产品的市场寿命周期，不会像采用撇脂定价策略那样很快就要降价、甚至被淘汰；为企业对产品进一步改进而稳定调价奠定了基础，因为产品一上市就在价格上得到了消费者的好感，因此有利于树立一定的信誉。同时，由于价格定得不太高，这为以后调高价格留有了余地，使消费者容易接受。

应用三 产品组合定价策略

很多情况下，企业在上线产品时会以产品组合的方式进行，因此，当企业推出的一个产品是企业产品组合的一部分时，该产品的竞价战略就需要顾及整个产品组合的利润最大化，这种定价策略就叫产品组合定价策略。

产品组合定价策略包括产品线定价、任选产品定价、附属产品定价、副产品定价、一揽子定价等。

一、产品线定价

企业在进行产品开发的时候往往是以开发产品线的形式进行，而非开发单个产品。因此，企业在进行定价时，第一种产品组合定价策略就是按照企业各条产品线特点来进行定价。

案例分析 **资生堂的产品线定价**

资生堂，1872年创立，是现在亚洲第一大化妆品企业。其旗下的产品线极其庞大，光是同名产品线，如：资深堂新漾美肌、资深堂红妍肌活、资深堂时光琉璃御藏等就多达8条；不同名产品线，如：安耐晒、ZA、CPB肌肤之匙、NARS等更是多达25条。虽然同为资生堂旗下的产品，不同的产品线之间相同类型的产品价格差距甚大。例如，资深堂新漾美肌系列的洗面奶定价为260元，而CPB肌肤之匙系列的洗面奶定价为500元。再例如，ZA系列的隔离乳30ml定价98元，而CPB肌肤之匙系列的隔离乳30ml定价650元。由此可见，资深堂旗下不同产品线的同类型产品之间的定价水平差距极大，这也充分体现了资深堂所采用的产品线定价策略。例如新漾美肌系列与ZA系列所针对的就是中低端和大众市场，因此这类型产品线的定价均较低，而CPB肌肤之匙系列就是针对高端市场的产品线，因此该产品线的定价就会偏高。

二、任选产品定价

企业在提供主要产品的同时，还会一起出售与主产品密切相关的让消费者任意选择或附加的产品，而任选产品定价则是依据任选产品或附加产品来进行定价。通常是成品便宜，备选品价格高。例如，消费者去饭店吃饭，除了点菜品之外，几乎都会点酒水、饮料，其中酒水、饮料就是任选产品。往往饭店对菜品的定价较低时，就会对酒水、饮料的定价超出市场价1倍甚至2倍，因此，饭店就靠着低价菜品吸引顾客，靠着酒水、饮料来获取高额的利润；相反，当饭店将菜品的定价较高时，就会对酒水、饮料制定较低价格从而引起顾客好感，这种搭配的定价方式就叫作任选产品定价。

三、附属产品定价

大多数主产品都需要配合一些附属产品才能进行使用，因此，对于这种类型的主产品和附属产品的定价，一般就是通过低价销售主产品来赢得顾客，再通过高价销售附属产品来获得利润。例如，电动牙刷必须每三个月更换一次牙刷头才能正常使用，电动牙刷可能只需要200元，而电动牙刷头则需要50元一个，意味着购买了电动牙刷，每年还需要再花费200元来购买牙刷头。

四、副产品定价

企业在生产产品时，往往会产生一些副产品，当副产品可以为企业获得较高利益时，企业对主产品的定价就会大大降低。例如，惠州糖业发展有限公司原来是一家国营食糖生产企业，改革开放后，改制为一家混合所有制企业。由于企业销售的食糖品质较好，有稳定的市场，食糖价格也比较高。后来，公司开发蔗糖的副产品，把废弃的蔗糖纤维用来制造墙板，随着房地产业的大力发展，其副产品为公司带来了极大的利润。

五、一揽子定价

一揽子定价也称之为捆绑定价，是指企业在销售产品时，将几样产品组合在一起并制定低于这些产品总价的价格进行销售的定价策略。一揽子定价的意义在于可以将销量较高的产品搭配销量较差的产品以较低的价格一同销售，从而来弥补销量较差的产品带来的利润损失。例如，四季阳光超市经常将1瓶销量不太好的椰果味的酸奶搭配2瓶销量最佳的黄桃味的酸奶一起销售，原来三瓶酸奶的总价是18元，而组合后的价格只需要14元，因为组合价格的优惠，椰果味的酸奶比原来单瓶销售的销量大大提高。

应用四　价格调整战略

除了上述的价格战略之外，价格调整战略也是企业行之有效的价格战略，主要包括：折扣定价策略、细分市场定价策略、心理定价策略、差别定价策略、促销定价策略、地理定价策略、动态定价策略、国际定价策略等。各个定价策略可以适用于各类不同的产品与市场情况。

一、折扣定价策略

折扣定价策略是指企业直接通过“折扣”的方式进行降价，在原有的价格基础上减少一部分以争取顾客的策略，在现实生活中应用十分广泛。用折扣手法定价就是用降低定价或打折等方式来争取顾客购货的一种售货方式。

例如，广州天河城有一家极具影响力的美容美发用品销售公司，每到新年就会推出“以旧换新”的活动，让顾客带着在本店购买的旧的吹风机、电推剪等理发工具来店里，以6折的折扣价换购全新的吹风机、电推剪等产品。原本吹风机、电推剪等理发工具的使用年限可以长达3~7年，甚至更久的时间，如果工具虽然破旧，但依然可以继续使用，就很少顾客会再来买新的工具。而这项的活动的意义就在于，可以缩短吹风机等产品的使用年限，从而加大吹风机等产品的销量。又如沃尔玛能够迅速发展，除了正确的战略定位以外，也得益于其首创的折价销售策略。每家沃尔玛商店都贴有天天廉价的大标语。同一种商品在沃尔玛比在其他商店要便宜。沃尔玛提倡的是低成本、低费用结构、低价格的经营思想，主张把更多的利益让给消费者。沃尔玛的利润通常在30%左右，而其他零售商如凯马特的利润率都在45%左右。公司每星期六早上举行经理人员会议，如果有分店报告某商品在其他商店比沃尔玛价格低，可立即决定降价。低廉的价格、可靠的质量是沃尔玛的一大竞争优势，吸引了一批又一批顾客。

折扣定价分为直接折扣和间接折扣。直接折扣包括现金折扣、数量折扣、功能折扣、季节折扣等；间接折扣包括回扣及各类津贴等。

（一）现金折扣

现金折扣又称付款期限折扣，是在信用购货的特定条件下发展起来的一种优惠策略，即当顾客在规定时间内提前付全款或者用现金付款时给予的折扣，其目的是通过折扣吸引消费者提早付款，使企业能够更快回笼资金。现金折扣实质上是一种变相降价赊销，鼓励提早付款的办法。如付款期限一个月，立即付现折扣5%，10天内付现折扣3%，20天内付现折扣2%，最后十天内付款无折扣。有些零售企业往往利用这种折扣，节约开支，扩大经营。例如，增城一楼盘在开售当天，便推出了“当日全款付清，立刻减5万”的现金折扣活动。

由于现金折扣的前提是商品的销售方式为赊销或分期付款，因此，有些企业采用附加风险费用、治理费用的方式，以避免可能发生的经营风险。同时，为了扩大销售，分期付款条件下买者支付的货款总额不宜高于现款交易价太多，否则就起不到“折扣”促销的效果。提供现金折扣等于降低价格，所以，企业在运用这种手段时要考虑商品是否有足够的需求弹性，保证通过需求量的增加使企业获得足够利润。此外，由于我国的许多企业和消费者对现金折扣还不熟悉，运用这种手段的企业必须结合宣传手段，使购买者更清楚自己将得到的好处。

（二）数量折扣

数量折扣是指按照消费者购买的产品数量来划分等级，按等级给予不同的折扣优惠。数量越大，折扣越多。其实质是将销售费用节约额的一部分，以价格折扣方式分配给买方，目的是鼓励和吸引顾客长期、大量或集中向本企业购买商品。数量折扣可以分为累计数量折扣和非累计数量折扣两种形式。

累计数量折扣是指代理商、中间商或顾客在规定的时间内，当购买总量累计达到折扣标准时，给予一定的折扣。例如，如家酒店就推出了一项活动，当你入住如家累计天数满365天，则可获得如家的“家人卡”，此后在如家的每次消费均可享受7折优惠，此类数量折扣的目的就是通过折扣来提高消费者的忠诚度。累计数量折扣定价法可以鼓励购买者经常购买本企业的产品，成为企业可信赖的长期客户；企业可据此掌握产品的销售规律，预测市场需求，合理安排生产；经销商也可保证货源。运用累计数量折扣定价法时，应注意购买者为争取较高折扣率在短期内大批进货对企业生产的影响。

非累计数量折扣是一种只按每次购买产品的数量而不按累计的折扣定价方法，其目的是鼓励客户大量购买，节约销售中的劳动耗费。例如，万达商场的服装店门口经常可以看到“全场两件8折，3件5折”的宣传海报。通过多量低价，吸引消费者增加购买，从而减少库存。

累计数量折扣和非累计数量折扣两种方式可单独使用，也可结合使用。数量折扣的促销作用非常明显，企业因单位产品利润减少而产生的损失完全可以从销量的增加中得到补偿。此外，销售速度的加快，使企业资金周转次数增加，流通费用下降，产品成本降低，从而导致企业总体盈利水平上升。

（三）功能折扣

功能折扣是企业给予其中间商的折扣，因为不同层级与环节的分销商所担任的功能与任务不同，故此，企业会通过功能折扣的方式给予各级中间商支持，使其更好地完成所担任的功能和任务，从而促使企业获得更大的利益。对生产性用户的价格折扣也属于一种功能折扣。功能折扣的比例，主要考虑中间商在分销渠道中的地位、对生产企业产品销售的重要性、购买批量、完成的促销功能、承担的风险、服务水平、履行的商业责任以及产品在分销中所经历的层次和在市场上的最终售价等。功能折扣的结果是形成购销差价和批零差价。例如，很多企业会进行三级分销的方式，一级分销商可以享受3折购买产品优惠，但必须要完成每年100个二级分销商开拓以及品牌的宣传的任务；二级分销商可以享受5折购买产品优惠，必须完成每年50个三级分销商开拓的任务；三级分销商可以享受8折购买产品优惠，只需要认真进行产品销售即可。

（四）季节折扣

季节折扣是指企业在产品出现季节性消费时，在产品销售淡季推出的折扣优惠，来吸引消费者在淡季依然购买产品。为了调节供需矛盾，一些商品的生产企业便采用季节折扣的方式，对在淡季购买商品的顾客给予一定的优惠，使企业的生产和销售在一年四季能保持相对稳定。例如，啤酒生产厂家对在冬季进货的商业单位给予大幅度让利；羽绒服生产企业则为夏季购买其产品的客户提供折扣。又如，商场夏季总会看到有羽绒服反季大促销，其折扣可能会低至1~2折来促使消费者购买。

季节折扣的目的是鼓励购买者提早进货或淡季采购，以减轻企业仓储压力，合理安排生产，做到淡季不淡，充分发挥生产能力。季节性折扣实质上是季节差价的一种具体应用。季节折扣比例的确定，应考虑成本、储存费用、基价和资金利息等因素。季节折扣有利于减轻库存，加速商品流通，迅速收回资金，促进企业均衡生产，充分发挥生产和销售潜力，避免因季节需求变化所带来的市场风险。

（五）回扣与津贴

回扣是一种间接的折扣形式，是指当消费者以原价购买产品后，企业再将部分货款返还给消费者的折扣策略。例如，某银行在销售一种投资类保险产品时，为了增加消费者的兴趣，会告知消费者，当其成功购买保险后，会现场返1%的现金回扣，来增加消费者的收益。

津贴也是一种间接折扣形式，是指企业为特定目的，向特定顾客提供特定形式的价格补贴或者其他补贴。例如，当中间商为企业产品提供了包括刊登地方性广告、设置样品陈列窗等在内的各种促销活动时，生产企业给予中间商一定数额的资助或补贴。又如，对于进入成熟期的消费者，开展以旧换新业务，将旧货折算成一定的价格，在新产品的价格中扣除，顾客只支付余额，以刺激消费需求，促进产品的更新换代，扩大新一代产品的销售。这也是一种津贴的形式。

二、细分市场定价策略

细分市场定价策略，是指将顾客进行市场细分，针对不同的细分市场将统一产品制定不同的价格。例如，肯德基在中国是家喻户晓的一家快餐品牌，其坚持“立足中国、融入生活”，打造新快餐。肯德基最值得被企业学习的营销策略之一就是其精准的套餐细分市场定价策略。在肯德基中，由于产品种类较多，为了便于消费者进行选购，肯德基推出了多种不同的套餐，如：快乐儿童餐、豪华午餐、全家分享餐等。然而，同样的产品以不同的套餐名称出现时，肯德基居然采用了“同质”不同价的定价手段，价格 22.5 元的儿童套餐的产品包括汉堡、小份薯条和小份可乐，而比儿童套餐中所包含的产品还多的豪华午餐居然只定价 15 元，尽管如此，依旧不影响儿童套餐成为肯德基最受欢迎的套餐之一。

为什么会出现这样的情况？为什么消费者依旧愿意花更多的钱购买更少产品的儿童套餐？原来，最主要的原因便出在了这套餐所针对的细分市场上。因为是儿童套餐，针对的是儿童市场，所以肯德基在销售时会赠送一些小玩具给小朋友们，正是这些成本极低的小玩具使得高定价的儿童套餐依旧能受到顾客的欢迎。而豪华午餐的低定价，是为了吸引中午就餐的上班族，上班族们对午餐更注重的是快速、卫生与低价。肯德基对细分市场的精准定位，并制定出的差别价格，为肯德基在利润获取与各大细分市场占有率上增加了极大的推动力量。

课堂实训 抓住市场的空白点

日本电视机生产企业从 1961 年开始，向美国出口电视机。当时美国不只是世界头号电视机生产强国，而且，美国消费者还普遍存有东洋货是劣质货的观念。但日本企业经过认真的市场分析发现，在美国市场上，12 英寸以下的小型电视机是一个产品市场空白点。当时美国电视机生产企业都嫌小型机利润少而不愿经营，并且错误地认为小型机消费时代已经结束。但事实上仍有不少消费者需要它，日本企业借机将小型机打入美国市场。正由于日本企业从美国产品市场空白点入手“钻”入美国，因此，未受到强大的美国企业的反击。待之羽翼丰满、占领大型电视机市场时，美国电视机厂家再反击已为时过晚。

（资料来源：http://blog.sina.com.cn/s/blog_753b5f620100pdoo.html）

从此例看出市场细分具有重要的意义：首先，有利于发掘新的市场营销机会。企业要搞好营销，首先就要寻找机会、抓住机会。企业通过市场细分，就可以有效地分析和了解各个消费者群的需求满足程度和市场上的竞争状况，发现哪些消费者的需求已得到满足，哪些消费者的需求尚无适销的产品去满足，并可以分析各类产品的竞争激烈与否，从中发现商机，开发适销对路的产品，发挥企业潜力。日本电视机生产企业发现了市场空白点，这是他们进行市场细分的结果。经过细分美国电视机市场，发现小型电视机市场存在着潜在需要，尚无相应的产品去满足，开发这个市场将大有作为。其次，市场细分有利于提高营销效益。在市场细分之后，可以选准适合自己进入的目标市场，集中优势力量，充分利用人力、物力、财力，扬长避短，减少竞争和压力，有的放矢地开展针对性的营销活动。日本企业成功地把小型电视机打入美国市场，最重要的一点是避其锋芒，即避开了大型和一般电视机的激烈竞争，未受到美国企业的反击，减少了因竞争而带来的损失。

三、心理定价策略

心理定价策略，是指利用价格对消费者的心理作用来制定产品价格，从而扩大销售。

每一件产品都能满足消费者某一方面的需求，其价值与消费者的心理感受有着很大的关系。这就为心理定价策略的运用提供了基础，使得企业在定价时可以利用消费者心理因素，有意识地将产品价格定得高些或低些，以满足消费者生理的和心理的、物质的和精神的多方面需求，通过消费者对企业产品的偏爱或忠诚，扩大市场销售，获得最大效益。常见的心理定价策略主要包括：声望定价、尾数定价、整数定价、信仰定价、招徕定价、最小单位定价等。

（一）声望定价

消费者一般都有求名望的心理，根据这种心理行为，企业将有声望的商品制订比市场同类商品价高的价格，即为声望性定价策略。它能有效地消除购买心理障碍，使顾客对商品或零售商产生信任感和安全感，顾客也从中得到荣誉感。如德国的奔驰轿车，售价二十万马克；瑞士莱克司手表，价格为五位数；巴黎里约时装中心的服装，一般售价二千法郎；现在的婴幼儿奶粉，一般价格都比较高，如果突然有一家企业将奶粉定价到一罐 20 元，反而消费者会担心其品质不佳并且拒绝购买。当然，采用这种定价法必须慎重，一般商店、一般商品若滥用此法，弄不好便会失去市场。

声望定价往往采用整数定价方式，其高昂的价格能使顾客产生“一分钱一分货”“便宜没好货”的心理，通过制定高价格，来增加顾客对产品质量的信任感觉，从而在购买过程中得到精神的享受，达到良好效果。例如金利来领带，一上市就以优质、高价定位，对有质量问题的金利来领带他们决不上市销售，更不会降价处理。给消费者这样的信息，即金利来领带绝不会有质量问题，低价销售的金利来绝非真正的金利来产品。从而极好地维护了金利来的形象和地位。

（二）尾数定价

又称零头定价，是指企业针对的是消费者的求廉心理，在商品定价时通过制定带有零头的产品价格，有意定一个与整数有一定差额的价格。这是一种具有强烈刺激作用的心理定价策略。

尾数定价主要有两个作用，一是通过尾数的设计，让消费者产生“低价”的错觉。心理学家的研究表明，价格尾数的微小差别，能够明显影响消费者的购买行为。一般认为，5 元以下的商品，末位数为 9 最受欢迎；5 元以上的商品末位数为 95 效果最佳；100 元以上的商品，末位数为 98、99 最为畅销。尾数定价法会给消费者一种经过精确计算的、最低价格的心理感觉；有时也可以给消费者一种是原价打了折扣，商品便宜的感觉；同时，顾客在等候找零期间，也可能会发现和选购其他商品。例如某品牌的 54 寸彩电标价 998 元，给人以便宜的感觉。认为只要几百元就能买一台彩电，其实它比 1000 元只少了 2 元。尾数定价策略还给人一种定价精确、值得信赖的感觉。尾数定价法在欧美及我国常以奇数为尾数，如 0. 99、9. 95 等，这主要是因为消费者对奇数有好感，容易产生一种价格低廉，价格向下的概念。另一个作用，就是让消费者产生不会吃亏的感觉，例如超市里销售的散装水果，同样是四个苹果，有一盒标价是 12. 36 元，另一盒标价是 14. 32 元，这样的尾数标价会让消费者十分放心，认为这个价格是通过精确计算的，自己不会吃亏，可以放心购买。

（三）整数定价

整数定价与尾数定价恰恰相反，整数定价是指在制定产品价格时将产品价格设计为整数，从而让消费者产生高品质的感觉。整数定价与尾数定价相反，针对的是消费者的求名、求方便心理，将商品价格有意定为整数。由于同类型产品，生产者众多，花色品种各异，在许多交易中，消费者往往只能将价格作为判别产品质量、性能的指示器。同时，在众多尾数定价的商品中，整数能给人一种方便、简洁的印象。

整数定价可以给顾客一种干脆的感觉，同时整数定价还便于计算和收款。对于一些礼品、工艺品和高档商品制定整数价，会使商品愈发显得高贵，满足部分消费者的虚荣心理。例如，高档时装、皮衣等，商家可把基础价格略作变动，凑成一个整数，使顾客对此商品形成高价印象，以吸引社会上高收入阶层。如一件高档西服，如果完全追随竞争者同类商品平均价格，定价应 797 元。但有经验的商家则会把零售价格标为 800 元，这样不仅不会失去顾客，还能增强顾客的购买欲望。原因在于此类高档品的购买者多数是高收入者，重视质量而不计较价格，认为价格高就是质量好的象征。对方便食品、快餐，以及在人口流动比较多的地方的商品制定整数价格，适合人们的“惜时心理”，同时也便于消费者做出购买决策。人们容易记住商品的整数价，因此，会加深商品在消费者心理上的印象。

（四）信仰定价

信仰定价是指企业在进行产品定价时依据消费者的一些信仰来制定价格。例如，中国人特别喜欢数字“6”“8”“9”，认为这些数字吉利，而不喜欢“4”，故此，中国商家在制定价格的时候一般都会以“6”“8”“9”结尾，而尽可能避开“4”，在中国的商场里几乎看不到标价 44 元、44.4 元等的产品。

（五）招徕定价

又称特价商品定价，是一种有意将少数商品降价以招徕吸引顾客的定价方式，甚至可能低于成本价，从而吸引大量的顾客来进行消费的定价策略。招徕定价虽然会使被定极低价格的产品不赚钱，甚至亏本，但企业可以通过吸引来的大量客流增加其他产品的收入，从而在总体利益上得到增加。例如，著名的餐饮连锁品牌外婆家，就将其中的一项主打菜“麻婆豆腐”定价为 3 元，以此为热点吸引了大量的顾客光临，一般顾客都不会只点这一道菜，故此外婆家通过这 3 元的麻婆豆腐赢得了每日几万元的营业额。按说如此下去肯定赔本，但财务账目显示出盈余逐月骤增，其原因就在于消费者想到 3 元的麻婆豆腐的时候，就会联想到其他商品也一定便宜，促成了盲目的购买行动。

采用招徕定价策略时，必须注意以下几点：

（1）降价的商品应是消费者常用的，最好是适合于每一个家庭应用的物品，否则没有吸引力。

（2）实行招徕定价的商品，经营的品种要多，以便顾客有较多的选购机会。

（3）降价商品的降低幅度要大，一般应接近成本或者低于成本。只有这样，才能引起消费者的注意和兴趣，才能激起消费者的购买动机。

（4）降价品的数量要适当，太多则商店亏损太大，太少会容易引起消费者的反感。

（5）降价品应与因破损而削价的商品明显区别开来。

（六）最小单位定价

最小单位定价是指企业把同种商品按不同的数量包装，以最小包装单位量制定基数价格，销售时，参考最小包装单位的基数价格与所购数量收取款项。一般情况下，包装越小，实际单位数量商品的价格越高，包装越大，实际单位数量商品的价格越低。例如对于质量较高的茶叶就可以采用这种定价方法，如果某种茶叶定价为每500克150元，消费者就会觉得价格太高而放弃购买。如果缩小定价单位，采用每50克为15元的定价方法，消费者就会觉得可以买来试一试。如果再将这种茶叶以125克来进行包装与定价，则消费者就会嫌麻烦而不愿意去换算出每500克应该是多少钱，从而也就无从比较这种茶叶的定价究竟是偏高还是偏低。

最小单位定价策略的优点比较明显：一是能满足消费者在不同场合下的不同需要，如便于携带的小包装食品、小包装饮料等；二是利用了消费者的心理错觉，因为小包装的价格容易使消费者误以为廉，而实际生活中消费者很难也不愿意换算出实际重量单位或数量单位商品的价格。

四、差别定价策略

所谓差别定价，也叫价格歧视，就是企业按照两种或两种以上不反映成本费用的比例差异的价格销售某种产品或劳务。差别定价有四种形式：

顾客差别定价，即企业按照不同的价格把同一种产品或劳务卖给不同的顾客。例如，某汽车经销商按照目标价格把某种型号汽车卖给顾客A，同时按照较低价格把同一种型号汽车卖给顾客B。这种价格歧视表明，顾客的需求强度和商品知识有所不同。

产品形式差别定价，即企业对不同型号或形式的产品分别制定不同的价格。但是，不同型号或形式产品的价格之间的差额和成本费用之间的差额并不成比例。

产品部位差别定价，即企业对于处在不同位置的产品或服务分别制定不同的价格，即使这些产品或服务的成本费用没有任何差异。例如剧院，虽然不同座位的成本费用都一样，但是不同座位的票价有所不同，这是因为人们对剧院的不同座位的偏好有所不同。

销售时间差别定价，即企业对于不同季节、不同时期甚至不同钟点的产品或服务也分别制定不同的价格。例如，广州大姑妈商场的经营的商品从晚上19点开始，每一小时降价10%，吸引了大量的消费者，利用销售时间差别价格策略，带来了销售额大幅度增加的好效果。

五、促销定价策略

促销定价法，亦称招徕定价法，是企业利用消费者的求廉和从众心理，择时将少数商品降价销售以招徕顾客的定价方法。促销定价通过制定低于正常的价格来刺激消费者，使之兴奋并产生强烈的购买欲望。需要注意的是，促销定价不能欺骗顾客，不能损害消费者的利益。常见的促销定价方法主要有三种形式：

一是特别事件定价。企业在利用开业庆典或开业纪念日或节假日等时机，降低某些产品的价格，以吸引更多的顾客。如，每年圣诞节，国内外的各大商场都会进行大规模的促销活动，配合着特定节日的欢快气氛，商场促销的商品均能引起消费者的大量购买。

二是现金回扣定价。在商品滞销期，给购买商品的顾客以现金回扣，从而减少库存。

在节假日或换季时举行“大甩卖”“酬宾大减价”等活动。

三是心理折扣定价。企业开始时给产品制定很高的价格，然后大幅度降价出售，刺激顾客购买。

六、地理定价策略

地理定价，亦称“地理差别定价”，是指企业对处于不同位置或不同地点的产品和服务制订不同的价格，即使每个地点的产品或服务的成本是相同的。根据产品在不同地点环境下销售制定不同的价格，既能让消费者接受，同时还能增加销售或提高利润。例如，同样是一瓶矿泉水，在风景区外的售价是2元，在风景区的山脚售价5元，山腰售价10元，山顶售价15元，但依旧有不少游客会在景区内高价购买。又如，火车卧铺从上铺到中铺、下铺，价格逐渐增高。

七、动态定价策略

动态定价策略，是指企业根据市场需求和自身供应能力，以不同的价格将同一产品适时地销售给不同的消费者或不同的细分市场，以实现收益最大化的策略。动态定价制定的产品价格是不固定的，会实时地随着一些特定的因素变化而变化。例如，机票就是典型的动态定价，航空公司会根据日期、时间段、预计购买人数等因素时时变动价格。例如，一个月前，从广州飞往温州的飞机票价是800元，可能到了这个航班起飞的前一天，因为航班还有大量的空位没有卖出去，票价就会变成400元，如果该航班只有少量空位没有卖出去，可能还是会保持800元甚至更高的价格来进行销售。

八、国际定价策略

国际定价策略，指企业在制定产品时，考虑到产品会销售到其他国家而采用不同的定价手段，主要包括标准化定价策略和差异化定价策略。例如，著名的时装品牌ZARA，同一件T恤在英国售价是6磅，在中国售价就为58.8元，基本符合人民币与英镑的汇率波动，这就是典型的标准定价策略，即同一产品在全球范围内采用标准化的价格进行销售。再例如，著名奢侈品品牌卡地亚，同一款戒指在英国售价1170磅，而在中国售价为13 600元，远远高出其在英国的售价，这就是差异化定价策略，即根据品牌产品在特定国家的认可度及该国的消费能力、消费态度等多种因素，而制定出该产品在国际范围内不同国家不同价格的策略。

实训与实践：定价策略的比较

案例一：广州的一家珠宝店，采购到一批漂亮的绿宝石。由于数量较大，店主担心短时间销售不出去，影响资金周转，便决心只求微利，以低价销售。本以为会一抢而光，结果却事与愿违。几天过去，仅销出很少一部分。后来店老板急着要去外地谈生意，便在临走前匆匆留下一纸手令：我走后若仍销售不出，可按1/2的价格卖掉。几天后老板返回，见绿宝石销售一空，一问价格，却喜出望外。原来店员把店老板的指令误读成“按1～2倍的价格出售”，他们开始还犹豫不决，就又提价一倍，这才使绿宝石一售而空。

案例二：1945年的圣诞节即将来临时，为了欢度战后的第一个圣诞节，美国居民急切希望能买到新颖别致的商品作为圣诞礼物。美国的雷诺公司看准这个时机，不惜资金和人力从阿根廷引进了当时美国人根本没见过的原子笔（即圆珠笔），并且在短时间内把它生产出来，在给新产品定价时，公司的专家们着实费了一番心思。当时公司研制和生产出来的原子笔成本每支0.50美元。但专家们认为，这种产品在美国市场是第一次出现。奇货可居，尚无竞争者，最好采用新产品的价格策略，把产品价格定得大大高于产品的成本，利用战后市场的物资缺乏的状况和消费者的求新求好的心理以及要求礼物商品新奇高贵的特点，用高价来刺激顾客购买。这样能把推出这种新产品的市场销售利润尽可能多地捞到手，同时，由于原子笔的生产技术并不复杂，如果竞争者蜂拥而上，公司再降价也主动。于是，雷诺公司以每支原子笔10美元的价格卖给零售商，零售商又以每支20美元的价格卖给消费者。尽管价格如此昂贵，原子笔却由于其新颖、奇特和高贵而风靡全国，在市场十分畅销。后来其他厂家见利眼红，蜂拥而上，产品成本下降到0.10美元一支，市场零售价也仅卖到0.70美元，但此时雷诺公司已大捞了一把。

（资料来源：黄艳. 新产品上市定价策略选择——雷诺公司：圆珠笔成功的定价策略[J]. 中外管理，1999（10）.）

请思考：

这两个案例都是靠“高价”定价方式为公司取得了巨大成功，其中所用的定价策略是一样的吗？如果是你，你会怎么做？

一、实训基本信息		
实训项目名称	定价策略问题分析实训	
二、实训内容		
	广州珠宝店：绿宝石	雷诺公司：原子笔
定价目标		
定价方法		
定价是否成功		
成功/失败的原因	① ②	① ②
总结	① ②	① ②
如果是你，你会	① ②	① ②

提示：第一个案例利用的是心理定价策略中的声望定价：商品价低未必好销，有时高价反而更有利于销售。从消费心理看，优质优价是常规心态，物美价廉有时会引起人们的疑虑。对于绿宝石这类商品，本身理应价高。人们买它希望通过一定的价格来实现自己的心理需求，显示自己的社会地位，因此价低反而销售不畅。第二个案例虽然也是高价获取成功，但它利用的是撇脂定价策略，通过撇脂定价快速地获取利润回报，并灵活地随竞争者出现而降低价格，从而赢得成功。

思考题

1. 什么是价格？价格的影响因素有哪些？
2. 新产品定价有哪两种定价策略？这两种定价策略的区别是什么？
3. 心理定价包括哪几种定价策略？这些策略各自的特点分别是什么？

任务十二　促销策略的应用

学习目标

通过本任务的学习，应充分认识促销策略的内涵，明确促销的概念、促销组合的内容，以及促销预算的分析方法；应掌握广告的含义以及广告的设计流程；应掌握公共关系的内涵、工作程序、主要工具等，并明确广告以及公共关系的区别；应掌握人员促销以及销售促进的作用和控制方法。

促销策略是市场营销组合的基本策略之一。企业通过人员推销、广告、公共关系和营业推广等各种促销方式，向消费者或用户传递产品信息，引起他们的注意和兴趣，激发他们的购买欲望和购买行为，以达到扩大销售的目的。企业将合适的产品，在适当地点、以适当的价格出售的信息传递到目标市场，实现企业的营销目标。

引入案例　小猪成了促销功臣

世界著名的利普顿茶叶公司，为了使自己的产品迅速打进市场，在开业伊始别出心裁地举办了一次精彩的表演。他们买来几头小猪，用缎带给它们精心打扮，并插上“我要去利普顿市场”字样的小旗，然后赶着它们穿过闹市，引起众人的注意，达到了让商品家喻户晓的目的。

（资料来源：http://www.sohu.com/a/76699015_356945）

做广告需要花重金，但若匠心独运，也能“四两拨千斤”，用最少的钱把广告做得有声有色。茶叶公司与猪，风马牛不相及，经公司公关人员策划、牵线搭桥，小猪成了促销功臣，企业也借此腾飞。相比之下，我们有些企业至今仍固守着传统的营销模式，促销方式习惯跟着感觉走，以致推出的促销方式不是步人后尘，就是偏离了市场，结果普遍感到竞争激烈，生意难做。

在当今的市场竞争中，除了商品质量和销售价格的竞争之外，促销是营销策略也是一种竞争手段。如何以较少的投入获得轰动效果，已成为许多商家参与竞争、吸引顾客的又一热点。聪明的经营者不妨从利普顿茶叶公司促销成功的经验中得到一些启迪，针对不同层次的消费需求，搞一些别出心裁的促销妙招，从而迅速达到销售目的。

应用一 促销与促销组合

在社会化大生产和商品经济日益发达的条件下，企业必须通过沟通活动，把生产、产品等信息传递给消费者和用户，以增进其了解、信赖并购买本企业产品，达到扩大销售的目的。随着企业竞争的加剧，企业更需加强促销，利用各种促销方式使用户加深对其产品的认识，以使消费者愿意购买其产品。

一、促销的内涵

促销是指企业通过各种有效的方式向目标客户传递有关企业及其产品相关信息，以启发、推动或创造目标客户对企业产品和服务的需求，并引起购买行为的一系列综合性活动。因此，促销的实质是企业与目标客户之间的信息沟通，促销的目的是诱发购买行为。常用的促销手段有广告、人员推销、网络营销、营业推广和公共关系。促销的实质就是企业与顾客之间的一种信息沟通，具体来讲有以下几方面。

（一）提供信息，疏通渠道

产品在进入市场前后，企业要通过有效的方式向消费者和中间商及时提供有关产品的信息，以引起他们的注意，激发他们的购买欲望，促使其购买。同时，要及时了解中间商和消费者对产品的意见，迅速解决中间商销售中遇到的问题，从而密切生产者、中间商和消费者之间的关系，畅通销售渠道，加强产品流通。

（二）诱导消费，扩大销售

企业针对消费者和中间商的购买心理来从事促销活动，不但可以诱导需求，使无需求变成有需求，而且可以创造新的欲望和需求。当某种产品的销量下降时，还可以通过适当的促销活动，促使需求得到某种程度的恢复，延长产品生命周期。

（三）突出特点，强化优势

随着市场经济的迅速发展，市场上同类产品之间的竞争日益激烈。消费者对于不同企业所提供的许多同类产品，在产品的实质和形式上难以觉察和区分。在这种情况下，要使消费者在众多的同类产品中将本企业的产品区别出来，就要通过促销活动，宣传和介绍本企业的产品特点，以及能给消费者带来的特殊利益，增强消费者对本企业产品的印象和好感，从而促进购买。

（四）提高声誉，稳定市场

在激烈的市场竞争中，企业的形象和声誉是影响其产品销售稳定性的重要因素。通过促销活动，企业足以塑造自身的市场形象，提高在消费者中的声誉，使消费者对本企业产生好感，形成偏好，达到实现稳定销售的目的。

案例分析 **猜猜谁来吃晚餐**

在美国肯塔基州的一个小镇上，有一家格调高雅的餐厅。店主人察觉到每星期二生意总是格外冷清，门可罗雀。一个星期二的傍晚，店主人闲来无事，随便翻阅了当地的电话簿，他发现当地竟有一个叫约翰·韦恩的人，与美国当时的一位名人同名同姓。这个偶然的发现，使他计上心来。他当即打电话给这位约翰·韦恩，说他的名字是在电话簿中随便抽样选出来的，他可以免费获得该餐厅的双份晚餐，时间是下星期二晚上8点，欢迎偕夫人一起前来。约翰·韦恩欣然应邀。第二天，这家餐厅门口贴出了一幅巨型海报，上面写着："欢迎约翰·韦恩下星期光临本餐厅。"海报引起了当地居民的瞩目与骚动。

到了星期二，来客大增，创造了该餐厅有史以来的最高纪录，大家都要看看约翰·韦恩这位巨星的风采。到了晚上8点，店里扩音机开始广播："各位女士、各位先生，约翰·韦恩光临本店，让我们一起欢迎他和他的夫人！"霎时，餐厅内鸦雀无声，众人目光一齐投向大门，谁知那儿竟站着一位典型的肯塔基州老农民，身旁站着一位同他一样不起眼的夫人。

人们开始一愣，当明白了这是怎么一回事之后，便迸发出了欢笑声。客人簇拥着约翰·韦恩夫妇上座，并要求与他们合影留念。此后，店主人又继续从电话簿上寻找一些与名人同名的人，请他们星期二来晚餐，并出示海报，普告乡亲。于是"猜猜谁来吃晚餐""将是什么人来吃晚餐"的话题，为生意清淡的星期二带来高潮。店主人没花一分钱，歪打正着，应归功于他大胆的创意。

（资料来源：《中外管理》，2014年第5期）

名人能促销，这谁都知道。请名人促销，不需要大智慧，只要有钱就行。但"巧用"名人的名义，却很花心思。

二、促销策略的三种形式

促销策略是一种促进商品销售的谋略和方法。按照顾客在购买活动中心理状态的变化，以各种不同形式，适时展示商品以刺激顾客的购买欲望，或启迪诱导以激发顾客的购买兴趣，或强化商品的综合印象以促进顾客的购买行为。基本的促销策略有以下三种。

（一）推式促销策略

推式促销策略是指利用推销人员对中间商促销，将产品推入渠道的策略。这一策略需利用大量的推销人员推销产品，它适用于单位价值较高的产品；性能复杂、需要做示范的产品；流通环节较少，流通渠道较短的产品；生产者和中间商对产品前景看法一致的产品等。推式促销策略风险小，推销周期短，资金回收快，但其前提条件是须有中间商的共识和配合，企业的促销人员要针对不同的销售对象采取不同的促销方式和技巧。在推式促销策略中，人员推销是其主要手段，辅之以广告、公共关系和营业推广，使前一环节能尽力地把产品推销给销售中的下一环节。

（二）拉式促销策略

拉式促销策略是指企业直接针对最终消费者施加促销营销，使其对本企业的产品产生需求，以扩大销售。拉式促销策略一般以广告促销为主要手段，通过新创意、高投入、大规模的广告轰炸，直接诱发消费者的购买欲望，形成急切的市场需求，然后“拉引”中间商纷纷要求经销这种产品，由终端消费者向上游层层求购实现产品销售。运用这种策略的企业一般具有较强的经济实力，能够花费昂贵的广告和公关费用。在拉式促销策略中，广告、公共关系、营业推广是其主要手段，通过这些手段树立形象、产生拉力，人员推销只是辅助。

（三）推拉结合策略

对于任何一个企业，都不会单一地采取拉式或推式策略，而是两者策略并用，但要根据具体情况突出重点。

案例分析 **主动揭短**

日本美津浓体育用品公司生产的运动衣口袋里，无一例外地都有一张这样的说明书：“这件运动衣在日本是用最优质的染料、最优秀的技术染色，但我们仍觉得遗憾的是，茶色的染色还没有达到完全不褪色的程度，还是会稍微褪色的。”

由于美津浓公司敢于揭自己产品之丑，扬经营者之诚，如今“美津浓”已成为日本体育用品的代名词，其销售额每年达50亿日元。

（资料来源：http://www.ebrun.com/online_marketing/7513.html）

美津浓公司的产品说明书，符合“诚信”这个古老的经商原则。无论现代广告是如何铺天盖地和天花乱坠，“诚信”仍是我们这个社会的第一要旨，也是企业扩大销售、提高市场占有率的法宝之一。

三、影响促销组合策略的因素

促销组合，也叫营销沟通组合，是指企业在市场营销过程中，根据产品的特点和营销目标，综合各种影响因素，对人员推销、广告、销售促进、直接营销、公共关系等沟通手段的选择、编配和运用。从广义的角度看，市场营销组合中的各个因素都可以归入促销组合。如产品的式样、包装的颜色与外观、价格等都传播了某些信息。从狭义的角度看，促销组合只包括具有沟通性质的促销工具，如广告、包装、展销会、购买现场陈列、销售辅助物（目录、说明书、影片等）、劝诱工具（竞赛、赠品券、赠品等）以及公共关系。影响促销组合策略的因素有以下几方面。

（一）促销目标

促销目标是企业从事促销活动所要达到的目的。企业在不同的时期及不同的市场环境下，都有其特定的促销目标，而促销目标不同，促销组合和策略也就有差异。

1. 以扩大市场份额为目标

以扩大市场份额为目标，即在一定时期内，在某一市场迅速增加销售量，来扩大企业的市场份额。这个促销目标强调的是近期效益。在这样的目标下，促销组合的选择、配置更多地使用广告和营业推广。

2. 以树立企业形象为目标

以树立企业形象为目标，即企业总体的营销目标是在某市场上树立企业形象，为其产品今后占领市场赢得有利的竞争地位奠定有利的基础，显然这属于长期目标。实现此目标，需要制定一个长期的促销组合方案，公共关系则是非常重要的，而与之相配合的广告宣传在手段和内容等方面也会有所差异。

（二）产品性质

不同性质的产品，购买者和购买的目的不同。一般说来，工业品具有技术性强、价格高、批量大等特征，购买一般要经过研究、磋商、审批等手续，因此，应以人员推销为主，配之以广告与公共关系；而消费品是供个人或家庭生活使用，面广量大，应以广告宣传为主，结合营业推广，辅之以人员推销和公共关系。

（三）市场状况

市场状况不同，促销组合和策略也有所不同。

（1）从市场地理范围大小看，若促销对象是小规模的或相对集中的本地市场，应以人员推销为主；而对广泛的或分散的全国甚至世界市场进行促销，则多采用广告、公共关系及营业推广。

（2）从市场类型看，消费者市场因消费者多而分散，多数靠广告等非人员推销方式，并且目标市场的其他特性，如消费者收入水平、风俗习惯、受教育程度等也会对各种促销方式产生不同的影响；而对用户较少、批量购买、成交额较大的生产者市场，则主要采用人员推销形式。

（3）在有竞争者的市场条件下，制定促销组合和促销策略还应考虑竞争者的促销形式和策略，要有针对性地不断变换自己的促销组合及促销策略。

（四）产品的价格和销售渠道

一般来讲，对于廉价的日常生活用品，利润很薄，需要大批量销售，广告的效果较大；而价高利厚的产品，消费者的选择性很强，多采用人员销售有利于克服消费者购买的阻力。当企业采用直销的方式，自己负担整个的销售工作时，促销组合的重点应放在人员营销上；反之，销售渠道很长、环节很多时，促销组合的重点应在广告上，以吸引消费者到商店去购买产品。

（五）产品生命周期

产品在不同的生命周期阶段，企业的营销目标及重点都不一样，因此，促销方式也不尽相同。

（1）在产品引入期，消费者的接受能力很低，企业可利用广告和公共关系广为宣传，同时配合营业推广和人员推销，尽量让消费者认识了解新产品，鼓励消费者试用新产品。

（2）产品进入成长期，可观的销售增长率和利润开始吸引竞争者进入市场，这时促销的重点应放在宣传本企业产品的商标品牌上，争取消费者的偏爱，激发消费者的选择需求。这一阶段，人员推销的任务是发展销售渠道，争夺市场占有率，广告的费用也要增加。广告的内容要从告知性转向宣传品牌的突出优点和特色，以提高产品和企业的声誉。

（3）产品到了成熟期，竞争者很多，但竞争的态势已趋于稳定，弱势竞争者被挤出，市场产品也逐渐相似。这一阶段，广告是消费品的主要促销形式，广告的内容应集中宣传本品牌与其他品牌的不同之处，强调产品的附加利益。

（4）产品进入衰退阶段，由于生产和销售开始下降，整个促销预算逐步削减，因此，一般只适合运用提示性广告来保持消费者的记忆，而把营业推广作为主要促销方法。

（六）促销预算

企业开展促销活动，必然要支付一定的费用，并且每一种促销方法所需的费用是不相同的。企业能够用于促销活动的费用总是有限的，因此，在满足促销目标的前提下，确定促销预算额时，要考虑营业额的多少、促销目标的要求、产品市场生命周期、适应竞争需要等因素，选择适宜的促销方法，并在恰当的时机进行运用，做到效果好、费用又省。

促销方式是企业向消费者传播与沟通信息的媒介。一般可以划分为人员促销和非人员促销，非人员促销又可分为广告、销售促进和公共关系促销。

人员推销指企业派出推销人员或委托推销人员，直接与消费者接触，向目标顾客进行产品介绍、推广，促进销售的沟通活动。人员促销主要适合于消费者数量少、比较集中的情况下进行。

非人员促销是指企业通过一定的媒介传递相关信息，以促进销售的一系列活动，包括广告、销售促进和公共关系，适合消费者数量多、比较分散的情况。广告促销指企业按照一定的预算方式，支付一定数额的费用，通过不同的媒体对产品进行广泛宣传，促进产品销售的传播活动；营业推广指企业为刺激消费者购买，由一系列具有短期诱导性的营业方法组成的沟通活动；公关促销指企业通过开展公共关系活动或通过第三方在各种传播媒体上宣传企业形象，促进与内部员工、外部公众良好关系的沟通活动。

每一种促销方式都有与消费者沟通的特殊工具。例如人员销售包括销售展示、展销和激励计划等；广告包括广播、印刷、互联网、户外以及其他形式；促销包括折扣、优惠券、陈列和示范等；公共关系包括新闻发布会、赞助、特殊事件以及网络等。市场营销并不局限于这些具体的促销工具，产品的设计、价格和包装以及出售商品的商店，都会向消费者传递产品或企业的信息。因此，为了取得最佳的沟通效果，促销与产品、定价都必须协调一致（见表 12 - 1）。

表 12－1 各种促销方式比较

方式	促销因素	见效	适宜产品	产品生命周期	渠道模式	总策略	价格
人员推销	人的表现	及时	生产资料	后期	直销	推式	高价
广告	告知信息	滞后	消费品	前期	间接分销	拉式	低价
销售促进	激励购买	最快	消费品	后期	直销	推式	低价
公共关系	形象塑造	最慢	生产资料	各期	间接分销	拉式	高价

四、促销预算分析

企业面临的最艰难的营销决策之一是应该在促销上花多少钱。不同的行业和企业在促销支出上存在很大差别：化妆品包装商品的促销费用可能占到销售总额的 14%，工业机械产品只有 1%。在特定的行业中，既有促销费用很低的企业，也有在促销上投入大笔金钱的企业。制定促销总预算的常见方法有以下四种。

（一）销售比例法

根据年度营业目标的一定比例来确定促销预算，再按各月的营业目标分配至各月。其优点：简单、明确、易控制，有助于管理者思考单位促销支出、销售价格和利润之间的关系；缺点是缺乏弹性，由于预算按照每年的销售额而定，很难制定长期计划。

（二）量入为出法

以公司能够负担的水平为标准制定促销预算。小企业经常运用这种方法，因为公司不能在广告花费上超过现有的承受能力，他们从总收益中减掉运营费用和资本费用，然后将剩余资金的一部分用于促销。优点是能确保企业的最低利润水平，不至于因促销费用开支过大而影响利润的最低水平；缺点是促销费用是最后被考虑的，促销费用的多少取决于其他支出后剩余资金的数量，完全忽视了促销对销售业绩的影响，由此确定的促销预算可能低于最优预算支出水平，也可能高于最优预算支出水平。

（三）竞争对比法

企业按竞争对手的大致费用来决定自己的促销预算。优点为能借助他人的预算经验并有助于维持本企业的市场份额；缺点是情报未必确实且每家企业的情况不同。

（四）目标任务法

根据促销目的和任务而确定促销预算。该预算方法必须做到：（1）确定特定的促销目标；（2）决定为实现这些目标需要完成的促销任务；（3）估计完成这些任务的成本。

这些成本的综合就是计划的促销预算。目标任务法的优点是注重促销效果，使预算较能满足实际需求；缺点是促销费用的确定仍带有主观性，且促销预算不易控制。

应用二 广告与公共关系

广告是向人直接地推销产品，而公关就做得巧妙多了，它主要是采用一些不露痕迹的手段来达到影响他人的目的。广告与公共关系都是为了扩大社会组织的知名度，提高信誉度，树立良好的形象，以求得社会公众对组织的理解与支持。

一、广告

广告即广而告之，是指商品经营者或服务提供者承担费用，通过一定媒体和形式直接或间接地介绍自己所推销商品或者提供服务的商业广告。广告作为一种传递信息的活动，是企业在促销中应用最广的促销方式。

广告不同于一般大众传播和宣传活动，主要特点表现在：

传播性——广告是一种传播工具，是将某一项商品的信息，由这项商品的生产或经营机构（广告主）传送给一群用户和消费者。

说服性——广告进行的传播活动是带有说服性的。

价值性——广告不仅对广告主有利，而且对目标对象也有好处，它可使用户和消费者得到有用的信息。

在消费者行为中，广告的作用是传播使消费者产生特定行为或一定条件下的预期行为的有说服力的产品信息。广告对消费者所产生的作用和影响可分为以下几个方面。

（一）沟通产销，开拓市场

现代化企业的产品数量多，流通广，生产者和消费者远隔千山万水，广告信息传输就成为联系产、供、销的纽带。及时地把产品、劳务信息传递给消费者，可使物尽其用，货畅其流，从而加速流通，对促进生产与经济发展有重要意义。广告宣传可以使消费者认识新产品的质量、特点、用途、价格和购买地点等信息，了解新产品比老产品的优越性所在，从而产生购买欲，进而转化为购买行为。

（二）引导消费

广告宣传有助于新的生活方式和新的消费观念的形成。一些具有全新意义的产品，往往能引起社会生活方式乃至消费观念的变革，而新的生活方式和消费观念一旦形成，就会造成巨大的社会需求，反过来推动生产发展。广告的引导功能有三层含义。广告能使新产品、新款式、新的消费意识迅速流行，形成消费时尚；广告可以使消费者在众多的商品中进行比较；广告可以引导消费走上文明、健康的道路。

（三）启迪创造，推动竞争

在商品经济活动中，生产者通过研究他人的广告信息，可以掌握经济动态，预测市场走向；可以了解竞争产品、竞争企业的新变化和新招数，从而改进自己的产品，因此有着启迪创造、推动竞争的作用。

（四）建立声誉，塑造形象

现代市场上同类产品众多，质量往往相差不大，但市场占有率则相去甚远。因为消费者有一种认同品牌的心理，谁的品牌叫得更响，谁的产品就卖得更快。对企业来说，产品的品牌、声誉是其赖以生存、发展的基石，品牌是最重要的一笔财富。产品品牌声誉的建立，有赖于高质量的产品和高质量的广告。此外，当品牌受到假冒产品损害时，广告宣传还是揭露假冒产品、保护品牌的有力手段。

二、广告促销设计流程

广告促销是为了用较低的广告费用取得较好的促销效果。广告促销工作，包括广告目标确定、广告机会分析、广告内容形成、广告媒体选择以及广告预算制定等内容。

（一）广告目标确定

确定广告目标，就是根据促销的总体目的，依据现实需要，明确广告宣传要解决的具体问题。广告促销的具体目标，可以使消费者了解企业的新产品，促进购买、增进销售，或提高产品与企业的知名度，以便形成品牌偏好群等。根据广告要达成的目的可将广告分为三种：

一是告知性广告。告知性广告是指以向目标受众提供信息为目标的广告。这种广告的目的在于传达新产品的信息，介绍产品的用途、性能、使用方法等，使市场产生对某类产品的需求，其主要目的是介绍物理性能，其次才是传播某种品牌。一般用于新产品上市，使消费者对产品产生初步感知。例如恒源祥的导入期告知广告——“恒源祥，羊羊羊”“恒源祥，羊羊羊”，几乎没有人不知道这个广告。毋庸置疑，在恒源祥产品的导入期，它起到了很好的效果。这个广告在中央电视台黄金时间播放，每次重复三遍，让全国人民迅速知道了这个品牌。

二是劝说性广告。劝说式广告是以说服为目标的广告，也是竞争式广告。企业从消费者的切身利益出发，告诉消费者该品牌商品优于其他品牌商品的独到之处，改变消费者的看法，形成消费者对本企业产品或服务的特殊偏爱，从而选择购买本企业的产品或服务。劝说式广告是配合产品生命周期进入成长期或成熟期阶段而实施的，开发消费者对商品选择性需求的广告目标。

三是提示性广告。提示性广告，一般是对已到成熟后期的产品继续进行的宣传。可以提醒消费者本企业还在生产和供应这种产品，加深他们的记忆，提高重复购买率，延长产品的市场寿命。

（二）广告机会分析

广告目的确定后，接下来需要分析要实现既定的广告目的需针对哪些消费者做广告，以及在什么样的时机做广告等问题。因此就必须搜集、分析有关消费者情况、竞争者情况、市场需求趋势等方面的情况，然后根据企业的营销目标和产品特点，找出广告的最佳切入时机，做好广告定位，为开展有效的广告促销活动奠定基础。

（三）广告内容的形成

广告的具体内容应根据广告目标、媒体的信息可容量来加以确定。一般来说应包括以下三个方面：

（1）产品信息。主要包括产品名称、技术指标、销售地点、销售价格、销售方式以及国家规定必须说明的情况等。

（2）企业信息。主要包括企业名称、发展历史、企业声誉、生产经营能力以及联系方式等。

（3）服务信息。主要包括产品保证、技术咨询、结款方式、零配件供应、保修网点分布以及其他服务信息。

（四）选择广告媒体

广告信息需要通过一定的媒体才能有效地传播出去，然而不同的媒体在广告内容承载力、覆盖面、送达率、展露频率、影响价值以及费用等方面互有差异，因此正确地选择媒体是广告策划过程中一项非常重要的工作。

1．广告媒体的特性

企业的广告策划人员在选择广告媒体时必须了解各种媒体的特性。广告可以选择的传播体及其特性的有关情况如下：

（1）印刷媒体。指的是报纸、期刊等印刷出版物，这类媒介是广告最普遍的承载工具。报纸的优点是：信息传递及时、记者广泛稳定、可信度比较高；刊登日期和版面的可选度较高，便于对广告内容进行较详细的说明；便于保存，制作简便，费用较低。报纸的局限性是：时效短、转阅读者少；印刷简单因而不够形象和生动，感染力相对差一些。期刊的优点是：读者对象比较确定、易于送达特定的广告对象；时效长、转阅读者多、便于保存；印刷比较精美、有较强的感染力。期刊的不足是：广告信息传递前置时间长，信息传递的及时性差，有些发行量是无效的。

（2）视听媒体。视听媒体主要有广播、电视等。广播的优点是：覆盖面广、传递迅速、展露频率高；可选择适当的地区和对象、成本低。广播的缺点是：稍纵即逝、保留性差、不宜查询；受频道限制缺少选择性，直观性与形象性较差，吸引力与感染力较弱。电视的优点是：覆盖面广、传播速度快、送达率高；集、形、声、色、动态于一体，生动直观、易于接受、感染力强。电视的不足是：展露瞬间即逝、保留性不强；对观众的选择性差，绝对成本高。

（3）户外媒体。户外媒体包括招牌、广告牌、交通工具、霓虹灯等。户外媒体的优点是：比较灵活、展露重复性强、成本低、竞争少。户外媒体的缺点是：不能选择对象、传播面窄，信息容量小、动态化受到限制。

（4）邮寄媒体。邮寄媒体是指遍布全国乃至全世界的邮政网络。邮寄媒体的优点是：广告对象明确而且具有灵活性，便于提供全面信息。邮寄媒体的局限性是：时效性较差，成本比较高，容易出现滥寄的现象。

2．广告媒体的选择

企业广告策划人员在选择媒体种类时需要综合考虑以下因素：

（1）产品特性。不同的产品在形式、性能、用途、使用者等方面各不相同，不同的媒体在说明能力、展示能力、可信度等方面也不一样，因此应根据产品特性选择广告媒体。例如，服装、化妆品、食品等产品的广告最好采用电视、印刷图片等有色彩表现力的媒体，以便生动地展示其色彩和形象，提高广告宣传的感染力；新产品、科技含量高的产品，则可以利用报纸、杂志、邮寄广告等媒体，以便详细说明并有针对性地选择沟通对象。

(2) 媒体的传播范围。一般来说，媒体的传播范围应当与企业的目标市场范围相一致，以使广告信息能够有效地送达沟通对象。例如，产品是销往全国的就应该在全国性媒体上做广告，产品是销往某一地区的便可以选用地方性媒体做广告。

(3) 广告目标与内容。广告的目标和内容也影响着对媒体的选择。例如，以营业推广、促进购买为目标的广告，其内容注重于推销宣传，要求大众化、传播速度快、瞬时印象深，则利用电视、广播等媒体为宜；以提高产品认知度为目标的广告、在内容中含有大量的技术资料的广告，利用报纸、杂志等媒体为宜。

(4) 媒体成本。不同的广告媒体收费情况是不一样的，企业应力求以最少的广告支出获得最大的宣传效果。因此，企业在选择广告媒体时应结合自身的经济负担能力，对广告成本与广告效果进行测算，然后再进行决策。

（五）制定广告预算

为了实现成本与效果的最佳结合，以较低的广告成本达到预定的广告目标，企业就必须进行合理的广告预算。一般来讲，企业确定广告预算的方法主要有以下四种。

一是销售百分比法。就是企业按照销售额（一定时期的销售业绩或预计销售额）或单位产品售价的一定百分比来计算和决定广告开支。

二是量力而行法。就是企业根据财务状况的可能性来决定广告开支，即企业在其他市场营销活动都优先分配经费之后尚剩余者再供广告之用。这种方法的主要优点是简便易行。其问题在于，企业根据其财力情况来决定广告开支多少没有错，但广告是企业的一种重要促销手段，因此企业做广告预算时不仅要考虑能花多少钱做广告，而且要考虑需要花多少钱做广告才能完成销售指标。所以，这种方法存在着一定程度的片面性。

三是目标任务法。就是根据广告目标来确定广告开支。目标任务法的应用程序是：明确广告目标，确定为达到广告目标而必须执行的工作任务，估算执行各项工作任务所需的各种费用，汇总各项工作经费做出广告预算。这种方法的优点是能够把预算和需要密切地结合起来，尤其对新上市产品，可以根据市场变化灵活地决定广告预算。这种方法的缺点是没有从成本的观点出发来考虑某一广告目标是否值得追求这一问题。为了克服上述不足，企业在使用这一方法确定广告预算时，应该进行边际成本与边际收益分析。

四是竞争对比法。就是企业比照竞争者的广告开支来决定自己的广告预算。竞争对比广告预算有两种计算方式：

市场占有率对比法，计算公式为：广告预算 = 竞争者广告费/（竞争者市场占有率 × 本企业预期市场占有率）

增减百分比法，计算公式为：广告预算 = 竞争者上年度广告费 ×（1 + 竞争者广告费增长率）

在广告竞争激烈、企业间势均力敌的情况下，为了保持本企业的市场地位，采用这种方法还是比较有效的。但也有明显不足；第一，难以获悉竞争者广告预算的可靠信息，因而可能导致预算依据不合理。第二，各企业的广告信誉、资源、机会与目标和竞争者并不一定相同，因而完全以竞争者的广告费用为基础确定本企业的广告预算不一定很科学。

（六）广告效果评价

广告的传播效果是指广告活动对广告受众在意识、知识和偏好方面的影响。广告经过目标制定、机会分析、媒体选择等一系列的过程，评价广告效果，成为完整的广告活动中不可或缺的重要一环。广告效果的评价可以分为事前评价和事后评价。

1. 事前评价

在广告还没有正式制作完成或播出之前，对之进行各种预测，或邀请专家学者、消费者进行现场观察，或测定人们的心理活动反应，从而对广告可能获得的成效进行评价。根据评定中产生的问题，对广告进行修改，争取广告的最佳效果。事前评价包括消费者评定法、综合测试和实验室测试等方法。

2. 事后评价

广告正式播出之后，产生的实际效果如何，需要对广告的销售效果和广告的认知效果两个方面进行评价。广告的销售效果可通过销售额衡量法和小组比较法进行评价；广告的认知效果评价着重于分析广告播出后，消费者对广告信息的接触情况、阅读情况、记忆情况及态度方面的测量。

三、公共关系

公共关系是指某一组织为改善与社会公众的关系，促进公众对组织的认识、理解及支持，达到树立良好组织形象、促进商品销售目的的一系列公共活动。它本意是社会组织、集体或个人必须与其周围的各种内部、外部公众建立良好的关系。它是一种状态，任何一个企业或个人都处于某种公共关系状态之中。它又是一种活动，当一个工商企业或个人有意识地、自觉地采取措施去改善和维持自己的公共关系状态时，就是在从事公共关系活动。作为公共关系主体长期发展战略组合的一部分，公共关系的含义是指这种管理职能：评估社会公众的态度，确认与公众利益相符合的个人或组织的政策与程序，拟定并执行各种行动方案，提高主体的知名度和美誉度，改善形象，争取相关公众的理解与接受。

公共关系具有如下的特征：一是情感性。公共关系是一种创造美好形象的艺术，它强调的是成功的人和环境、和谐的人事气氛、最佳的社会舆论，以赢得社会各界的了解、信任、好感与合作。我国古人办事讲究“天时、地利、人和”，把“人和”作为事业成功的重要条件。公共关系就是要追求“人和”的境界，为组织的生存、发展或个人的活动创造最佳的软环境。二是双向性。公共关系是以真实为基础的双向沟通，而不是单向的公众传达或对公众舆论进行调查、监控，它是主体与公众之间的双向信息系统。组织一方面要吸取人情民意以调整决策，改善自身；另一方面又要对外传播，使公众认识和了解自己，达成有效的双向意见沟通。三是广泛性。公共关系的广泛性包含两层意思：一层意思是公共关系存在于主体的任何行为和过程中，即公共关系无处不在，无时不在，贯穿于主体的整个生存和发展过程中；另一层意思指的是其公众的广泛性。因为公共关系的对象可以是任何个人、群体和组织，既可以是已经与主体发生关系的任何公众，也可以是将要或有可能发生关系的任何暂时无关的人们。四是整体性。公共关系的宗旨是使公众全面地了解自己，从而建立起自己的声誉和知名度。它侧重于一个组织机构或个人在社会中的竞争地位和整体形象，以使人们对自己产生整体性的认识。它并不是要单纯地传递信息，宣传自己的地位和社会威望，而是要使人们对自己各方面都要有所了解。五是长期性。公共关系的实践告诉我们，不能把公共关系人员当作“救火队”，而应把他们当作“常备军”。公共关系的管理职能应该是经常性与计划性的，这就是说公共关系不是水龙头，想开就开，想关就关，它是一种长期性的工作。

（一）公共关系的工作程序

根据公共关系的工作特点，我们把公共关系的工作程序归纳总结为调查、策划、实施和评估四个步骤。

1. 公共关系调查

公共关系调查主要是了解和掌握与组织各项行为和政策相关联或受其影响的公众对组织的行为和政策的认知、观点、态度和行为，获取正式的信息，得到第一手资料，有的放矢地开展公共关系活动。公共关系调查阶段主要是发挥公共关系的情报信息功能。

2. 公共关系策划

公共关系策划主要是将公共关系调查中所获取的情报信息运用于组织的政策和计划中，确定直接影响和涉及组织各种利益的公众对象，制定组织发展的公共关系战略、策略，编制公共关系活动计划等。

3. 公共关系实施

公共关系实施主要是通过沟通和其他公共关系活动，将组织经过策划制定好的公共关系活动贯彻执行，完成和实现与组织总目标有联系的公共关系目标。公共关系实施阶段主要是发挥公共关系的传播沟通功能。

4. 公共关系评估

公共关系评估主要是对公共关系过程进行总结、分析，估计公共关系计划和活动实施的各种效果，确定公共关系活动的最终结果，为调整下一步公共关系目标和制定公共关系计划提供翔实的资料。

（二）公共关系的主要工具

公共关系是企业在市场经营中一种促进销售的手段和管理职能。公共关系是利用各种传播手段，同包括顾客、中间商、社区民众、政府机构以及新闻媒介在内的各方面公众沟通思想，建立良好的社会形象和营销环境的活动。公共关系的主要工具有以下几种。

1. 公益活动

企业应积极参与各种有意义的公益活动，如参与社会赞助活动、举行义卖活动，用以支持体育、文化、教育、社会福利和慈善等事业的发展。这不仅可以显示企业雄厚的实力，充分体现企业积极承担社会责任的精神，同时还可以增加公众的好感，提高企业的知名度。

2. 新闻事件

对市场营销人员和公关人员来说，要善于利用特殊事件制造新闻。通过开展各种有益的社会活动，如以房地产企业名称命名的体育比赛、文艺演出、评选优秀运动员、智力竞赛等，以扩大企业的社会影响。可以有意策划一些新闻事件，以吸引新闻媒介的注意。策划并不是捏造事实，而是对事实进行适当的加工。如利用新闻人物的参与，创造那些引人注目的活动形式，在公众所关心的问题上表态亮相等，都可以使事实的新闻色彩增强，从而引起新闻媒介的注意并予以报道。

3. 对外开放参观

对外开放参观活动是企业为了让公众更好地了解自己，面向社会各界开放，及时组织和安排广大公众到企业内部来参观、考察，以提高组织的透明度，争取公众了解和支持。

4. 举办专题活动

企业可通过举办或参加一些专题活动来加强与有关公众的信息沟通和情感联络。如遇有重大事件或纪念日，公共人员应策划、组织相关的新闻发布会、庆典纪念会等，并以此为契机宣传企业的形象及相关动态信息。

5. 危机公关活动

当企业与公众发生冲突，或发生突发事件，使得公众舆论反应强烈，企业形象受到严重损害时，公共关系便处于危机状态之下，需要动用整个企业的力量及各种传播媒介来处理危机，协调与平衡企业和公众之间的紧张关系。

（三）公共关系评估

公共关系活动很难精确测量，概括来说，公共关系评价的指标包括以下几个方面。

1. 信息传播频率

衡量公共关系效果最简单的方法是计算企业出现在媒体上的信息传播次数。发送信息的数量是公关效果评价的基础性信息，这通常可以从公关活动实施记录中精确地得到，如提供有关纸质媒体的报道版面和读者构成、电波媒体传播时段，以及受众群体的分析报告等。

2. 受众反响

重点是通过调研，分析由公共关系活动而引起的公众对企业或产品的知名度、态度方面的前后变化情况。假定在其他促销策略（广告、营业推广等）基本不变的情况下，尽可能估算公共关系对公众行为产生的影响，包括对销售额和利润产生的积极促进作用。

四、广告和公共关系的区别

一般情况下，人们提到的广告大都指商业广告，即广告主为了扩大销售、获取赢利，以付钱的方式利用各种传播手段向目标市场的广大公众宣传商品或服务的经济活动。开展公共关系无疑要运用广告这种重要的传播形式，但广告不等于公共关系，它们之间既有联系又有区别。其联系主要是二者都具有依靠媒介传播信息的特征。因此，从某种意义来说，广告在不同程度上起着扩大组织影响、建树组织形象的作用。公共关系与广告的区别主要在于：

1. 传播目标不同

公共关系的目标是赢得公众的信赖、好感、合作与支持，树立良好的整体形象，“让别人喜欢我”；广告的目标是激发人们的购买欲望，对产品产生好感，“让别人买我”。

2. 传播原则不同

广告的信息传播原则是引人注目。只有引人注目的广告，才能使企业的产品和服务广为人知，激发人们的购买欲望，最终达到扩大销售和服务的目的。公共关系传播的首要原则是真实可信，其传播的信息都应当是真实的、可信的，绝不能有任何虚假。当然，公共关系信息传播也要讲究引人注目，但“引人注目”是从属于真实性，并为真实性服务的。

3．传播方式不同

广告为了引人注目，可以采用各种传播方式，包括新闻的、文学的及艺术的传播方式，可以采用虚构的乃至神话的夸张手法，以激起人们的兴趣，加速人们的购买欲望。但公共关系的传播方式，最重要的是靠事实说话，其信息传播手段主要是新闻传播的手段，如新闻稿、新闻发布会、报纸、杂志等。这些传播手段的特点是：靠信息的真实性、客观性及其内在的新闻价值说话，认为成功的关键不在于当事人运用什么哗众取宠、耸人听闻的表现手法，而在于善于选择适当的时机、采用适当的形式、通过适当的媒介、把适当的信息及时、准确地传递给目标公众。

4．传播周期不同

通常来说，广告的传播周期是短暂的，短则十天半个月，长则数月一年，一般不会太长。相对来说，公共关系的传播周期则是长期的，其任务主要是树立整个企业的信誉和形象，急功近利的方式是很难奏效的。

5．所处地位不同

一般来说，广告在经营管理的全局中所处的地位是局部性的，其成败好坏，对全局没有决定性的影响。但公共关系工作却不同，它在经营管理中处于全局性的地位，贯穿于经营管理的全过程。公共关系工作的好坏，决定着整个企业的信誉、形象，决定着整个企业的生死存亡。

6．效果不同

一般来说，广告的效果是直接的、可测的，其经济效果是显而易见的。对某项广告而言，其效果也往往是局部的，只影响到某个产品或某项服务的销路。因此，广告的效果又是局部性的、战术性的。而公共关系的效果则是战略性的、全局性的。一旦确立了正确的公共关系思想，并开展了成功的公共关系工作，企业就能在外界建立起良好的信誉和形象，使组织受益无穷，而且社会各界也会因此受益匪浅。成功的公共关系所取得的效益，应该是包括政治、经济、社会等各方面效益的社会整体效益，而这样的整体效益是难以通过利润的尺度来直接衡量的。

应用三　人员销售和销售促进

人员销售是促销组合中的人际部分，是企业和顾客之间产生顾客价值和实现企业利润的有效连接；销售促进是企业通过发挥人员销售的作用，运用各种短期诱因鼓励消费者和中间商购买、经销企业产品和服务的促销活动。人员销售和销售促进是促销组合的重要因素。

一、人员销售

人员销售是指企业推销员直接与顾客接触、洽谈、宣传介绍商品和劳务以实现销售目的的活动过程。这是一项专业性很强的工作，是一种互惠互利的推销活动，它必须同时满足买卖双方的不同需求，解决各自不同的问题，而不能只注意片面的产品推销。尽管买卖双方的交易目的大不相同，但总可以达成一些双方都可以接受的协议。人员销售不仅是卖的过程，而且是买的过程，即帮助顾客购买的过程。推销员只有将推销工作理解为顾客的购买工作，才能使推销工作进行得卓有成效，达到双方满意的目的。为顾客服务，不仅是推销员的愿望和口号，而且也是人员销售本身的客观要求。换句话说，人员销售不是推销产品本身，而是推销产品的使用价值和实际利益。顾客不是购买产品实体本身，而是购买某种需要的满足；推销员不是推销单纯的产品，而是推销一种可以解决某些问题的方案。此外，人员销售是一种专业性和技术性很强的工作，它要求推销员具备良好的政治素质、业务素质和心理素质，以及吃苦耐劳的工作精神和毅力。

（一）销售人员的作用

人员销售是促销组合中通过人际互动进行促销的方式。广告在很大程度上是与目标消费群体间的非人员沟通。相反，人员销售涉及销售人员与消费者之间的人际互动——无论是面对面，还是通过电话、邮件、视频或网络会议，以及其他方式。在更加复杂的销售环境中，销售人员可以对顾客进行深入调查，了解更多问题，调整营销提供物和展示内容，来适应每个顾客的特殊需求。

销售人员在企业和顾客之间起到关键的纽带作用。在很多情况下，销售人员同时为两个主顾服务——一个是卖方，一个是买方。首先，他们代表公司与顾客接触，发现并发展新的顾客，将公司的产品和服务信息告诉顾客。同时，销售人员代表顾客与公司打交道，在公司内部扮演着消费者利益的维护者，与公司内的其他营销或非营销人员一起努力提高客户价值。因此，顾客很可能对销售人员及其代表的公司和产品产生忠诚感。“对销售人员的忠诚”这一概念在考察销售人员的客户关系建立能力时尤为重要。

（二）人员销售的类型

1. 生产厂家的人员推销

生产厂家雇佣推销员向中间商或其他厂家推销产品。日用消费品生产厂家的推销员往往将中间商作为他们的推销对象；而工业品生产厂家的推销员则将把他们的产品作为生产资料的其他生产厂家作为推销对象。

2. 批发商的人员推销

批发商往往也雇佣成百上千名推销员在指定区域向零售商推销产品。零售商则常常依靠这些推销员来对商店的货物需求、货源、进货量和库存量等进行评估。

3. 零售店人员推销

这类推销往往是顾客上门，而不是推销员拜访顾客。

4. 直接针对消费者的人员推销

这类推销在零售推销中所占比重不大，是推销力量中的一个重要部分，有其特殊优点和作用。

5. 对无形产品的推销

主要指对保险、银行、旅游、服务业等的人员销售，还包括对工商企业的不动产、房地产等的人员销售。对这类推销员的要求很高，他们要通晓法律等各方面的知识，甚至需要通过必要的考试。

二、销售人员管理的主要内容

销售人员管理的主要内容包括销售队伍结构和对销售人员的招聘、选拔、培训、激励、监督、评价等。

（一）销售队伍结构

销售队伍结构是指销售人员的分配方式及其分布。销售队伍组织结构设计关系到推销工作的效率和资源最佳利用问题。企业要想实现销售目标就必须根据自身的具体情况选择适合的销售队伍结构。常见的销售队伍结构有几种方式：按地区结构组建、按产品结构组建、按顾客结构组建以及复合型结构。

1. 按地区结构设计

这是最简单的推销人员结构。这种组织结构的好处是：第一，结构清晰，便于整体部署。第二，销售人员的活动范围与责任边界明确，有利于管理与调整销售力量，能鼓励推销员努力工作。第三，有利于推销员与当地商界及其他公共部门建立良好关系。第四，相对节省往返旅途费用。

2. 按产品结构设计

这是按产品线来设计的推销结构，推销员负责一种或一类产品的推销工作。这种设计一般适合以下情况：

（1）产品技术性强，生产工艺复杂，不同产品线的推销员应有专门知识，否则很难有效地推销。

（2）企业产品种类繁多。这种类型的组织设计的优点主要有：第一，产品经理能够实现产品的最佳营销组合。第二，产品能较快地成长起来。第三，能够对市场出现的问题及市场状况的变化迅速作出反应。

当然，这种组织也存在一些问题：第一，缺乏整体观念。在产品型组织中，各个产品经理相互独立，他们会为保持各自产品的利益而发生摩擦。第二，部门冲突。产品经理的工作未必能获得广告、生产、财务等方面的理解和支持。第三，多头领导。由于权责划分不清楚，具体推销人员可能会得到多方面的指令。

3. 按顾客结构设计

企业也常常按顾客类别来分配推销人员，如企业对不同行业安排不同的销售队伍。一般来说，分类方法有：行业类别、用户规模、分销途径等。这类设计能针对不同顾客采取不同的推销策略。但是，一个销售员可能要横跨若干省份或更大区域，整个销售队伍有可能重复交叉出现在同一个地区。

（二）销售人员的招聘

人员销售管理成功的关键是招聘并选拔优秀的销售人员。一名普通的销售人员和一名优秀的销售人员在业绩上有天壤之别。在典型的销售团队中，前30%的销售人员能够带来60%的销售额。

在招聘销售人员时，企业应该好好分析一下销售工作本身，并且分析在该领域成功的销售人员所具备的特征，从而识别哪些特质是这个行业中成功的销售人员所必需的，然后按相关特征招聘合适的销售人员。人力资源部门可通过现有销售人员推荐、使用招聘机构代理、发布招聘广告以及校园招聘等途径招聘销售人员，企业还可以从其他公司挖掘优秀的销售人员。招聘工作会吸引很多求职者，企业应从中选择最好的，通过面试、笔试等多种方式选拔合适的销售人员。

（三）销售人员的培训

销售培训是指企业组织的围绕销售人员、产品、客户等展开的培训活动。销售的工作就是去满足客户的需求，并艺术性地让客户认同和接受。要成功地做到这一点，销售人员必须充分了解自身的产品和服务，并具备优良的销售技巧。

首先是产品方面的培训，包括产品的品牌、产品的价格、产品的概念、产品的包装、产品的服务等，要拿这些内容和消费者的需求进行对接，让消费者感受到你的产品和他的需求之间的联系。

其次是推广方面的培训，把产品包装好了之后，要解决的问题就是如何把这个产品介绍给消费者，而这种如何介绍正是多种推广方式的问题。

事实表明，训练有素的销售人员所创造的销售业绩远远高于培训成本。

（四）销售人员的激励

对销售人员进行激励，需要根据销售考核业绩，建立合理的推销报酬制度，这是吸引、激励推销员奋发工作的一个重要因素。在研究推销员报酬时，一般应以推销业绩为主，同时参考社会上，特别是企业其他部门的报酬水平。推销人员的报酬一般有以下几种形式。

1．纯粹薪金制度

纯粹薪金制度，又称固定薪金制度，是指无论销售人员的销售额是多少，其在一定的工作时间之内都获得固定数额的报酬。这种薪酬制度适用于：

（1）提供技术或咨询意见或需负担很多销售推广工作时；

（2）从事例行销售工作，如驾驶车辆送酒类、饮料、面包和其他类似产品的情况；

（3）销售大众化产品而且容易推广，不需花太多时间和工夫就可能成交时。

它的优点是易于操作、销售人员的收入有保障，易使其有安全感。缺点是缺乏激励作用，导致销售人员流动率增高，而工作效率最高的人可能会首先离去。

2．纯粹佣金制度

纯粹佣金制度是与一定期间的销售工作成果或数量直接关联的一种奖酬形式，即按工作效率给予佣金。这种薪酬制度适用于企业销售重点是获得订货单，销售以外的任务不太重要时，如服装、纺织业、制鞋业、医药业、五金材料的批发业等；无实际产品的行业，如广告、保险和证券投资业等；当企业雇用兼职销售人员或代理商时。它的优点是富有激励作用、容易控制销售成本，可减少公司的营销费用。它的缺点是销售人员的收入不稳定、缺乏安全感。

3．薪水加佣金制度

薪水加佣金制度是以单位销售或总销售金额的一定百分比作佣金，每月连同薪金一起支付，或年终时累积支付。这种薪酬制度的优点：与奖金制定相类似，销售人员既有稳定的收入，又可获得随销售额增加而增加的佣金；它的缺点：佣金太少，激励效果不大。

（五）销售人员的评价

管理部门可以使用各种销售包以及其他信息，评估每一位销售人员。为了实现最佳评估，在评估标准方面应注意以下问题：一是销售区域的潜力以及区域分布的差异、地理分布状况、交通条件等对推销效果的影响；二是一些非客观性的标准如工作热情、责任感等。评估师可采用的方法有横向比较和纵向比较两种。

1. 横向比较

横向比较是指推销员之间的比较，比较不同推销员一定时期的销售量。这种比较必须建立在各区域市场的销售潜力、工作量、竞争环境大致相同的基础上。应当注意的是销售量并非反映推销员全部工作成就的最佳指标，营销管理部门应对检查推销员工作效益的其他指标进行全面衡量。

2. 纵向比较

纵向比较是指同一推销员现在和过去工作成绩的比较，包括销售额、毛利、销售费用、新增顾客数、流失顾客数等数量指标的分析、比较。这种评估方式有利于衡量推销员工作的改善状况。

三、人员销售过程

推销人员与潜在购买者达成交易的经历过程，一般认为可分为以下四个阶段。

（一）客户发掘

人员销售的第一步就是找出潜在顾客。通过分析企业历史客户和有现客户的数据库，销售人员可以确定理想潜在客户的特点。建立潜在的客户名单的途径包括现有的客户推荐、相关但非竞争企业的名单以及广告询问函或电话等。多加思考往往会出其不意地找到潜在客户。例如，家具连锁店和电信公司从购房名单中找到潜在客户，因为新建成的写字楼或公寓肯定需要装修，也一定需要电信服务。

（二）事前准备

拜访客户之前，销售人员需要具备三种知识：产品知识、顾客事实和竞争者知识，即知己知彼。尽可能地了解销售对象本人或企业的情况。同时选择最佳的接近方式和拜访时间。

（三）销售展示

有了正确的潜在客户信息，销售人员便要设计吸引潜在客户注意的销售展示活动。销售人员应设法引起客户的兴趣，激起他们的欲望，并在适当的时机采取行动和达成交易。这一模式就是许多企业采用的 AIDA 模式，即注意（attention）、兴趣（interest）、欲望（desire）和行动（action）。该模式通过推销人员展示的相关资料吸引消费者的主意，激发消费者的购买欲望，最终双方达成交易。

（四）售后服务

如果推销人员希望确保顾客满意并重复购买，那么交易手续的跟踪服务就必不可少。

售后服务不但可以建立客户的好感，降低客户购买后的不一致感，也可以为将来生意打下基础。优秀或尽职的销售人员会追踪订单的后期服务事项，并确保客户真正满意。

四、销售促进

在市场经济条件下，一方面，生产者不可能完全清楚谁需要什么商品，何地需要，何时需要，何价格消费者愿意并能够接受等；另一方面，消费者也不可能完全清楚什么商品由谁供应，何地供应，何时供应，价格高低等。销售促进是营销活动的一个关键要素，作用在于对产品施加推力，使产品能够更快地进入市场和扩大市场。我们看到，在市场上并非每一个公司都做广告，但是每一个公司都无一例外地开展促销活动。

案例分析 燕塘牛奶，开心的选择

广东燕塘牛奶在优酸乳初上市时，采用了试饮的办法，但是免费试饮的结果是大庭广众之下消费者不好意思过来尝，或者尝过后没有什么特殊感觉。燕塘公司为了能让潜在客户真正体验到产品的特质，给试饮活动增加了内容：在商场超市门口显著地方摆设两张长桌，贴上双果奇缘的POP和试饮信息。活动方式是：促销小姐在桌后倒上两杯不同的牛奶，一杯是纯奶，一杯是优酸乳，让消费者品尝，猜出哪杯是优酸乳的人即可得到两份“双果奇缘”作为奖励。由于活动具有趣味性，顾客都十分高兴，从而吸引了不少目标顾客群（青少年和中年消费者）的兴趣。通过足量的品尝试饮，优酸乳的味道一下子在品尝者心中定格，他们把赠品带回去还可以给家人和朋友品尝，扩大了试饮群。该活动在新品推广上取得了成功，真正体现出“一人一杯燕塘牛奶人人开心晒”的感觉。从此，燕塘牛奶的优酸乳品牌拥有了一大批青少年铁杆拥护者。

（一）销售促进的含义

销售促进，又称为营业推广，它是指企业运用各种短期诱因鼓励消费者和中间商购买、经销企业产品和服务的促销活动。与人员推销、广告及公共关系相比，销售促进具有以下显著特点：

1. 针对性强，方式灵活多样

销售促进对顾客或经销商，通过强有力的宣传推广或提供特殊的激励条件，调动有关人员的积极性，促成立即交易行为。销售促进的方式多种多样，企业可根据产品特性、顾客心理及市场状况灵活运用，从而具有较强的针对性和灵活性。

2. 非正规性和非经常性

销售促进不同于广告和人员销售，不具有经常性和周期性，是为了解决一些具体问题而采取的促销策略，没有规律可循。一般常与其他促销方式配合使用，是其他销售方式的补充。

3. 效果显著

销售促进的宣传面广，可以采用多种形式，并且有“机不可失，时不再来”的吸引力，对消费者或用户的需求刺激较强，常使消费者或用户立即做出购买决策。当企业的新产品进入市场时，常常运用销售促进策略，让新产品快速进入成长期，迅速占领市场。

（二）销售促进的作用

1. 缩短产品入市的进程

使用促销手段，旨在对消费者或经销商提供短程激励。在一段时间内调动人们的购买热情，培养顾客的兴趣和使用爱好，使顾客尽快地了解产品。

2. 激励消费者初次购买

消费者一般对新产品具有抗拒心理。由于使用新产品的初次消费成本是使用老产品的一倍（对新产品一旦不满意，还要花同样的价钱去购买老产品，这等于花了两份的价钱才得到了一个满意的产品，所以许多消费者在心理上认为买新产品代价高），消费者就不愿冒风险对新产品进行尝试。但是，促销可以让消费者降低这种风险意识，降低初次消费成本，而乐于去接受新产品。

3. 激励使用者再次购买，建立消费习惯

当消费者试用了产品以后，如果是基本满意的，可能会产生重复使用的意愿。但这种消费意愿在初期不一定是强烈的、可靠的。促销却可以帮助他实现这种意愿。如果有一个持续的促销计划，可以使消费群基本固定下来。

4. 提高销售业绩

毫无疑问，促销是一种竞争，它可以改变一些消费者的使用习惯及品牌忠诚。因受利益驱动，经销商和消费者都可能大量进货与购买。因此，在促销阶段，常常会增加消费，提高销售量。

5. 侵略与反侵略竞争

无论是企业发动市场侵略，还是市场的先入者发动反侵略，促销都是有效的应用手段。市场的侵略者可以运用促销强化市场渗透，加速市场占有。市场的反侵略者也可以运用促销针锋相对，来达到阻击竞争者的目的。

6. 带动相关产品市场

促销的第一目标是完成促销之产品的销售。但是，在甲产品的促销过程中，却可以带动相关的乙产品的销售。比如，茶叶的促销，可以推动茶具的销售。当卖出更多的咖啡壶的时候，咖啡的销售就会增加。在20世纪30年代的上海，美国石油公司向消费者免费赠送煤油灯，结果其煤油的销量大增。

7. 节庆酬谢

促销可以使产品在节庆期间或企业庆日期间锦上添花。每当例行节日到来的时候，或是企业有重大喜庆的时候（以及开业上市的时候），开展促销可以表达市场主体对广大消费者的一种酬谢和联庆。

（三）销售促进的步骤

销售促进是促销组合的一个重要部分，目的是以刺激消费者对产品的需求，培养品牌忠诚，加深产品终端渗透和认知度而实施的一系列营销活动。销售促进要把握好如下的步骤，才能得到预期效果。

1. 确定销售目标

销售促进目标的确定，就是要明确销售的对象是谁，要达到的目的是什么。只有知道销售的对象是谁，才能有针对性地制定具体的推广方案，例如：是为达到培育忠诚度的目的，还是鼓励大批量购买为目的？

2. 选择销售工具

销售促进的方式方法很多，但如果使用不当，则适得其反。因此，选择合适的销售工具是取得销售促进效果的关键因素。企业一般根据目标对象的接受习惯和产品特点、目标市场状况等来综合分析选择推广工具。下面从市场类型和营业推广目标的角度进行分析。

（1）企业用于消费者市场的销售促进工具。如果销售促进目标是抵制竞争者的促销，则可设计一组降价的产品组合，以取得快速的防御性反应。如果企业产品有明显的竞争优势，目标在于吸引消费者率先采用，则产品样品可作为有效的销售促进工具。常见的促销工具有折扣券、特价包、赠品、试用等形式。

（2）企业用于中间商的销售促进工具。企业为取得批发商和零售商的合作，可以运用购买折扣、广告折扣、陈列折扣等方式，中间商利用这种购买折扣得到立即实现的利润、广告或价格上的补偿。

（3）企业用于推销人员的销售促进工具。推销人员经常要将许多不同品牌的商品推荐给消费者使用，因此，企业常用销售竞赛、奖品等销售促进工具直接刺激推销人员。上面所讲的用于中间商的销售促进工具也可用于推销人员，包括中间商的推销人员和企业自有的推销人员。

3. 制定销售促进方案

企业的市场营销人员不仅要选择适当的销售促进工具，而且还要做出一些附加的决策以制定一个完整的促销方案。主要包括诱因的大小、参与者的条件、促销媒体的选择、促销时间的长短、促销时机的选择和促销预算等。

（1）诱因大小。想要取得促销的成功，一定规模的最低限度的诱因是必需的。我们假设销售反应会随着诱因的大小而增减，则一张减价 15 元的折扣券比减价 5 元的折扣券能带来更多的消费试用者，但不能因此而确定前者的反应为后者的 3 倍。一线市场营销人员需要通过考察销售和成本增加的相对比率确定使企业成本/效益最佳的规模诱因。

（2）参与者条件。销售促进的另一个重要内容是决定参与者的条件。如特价包是提供给每一个人还是奖给那些购买量最大的人？抽奖可能限定在某一范围内，而不允许企业职员的家属或某一年龄以下的人参与。通过确定参与者的条件，卖主可以有选择性地排除那些不可能成为商品固定使用者的人。

（3）促销媒体的选择。营销人员还必须决定如何将促销方案向目标市场贯彻。如促销是一张减价 15 元的折扣券时，则至少有四种途径可使顾客获得：放在商品包装内、销售终端卖场、邮寄和附在广告媒体上，每一种途径的送达率和成本都不相同。

（4）促销时间的长短。销售期限要恰当。过长，消费者新鲜感丧失，产生不信任感；过短，一些消费者还来不及接受销售促进的实惠。

（5）促销时机的选择。确定销售时机。销售促进的市场时机选择很重要，如季节性产品、节日、礼仪产品，必须在季前节前做销售促进，否则就会错过了时机。销售促进还要与营销沟通其他方式如广告、人员销售等整合起来，相互配合，共同使用，从而形成销售促进期间的更大声势，取得单项推广活动达不到的效果。

4. 销售促进效果的评价

准确地评价销售促进的效果有利于企业总结经验教训，为今后的决策提供依据。常用的销售促进评价方法有两种：一是阶段比较法，即把促销前、中、后的销售额进行比较，从中分析销售促进产生的效果。二是跟踪调查法，即在销售结束后，了解多少参与者能回忆起此次销售促进，其看法如何，多少参与者从中受益，以及此次销售促进对参与者今后购买的营销选择等。

五、整合营销沟通

销售促进实质上是一种沟通活动，即营销者（信息提供者或发送者）发出作为刺激物的各种信息，把信息传递到一个或更多的目标对象（即信息接受者，如听众、观众、读者、消费者或用户等)，以影响其态度和行为。例如，某媒体上发出了这样一条广告语：“金兔绵羊绒毛衫——男士的毛衫!”显然，当消费者阅读到这一广告语，立即就可获得如下信息：该毛衫的品牌是金兔牌，是上海一著名品牌，产品质量可信赖；毛衫原材料采用的是绵羊绒，属高档产品；产品是适合秋冬时令的服饰。如果某一消费者的确想购买一件毛衫，这一广告语将会对他的购买行为产生一定的影响。营销者为了有效地与消费者沟通信息，可采用多种方式加强与消费者的信息沟通，以促进产品的销售。可通过广告传递有关企业及产品的信息；可通过各种营业推广方式加深顾客对产品的了解，进而促使购买其产品；可通过各种公关手段改善企业或产品在公众心目中的形象；还可派遣推销员面对面地说服顾客购买其产品。常用的销售促进手段有广告、人员推销、营业推广和公共关系。企业可根据实际情况及市场、产品等因素选择一种或多种销售促进手段的组合，以整合营销，促进销售。

整合营销是一种对各种营销工具和手段的系统化结合，根据环境进行即时性的动态修正，以使交换双方在交互中实现价值增值的营销理念与方法。整合就是把各个独立的营销综合成一个整体，以产生协同效应。这些独立的营销工作包括广告、直接营销、销售促进、人员推销、包装、事件、赞助和客户服务等。战略性地审视整合营销体系、行业、产品及客户，从而制定出符合企业实际情况的整合营销策略。整合营销理论产生和流行于20世纪90年代，是由美国西北大学市场营销学教授唐·舒尔茨（Don Schultz）提出的。整合营销就是“根据企业的目标设计战略，并支配企业各种资源以达到战略目标”。传媒整合营销作为“整合营销”的分支应用理论，简言之，就是从“以传者为中心”到“以受众为中心”的传播模式的战略转移。整合营销倡导更加明确的消费者导向理念，因而，传媒整合营销理论对我国新的改革形势下传媒业的发展应该具有重要指导意义和实用价值。

整合营销是以消费者为核心重组企业行为和市场行为，综合协调地使用各种形式的传播方式，以统一的目标和统一的传播形象，传递一致的产品信息，实现与消费者的双向沟通，迅速树立产品品牌在消费者心目中的地位，建立产品品牌与消费者长期密切的关系，更有效地达到广告传播和产品行销的目的。

现今互联网上，微博、博客、微信、论坛等都是企业关注的营销“面包”，每一种营销渠道的出现必然带动行业小浪潮。原国家工商总局公布的一组数据显示：寿命在5年以上的企业不足4成。以互联网为载体，以符合网络传播的方法和理念来展开实施的营销活动，成为企业延伸品牌的公信度与品牌影响力、增强经济效益的有效途径。整合营销正切合当下企业营销需求，可达到最佳营销效果，是领先的营销方式，未来也将主宰互联网营销。

忽视互联网的信息传播能力，再好的产品也会在偌大的互联网里被淹没。整合营销就可以让每个营销渠道互相关联促进，相辅相成，达到1+1>2的效果。

当下，乃至未来，真正的互联网营销其实应该兼顾互动传播、活动营销、事件营销、SEO、SEM、SPR媒体资源整合等多项综合手段，这样整合营销可以将企业信息以更高效的手段向自己的目标用户、合作伙伴等群体快速传递。

整合营销的基本思想是一致的，即以顾客需求为中心，变单向诉求和灌输为双向沟通，树立产品品牌在消费者心目中的地位，建立长期关系，达到消费者和厂家的双赢。一般来说，整合营销包含两个层次的整合：一是水平整合，二是垂直整合。

1. 水平整合

水平整合包括三个方面：

（1）信息内容的整合。企业的所有与消费者有接触的活动，无论方式是媒体传播还是其他的营销活动，都是在向消费者传播一定的信息。企业必须对所有信息内容进行整合，根据企业所想要的传播目标，对消费者传播一致的信息。

（2）传播工具的整合。为达到信息传播效果的最大化，节省传播成本，企业有必要对各种传播工具进行整合。要根据不同类型顾客接受信息的途径，衡量各个传播工具的传播成本和传播效果，找出最有效的传播组合。

（3）传播要素资源的整合。企业的一举一动、一言一行都是在向消费者传播信息，应该说传播不仅仅是营销部门的任务，也是整个企业所要担负的责任。所以有必要对企业的所有与传播有关联的资源（人力、物力、财力）进行整合，这种整合也可以说是对接触管理的整合。

2. 垂直整合

垂直整合包括四个方面：

（1）市场定位整合。任何一个产品都有自己的市场定位，这种定位是基于市场细分和企业的产品特征制定的。企业营销的任何活动都不能有损企业的市场定位。

（2）传播目标的整合。有了确定的市场定位以后，就应该确定传播目标了，想要达到什么样的效果？多高的知名度？传播什么样的信息？这些都要进行整合，有了确定的目标才能更好地开展后面的工作。

（3）4P整合。其主要任务是根据产品的市场定位设计统一的产品形象。产品、价格、渠道、促销之间要协调一致，避免互相冲突、矛盾。

（4）品牌形象整合。主要是品牌识别的整合和传播媒体的整合。名称、标志、基本色是品牌识别的三大要素，它们是形成品牌形象与资产的中心要素。品牌识别的整合就是对品牌名称、标志和基本色的整合，以建立统一的品牌形象。传播媒体的整合主要是对传播信息内容的整合和对传播途径的整合，以最小的成本获得最好的效果。

实训与实践：商品促销策略的分析

通过实训，使学生进一步理解并掌握促销策略，培养学生的促销策划能力，能根据实际需要制定具体推广方案。

（1）实训内容：学生选择某一产品，如××品牌空调（或电视、洗衣机等）“5.1”节卖场促销；××品牌洗发水（或洗衣粉、牙膏、香皂等）春季新产品上市；××品牌休闲食品（或方便面、饼干、糖果等）卖场试尝试吃活动；制定具有针对性的超市促销方案，具体见超市促销活动方案制定步骤。

（2）实训要求。以小组为单位，策划主题明确，内容结构完整，字数3000左右。

超市促销活动方案制订步骤：

一、选择合适的卖场

（1）超市对该产品较重视，有较强烈的合作意愿，愿意配合厂方促销、备货、陈列、让利、宣传、定价等。

（2）超市所处地理位置好，人流量大。

（3）超市定位及其商圈的顾客群与促销产品的定位、目标消费群一致。

如：玻璃瓶汽水促销店最好选在家属区或学校附近；休闲用品促销最好选在市中心、高尚住宅区或商务区超市。

二、确定有诱因的促销政策

（1）师出有名：以节庆贺礼、新品上市之名打消变相降价促销的负面影响。

（2）有效炒作：①“活动名”要有吸引力、易于传播，如：某米酒厂家在酒店推广产品的加热饮用，促销命名为“青梅煮酒论英雄”；购咖啡送咖啡杯名曰“红杯欢乐送（颂）”；②赠品绰号要响亮，如：某快餐连锁店的球星塑料人起名为“超酷球量派对”；③赠品价值要抬高，如：缤纷夏日防紫外线秘籍太阳扇；④限量赠送做催化：消费者总是买涨不买落，让消费者在活动现场看到赠品堆放已经不多，旁边赠品空箱子倒是不少，这种“晚来一步就没有赠品”的感觉会大大促进购买欲。

（3）尽量不做同产品搭赠（如“买二送一”），免有降价抛货之嫌，结果可能“打不到”目标消费者，反而“打中了”贪便宜低收入的消费群。

（4）可用成熟品牌带动新品牌捆扎销售，但要注意两者档次、定位必在同一层次上（如果老品牌已面临种种品牌危机、形象陈旧就不可取）。

（5）面对消费者的促销政策门槛不宜太高，而且要提供多种选择。如：买1袋/包送透明钥匙包一个；买2袋/包送荧光笔一支；买5包送飞镖玩具一套；买1箱送T恤衫一件。

（6）限时限量原则：与超市合作的买赠、特价促销，一定要注意在促销协议中明确限时限量，否则在促销期间赠品或特价产品供货不足，会面临罚款、清场的危险。

三、选择合适的产品品项和广宣品

选择海报广告印刷、宣传册广告印刷、单页广告印刷等最常用的宣传方法，礼品。

1. 广宣品设计原则

（1）广宣品风格应与目标消费群心理特点一致，如：运动饮料宣传品基调：与体育赛事结盟、活力、迅速补充体力；中低价食品宣传方向：更实惠、更大量、更营养；儿童用品宣传风格：产品好吃、好用，赠品好玩，卡通化的诉求方式。

（2）促销POP标价和内容：促销价与原价同时标出，以示区别；尽可能减少文字，使消费者在三秒之内能看完全文，清楚知道促销内容。

（3）巧写特价：部分城市物价局规定不准在海报上标出原价特价对比字样，这种情况可把最不好销的口味写原价、其余口味写优惠价（如：海鲜味2元/包，其余口味1.8元/包），消费者自然明白。

（4）师出有名：冠以新品上市、节庆贺礼等“借口”。

（5）写清楚限制条件，如：限购5包/人、周末促销、限量销售、售完为止、××号之前有效等。

2. 赠品选择原则

（1）尽可能是新颖的常见用品，使消费者一看就知道是否实惠而且又受其新颖的造型外观所吸引（太“生僻”的赠品，如魔方笔、蹬山刀，消费者不知道用途或用途不广泛，难以接受）。

（2）高形象，低价位，如：挂表、围裙、T恤、计算器等价值感较强，但采购成本又较实惠。

（3）最好有宣传意义。如围裙、T恤、口杯。

（4）与目标消费群的心理特点及品牌定位相符，如：运动饮料赠奥运小纪念品；碳酸饮料赠变形摩丝、滑板、透明钥匙包等。

（5）赠品价值在产品价值5%～20%之间，过低没有促销效果，过高会起负面作用。

四、根据活动规模确定促销人员数量、产品储备数量及物料需求

效果预估：指根据所选超市的历史销量，综合考虑促销政策对产品流速带来的影响，做出促销期间销量的预估。

费用预估：根据销量预估配备相应的物料：广宣品、礼品，并根据所选超市的规模和促销期长短，预估销量，准备相应的促销人员预算。

五、规定业务代表回访频率，维护活动效果

如果促销期大于1天，那么及时补货、陈列、保证场内货品充足、陈列整齐标准就成了很容易疏忽、也很容易出问题的工作。所以有必要在促销案中将产品的备货、陈列、广宣品布置等责任落实到具体人身上；促销期内，业务代表对促销超市保持2天/次的回访频率，对超市全品项充足供货负责；驻场促销人员负责超市内的陈列、明码标价、广宣品推广、赠品管控和断货警示工作。

六、各项人员、物料准备工作有完成排期表

实质性的准备工作需细分责任，落实到人，规定完成时间，避免由于某项工作出现疏漏而影响整体进程。

？思考题

1. 什么是促销？常用的促销手段包括哪些？
2. 什么叫广告？什么叫公共关系？广告与公共关系有什么区别？
3. 销售人员的管理主要包括哪些内容？
4. 试分析影响促销组合策略因素有哪些方面。
5. 试分析推销人员与潜在购买者达成交易经历的过程。

模块五

市场营销发展

随着计算机网络技术高速发展，互联网普及，越来越多的人将大量时间花费在电脑和手机上，数字营销应运而生，很多人直接在网络店铺选购。因此，采用互联网实施销售是市场营销发展的必然趋势。通过网络营销不但能够有效宣传企业产品，还能够节约大量人力与成本，增大企业经济效益。数字营销是新形势下催生的一种新的有效渠道，能够有效地为企业带来较多利润。而且网络营销只会给传统营销模式带来一定冲击，但断然不会取而代之。新形势下市场营销必然要保持网络营销与传统营销模式并存局面，也只有这二者有机结合，才能取得较好的经济效益。

任务十三　数字营销

学习目标

通过本任务的学习，应掌握数字营销的内涵，明确数字营销的特征以及其重要性；应掌握数字营销的基本理论：整合营销、直复营销、关系营销、软营销、数据库营销等；应掌握网站推广的形式及方法，包括引擎营销、病毒营销等；应掌握数字广告的内涵以及形式等。

引入案例　估值4亿的雕爷牛腩

雕爷牛腩，成立于2012年，主营新中式创意料理，尤以牛腩菜品最为出色。在一道“咖喱牛腩饭”和一道“金汤牛腩面”基础上开发出招牌菜品“食神牛腩”及“鲍鱼骨汤牛腩面”。

牛腩店在中国尤其是在广东省，几乎随处可见，味道再好的牛腩店日销量不过10万元。然而，雕爷牛腩，在开张的第二个月，品牌的市场估值就达到了4个亿，得到了6000万元的融资。雕爷牛腩迅速取得巨大成功的奥秘到底是什么？

雕爷牛腩在开业前足足搞了半年封测，邀请各路明星、微博大号、美食达人免费试吃，从前菜到甜品，无一不是在众多口味中不断优化。当然，在每一个明星、微博大号、美食达人试吃完，都会在其社交网络上（例如：新浪微博、腾讯微博、博客等）发布大量的极为正面的“体验心得”。每一篇“心得”都有上万的评论量和点击量，一些著名的影视明星所发布的内容更是会有千万的阅读量。长达半年的网络“心得”宣传，早已吊足了全国网民的胃口，在雕爷牛腩正式对外开张的第一天，便达到了上百万元的销量，被卖断货的产品多不胜数。

（资料来源：http://abc.wm23.com/sherlockzhou/328234.html）

我们不难发现，案例中雕爷牛腩的成功起步，便是用了杰出的“数字营销”手段。依托互联网做传播，找到目标客群，也让目标客群认识你，对你产生浓厚兴趣，最后刺激目标客群产生消费。雕爷牛腩通过邀请美食专家、微博大号来品尝，而往往关注美食专家与微博大号的成千上万网友都是极其热爱美食与充满好奇感的群体，这类群体正好是雕爷牛腩的目标顾客。因此，通过美食专家与微博大号的“心得”发布，雕爷牛腩便精准地把营销信息“递送”到了上千万个目标顾客心里，也正是这上千万的准消费者为雕爷牛腩创造了4亿元的品牌价值。由此可见，只有数字营销的存在，雕爷牛腩的营销手段才能得到发挥的空间。

应用一　认识数字营销

伴随着互联网以及电脑通信技术和数字交互媒体的发展，虚拟市场空间开始出现，上网人数不断增加，消费者的消费习惯也不断发生变化，企业营销开始向网络数字传播空间发展。科技进步发展的互联网技术基础、消费者价值观变革的观念基础以及日益激烈的市场竞争所形成的现实基础，无一不促使着数字营销的诞生。

一、数字营销的内涵

数字营销又称网络营销，是企业整体市场营销重要的组成部分，是为实现企业总体经营目标所进行的、以计算机网络技术为基本手段营造数字传播经营环境的各种活动。数字营销是一个广义词，从目前的商业来讲数字营销更宽泛地涵盖网络的产品及投放互联网概念。“互联网+”是数字营销的最现实体现形式。随着互联网技术发展的成熟以及互联网成本的低廉，互联网好比是一种“万能胶”，将企业、团体、组织以及个人跨时空联结在一起，使得他们之间信息的交换变得“唾手可得”。市场营销中最重要也最本质的是组织和个人之间进行信息传播和交换。数字营销将对我们的生产经营、生活方式发挥着根本性的影响。

（一）数字营销的概念

数字营销是指依托于数字传播渠道的应用，例如万维网（www）、电子邮件、搜索引擎、社交软件、移动手机端、数字户外广告等，利用数字化的信息传递性和网络媒体的交互性来进行及时、定制化、低成本的企业营销活动，最终实现企业营销目标的一种现代化市场营销方式。

数字营销是基于互联网络及社会关系网络连接企业、用户及公众，向用户及公众传递有价值的信息和服务，为实现顾客价值及企业营销目标所进行的规划、实施及运营管理活动。数字营销不是网上销售，不等于网站推广，数字营销是手段而不是目的。它不局限于网上，也不等同于电子商务，它不是孤立存在的，不能脱离一般营销环境而存在。它应该被看作传统营销理论在互联网环境中的应用和发展。广义地说，企业利用一切网络、数字传播进行的营销活动都可以被称为数字营销，包括社会网络，计算机网络；企业内部网，行业系统专线网及互联网；有线网络，无线网络；有线通信网络与移动通信网络等。狭义地说，凡是以计算机网络技术为主要营销手段，为达到一定营销目标而开展的营销活动，均称为数字营销。

（二）数字营销的特点

以互联网络为媒体，以新的方式、方法和理念，通过一系列魅力数字营销策划，制定和实施营销活动的数字营销，与其他市场营销手段相比，具有其不同的特点。

1. 跨时空性

数字营销拥有跨时空性的特点。数字营销可以跨越时间与空间，不受时空限制。关于跨越时间，企业可以通过网络，每天随时发布企业相关的最新营销信息，而消费者可以随时获取，尤其是在跨国营销中，有了网络作为营销依托，便可以摆脱时差的困扰。关于跨越空间，传统的营销信息发布覆盖范围十分有限，例如发布在《广州日报》上，基本上只有广州市或者广东省的消费者才能够看到，然而，当企业把相关营销信息发布在网络上之后，所有使用互联网的顾客都可以轻松看到，大大跨越了空间对营销信息传递的阻隔。

2. 富媒体性

数字营销与一般的传统营销方式不同，因为数字营销以网络作为营销信息发布的载体，而网络可以接受丰富的媒体信息，如文字、图片、声音、视频、动画等，故此，数字营销拥有富媒体性这一特点，通过数字营销进行营销信息的发布，营销效果往往更加生动，更具创造性，对顾客的吸引力也越大。

3. 成长性

现阶段的数字营销还处于成长的阶段，随着经济的快速发展、技术的进步与网络的全覆盖，越来越多的消费者开始使用互联网来获取信息。因此，数字营销的成长性体现在了两方面：

(1) 网络技术在成长。从最早的通过互联网来发布文字信息和图片、发布渠道仅局限于 PC 端，发展到现在可以利用互联网来发布各类媒体信息并由 PC 端覆盖至移动端，甚至通过制作各类移动端互动小游戏，例如：抽奖大转盘、点赞就送礼等来对企业品牌进行推广，随着计算机网络技术的持续进步，数字营销也会随之成长。

(2) 数字营销的对象在成长。最初数字营销的对象是极小部分的网络使用者，绝大多数都是年轻人，可是随着网络使用的普及，现在，从 4 岁的儿童到老年人几乎都会通过计算机、手机来进行信息的获取，故此数字营销需要将自己所采用的营销方式及营销内容跟随着营销对象的成长而产生调整与改变。

4. 技术性

一切的数字营销都是建立在计算机网络的技术支持之上的，故此，技术性是数字营销的基础特性，对此，也要求企业注重人才的计算机网络技术与技能的培养，从而使得企业可以拥有更多复合型人才进行更具竞争力的数字营销。

（三）数字营销的基本职能

企业可以通过计算机网络代替传统渠道实现各类营销活动，数字营销的基本职能主要有八个方面：网络品牌、网站推广、信息发布、销售促进、销售渠道、顾客服务、顾客关系、网上调研等。

1. 网络品牌

建立网络品牌是企业数字营销最首要的任务之一。对于企业而言，通过网络品牌的建立既可以提高品牌的知名度，扩大潜在消费者市场，又可以通过互联网快速树立起企业的品牌形象，增加消费者的信赖感。建立企业的网络品牌第一步就是建立起企业的网站，通过企业网站进行一系列推广措施，达到顾客和公众对企业的认知和认可。如果一个企业希望通过互联网来增加销量，那么网络品牌建立便是该企业最应该要做的事。

燕塘牛奶是广州人民熟知的牛奶品牌，“一人一杯燕塘牛奶人人开心晒”的广告词在广州地区已深入人心，一直都有着不错的声誉与销量。燕塘牛奶也希望像伊利与蒙牛一样，扩大自己的市场，不再只专注于广州。为了减小开拓市场的营销投入，燕塘牛奶希望通过互联网来进行全国市场的销售。于是，燕塘牛奶以劲爆特价“1 元 1 瓶”在某全国电商商城上进行销售，本以为会得到极佳的现场反馈，可是最后，销量不到两百瓶，还不如一个小卖部一天卖出的数量。为什么燕塘牛奶在网络上没有办法达到很好的销量？主要原因，就是燕塘牛奶的品牌只在线下得到了认可，也就是只有广州地区的消费者知道并且认可这个牛奶品牌，而在网络上，绝大多数人都没有听过这个品牌。因此，当大家看到这个“不知名”的牛奶只卖 1 块钱一瓶，不但不会产生购买欲望，反而会对这个品牌的产品品质产生怀疑。故此，如果燕塘牛奶希望通过网络来扩大自己的市场，进军全国，它要做的第一件事情不是进行特价销售，而是打响自己的网络品牌，通过品牌在网络上的建立来引起顾客的关注与购买。

2. 网站推广

网站推广也是数字营销的基本职能之一，然而，数字营销并不是只有网站推广。网站推广的目的是让企业的网站获得更多人的关注，也就是提高企业网站的访问量。这对大多数中小型企业而言都是极其重要的，因为通过其他的渠道来进行营销信息的发放往往需要大量的资金投入，同时机会非常之少，而如果企业自身官网就能带来足够的浏览量，就可以大大减少在外的营销投入，同时还可以全面按照企业的需求进行宣传与营销。

3. 信息发布

数字营销就是以数字网络作为载体进行各类营销信息的发布，所以通过网站、邮件等各种网络平台来进行营销信息的发布也是数字营销的基本职能之一。利用网络来进行信息发布最大的优势之一就是具有极高的精准性，即企业可以通过网络信息发布将营销信息精准地送到自己目标顾客的手中。而这种“精准性”可以通过企业的内部资源与外部资源两种渠道实现。

（1）企业的内部资源往往是企业顾客在企业网站注册时所留下的一些信息联络方式，例如邮箱，企业就可以将自己的的新产品信息或特价产品信息等发送到企业现有用户的邮箱来实现精准信息推送。

（2）企业除了希望获得现有客户的关注与购买之外，更是期待有更多潜在顾客的加入，故此，企业可以通过外部资源来扩大精准信息的投递范围。如贝乐公司是一家婴幼儿奶粉生产企业，希望通过信息发布，来将自己公司的销量最佳的产品信息传递给一些从未使用过贝乐奶粉的消费者。于是，贝乐就与一家销售婴儿床的公司进行了合作，两家公司的目标顾客相同，故此两家公司各自的内部资源对于对方来说都是质量极高的外部资源。通过两家公司合作，各自可以获取大量的外部资源，在进行信息发布推广中，既扩大了信息发布的覆盖范围，又保证了信息发布的精准性，可谓双赢。

4. 销售促进

网络促销是企业通过网络平台运用各种短期诱因鼓励消费者和中间商购买、经销企业产品和服务的促销活动。例如，通过定时秒杀、每日上新等促销活动，刺激消费者对网站产生“每日必逛”的心情，增加消费者购买产品的机会。

网络促销利用现代化的计算机网络技术向虚拟市场传递有关的服务信息，以引发需求，引起消费者购买欲望和购买行为的各种活动。网络促销形式有四种，分别是网络广告、站点推广、销售促进和关系营销。

（1）网络广告主要是借助网上知名站点（ISP 或 ICP）、免费电子邮件和一些免费公开的交互站点（如新闻组、公告栏）发布企业的产品信息，对企业和产品进行宣传推广。

（2）站点推广是利用网络营销策略扩大站点的知名度，吸引上网者访问网站，起到宣传和推广企业以及企业产品的效果。

（3）销售促进，就是企业利用可以直接销售的网络营销站点，采用一些销售促进方法如价格折扣、有奖销售、拍卖销售等方式，宣传和推广产品。

（4）关系营销是借助互联网的交互功能吸引用户与企业保持密切关系，培养顾客忠诚度，提高企业收益率。

5. 销售渠道

数字营销的渠道应该是本着让消费者方便的原则设置。为了在网络中吸引消费者关注本企业的产品，可以联合其他中小企业的相关产品作为自己产品的外延，相关产品的同时出现会更加吸引消费者的关注。现阶段的数字营销早就突破了早期单纯的营销功能，更是实现了“营销—销售”一体化，因此，具备了交易功能的企业网站便是企业一个可以低成本控制及把握的销售渠道。当然，利用自己官网进行销售可以大大降低渠道成本，但对网站的访问量与安全技术的要求是非常高的，有很多产品消费者也不会通过打开各个企业的官网来进行产品的挑选。所以，并不是所有企业都会利用自己的官网来进行销售，更多的企业会选择一些市场中极具热点或极具影响力的电商平台来实现网络销售渠道的搭建。

6. 顾客服务

企业通过互联网可以更加方便及全面地实现各类客户服务手段。例如，通过设置在线客服，消费者便可以通过联系在线客服解答自己的疑问。如果在线客服不能及时回复的情况下，还可以通过建立 FAQ（frequently asked question）即常见问题解答，自动回复消费者各类常见的问题，实现高效、快速的服务体系。

网络客户服务从成本上来说远远低于传统客服，从效率上来说又极大地高于传统客服，交一个淘宝的金牌客服，在10秒钟之内可以处理上百个顾客的问题。因此，企业通过数字营销实现网络客服这一职能，既可以降低成本，又可以提高效率，从而提升顾客的体验感。

7. 顾客关系

顾客关系的维护一直是企业保持顾客忠诚度的主要手段。然而，在进行顾客关系维护中，利用互联网无疑起到了极大的优化作用。首先，数字营销能很好地实现企业与顾客直接对话与互动。消费者可以到企业建立的官方网站、官方微博、官方微信公众号等各类企业官方网络平台进行留言，而企业也可以通过实时的留言反馈的互动，与顾客保持着紧密的联系。除此之外，企业通过顾客网络数据库的建立，可以十分便利地在每一位数据库中顾客生日的时候，通过定时邮件的发送，为顾客送上生日祝福，在顾客心里建立起企业对顾客极为用心的品牌印象等。通过数字营销的交互性和良好的顾客服务手段，增进顾客关系成了数字营销的又一大亮点职能。

8. 网上调研

相较于传统调研，网上调研不仅拥有低成本、高效率的优势，同时还能够更加客观而全面地反映调研结果，并且更加快速而清晰地实现调研结果分析。企业只要通过内、外部的资源，将企业调研问卷发送到对应的顾客邮箱中，便可以轻松获得顾客的反馈结果。除此之外，企业还可以在网站上设置“有奖调研”等在线调研功能，当用户点击进入网站便会被“有奖”二字吸引，从而可以大大提高调研问卷的参与度。

二、数字营销的基本理论

数字营销是一个快速发展和不断完善中的概念，自20世纪90年代互联网产生并迅速普及以来，数字营销的概念开始逐步形成，并在实践中飞速发展。数字营销理论是以现代营销理论为基础，借助网络、通信和数字媒体技术实现营销目标的商务活动，尽管历史较短，但已经在市场营销策略中发挥着越来越重要的作用，数字营销的价值也为越来越多的实践应用所证实。

（一）整合营销

整合营销是以消费者为核心重组企业行为和市场行为，综合协调地使用各种形式的传播方式，以统一的目标和统一的传播形象，传递一致的产品信息，实现与消费者的双向沟通，迅速树立产品品牌在消费者心目中的地位，建立产品品牌与消费者长期密切的关系，更有效地达到广告传播和产品行销的目的。在本书的模块一中便提及了“整合营销”的概念，即4C理论，设定了市场营销组合的四个基本要素：消费者（customer）、成本（cost）、便利（convenience）和沟通（communication）。它强调企业首先应该把追求顾客满意放在第一位，综合利用企业自身所有可以利用的资源，进行营销手段的整合，最终实现顾客满意这一营销目的。

（二）直复营销

根据美国直复营销协会（ADMA）对直复营销的定义，直复营销是一种为了在任何地方产生可度量的反映或达成交易而使用的一种或多种广告媒体的相互作用的市场营销体系。直复营销方式体现在消费者通过非人员的媒体接触商品或服务后，其订货和购买是通过邮件、电话、电脑及其他科技媒体来完成的销售方式。直复营销强调的是“反映”或“交易”的可度量性，而互联网则能够十分有效地进行各类反映或交易的度量，故此，基于互联网的直复营销无疑更加符合直复营销真正的理念。

案例分析 **谁能代表肯德基——肯德基直复营销**

在肯德基进入中国将近30年的时间里，“吮指原味鸡”一直都是肯德基的招牌产品。但是，肯德基的产品开发部开始担心，一成不变的鸡块是否还能在未来的30年里继续得到消费者的喜欢和青睐。于是，产品开发部便对鸡块开始了改良，创造了“黄金脆皮鸡”，希望用它来代替“吮指原味鸡”，为肯德基开拓新一个辉煌30年。然而，肯德基的市场部认为，这两个产品究竟谁能获得消费者的喜爱，并不是产品开发部决定的，为了避免出现重大的决策失误，肯德基进行了“直复营销”，直接邀请了两个当红明星各自代表一个产品，在各大网络媒体广告中投放“吮指原味鸡”与“黄金脆皮鸡”的宣传广告，并在广告结尾发起了“谁能代表肯德基——谁去谁留”的投票广告（见图13－1）。消费者可以通过点击广告结尾的画面来参与投票。通过这一特别的广告设计，肯德基不仅对两个产品进行了充分的推广，期间更是大大增加了两者的销量，同时还能直接获得消费者的反馈回复，了解消费者的真正喜好，为肯德基做出正确决策提供了客观数据的支持。

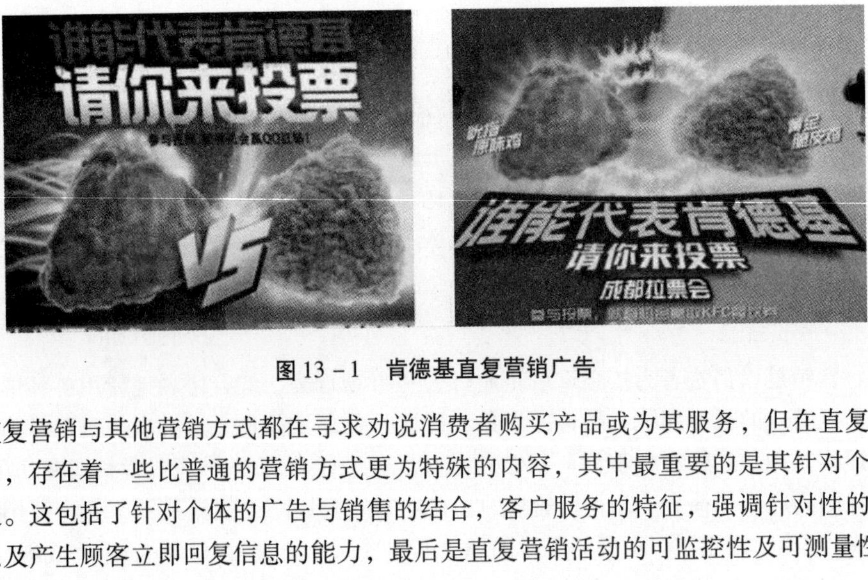

图13－1 肯德基直复营销广告

直复营销与其他营销方式都在寻求劝说消费者购买产品或为其服务，但在直复营销的方式中，存在着一些比普通的营销方式更为特殊的内容，其中最重要的是其针对个体的单独沟通。这包括了针对个体的广告与销售的结合，客户服务的特征，强调针对性的目标市场，以及产生顾客立即回复信息的能力，最后是直复营销活动的可监控性及可测量性。

（三）关系营销

1985年，美国著名学者、营销学专家巴巴拉·本德·杰克逊提出了关系营销的概念。关系营销发展至今，其定义更是拥有了更丰富的内容。所谓关系营销，就是以建立和发展与企业相关的各类公众的良好关系为核心，对企业的消费者、供应商、分销商、竞争者、政府机构及其他社会公众进行有意互动的过程，如图13－2所示。

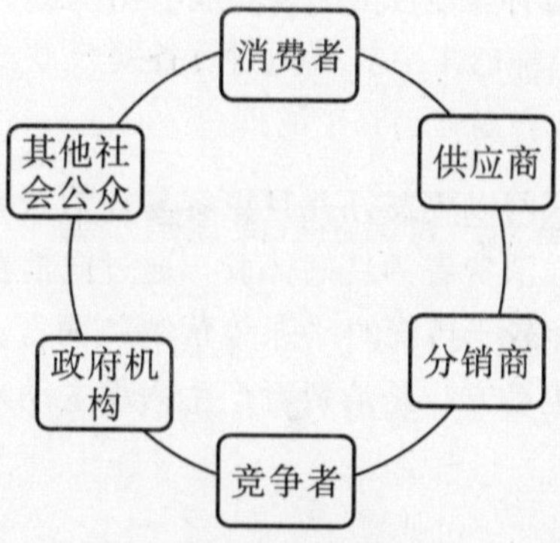

图 13－2　关系营销图

1. 消费者

关系营销最核心的营销对象便是“消费者”。首先，消费者是企业得以盈利的根本因素之一，如果没有消费者的选择与青睐，企业无法生存。除此之外，企业现有的消费者还是企业无形的“推销员”，企业与现有的消费者保持良好的关系，消费者更能通过“口碑营销”的方式为企业带来更多的新客户，可以为企业开拓新顾客助一臂之力。由此可见，与消费者通过互联网进行有意互动，维护与消费者之间的关系，无疑对企业而言是至关重要的。

2. 供应商

供应商对企业而言，影响着企业所需产品及原材料的质量与成本，同时影响着企业生产后销售给消费者的产品质量。因此，与供应商进行关系营销，无疑是为企业产品质量提供了更坚实的基础。

3. 分销商

对于企业而言，产品以何种“面貌”展示给消费者几乎全权由分销商控制。因此，与分销商进行关系的维护，能有助于企业产品以更好的地理位置、销售形式展现给顾客，即提高顾客对产品的好感度，又有利于增加产品销量。

4. 竞争者

两个企业虽然互为竞争对手，但两者之间的关系维护不可小视。最佳的竞争状态应该是在有效沟通之后进行“良性”竞争，而非双方拼得你死我活。故此，与竞争对手进行关系营销更容易避免恶性竞争的情况出现，有益于公司长远的发展。

5. 政府机构

政府机构既是监督管理企业各项业务的部门，同时也是维护企业合法权益的有效机构。因此，与政府进行良好的关系维护，既能打造企业积极配合政府工作的良好企业形象，又能为企业得到政府支持提供有力保障。

6. 其他社会公众

在企业的关系营销之中，“其他社会公众”也是极为重要的一个对象。虽然，在企业的各项业务之中与其他社会公众几乎无牵连，但在信息化的时代，任何人的言论一旦发布在互联网上，便极容易引起全国甚至全球的关注。故此，企业需要在其他社会公众前树立良好的企业形象，通过各类活动与其他社会公众保持良好关系，从而为企业减少不必要的恶性言论风险。

（四）软营销

软营销是指企业通过互联网以更友好并且更容易让消费者接受的方式来宣传自己，在营销过程中淡化商业感，增强消费者的良好体验，通过向消费者及其他公众提供有价值的信息，来建设企业软实力。相较于传统的“强势营销”而言，“软营销”的最大特色就是在营销过程中往往消费者是主动方，是消费者产生兴趣主动来了解企业所发布的软营销活动与信息。

案例分析 你的世界大于全世界——招商银行软营销

招商银行在2017年推出了一款新的留学生信用卡。在各种信用卡的广告随处可见的时候，招商银行的营销团队冥思苦想，如何才能让这一张卡，打出不一样的感觉。最后，招商银行采用了软营销的广告方案。

故事开头，便写着一句话：“为什么漂洋过海？因为走出去，才知道什么是世界。可万万没想到，番茄炒蛋成了‘新世界’的第一道难关。”

初到美国的留学生伊恩，不知该如何做西红柿炒鸡蛋。为了招待他的朋友，男孩发微信向母亲求助。隔着时差的大洋彼岸，为了及时教会儿子，父母二人大半夜爬起来，争着告诉他怎么做。可是儿子学不会，夫妻两个就主动起床，妈妈一边炒菜一边教学，爸爸负责录视频。最后，男孩做出了满意的西红柿炒鸡蛋，他的聚会很成功，朋友们也都很开心。有一个小伙伴问：“中国和美国的时差是多少？”伊恩回答：“12个小时。”接着他陷入了沉思，12个小时？现在是美国时间下午4点，也就是说，妈妈在国内是……

故事在伊恩红着眼的沉思中结束了，黑屏之后出现了这张招商银行的留学生信用卡，同时伴随着一句话：“你的世界，大于全世界。”

（资料来源：https://v.qq.com/x/page/e0568mmdzws.html）

招商银行的这则广告视频（可扫描二维码进行观看，见图13－3）一传到网上，便引起了全网轰动，很多网友都表示自己看哭了。尤其是有留学经历或正在留学的学生，看到了自己父母的影子。也是因为这个看似普通却打动人心的故事，当最后出现了招商银行信用卡的画面，大家不但没有觉得反感，反而认为招商银行信用卡始终与用户分享着“感动”与“理解”，让生活充满温度（见图13－4），并对这张卡的好感度剧增。最后，这张卡的办卡率也再次说明了这一则软营销广告的成功。

图13－3　招商银行广告视频二维码

图 13－4 招商银行的软营销

（五）数据库营销

数据库营销，顾名思义就是通过分析和筛选数据库的大数据来进行消费者深度挖掘与关系维护的一种营销活动。而数据库中的大数据则是企业通过收集积累的消费者各类信息，包括消费者的电子邮件、短信、电话、信件以及消费者在网站中的搜索记录、购买记录等数据信息。

案例分析 猜你喜欢——淘宝数据库营销

虽然大家都是同用一个淘宝 APP，但每一个用户打开淘宝 APP 所看到的页面却因为用户喜好的不同而截然不同，这便是淘宝的神奇功能——“猜你喜欢”。淘宝利用数据库，通过对用户的历史搜索进行分析，猜测出用户最近对哪种商品有购买的需求和欲望，并通过用户的历史购买记录分析出顾客历史消费的水平，从而通过“猜你喜欢”这一功能，向用户推荐既符合顾客需求又符合顾客购买能力的产品。这一举措大大增加了产品的销量及营销信息的推广准确度。这便是淘宝经典的数据库营销。

数据库营销是以与顾客建立一对一的互动沟通关系为目标，依赖庞大的顾客信息库进行长期促销活动的一种全新的销售手段，是企业通过收集和积累会员（用户或消费者）信息，经过分析筛选后针对性的使用电子邮件、短信、电话、信件等方式进行客户深度挖掘与关系维护的一种营销方式。

应用二 网站推广

网站推广是以提高网站访问量、增加网站内营销信息曝光度为目的，通过各类方式对网站进行宣传与推广的数字营销活动。网站推广的方式主要包括：搜索引擎营销、信息发布推广、电子邮件推广、病毒性营销推广等。

一、搜索引擎营销

搜索引擎 SE（search engine）是互联网环境中的信息检索系统，例如百度、360、谷歌等都是著名的搜索引擎。搜索引擎营销 SEM（search engine marketing）是指利用搜索引擎来进行网站的营销推广，即根据用户使用搜索引擎的方式，利用用户检索信息的机会尽可能地将营销信息传递给目标用户。

（一）免费登入分类目录

免费登入分类目录是最基本的网站推广方式。企业在登入搜索引擎网站后，将自己的企业网站信息输入搜索引擎中，并进行注册，再由搜索引擎根据企业网站的信息来将企业网站添加到分类目录中。由于免费登入分类目录只保证了企业网站能在搜索引擎中所找到，但几乎都是出现在搜索结果非常靠后的位置，消费者几乎通过普通搜索无法看见企业网站，故此，越来越少的企业使用免费登入分类目录的方式来进行网站推广。百度免费登入页面如图 13－5 所示。

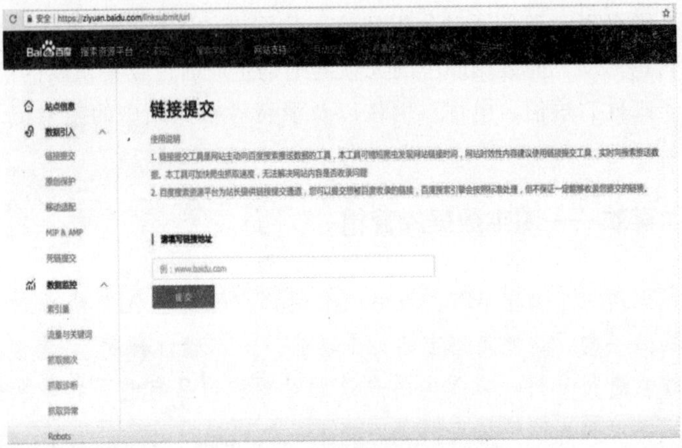

图 13－5　百度免费登入页面

（二）收费登入分类目录

收费登入分类目录的使用方式与免费登入分类目录的方式几乎一样，只是收费登入分类目录需要交纳一定费用之后才能获得被收入的资格。当然，对应的，收费登入分类目录的效果相对于免费登入来说会比较好一些，也就是登入了的企业网站页面可以出现的位置相对靠前。搜狐付费登入页面如图 13－6 所示。

（三）搜索引擎优化

搜索引擎优化并不是指企业需要去优化搜索引擎，而是指企业通过对网站栏目结构和网站内容登记要素的优化设计，提高网站对搜索引擎的友好性，使得网站中尽可能多的页面被搜索引擎收录，并且在搜索结果中得到较好的排名，从而通过搜索引擎的自然检索获得尽可能多的潜在用户。

（四）关键词广告

关键词广告是通过对关键词付费从而使得企业网站在搜索引擎该关键词结果检索中获得更靠前位置的一种搜索引擎营销形式。由此可见，关键词广告的核心就是对关键词的选择。

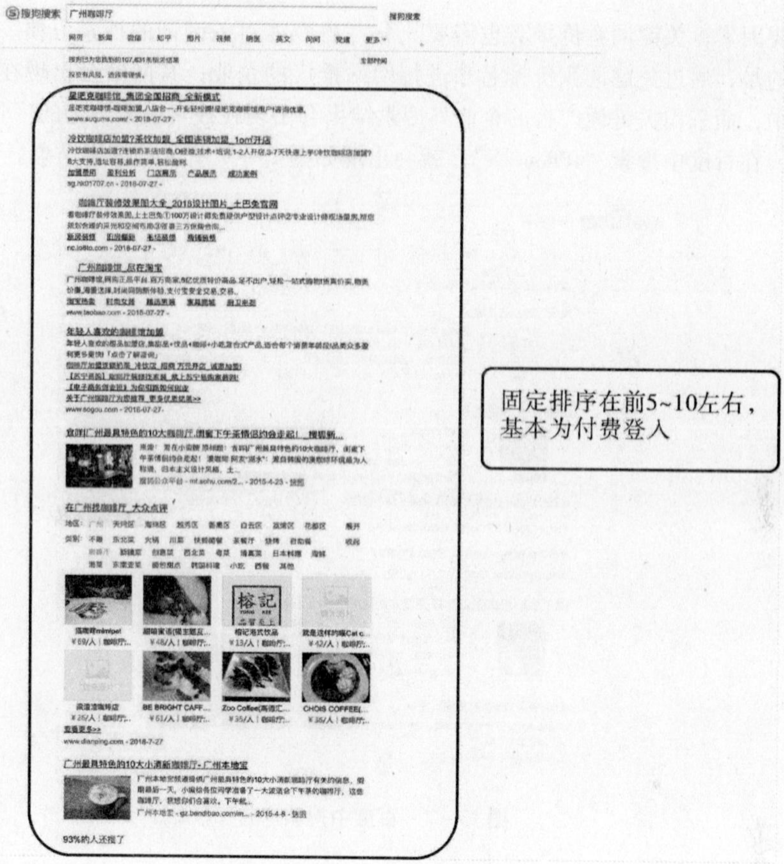

图 13-6 搜狐付费登入页面

例如，如果某科技职业学院希望在高考考生报名前在搜索引擎中进行关键词广告营销，通过对该学院官网的推广，让更多的考生了解该学院。那么，该学院应该选择哪个关键词进行广告付费？

答案显而易见，如果该学院购买的关键词是“某学院”，那么只有考生搜索“某学院”这一关键词时，该官网才会出现在靠前的搜索结果中，可是已经会专门搜索“某学院”的考生意味着已经知道或者对该学院有所了解，这类考生就不是该学院希望通过关键词广告所获取的潜在用户。故此，如果对“某学院”这一关键词付费，是没有意义的。所以，该学院更应该选择“职业学院”“广州大专”等来作为关键词才能真正吸引潜在的用户对该学院官网的访问与关注。

由此可见，在进行关键词选择上，企业更应该考虑的是用户会通过哪些关键词进行搜索，又有哪些关键词是最近用户搜索的热门关键词，从而来帮助企业选择一个能为企业网站带来有效潜在访问者的关键词，使关键词广告真正发挥作用。

（五）关键词竞价排名

关键词竞价排名是一种按付点击次数付费 CPC（cost per click）的网络推广方式，即只有用户在搜索关键词的检索结果中点击进入了企业网站，企业才需要为这次有效点击次数支付广告费用。关键词竞价排名与关键词广告相同之处在于关键词的选择依然是决定推广成败的重要因素，关键词竞价排名也需要充分考虑顾客对关键词的搜索习惯。但与关键词广告不同的是，通过关键词竞价排名来进行网站推广的企业，其网站会出现在搜索结果的排名内容中，而采用关键词广告的企业其搜索结果会出现在搜索引擎特定的广告位置上。

例如，在百度中搜索“iPhone X”，就会出现如图 13－7 所示的搜索结果。

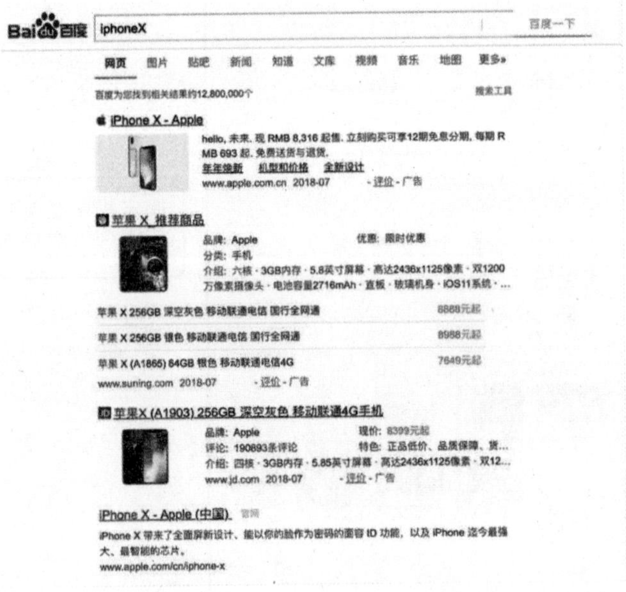

图 13－7　百度中搜索广告

很明显，第一个和第二个搜索结果下方都出现了圈出的“广告”字样，证明这两条搜索结果的网站是进行了关键词广告，而再下方出现的搜索结果才是参与了关键词竞价排名或者是自然搜索结果的企业网站。

（六）网页内容定位广告

网页内容定位广告是给予网页内容定位的网络广告，是关键词广告的进一步延伸。广告载体不仅是搜索引擎搜索结果的网页，也延伸到采用这种服务的合作伙伴的网页。

例如，当在百度中搜索“iPhone X”，会出现如图 13－8 所示的搜索结果。

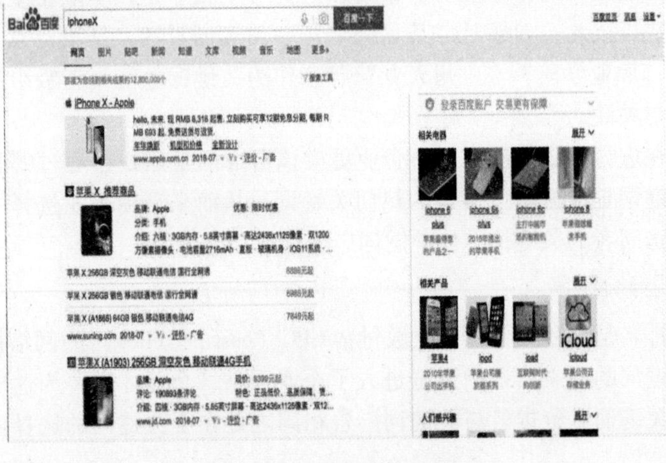

图 13－8　网页内容定位广告

很明显，网页内容定位广告的页面，均是内容和“iPhone X”这一关键词相关的延伸网页。

二、信息发布推广

信息发布推广是指将企业网站推广的有关信息发布在潜在用户可能访问的网站上，利用用户在这些网站获取信息的机会实现网站推广的目的。信息发布推广的渠道主要包括以下几类：在线黄页、供求信息发布平台、分类广告、网络社区、博客及新媒体等。

（一）在线黄页

传统黄页指的是工商企业电话号码簿，主要内容就是企业的名称、地址、电话，因为最早的黄页是印刷在黄色纸上，故称为黄页。在线黄页是从传统黄页衍生而来的，在线黄页将传统黄页的内容以网站的形式呈现，更增加了公司邮箱、网址、经营的产品、行业和公司简介等图文并茂的具体内容。相较于传统黄页，在线黄页具有扩大了黄页内容的推广范围、加快了黄页内容更新的速度、实现了通过在线黄页直接与企业进行在线联系的互动等有优点，如图 13－9 所示。

图 13－9　在线黄页

（二）供求信息发布平台

供求信息发布平台指的是集供应信息与求购信息为一体的网站或者载体，例如阿里巴巴、慧聪网、环球资源网等都是具有代表性的供求信息发布平台，如图 13－10 所示。

（三）分类广告

分类广告的服务对象包括了企业、事业单位和个人商户，主要是满足各类对象在互联网上发布各类产品和服务广告的需求，与此同时，分类广告还能为广大网民提供实用、丰富、真实的消费和商务信息资源，例如“招聘信息”“租房信息”等。58 同城、赶集网等都是目前国内较有影响力的分类广告网站，如图 13－11 所示。

图 13－10　供求信息发布平台

图 13－11　分类广告

（四）网络社区

网络社区是指聚集了共同兴趣的访问者的网上交流空间，包括 BBS 论坛、贴吧、群组聊天等。网络社区推广是指企业加入一些与聚集企业目标顾客相关的网络社区，通过在这种网络交流的平台中发布文字、图片、视频等方式发布企业产品和服务信息，让社区中的目标客户更加深刻地了解企业的产品和服务，最终达到宣传企业的品牌、加深市场认知度的数字营销效果。

由此可见，选择一个准确的网络社区与发布信息的方式是网络社区推广的重要任务。为了使得企业在网络社区中发布的内容更能被企业的目标顾客所看见，所以在进行网络社区的选择上需要对目标顾客进行充分分析，掌握目标顾客容易聚集的社区平台。例如，一家相机企业所选择的社区就应该是一些摄影爱好者论坛、旅拍社区等。其次，为了使企业在社区中发布相关的营销信息不引起社区中其他用户的反感，企业在发布信息时应该隐藏自己的身份，站在社区中一般成员的角度进行对应的信息发布。

例如，A 品牌相机在一个摄影爱好者的论坛中，可以进行一个提问“请问你们有用过 A 品牌的相机吗？我看到很多人推荐，感觉还不错，不知道应不应该入手一台。”这时，社区中的其他摄影爱好者就会纷纷发表意见，A 品牌的相机就可以达到初步的宣传效果。其次，在社区成员就这个问题讨论的过程中，A 品牌应该再多组织公司的工作人员以社区成员的身份加入讨论，并有据可依地展现 A 品牌相机的优点。从而，不但能增加该摄影爱好者论坛的所有成员对 A 品牌的相机的认知度，同时可以让他们对 A 品牌相机的优点有更深入的了解，从而促进 A 品牌相机的销售。

（五）新媒体

新媒体包括博客、微博、微信等新兴的以数字信息技术为基础、以互动传播为特点、具有创新形态的媒体。随着消费者对新媒体的使用越来越广泛，并且通过新媒体与企业的互动越来越频繁，企业纷纷进入到了新媒体的推广营销大军中。

案例分析　风靡网络的故宫淘宝——故宫博物院的新媒体营销

北京故宫博物院专注于传承和发扬故宫各类文化与珍宝，在当下的新媒体时代，故宫博物院也是极具创新力地通过新媒体营销对故宫文化及各类故宫文化珠宝、产品进行推广。图 13－12 便是故宫博物院注册的官方微博账号，通过在官方微博上进行各类趣味文化内容的发布，并通过投票、抽奖、转发等各类互动营销方式，使得故宫博物院已经拥有了 90 多万的粉丝量，意味着至少有上百万的网友时刻关注着故宫文化。通过微博的推广，故宫博物院达到有史以来最为广泛的关注与支持，这对传承与弘扬故宫文化具有重大意义。

图 13－12　故宫博物院官方微博

三、电子邮件推广

电子邮件推广就是企业通过电子邮件，在顾客允许的情况下，将企业的有价值的营销信息传递给现有的顾客及潜在的目标顾客的一种推广方式。电子邮件推广有三个基本的要素：（1）给予顾客许可；（2）通过电子邮件传递营销信息；（3）传递的营销信息对顾客是有价值的。

也就是说，如果企业在未经过客户允许的情况下，就随意地将毫无价值的广告邮件发送给顾客，这种行为就不是电子邮件推广，而是垃圾邮件。只有真正的电子邮件推广，才能达到企业所期待的营销效果。因此，企业在进行邮件推广之前必须要保证具有邮件推广的三要素，缺一不可。

良好的邮件推广效果的核心任务就是“邮件主题”的设计，设计一个有效的邮件主题，那么邮件推广就算成功了一半。设计邮件主题要注意以下几点。(1) 任何邮件都必须设计主题；(2) 邮件主题不可过于简单或过于复杂；(3) 邮件主题的信息必须明确；(4) 邮件主题需要表现完整的重点信息；(5) 邮件主题需要有吸引力。

四、病毒性营销推广

病毒性营销推广与“电脑病毒”毫无关系。病毒性营销是指利用数字媒体资源，使企业的营销信息像病毒一样在消费者之间传播和扩散的营销方式。

病毒性营销推广具有以下 4 个特点。

1. 有吸引力的话题

若是希望营销信息能像病毒一样进行广泛而快速的传播，首先就要设计一个有吸引力的话题。只有主题极具吸引力，才会在传播的过程中，使每一个看到的消费者都能产生阅读的兴趣，从而保证营销信息持续不断地传播。

2. 几何倍数的传播速度

在病毒性营销中，营销信息就像病毒一样进行 N 次方裂变的传播。例如，一个消费者会传递给他的两个朋友，而被传递的这两个消费者又会分别传递给各自的两个朋友。从而，营销信息就会以几何倍数的速度来进行传播。

3. 高效率地接收

“病毒”之所以可怕，往往是接触到病毒的人根本无法抵抗病毒，只能够接收它。而病毒性营销也具有这样的特点，一旦消费者接触到病毒性营销信息，就会毫无抵抗地接收营销信息，并且会不自觉地对营销信息进行再次传播。

4. 不可忽略的隐性成本

虽然病毒性营销是通过用户之间进行信息传递，但是依然会产生一系列的隐形成本，如：(1) 活动前期的初次“病原体”营销信息投放；(2) 活动中期的“病毒价值”维护；(3) 活动后期“病毒余热”传递。

案例分析 吃垮必胜客，让必胜客越吃越旺

“吃垮必胜客”这一病毒性营销活动，是台湾的必胜客采用的是一份题目为《吃垮必胜客》的邮件，里面介绍了盛取自助沙拉的好办法，巧妙地利用黄瓜条、胡萝卜和苹果块搭建更宽的碗边，可一次盛到七盘沙拉。同时还配有真实照片。下面是一位网友的感受：我当时立即将邮件转发给我的几个好朋友，并约好了去一试身手。到了必胜客，几经努力，发现沙拉塔根本不可能搭到 15 层。然而，依然有众多的顾客冲着“吃垮必胜客”这一极具吸引力的标题到必胜客进行尝试。并且，绝大多数到必胜客堆了沙拉塔的顾客，都会拍照留念，并将照片上传到微博、微信朋友圈等各大社交平台。每一位顾客照片的上传都会迎来更多的消费者对“吃垮必胜客”的兴趣。所以“吃垮必胜客”这一病毒便通过初期参与的顾客逐步扩散到整个台湾网民都跃跃欲试的火爆场面。而“吃垮必胜客”这一病毒性营销活动，也存在着隐性成本：

(1) 在开始“吃垮必胜客”活动开始之前，必胜客投入了不少的成本用来做活动宣传，包括电视广告、网页广告、宣传单等；

（2）在活动开始之后，必胜客必须实现活动承诺，给顾客提供无限量的水果沙拉；

（3）必胜客需要用下一步的跟进方案，吸引顾客进行“病毒余热”传播，比如开展“最高沙拉塔”大赛。

（资料来源：https://home.meishichina.com/space-293691-do-blog-id-205358.html）

应用三　数字广告

数字广告是指通过数字媒体作为信息载体进行广告发布的数字营销活动。它是利用数字广告投放平台上的广告横幅、文本链接、多媒体的方法，在互联网上刊登或发布广告，通过数字媒体传递到互联网用户的一种高科技广告运作方式。与传统的四大传播媒体（报纸、杂志、电视、广播）广告及近来备受垂青的户外广告相比，数字广告具有得天独厚的优势，是实施现代营销媒体战略的重要一部分。数字广告是主要的数字营销方法之一，在数字营销方法体系中具有举足轻重的地位。事实上多种数字营销方法也都可以理解为数字广告的具体表现形式，并不仅仅限于放置在网页上的各种规格的BANNER广告，如电子邮件广告、搜索引擎关键词广告、搜索固定排名等，都可以理解为数字广告的表现形式。

一、数字广告的内涵

数字广告是指以数字媒体作为广告内容的载体进行广告传播的现代化广告方式，也称流媒体。数字广告主要包括广告主、广告信息、广告受众、广告媒介与广告效果这五要素。

（1）广告主。指广告发布的主体，即希望通过数字媒体发布广告信息的企业、机构或个人。

（2）广告信息。就是广告的内容，一般包括文字、图像、动画、视频、声音等形式。

（3）广告受众。就是观看广告的人即广告所针对的目标对象。数字广告的受众就是广大数字媒体传播受众，即网民。由于不同广告主要针对的受众不同，因此，广告信息与广告媒介都会有所不同。

（4）广告媒介。是指传递广告信息的载体。企业往往选择自己目标顾客会经常使用的网站或者是网络平台作为广告媒介，期待通过广告媒介的选择，使得数字广告能被自己精准的目标顾客所看到。

（5）广告效果。指的是所发布的数字广告在一定时期内所取得的结果。不同的数字广告目标不同，因此在进行广告效果评估时也会有不同的标准。例如，有些广告的目标是增加产品销量，那么广告效果好与不好往往就通过销量的变化来评估；有些广告的目标是增加企业的知名度，那么广告效果的好坏就取决于广告发布之后客户印象的变化。

与传统的广告媒体相比，数字广告的特点主要体现在以下5个方面。

（1）传播对象面广。数字广告以数字媒体作为载体通过互联网进行传播，因此，互联网所能覆盖到的范围，从国内到全球，都是数字广告可以传播的对象。因此，数字广告传播的对象面十分宽广。

（2）表现手段丰富多彩。因为互联网的数据包容性极大，数字广告可以集文字、图片、动画、声音、视频等多种表现手段于一体，十分丰富多彩。

（3）内容种类繁多。由于数字广告的成本较低，几乎每一家企业都有在网络上进行广告发布的实力，所以数字广告的内容小到一支铅笔大到一栋别墅都可以通过网络进行广告发布。因此，网络上所呈现的广告内容种类就会纷繁复杂。

（4）多对多的传播过程。因为互联网是一个开放的平台，在网络上同时会存在多个信息的提供者和多个信息的接受者，也就是说数字广告往往是多家企业可以同时发放，而众多顾客又可以同时看到。因此，数字广告是一个多对多的传播过程。

（5）具有互动性。与传统广告的单向传递不同，数字广告是极具互动性的双向传播。消费者看到任意一个数字广告，都可以通过点击广告直接参与互动，可以实现对广告进行在线留言或者转发分享，甚至直接进行商品购买，大大提高了企业与消费者互动的频率与及时性。

二、数字广告形式

由于互联网的包容性极强，可以容纳的素材数据极为丰富，故此，数字广告也可以以多种形式进行呈现。在这里我们主要介绍视频类广告、扩展类广告及浮层类广告。

（一）视频类广告

视频类广告是指在广告中含有视频文件的数字广告形式。视频类广告在用户打开页面时，自页面右下角浮出基本无损伤压缩的原视频内容，同时视频中添加有一些互动元素，促使更多的用户观看视频内容。其主要表现形式有标准的视频形式、画中画形式、产品外形形式、焦点视频形式等，如图 13－13 所示。

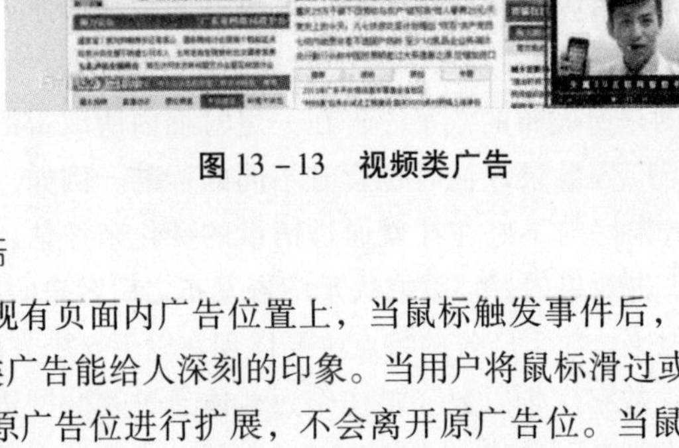

图 13－13　视频类广告

（二）扩展类广告

扩展类广告是在现有页面内广告位置上，当鼠标触发事件后，广告显示面积发生变化的 Flash 文件。扩展类广告能给人深刻的印象。当用户将鼠标滑过或点击广告时，扩展广告即被触发，广告基于原广告位进行扩展，不会离开原广告位。当鼠标移开后，扩展部分自动消失。由于广告由用户主动触发，对用户的干扰性较小。其主要表现形式有下拉扩展、上升扩展、撕页扩展、扩展视频以及自定义扩展等。例如，当鼠标滑过“地图”二字时，一张地图便会从“地图”二字中拓展出来。当鼠标点击其他位置，扩展的“地图”便会消失，如图 13－14 所示。

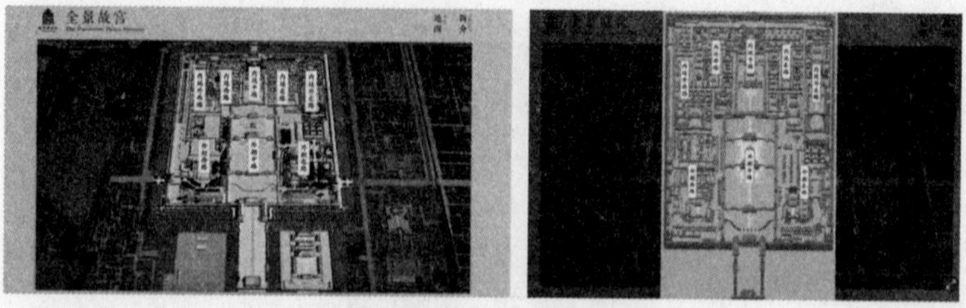

图 13－14 扩展类广告

（三）浮层类广告

浮层类广告是指在一定时间中，网页的部分显示区域分层，广告内容在这些分层中显示或播放。当用户打开网页时，浮层广告以不规则动画形式突然出现在网页上，动态的形式很容易吸引人们的注意，并且可以融入与用户的互动，更好地表现广告内容。动画播放完毕后将自动消失。有消失型（包含全屏尺寸）、重播型等形式。图 13－15 便是可口可乐所做的浮层类广告。

图 13－15 浮层类广告

（四）分类广告

分类广告就是通过分类网站进行广告投放的一种广告形式。即精准地将广告投放到对应的分类，从而吸引对应的目标顾客观看，达到广告传播目的的数字广告。

（五）图形广告

图形广告包括网幅广告、按钮广告、弹出式广告、漂浮广告、“画中画”广告等 5 种广告形式。其中，网幅广告是最常见的一种图形广告。

（六）网幅广告

网幅广告是以图形形式呈现在网站主页上方或两侧的一种广告，由于形状都是有固定规格的矩形，又总是出现在网页上方，所以就像一条拉在网页上的横幅，故称网幅广告。

巨型的网幅广告也称为通栏式广告，在网幅广告的基础上扩大了广告面积，从而更具吸引力，如图 13－16 所示。

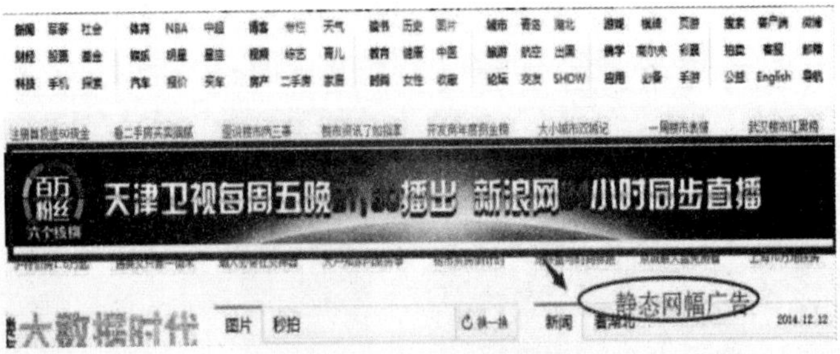

图 13－16　网幅广告

（七）按钮广告

按钮广告是网幅广告的一种演变形式，表现为图标的广告。因为按钮广告的特定大小和形状，所以广告主通常用按钮广告来宣传其商标或品牌等特定的标志，如图 13－17 所示。

图 13－17　按钮广告

（八）弹出式广告

顾名思义，弹出式广告就是当消费者进入某一个网页，就有可能自动弹出一个窗口，窗口中呈现出广告的形式。弹出式广告容易引得消费者产生反感，故此，弹出式广告一定要设计“关闭”功能，来减缓消费者的厌烦，如图 13－18 所示。

图 13－18　弹出式广告

（九）漂浮广告

漂浮广告是指漂浮在网站首页或各板块、帖子等页面的飘逸形式的广告。漂浮广告会按照设计者设计的路径漂浮在网页页面的最顶层。通过漂浮路径的设计，使漂浮广告能够有效地进入访问者的视线，从而达到数字广告宣传的目的，如图 13－19 所示。

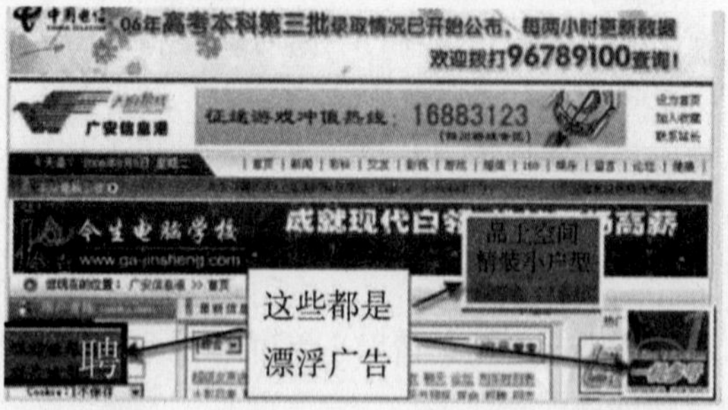

图 13－19　漂浮广告

（十）“画中画”广告

“画中画”是指在文章中加入广告图片，通过广告和文章内容混在一起，使得读者在阅读时无法区分是文章自带的配图还是广告，从而达到广告宣传的效果，如图 13－20 所示。

图 13－20　“画中画”广告

随着中国“互联网＋”的发展壮大、人们对数字营销理解的进一步加深，越来越多数字营销推广的成功案例更是让人们开始意识到数字营销的诸多优点，企业对数字营销的重视程度急剧加强。数字营销不单单是一种营销手段，更是一种信息化社会的新文化，引导媒体进入一个新的模式。在新时代下，数字营销更是营销人员必须具备的能力。

实训与实践：小红书的数字营销

小红书创办于 2013 年，通过深耕 UGC（用户创造内容）购物分享社区，短短 4 年成长为全球最大的消费类口碑库和社区电商平台，成为 200 多个国家和地区、5000 多万年轻消费者必备的“购物神器”。小红书是一个网络社区，也是一个跨境电商，还是一个共享平台，更是一个口碑库。小红书的用户既是消费者，还是分享者，更是同行的好伙伴。小红书被评为格调最高的“豆瓣”，永远不“诓”你的血拼版“百度”，口碑最高的海外版“京东”。

小红书之所以可以这么快速地成长为“跨境电商”巨头，主要归功于它独具特色的数字营销策略。社交媒体是小红书引爆的联系员，诸如微信、微博的社交软件是小红书最好的联系员。小红书的目标消费者都是一些“85后”“90后”的个性化女性消费者，因此小红书没有必要花费大量的成本进行大众传播，利用社交媒体进行精准化的营销才是最具性价比的方式。诸如6月6日周年庆利用小鲜肉的吸引力，肌肉男上门送货的照片刷屏朋友圈。这种营销方式让消费者参与到传播进程中，洞察女生的本能关注点，通过社交平台的扩散，将事件在网络环境中发酵，产生更加广泛的关注和话题，引发用户资源充当传播者，最广泛地向外部散布消息。

通过对“小红书”的数字营销分析，请以小组讨论形式探讨：

（1）小红书能取得成功的原因是什么？

（2）如果你是小红书市场营销部的成员，现在公司指派了你担任小红书“圣诞节特辑”数字营销策划员，你会如何利用数字营销的知识对小红书“圣特节特辑”进行数字营销和推广？

一、实训基本信息	
实训项目名称	小红书“圣诞节特辑”数字营销实训
二、实训内容	
数字营销目标	
数字营销方法选择及应用（如：直复营销、软营销、病毒性营销等）	① ② ③
数字营销投放渠道选择及原因（如：微信订阅号、微博等）	① ② ③

思考题

1. 什么是数字营销？数字营销有哪些特点？
2. 如何理解关系营销？
3. 如何理解数据库营销？
4. 什么是网站推广？网站推广的方式有哪些？
5. 电子邮件推广有哪些基本的要素？
6. 什么是病毒性营销推广？病毒性营销推广有哪些特点？

参考文献

[1] Heidi Taylor. B2B Marketing Strategy: Differentiate, Develop and Deliver Lasting Customer Engagement [M]. Kogan Page, 2017.

[2] Gerardus Blokdyk. Digital Marketing Strategy Complete Self - Assessment Guide [M]. 5Starcooks, 2017.

[3] Dave Chaffey, P. R. Smith. Digital Marketing Excellence: Planning, Optimizing and Integrating Online Marketing [M]. Routledge, 2017.

[4] Philip T. Kotler, Gary Armstrong. Principle of Marketing (Globle Edition) [M]. Pearson Education Limited, 2016.

[5] Santiago Lopez. Value - Based Marketing Strategy [M]. Vernon Art and Science, 2015.

[6] Solomon, Michael R. Consumer Behavior: Buying, Having, and Being Plus [M]. Prentice Hall, 2014.

[7] Philip T. Kotler, Kevin Lane Keller. Marketing Management (14th Edition) [M]. Pearson Education Limited, 2013.

[8] John Cadogan. Marketing Strategy [M]. Sage Publications Ltd, 2009.

[9] Ken G. Smith, Michael A. Hitt. Great Minds in Management [M]. OUP Oxford, 2005.

[10] Ross Brennan, Paul Baines, Paul Garneau. Contemporary Strategic Marketing [M]. Palgrave, 2002.

[11] [美] 菲利普·科特勒，凯文·莱恩·凯勒. 营销管理 [M]. 王永贵，译. 北京：中国人民大学出版社，2012.

[12] [美] 菲利普·科特勒，加里·阿姆斯特朗. 市场营销原理 [M]. 楼尊，译. 北京：中国人民大学出版社，2010.

[13] [美] 谢尔比·D. 亨特. 市场营销理论基础 [M]. 上海：上海财经大学出版社，2006.

[14] [美] 马萨基·科塔比，克里斯蒂安·赫尔森. 全球营销管理 [M]. 刘宝成，译. 北京：中国人民大学出版社，2005.

[15] [英] 海德. 市场营销实务 [M]. 陈立平，译. 北京：经济管理出版社，2005.

[16] [美] 索罗门. 市场营销学原理 [M]. 何伟祥，熊荣生，等，译. 北京：经济科学出版社，2005.

[17] [美] 布恩. 当代市场营销学 [M]. 赵银德，译，北京：机械工业出版社，2005.

[18] [美] 埃策尔，沃克，斯坦顿. 新时代的市场营销 [M]. 张平淡，牛海鹏，译. 北京：企业管理出版社，2004.

[19] [美] 杰恩. 市场营销策划与战 [M]. 贾光伟，译. 北京：中信出版社，2004.

[20] 宋文官. 电子商务实用教程 [M]. 北京：高等教育出版社，2017.

[21] 温伟胜. 管理学基础与应用 [M]. 广州：华南理工大学出版社，2017.

[22] 单凤儒. 营销心理学 [M]. 北京：高等教育出版社，2016.
[23] 吕一林，陶晓波. 市场营销学 [M]. 北京：中国人民大学出版社，2014.
[24] 季辉，王冰. 服务营销 [M]. 北京：高等教育出版社，2014.
[25] 杨丽萍，熊学发. 网络营销与策划 [M]. 北京：教育科学出版社，2013.
[26] 邵学言，肖鹞飞. 国际金融 [M]. 广州：中山大学出版社，2010.
[27] 张雁白. 市场营销学概论 [M]. 北京：经济科学出版社，2010.
[28] 卜妙金. 分销渠道管理 [M]. 北京：高等教育出版社，2007.
[29] 毛蕴诗. 公司经济学前沿专题 [M]. 大连：东北财经大学出版社，2007.
[30] 朱辉煌. 消费者行为学（中国版）[M]. 北京：电子工业出版社，2006.
[31] 施卓敏. 后动寡头企业的战略营销 [M]. 广州：中山大学出版社，2006.
[32] 郭芳芳，陈顺霞. 市场营销学习题集 [M]. 上海：上海财经大学出版社，2005.
[33] 兰苓. 现代市场营销学 [M]. 北京：首都经济贸易大学出版社，2005.
[34] 钱旭潮. 市场营销管理：需求的创造和传递 [M]. 北京：机械工业出版社，2005.
[35] 李文国，王秀娥. 市场营销 [M]. 上海：上海交通大学出版社，2005.
[36] 林长富. 市场营销原理 [M]. 北京：机械工业出版社，2005.
[37] 张晋光，黄国辉. 市场营销 [M]. 北京：机械工业出版社，2005.
[38] 邱斌，等. 市场营销学：基本原理与经典案例 [M]. 南京：东南大学出版社，2005.
[39] 郭国庆. 市场营销学通论 [M]. 北京：中国人民大学出版社，2005.
[40] 普赖德，梅清豪. 营销观念与战略 [M]. 北京：中国人民大学出版社，2005.
[41] 何立居. 市场营销理论与实务 [M]. 北京：机械工业出版社，2004.
[42] 雷鸣. 分销决策与渠道管理 [M]. 大连：东北财经大学出版社，2001.
[43] 中国营销传播：http://www.emkt.com.cn/
[44] 中国市场营销：http://www.ecm.com.cn/
[45] 中国经营报：http://www.cb.com.cn/
[46] 现代营销：http://www.xdyx.com.cn/
[47] 销售与市场：http://www.cmmo.cn/
[48] 互联网周刊：http://www.ciweek.com/